王　牧　主编

犯罪学论丛

FANZUIXUELUNCONG

第八卷

中国检察出版社

《犯罪学论丛》编委会

前　言

犯罪学基础理论是个永恒的话题。本期仍然发了几篇文章，其中值得一提的是在美国学习的王洁先生关于美国犯罪学会如何开会的文章。文章详细介绍了美国犯罪学会召开年会的细枝末节，值得思索。国情不同，无法照搬，但是，其中所体现的原则等有很多确实值得借鉴的东西。不过，会议能够如何召开，其实也与国家发展情况紧密相连。犯罪学学会刚刚成立的时候，会议经费筹集极其困难。现在不同了，随着国家经济的发展，随着犯罪学事业的发展，我们年会的开法也在悄悄地发生着变化。例如，会议召开的地点，有能力进行选择；会议论文和参会人员多得要进行控制，否则数量将大大超过预期。从今年开始，年会的论文将在会议召开前正式出版发行。这要有两个条件：一个条件是会议论文从数量到质量要达到一部著作公开发表的标准。质量问题虽然不完全与现实相符合，有的重要出版物的文章也未必篇篇达到发表标准，但是，毕竟要绝大多数的文章达到标准。再一个条件是经费。现在已经与十几年前大不相同了。虽然筹集起来还有相当难度，但总还能够解决。随着国家经济状况继续向好，这个问题也会继续向好。总之，今非昔比，犯罪学发展到今天，许多外国可以办到的事情，我们也可以办到了。当然，我们不必与外国相比，更没有必要把外国的东西当做标准。重要的是，我们应当围绕如何提高我们自己的年会质量而对会议的开法进行反思和改革。发表这篇文章的目的主要在这里，即请各位同仁以时下最流行的创新精神，对我们年会的开法多提建设性意见。

从年会开法的变化，我们自然想到犯罪学学会的当初，即已经成为犯罪学历史的当初。本期更重要的是发表了几位犯罪学学会创始人的文章。犯罪学学会成立已经快20年了，这在人类历史上虽然只是短暂的一瞬间，可是，对我们学会和热爱犯罪学理论研究的人来说，却是一段永不能忘怀的记忆。犯罪学学会在艰难的条件下成立，又在艰难的环境中发展，许多犯罪学的志士仁人，不顾个人利益，不计较个人得失，矢志不渝地为我国犯罪学事业的发展，或奔走呼号，或苦心钻研，默默地做着贡献。特别值得我国犯罪学史上记忆的是犯罪学学会成立时的前前后后，以及创立初期的日子。时间不算长，往日的点点滴滴，还都留在当事人的记忆之中。可是，如果再过一段时间，可能就会因各种原因而使我们因没有留下那段记忆而后悔不已。几千年前日常生活用的“水罐”，如今是珍贵的文物，但要留存下来。历史对当时的人是极其简单的日常事情，而对后来的人则是极其珍贵的财富。为了留下新中国犯罪学事业的历史，我们特意邀请了几位老会长撰写这方面的文章。

以康树华教授为首的几位令人敬仰的老会长，如郭翔教授，刘灿璞教授，冯树梁研究员，王岱研究员，孙铣教授，还有已故的周密教授等，他们都以自己不同的方式和工作，为我国犯罪学学会的成立，为我国犯罪学事业的发展，做出了自己的贡献，令人难忘。可是，随着时间的推移，往事已经成为历史，如果不及时记录下来，我们今天的人将会犯下历史性的错误。好在时间不算久远，了解那段历史的人绝大多数尚都健在。为了留下犯罪学的历史记忆，为了犯罪学的明天，我们必须及时留下这段历史。本期发表了学会主要创始人康树华教授关于犯罪学学会成立的文章，详细记录了犯罪学学会成立前后的历史；还发表了冯树梁研究员和刘灿璞教授的有关文章。他们的文章都是在我的邀请下撰写的。康树华教授领衔主编的《犯罪学大辞书》（主编还有冯树梁研究员和王岱研究员）的出版，在我国犯罪学历史上留有不可磨灭的印记。为了更详细了解这部著作出版情况，由康树华教授邀请该书责任编辑刘延寿先生撰写了有关该书编辑、出版、发行等情况的文章。文章情感充沛，文笔细腻、优美，记载事实翔实，因而得到康树华教授的极力推荐，嘱我发表。总之，为了我国犯罪学的历史记忆，我们本期开辟了专栏，发表值得记忆的有关我国犯罪学事业发展的文章。冯树梁研究员本来还有一篇文章，我们只好留到下期发表了。希望了解、特别是参与中国犯罪学事业的同仁撰写有关文章，为了中国犯罪学事业的明天，我们还将根据来稿情况，发表这方面的文章。

主编于北京

2010.9.15

目　录

犯罪学基础理论研究

青少年犯罪与少年司法研究

企业犯罪及其社会治理问题研究

群体事件研究

历史的记忆

犯罪学基础理论研究

论犯罪学的诞生

吴宗宪*

作为一门学科和研究领域的犯罪学，是在西方国家诞生的。这一点已经得到普遍接受。但是，对于犯罪学究竟在何时诞生、由什么人创立的问题，国内外学术界有不同的看法。本文根据有关资料和笔者的思考，进行这方面的初步探讨。

一、现有的看法

目前，国外关于犯罪学诞生的看法，大体上有 4 种：

1. 龙勃罗梭创立说

很多犯罪学家认为，犯罪学的诞生与意大利精神病学家和犯罪学家切萨雷·龙勃罗梭（Cesare Lombroso，1835—1909）的研究有密切关系，把龙勃罗梭看成是犯罪学的创始人。在这方面，龙勃罗梭赢得了很多与创立犯罪学有关的头衔。主要有：

（1）“犯罪学之父”（father of criminology）。许多犯罪学家把龙勃罗梭称为“犯罪学之父”，这样的犯罪学家包括美国犯罪学家戴维·马茨阿（David Matza，1964）、[①] 格雷沙姆·麦克里迪·赛

* 法学博士、教授、博士生导师，北京师范大学刑事法律科学研究院犯罪与矫正研究所所长。

① David Matza, *Delinquency and drift* (New York: Wiley, 1964), p. 3.

克斯（Gresham M. Sykes，1978）[①]，英国犯罪学家戴维·加兰（David Garland，1985）[②]，法国犯罪学家帕奎勒·帕基诺（Pasquale Pasquino）[③]，美国犯罪学家弗兰克·哈根（Frank E. Hagan，1998）[④] 和拉里·西格尔（Larry J. Siegel，2004）[⑤] 等人。

（2）"现代犯罪学之父"（father of modern criminology）。[⑥] 一些犯罪学家把龙勃罗梭称为"现代犯罪学之父"，例如，出生于匈牙利的美国犯罪学家斯蒂芬·谢弗（Stephen Schafer，1969）指出，"把龙勃罗梭的著作当做犯罪学产生的标志，可能会引起误解，不过，把他称为'现代犯罪学之父'，似乎是正确的，这与他的影响力和重要性是相称的。"[⑦]

（3）"现代犯罪学创始人"（founder of modern criminology）。这个头衔是出生于美国的加拿大犯罪学家约翰·哈根（John Hagan，1985）使用的。他指出，人们之所以一直把龙勃罗梭看成是"现代犯罪学创始人"，"答案就在于这样的事实：龙勃罗梭提

---

① Gresham M. Sykes, *Criminology* (New York: Harcourt Brace Jovanovich Inc., 1978), p. 12.

② David Garland, *Punishment and welfare: A history of penal strategies* (Aldershot: Gower, 1985), p. 77.

③ Pasquale Pasquino, "Criminology: The birth of a special knowledge," in Graham Burchell, Colin Gordon & Peter Miller (eds.), *The Foucault effect: Studies in governmentality* (Chicago: University of Chicago Press, 1991), pp. 235 – 250.

④ Frank E. Hagan, *Introduction to criminology: Theories, methods, and criminal behavior*, 4th ed. (Chicago: Nelson – Hall Publishers, 1998), p. 115.

⑤ Larry J. Siegel, *Criminology: Theories, patterns, and typologies*, 8th ed. (Belmont, CA: Wadsworth, 2004), p. 7.

⑥ modern criminology 一词过去往往翻译为"近代犯罪学"，现在看来，不很确切。这是因为，翻译为"近代"是以现在的眼光看待当时的情况时产生的感觉。实际上，modern 一词既有"近代的"意思，也有"现代的"意思。19 世纪后半期产生的犯罪学学说在很多方面与目前的犯罪学研究是一致的或者说是很接近的，并不能人为地去分出"近代犯罪学"和"现代犯罪学"。此外，区分"近代"和"现代"似乎是汉语语境中的一种独特现象，英语中并不强调这样的划分。

⑦ Stephen Schafer, *Theories in criminology: Past and present philosophies of the crime problem* (New York: Random House, 1969), p. 123.

出了重新调整有关犯罪的现代思维的煽动性主张，把关注焦点从犯罪转向犯罪人。……在这样做的过程中，龙勃罗梭开创了犯罪学研究的一个全新时代。"①

(4)"生物实证主义学派的创建之父"(the founding father of the biological positivist school)。这个头衔是英国犯罪学家伊恩·泰勒(Ian Taylor)等人在合著的《新犯罪学：关于越轨的一种社会理论》中提出来的。他们指出，"生物实证主义学派的创建之父切萨雷·龙勃罗梭，以其隔代遗传犯罪人的观点最为著称。"②

(5)"意大利学派之父"(father of the Italian School)。美国著名犯罪学家马文·沃尔夫冈(Marvin E. Wolfgang, 1924—1998)在《切萨雷·龙勃罗梭》一文中，把龙勃罗梭称为"意大利学派之父"。③

基于上述情况，持这类观点的学者们往往把龙勃罗梭的代表性著作《犯罪人论》的出版年代——1876年，作为犯罪学或者现代犯罪学诞生的时间。

2. 贝卡里亚创立说

一些犯罪学家把意大利犯罪学家和经济学家切萨雷·博尼萨纳·贝卡里亚侯爵(Cesare Bonesana Beccaria, 1738—1794)作为犯罪学的创始人。在西方文献中，一些学者明确地把贝卡里亚称为"犯罪学之父"(father of criminology)；④ 另一些学者虽然没有给贝卡里亚某种头衔，但是，也通过别的方式表明了贝卡里亚在创建犯罪学方面所起的历史作用。例如，出生于德国的英国犯罪学家赫尔

---

① John Hagan, *Modern criminology: Crime, criminal behavior, and its control* (New York: McGraw-Hill, 1985), p. 21.

② Ian Taylor, Paul Walton & Jack Young, *The new criminology: For a social theory of deviance* (London: Routledge & Kegan Paul., 1973), p. 41.

③ Hermann Mannheim (ed.), *Pioneers in criminology*, 2nd ed. (Montclair, NJ: Patterson Smith, 1972), p. 241.

④ Dennis C. Benamati, Phyllis A. Schultze, Adam C. Bouloukos & Graeme R. Newman, *Criminal justice information: How to find it, how to use it* (Phoenix, Arizona: The Oryx Press, 1988), p. 2.

曼·曼海姆（Hermann Mannheim）所编的《犯罪学中的先驱者》一书，已经成为英语国家犯罪学界具有极其广泛影响的经典性著作，在这部著作的第二版中介绍的23位犯罪学家中，第一位就是贝卡里亚。[①] 由于“古典学派通常与意大利学者贝卡里亚的名字联系在一起”，[②] 因此，持贝卡里亚创立说的学者们，也往往把贝卡里亚的著作《论犯罪与刑罚》一书的出版年代——1764年，作为犯罪学诞生的年代。

3. 道德统计学家创立说

一些犯罪学研究者认为，犯罪学的起源可以在19世纪的道德统计学家（moral statistician）们的著作中找到。例如，美国犯罪学家艾尔弗雷德·林德史密斯（Alfred R. Lindesmith）和耶尔·莱文（Yale Levin）在合写的论文《犯罪学中的龙勃罗梭神话》中，[③] 德国学者阿希姆·梅希勒（Achim Mechler）在1970年出版的《犯罪社会学史研究》一书中，均表达了这样的看法。[④] 前南斯拉夫的一位犯罪学家也表示了这样的看法。[⑤] 这些学者所说的道德统计学家，主要是指比利时数学家、天文学家、统计学家及社会学家阿道夫·凯特勒（Lamber Adolphe Jacques Quetelet，1796—1874）和法国统计学家安德烈·米歇尔·格雷（André Michel Guerry，1802—1866）。其中，阿道夫·凯特勒因将统计学和概率论应用于研究社会现象而著名，被称为“统计学之父”（father of statistics）[⑥] 或者

---

① Hermann Mannheim (ed.), *Pioneers in criminology*, 2nd ed. (Montclair, NJ: Patterson Smith, 1972), pp. 36-50.

② George B. Vold & Thomas J. Bernard, *Theoretical criminology*, 3rd ed. (New York: Oxford University Press, 1986), p. 18.

③ Alfred R. Lindesmith & Yale Levin, "The Lombrosian myth in criminology," American Journal of Sociology 42 (1937): 653-671.

④ 参见 Richard F. Wetzell, *Inventing the criminal: A history of German criminology, 1880-1945* (Chapel Hill: University of North Carolina Press, 2000), p. 16。

⑤ 参见王牧主编：《新犯罪学》，高等教育出版社2005年版，第51—52页。

⑥ 吴宗宪：《西方犯罪学史》，警官教育出版社1997年版，第136页。

“近代统计学之父”。[1] 而且，由于凯特勒利用统计学方法对犯罪现象的杰出研究，他被称为“第一位社会犯罪学家”（the first social criminologist）。[2]

4. 精神病学家创立说

还有一些犯罪学研究者认为，犯罪学是由19世纪的精神病学家们创立的。例如，在法国当代犯罪学家洛朗·米基勒（Laurent Mucchielle）所编的《法国犯罪学史》（1994）一书中，就表达了这样的见解。[3]

国内犯罪学界也对犯罪学的诞生提出了不同的看法。有关文献中归纳为4种：[4]

（1）贝卡里亚创立说。认为犯罪学作为一门学科产生于18世纪，贝卡里亚是犯罪学的创始人，他于1764年发表的《论犯罪与刑罚》是犯罪学产生的标志。周密（1990年）、白建军（1992年）、储槐植（1997年）、吴宗宪（1997年）、康树华（1998年）等人持这种观点。

（2）龙勃罗梭创立说。认为犯罪学作为一门学科产生于19世纪晚期，龙勃罗梭是犯罪学的创始人，他于1876年发表的《犯罪人论》是犯罪学产生的标志。邵名正（1987年）、刘灿璞（1989年）、赵可（1992年）、王牧（1992年）、宋浩波（1992年）等人持这种观点。

（3）犯罪统计学家创立说。认为18到19世纪的犯罪道德统计学家，主要是法国的格雷和比利时的凯特勒创立了犯罪学。

（4）凯特勒和龙勃罗梭共同创立说。王牧教授（2005年）赞

---

① 《中国大百科全书·社会学》，中国大百科全书出版社1991年版，第132页。

② C. Bemald de Quiros, *Modern theories of criminality*, (Translated by A. DeSalvio; Boston: Little, Brown, 1911), p. 10.

③ 参见 Richard F. Wetzell, *Inventing the criminal: A history of German criminology, 1880–1945* (Chapel Hill: University of North Carolina Press, 2000), p. 16。

④ 王牧主编：《新犯罪学》，高等教育出版社2005年版，第50—52页。

同这个观点。[1]

后两种观点实际上是援引国外学者的观点，国内学者关注和表态的不多。

二、确定犯罪学诞生的参照点

要认识和确定犯罪学的诞生，必须确立犯罪学诞生的参照点。这种参照点就是犯罪学学科的本质特征。只有在了解犯罪学学科的本质特征的基础上，才能恰当地确定犯罪学是在什么时候诞生和由什么人创立的。

笔者认为，犯罪学学科的本质特征包括三个方面：

1. 犯罪中心性

犯罪中心性是指犯罪学是一门以犯罪为中心开展研究的学科。不管人们怎样界定犯罪学，也不管人们给犯罪学下一个怎样的定义，其中都必然包含着对于犯罪的研究。犯罪学研究犯罪，这是得到所有犯罪学家承认的共识。因此，从最基本的意义上讲，犯罪学就是研究犯罪的学科。至于犯罪学如何研究犯罪、研究犯罪的哪些方面等，不同的犯罪学学派、不同的犯罪学家等，可能有不同的甚至是完全相反的观点。例如，在如何研究犯罪方面，犯罪学家们对于犯罪学研究方法（生物学或生理学方法、心理学方法、社会学方法、综合性方法等）、理论范式（思辨方法、实证方法等）这样一些问题，可能会有各自的立场和主张。又如，在研究犯罪的哪些方面上，犯罪学家们也有不同的看法。一些犯罪学家主张，犯罪学主要研究犯罪的原因，这是欧洲大陆犯罪学界的传统看法，他们的研究主要集中在对于犯罪原因的探讨上。晚近的一些犯罪学论著也表现出犯罪原因中心的取向，例如，在美国犯罪学家乔治·布赖恩·沃尔德（George Bryan Vold，1896 - 1967）等人合著的《理论犯罪学》[2]（1958 年第一版，2002 年第五版）一书中，主体部分都

---

① 王牧主编：《新犯罪学》，高等教育出版社 2005 年版，第 55 页。

② George B. Vold, *Theoretical criminology* (New York: Oxford University Press, 1958).

是对犯罪原因理论的介绍。另一些犯罪学家则认为，犯罪学不仅要研究犯罪原因，也要研究犯罪的规律、对犯罪的反应等内容。正如波兰犯罪学家布鲁诺·霍利斯特（Brunon Holyst）所说的，“犯罪学是一门研究犯罪与犯罪人，犯罪及其他相关的社会病理现象的表现和原因，消除犯罪及其他相关的社会病理现象的方法的学科。”①

从犯罪学研究犯罪这一基本立场出发，可以得出这样的结论，凡是系统深入地研究犯罪问题的人，都可以是犯罪学家；最早进行这类研究的人，可以成为犯罪学的创始人；他们发表的研究成果，都可以成为犯罪学诞生的标志。但是，如果对这一基本立场进行限制，就会得出不同的结论。例如，犯罪学家里夏德·韦茨尔（Richard F. Wetzell）指出：“如果把犯罪学界定为‘对犯罪原因的科学研究’的话，那么，18 世纪后期和 19 世纪早期的自由派刑罚改革者，包括意大利的切萨雷·贝卡里亚，英国的政治家和社会改革家塞缪尔·罗米利爵士（Sir Samuel Romilly）、监狱改革家约翰·霍华德（John Howard）和哲学家杰里米·边沁（Jeremy Bentham），巴伐利亚的刑法学家保罗·约翰·安赛姆·冯·费尔巴哈（Paul Johann Anselm von Feuerbach）就不是这种意义上的真正的犯罪学家，因为他们更多地考虑了刑事政策问题，而没有考虑犯罪原因问题。”②

2. 综合性

犯罪学是一门综合性的学科。这一点已经得到很多犯罪学家的肯定。例如，英国犯罪学家霍尔·威廉斯（J. E. Hall Williams）认为，“对犯罪学的研究是由许多学者从他们各自学科的观点出发进行的，有时候（尽管很少也很困难）是通过多学科研究进行的。研究犯罪的最常见方法，是从个人的特定学科的兴趣和重点出发，

---

① Brunon Holyst, *Comparative criminology* (Lexington: D. C. Heath & Co., 1979), p. 6.

② Richard F. Wetzell, *Inventing the criminal: A history of German criminology, 1880 - 1945* (Chapel Hill: University of North Carolina Press, 2000), pp. 16 - 17.

并且根据这种兴趣和重点进行的。因此，心理学家、社会学家、统计学家和医学学者，包括精神病学家和精神分析学家都进行了这方面的研究。没有一门学科可以控制这个领域，不过在近年来，特别是在美国，社会学已经表现出控制这个学科的趋势；在欧洲，这样的趋势不明显。”①

美国著名犯罪学家克拉伦斯·雷·杰弗利（Clarence Ray Jeffery）认为，犯罪学就是一门多学科的研究。他在1989年发表了《犯罪行为的多学科理论》一文，②随后又出版了《犯罪学：多学科的探讨》（1990）一书。他在这本书中认为，“由于犯罪和犯罪人的性质，犯罪学必须是一门多学科性科学，它涉及生物科学和行为科学（生物学、心理学、精神病学、社会学、政治科学、经济学和人类学），也涉及政策科学（刑法、公共管理、哲学、伦理学和历史学）。”③

德国犯罪学家汉斯·施奈德（Hans Schneider）认为，“犯罪学是一门独立的、跨学科的科学，因为它有自己的历史、自己的方法以及遍布全世界的研究所和组织机构。”④

美国犯罪学家拉里·西格尔（Larry J. Siegel）指出，“犯罪学的一个必不可少的部分，就是这样的事实，即犯罪学是一门多学科性科学（interdisciplinary science）。”⑤

其他一些犯罪学家也认为，犯罪学是综合性的学科。日本犯罪

① J. E. Hall Williams, *Criminology and criminal justice* (London: Butterworths, 1982), p. 1.

② C. Ray Jeffery, “An interdisciplinary theory of criminal behavior,” in William S. Laufer & Freda Adler (eds.), *Advances in criminological theory*, Vol. 1 (New Brunswick, NJ: Transaction, 1989), pp. 69 – 87.

③ C. Ray Jeffery, *Criminology: An interdisciplinary approach* (Englewood Cliffs, New Jersey: Prentice – Hall, 1985), p. 1.

④ ［德］汉斯·约阿希姆·施奈德：《犯罪学》，吴鑫涛、马君玉译，中国人民公安大学出版社1990年版，第1页。

⑤ Larry J. Siegel, *Criminology: Theories, patterns, and typologies*, 5th ed. (Minneapolis/St. Paul: West Publishing Company, 1995), p. 5.

学家菊田幸一认为，犯罪学是综合性科学。[①] 俄罗斯犯罪学研究者波·别尔申和阿·鲍德里亚多夫认为，“犯罪学是各种类型的能形成一个特殊知识整体的知识和方法的体系，也是一个特种类型的旨在研究犯罪的跨学科的科研活动体系。”[②] 匈牙利犯罪学家维尔曼什认为，“实际上犯罪学学科带有综合性。同那些只强调犯罪学属于某一学科因而把它或完全归属于法学，或完全归属于社会学的学者们，是不能苟同的。如果考虑到犯罪学课程的内容的性质，那么把它完全归属于综合性学科之列是合理的。”[③]

中国犯罪学家王牧教授认为，“犯罪学是……综合性的学科。”[④] 储槐植教授认为，“犯罪学是多学科交叉的边缘性学科。”[⑤]

犯罪学是一门对犯罪现象进行综合性研究的综合性学科。犯罪学学科的综合性突出地表现在下列方面：

（1）犯罪学对于最广义的犯罪行为进行研究。对于犯罪学究竟研究什么样的“犯罪”的问题，学者们进行了大量的探讨。有的认为犯罪学仅仅研究刑法规定的犯罪；有的认为犯罪学还研究“近似犯罪的违法行为（和）与犯罪有联系的越轨行为”。[⑥] 有的学者明确提出，犯罪学中的犯罪是指“严重危害社会的应受制裁的行为”。[⑦] 从文献来看，大多数学者都赞同犯罪学研究广义的犯罪的观点，正如英国犯罪学家奈杰尔·沃克（Nigel D. Walker, 1983）指出的，对犯罪学中的“犯罪应该作最广义上的解释，以便包括轻微的以及严重的违法行为，也包括那些如果没有特殊的情况或者角色，就会被认为是违法的行为，例如，父母对儿童的过分

---

① ［日］菊田幸一：《犯罪学》，海沫等译，群众出版社 1989 年版，第 5 页。

② 转引自［俄］阿·伊·道尔戈娃主编：《犯罪学》，赵可等译，群众出版社 2000 年版，第 26 页。

③ 转引自［俄］阿·伊·道尔戈娃主编：《犯罪学》，赵可等译，群众出版社 2000 年版，第 26 页。

④ 王牧：《犯罪学》，吉林人民出版社 1992 年版，第 48 页。

⑤ 储槐植、许章润等：《犯罪学》，法律出版社 1997 年版，第 13 页。

⑥ 王牧：《犯罪学》，吉林人民出版社 1992 年版，第 48 页。

⑦ 储槐植、许章润等：《犯罪学》，法律出版社 1997 年版，第 5 页。

惩罚，商业企业的反社会活动”。[①] 犯罪学所研究的犯罪行为的广泛性，表明犯罪学对犯罪的研究是跨学科的、综合性的，因为它不再固守刑法学的犯罪概念，而是同时吸收了其他学科对于犯罪的定义。

（2）犯罪学对刑事立法、刑事违法和刑事司法的整个过程进行综合性研究。犯罪学对犯罪问题的研究，涉及从刑事立法、刑事违法到刑事司法的整个过程，涉及从犯罪现象、犯罪原因到犯罪对策的所有方面。首先，犯罪学的研究涉及刑事立法问题。犯罪学家们通过对大量危害社会行为的探讨，对很多行为的社会危害性进行衡量，提出将一些严重的危害行为规定为犯罪，利用刑法和刑事司法机关控制这类行为的观点和看法，引导犯罪化过程的进行。同时，犯罪学家们通过对刑事法律规定为犯罪的行为的探讨，分析由刑事法律规定的很多犯罪行为的危害性的变化，特别是分析危害性的减弱或者消失，提出不再将这些行为当做犯罪行为对待的建议，引导非犯罪化过程的进行。其次，犯罪学家们要研究人们如何违反刑事法律的问题，研究犯罪（包括个体犯罪行为和群体犯罪现象）的产生过程、变化规律及其原因，对犯罪进行现象学和原因论方面的探讨，努力深刻地阐明社会中存在的犯罪问题。最后，犯罪学家们要对如何看待和控制社会中的犯罪问题提出自己的看法，特别是要对控制犯罪的主要社会机构——刑事司法系统及其功能等问题，进行大量的调查和研究，为控制和预防犯罪提出自己的见解，从而促进犯罪对策学的发展。犯罪学研究内容的综合性和广泛性，是其他涉及犯罪问题的任何一个学科都难以比拟的。

（3）犯罪学对微观的犯罪行为和宏观的犯罪现象进行综合性研究。犯罪学对于犯罪问题的研究，是按照不同的层次进行的。犯罪学家不仅要研究每一个具体的个人实施犯罪行为的诸多问题，也要研究很多人结合在一起实施犯罪行为的诸多问题，还要研究作为

① Nigel D. Walker, “Criminology,” in Dermot Walsh & Adrian Poole (eds.), *A dictionary of criminology* (London: Routledge & Kegan Paul, 1982), p. 56.

一种社会现象的整个犯罪现象的大量问题。这种多层次的研究，表明了犯罪学研究具有综合性的特点。由于犯罪学对犯罪问题的研究涉及不同的层次和侧面，以至于有的犯罪学研究者从这个角度出发，提出了自己的犯罪学定义。例如，匈牙利当代犯罪学家约瑟夫·维戈（József Vigh，1994）认为，“犯罪学是一门既研究作为社会群体现象（social mass phenomenon）的犯罪，又研究作为个人事件（individual occurrence）的犯罪行为及其实施和不同类型犯罪的学科。”①

（4）犯罪学对犯罪问题的理论方面和应用方面进行综合性研究。在犯罪学研究者对犯罪问题的研究过程中，不仅要研究具体的犯罪行为及其相关问题，揭示其中包含的规律性成分，也要研究大量不同的犯罪行为的特点，发现这些犯罪行为的特点及其规律。犯罪学对于犯罪问题包含的这些规律的探讨，就构成了犯罪学中的理论方面——零散的观点或者假设、系统的学说或者理论，甚至是由很多理论学说构成的理论流派——犯罪学学派。同时，犯罪学研究也不是一种在“象牙塔”中通过苦思冥想进行的纯思辨性的活动。在对犯罪问题进行的研究中，研究人员为了准确、深刻地理解犯罪问题，必须对社会中存在的犯罪现象，进行大量的实际调查研究，使研究活动密切结合社会实际。这些情况表明，“犯罪学是一门经验型科学，它以经验为依据。”② 这就意味着，犯罪学的很多研究要通过实证的方法进行，大量犯罪学研究的结论应该从对实际情况的了解中获得，而不能从抽象的演绎推理中获得。而且，犯罪学研究的根本目的，并不仅仅是为了发展一种超然于世的观念学说，而是为了帮助解决社会中存在的犯罪问题，为预防、控制和减少犯罪这种有害的社会现象做出贡献，促进社会的安宁与发展。由此可

---

① József Vigh, *Fundamentals of criminology* (Budapest: Eotvos Lorand University Press, 1991), p. 13.

② ［德］汉斯·约阿希姆·施奈德：《犯罪学》，吴鑫涛、马君玉译，中国人民公安大学出版社 1990 年版，第 2 页。

见，无论是为了深刻地理解犯罪，还是为了实现犯罪学研究的目的，犯罪学研究都必须密切联系实际——社会中存在的犯罪问题。与了解和解决实际的犯罪问题有关的犯罪学研究，就构成了应用犯罪学研究的内容。对于应用犯罪学的具体内容和研究领域，有的外国学者做了这样的概括性描述，“应用犯罪学（applied criminology）也被称为刑事司法领域：警察、法庭和矫正。”①

（5）犯罪学利用多学科的理论和方法对犯罪问题进行综合性研究。人们在从事犯罪学研究的过程中，利用很多学科的理论和方法对犯罪问题进行了探讨，所涉及的学科包括哲学、伦理学、法学（特别是刑事法学）、人类学、生物学、医学、统计学、精神病学、心理学、社会学、经济学等学科。人们利用这些学科的理论观点和方法，对犯罪问题进行了多学科、多角度的研究，提出了纷繁多样的犯罪学观点和学说。而且，有的犯罪学家认为，在犯罪学研究中，非常需要“跨学科的集体合作”（cross - disciplinary team-work），并且认为这已经变成了“理论上的普遍共识”。②“只从一种科学（例如社会学或精神病学）的观点来探讨犯罪与社会越轨行为（如滥用麻醉品、卖淫）难免有片面性”。③犯罪学研究的这种多学科性特点，使人们很难把犯罪学划入某一类学科的范围之中，而必须承认犯罪学是一门综合性的学科。

从综合性这个特征出发，可以得出这样的结论，即凡是利用了上述某一种或某几种学科的方法，对犯罪的某一方面或者某几方面进行系统深入研究的人，都可以看成是犯罪学家；最早进行这类研究的人，可以成为犯罪学的创始人；他们发表的研究成果，都可以成为犯罪学诞生的标志。但是，如果对这样的结论进行限制的话，

---

① Frank E. Hagan, *Introduction to criminology: Theories, methods, and criminal behavior*, 4th ed. (Chicago: Nelson - Hall Publishers, 1998), p. 2.

② Hermann Mannheim, *Comparative criminology: A text book*, Volume one (London: Routedge & Kegan Paul, 1965), p. 18.

③ ［德］汉斯·约阿希姆·施奈德：《犯罪学》，吴鑫涛、马君玉译，中国人民公安大学出版社 1990 年版，第 1 页。

可能会得出不同的结论。一些学者不认为贝卡里亚是犯罪学的创始人，不认为贝卡里亚等人所组成的古典学派是犯罪学学派，其主要根据就是贝卡里亚等人主要研究了对犯罪的惩罚和预防，而对犯罪原因关注不够。

3. 非规范性

犯罪是一种十分复杂的社会现象。这种社会现象的复杂性，导致有很多学科从不同的侧面研究犯罪问题。除了犯罪学之外，研究犯罪问题的学科还有刑法学、刑事诉讼法学等刑事法律学科。那么，犯罪学与其他同样研究犯罪问题的刑事法律学科的主要区别是什么呢？笔者认为，主要区别应当是犯罪学的非规范性。这里的“规范”，主要是指刑事法律规范，即规定犯罪问题的法律条文或者规则，它们的逻辑要素通常包括“条件假设”和“结果归纳”两个方面。①

犯罪学的非规范性（non – normative character）是指犯罪学及其研究不受法律规范约束的特性。这是犯罪学与刑事法律学科的最显著区别。对于刑事法律学科来讲，它们的内容主要是关于刑事法律规范的，它们的研究主要是以刑事法律为基础进行的。与此不同，犯罪学具有非规范性的特征，即犯罪学的内容主要不是关于刑事法律规范的，犯罪学的研究主要不是以刑事法律规范为基础进行的。正如犯罪学家赫尔曼·曼海姆所指出的：“犯罪学不是一种规范性学科，而是一种事实性学科。”② 这意味着，犯罪学主要不是研究刑事法律对于犯罪的规定，或者说主要不研究刑事法律规范如何规定犯罪等内容，而是研究客观存在的犯罪事实或者犯罪现象本身，探讨它们的存在方式、发生原因、变化规律以及控制、预测和预防等问题。

从另一方面来看，犯罪学的非规范性体现为犯罪学研究犯罪的

① 孙笑侠、夏立安主编：《法理学导论》，高等教育出版社 2004 年版，第 47 页。

② Hermann Mannheim, *Comparative criminology*: *A text book*, *Volume one* (London: Routedge & Kegan Paul, 1965), p. 13.

非法律方面的特性。犯罪学研究的非法律性主要表现在两个方面：第一，犯罪学研究的犯罪，并不仅仅局限于法律规定的犯罪，它还研究法律没有规定的“犯罪”，也就是有社会危害性但是并没有在法律中规定为犯罪的行为。第二，犯罪学不仅关注犯罪行为的法律特征，更关注犯罪行为的非法律特征，例如，犯罪现象的状况、犯罪人的心理问题、社会环境因素对犯罪行为的影响问题、犯罪行为发生的规律、控制和预防犯罪的措施等。实际上，对犯罪行为的非法律方面的深入研究，正是犯罪学与其他同样研究犯罪问题的法律学科（例如刑法学）的根本性区别之一。这样的研究才能充分体现犯罪学的学科特点——非规范性。

不过，在强调犯罪学的非规范性的同时，也不能忽视犯罪学对于刑事法律规范的关注和影响。首先，犯罪学对犯罪的确定，是以法律规定的犯罪为基础的。犯罪学中所说的犯罪，首先是法律规定的犯罪，但是又不限于法律规定的犯罪。因此，可以说，犯罪学正是以法律规定的犯罪为基础而确定自己研究的对象的。其次，犯罪学要研究犯罪行为的法律方面，为刑事立法的完善提出建议，既包括犯罪化的建议和非犯罪化的建议，还包括如何完善刑事司法活动的建议等，力求为刑事法律制度及其运行提供支持。

从犯罪学具有非规范性这一本质特征出发，可以认为，凡是侧重对犯罪的非法律方面进行系统深入研究的人，都可以看成是犯罪学家；最早进行这类研究的人，可以成为犯罪学的创始人；他们发表的研究成果，都可以成为犯罪学诞生的标志。根据这些看法，一些刑法学家如果在研究刑法规范的同时，也对犯罪的非法律方面进行了深入系统研究的话，也可以把他们看成是犯罪学家。例如，德国刑法学家冯·费尔巴哈（1775—1833）、弗兰茨·冯·李斯特（Franz von Liszt, 1851—1919）的主要研究领域是刑法学，他们是名副其实的刑法学家，但是，他们也研究了犯罪的非法律规范方面，因此，他们也是犯罪学家。[1]

三、讨论与结论

如果用上述有关犯罪学本质特征的论述分析关于犯罪学诞生的诸多观点，可以得出一些犯罪学诞生的结论。

首先，尽管人们把很多与犯罪学的诞生或者创立有关的头衔送给了龙勃罗梭，并且以此表明龙勃罗梭对于犯罪学的发展所做出的巨大贡献，但是，如果认为龙勃罗梭是犯罪学的创始人、龙勃罗梭代表作出版的年代——1876 年是犯罪学诞生的年代，那是不恰当的。这是因为，一门学科的“诞生”问题往往与最早进行这门学科相关研究的人联系在一起，而龙勃罗梭并不是最早进行犯罪问题研究的人。在龙勃罗梭之前，很多人都对犯罪问题进行了大量的研究，其中，医学家特别是精神病学家们对犯罪进行了医学方面的研究和解释，道德统计学家们对犯罪进行了统计学方面的分析，警察官员们对犯罪的“滋生土壤”和职业型犯罪人的亚文化进行了很多调查。龙勃罗梭的犯罪学研究是在前人研究的基础上进行的，特别是深受观相术、颅相学及精神病学对于犯罪问题的探索的影响。[2] 但是，也必须看到，龙勃罗梭的犯罪学研究完全符合犯罪学的所有本质特征，他的研究有力地促进了犯罪学研究的发展，特别是推动了犯罪学研究方法的革命性变化，使犯罪学研究从主要以思辨为主的学科转变为主要以实证方法为主的学科，并且使犯罪学的研究领域大大扩展，在研究中广泛吸收了当时已经发展起来的几乎所有相关学科的理论和知识。可以说，他的犯罪学研究除了某些观点在今天的犯罪学中受到批评之外，其他很多的方面都在今天的犯罪学中得到继承和发展，与今天的犯罪学十分相似。正是由于以龙勃罗梭为代表的实证犯罪学派的努力，才有了现代犯罪学的雏形，

---

① 吴宗宪：《西方犯罪学史》，警官教育出版社 1997 年版，第 95—96、331—337 页。

② 吴宗宪：《西方犯罪学史》，警官教育出版社 1997 年版，第 168—179 页。

才给现代犯罪学奠定了基本框架，因此，把龙勃罗梭看成“现代犯罪学创始人”，是名副其实的。

其次，尽管人们并没有给贝卡里亚具体的与犯罪学诞生有关的头衔，但是，如果利用犯罪学的三个本质特征来衡量贝卡里亚的犯罪学研究，就会发现，贝卡里亚的犯罪学研究是符合这些特征的。第一，贝卡里亚研究了犯罪问题。他的代表作《论犯罪与刑罚》中就包含了对于犯罪的关注，特别是他对如何对待犯罪，进行了新颖而深入的论述。第二，贝卡里亚的研究设计有很多方面的内容具有很明显的综合性。他不仅研究了犯罪与刑罚的衡量问题，也研究了刑罚的很多特性；不仅研究了刑罚的适用问题，也研究了刑事司法制度问题；不仅研究了刑罚的改革问题，也研究了犯罪预防问题。第三，贝卡里亚的研究符合非规范性的特征。他的《论犯罪与刑罚》的主要内容，并不是对于当时的刑法规范的具体分析，而是主要分析刑法制度存在的缺陷，它们背后的基础以及如何改进的建议。因此，把贝卡里亚看成是犯罪学家，也是站得住脚的。

而且，以往那种认为贝卡里亚没有研究犯罪原因问题，以此把贝卡里亚排除在犯罪学创始人之外的观点，也是站不住脚的。实际上，贝卡里亚对于犯罪问题的研究确实是综合性的，他研究的重点放在如何处置犯罪方面，而不是放在犯罪如何发生方面。这是符合当时的社会历史条件的，是对当时的社会环境中存在的紧迫问题给予回答的自然结果。尽管如此，也不能说贝卡里亚毫不关心犯罪原因问题。如果仔细阅读贝卡里亚的《论犯罪与刑罚》，就可以看出其中包含着有关犯罪原因的思想。对此，出生于美国的加拿大犯罪学家约翰·哈根（John Hagan）在其《现代犯罪学》一书中，做了这样的论述：①

贝卡里亚强调犯罪的两个主要原因：经济条件和坏的法律。一方面，他指出财产犯罪主要是由穷人实施的，而且主要是由贫穷产

① John Hagan, *Modern criminology: Crime, criminal behavior, and its control* (New York: McGraw - Hill, 1985), pp. 13 - 14.

生的。另一方面，他认为对某种犯罪的过于严厉的惩罚，虽然可以遏制一些人犯罪，但同时却通过比较对另一些人更具有犯罪的吸引力。因此，他认为严酷的法律会通过削弱人道精神来促成犯罪。

因此，把贝卡里亚看成是犯罪学的创始人，把他的代表作《论犯罪与刑罚》发表的年代——1764年，作为犯罪学诞生的年代，是恰当的。

不仅如此，任何论述犯罪学历史发展的正规著作，都是从论述贝卡里亚和古典学派开始的。即使在那些不认为贝卡里亚是犯罪学创始人的学者的著作中，也不可避免地要论述贝卡里亚的学说。这种现象鲜有例外。这也从另一个方面证明，贝卡里亚的犯罪研究是正规的犯罪学研究的起点，贝卡里亚是犯罪学的创始人。

再次，虽然19世纪道德统计学家们的研究也符合犯罪学的本质特征，但是，他们不是犯罪学的创始人。这是因为，尽管他们的犯罪研究以犯罪为核心；犯罪研究具有综合性的特点，包括将新的方法——统计方法、地图方法等引入犯罪研究；犯罪研究符合非规范性的特征，着重研究了犯罪发生和分布的规律，因此，他们对于犯罪学的发展做出了很大的贡献。不过，由于他们的研究是在贝卡里亚等人的研究之后进行的，这种时间上的差距，决定了不能把他们看成是犯罪学的创始人。而且，他们的研究在影响方面，既不如以前的古典学派那样大，也不如大致同时代的意大利学派那样大，这也决定了不能把他们看成是现代犯罪学的创始人。

第四，尽管19世纪的精神病学家们对犯罪进行了广泛的研究，这些研究也符合犯罪学的本质特征，但是，他们不是犯罪学的创始人。这是因为，尽管他们的研究涉及了犯罪的很多方面，特别是精神异常在犯罪产生中的作用，精神病学理论及其方法在确定如何处置犯罪行为和犯罪人中的应用，对犯罪的非法律方面进行了很多的探讨，可以将他们称为犯罪学家，不过，由于他们的研究进行得较晚，而且其影响力也没有龙勃罗梭那样大，对于犯罪学发展的贡献有限，所以，他们既不是犯罪学的创始人，也不是现代犯罪学的创始人。

最后，认为凯特勒和龙勃罗梭共同创立犯罪学的观点，源于美国女犯罪学家路易斯·谢利（Louise I. Shelley）的论述。她在《犯罪与现代化》（英文版 1981 年）中指出，“奎特利特和龙伯罗梭[①]的著作创立了犯罪学的理论。”[②] 不可否认，他们两人从不同的角度深入研究了犯罪和相关问题，而且也对犯罪学的发展产生了重大影响，在犯罪学研究中做出了重大贡献，他们符合成为犯罪学家的特征，他们的研究也在一些方面具有标志性意义。但是，如果认为他们两人创立了犯罪学，似乎是不恰当的。这是因为，第一，从时间上来看，对于犯罪的很多研究在他们之前就已经进行，他们的研究不具有时间上的领先性。第二，从研究风格来看，他们对犯罪研究的主题有很大的差异，在研究中采用两种完全不同的范式——凯特勒是统计学，而龙勃罗梭是人类学，他们的理论观点之间的共同性极少。把这两个从事极不相同的研究工作的人员作为犯罪学的创始人，似乎是不恰当的。第三，他们的代表作发表的年代相距较远。凯特勒在 1831 年发表了犯罪研究方面的代表作《对不同年代的犯罪倾向的研究》，[③] 而龙勃罗梭在 1876 年出版了代表作《犯罪人论》，两部著作的发表时间相差 40 多年。把这样两个时间相差如此之远的著作看成犯罪学诞生的标志，显然是不符合常理的。

综上所述，把贝卡里亚看成是犯罪学的创始人或者“犯罪学之父”（father of criminology），把龙勃罗梭看成是现代犯罪学的创始人或者“现代犯罪学之父”（father of modern criminology），把他们的代表作出版的年代分别看成是犯罪学诞生和现代犯罪学诞生的年代与标志，是比较合理的。

---

① 这两人的姓名更多地译为“凯特勒”和“龙勃罗梭”。——引者注

② 路易斯·谢利：《犯罪与现代化》，何秉松译，群众出版社 1986 年版，第 13 页。

③ 吴宗宪：《西方犯罪学史》，警官教育出版社 1997 年版，第 137 页。

刑事政策、刑法学和犯罪学三者关系的梳理与探究

张　旭*

关于这个问题我要谈三个方面：一是问题的提出，即为什么要讨论这个问题；二是刑事政策、刑法学和犯罪学三者关系的梳理，主要是在对既有的三者关系认识的基础上谈谈我对这个问题的认识；三是以三者关系为视角的思考，提出将三者关系加以考察给我们的启示。

一、问题的提出

从20世纪末叶开始，我国就有人涉猎对刑事政策及相关问题的思考和研究，但在当时，这种思考和研讨还是零散的、间断的，或者说，其还没有成为研讨的“主题”。然而，进入21世纪后，刑事政策问题越来越受到关注，并一跃成为刑事法学界关注和研讨的热点。可以说，一直到现在，刑事法学界对刑事政策的关注仍处于“持续高温”的状态。应该说，某一事物能引起广泛关注必然有其独到的诱人之处，那么，刑事政策在当下成为研究的热点，其“魅力”何在？刑事政策成为广受关注的“宠儿”，其内在动因到底在哪？在刑事政策热的背后蕴涵着什么？借助对刑事政策的研究能给刑事法学的研究和探讨带来何种启迪？我认为，这些问题值得

---

* 吉林大学法学院教授、博士生导师。

本文根据作者2008年10月27日在中国青年政治学院的演讲录音整理而成。

我们去追问和思考，而这种追问和思考不但可以促使我们把刑事政策及相关问题的研究深入下去，更为重要的是，可以借助这样的思考路径将刑事法学的研究提升到一个新的高度。

对如上诸问题的追问，应当从刑事政策缘何成为研究热点的原因谈起。很多人认为刑事政策成为研究热点很大程度上源于宽严相济思想的提出，而我认为在宽严相济思想的背后还有更为深层次的原因。虽然不能否认宽严相济思想的提出为刑事政策的研究起到一定的推动作用，但是以下几个更深层次的因素对刑事政策研究的推动是不能忽视的。

（一）犯罪日益趋重和蔓延的现状呼唤更有效的控制犯罪的对策

20 世纪 80 年代以来，随着对外开放、对内搞活的政策的推行，我国经济得以飞速发展，同时，社会由封闭转向开放，社会结构由静态转向动态，社会利益结构发生多样的分化和重组，人们的道德观念也呈现出明显的多元化倾向，也就是文化的冲突在扩展、在加剧。美国学者塞林曾提出“文化冲突论”，他认为，文化冲突会导致个人适应社会困难，进而增加反社会心理，并增加犯罪的可能性。我国正处在社会发生重大转型的历史时期，不断扩展和加剧的文化冲突也必然产生很多诱使犯罪发生的因素，带来刺激犯罪滋生和蔓延的契机。事实上，社会转型和文化冲突的加剧也确实引起这一时期的社会治安状况恶化，犯罪率激增，严重暴力案件大幅上升的态势。为了应对犯罪浪潮的冲击，我国在 1979 年刑法施行以后，从 1982 年、1983 年开始先后出台多种“决定”、“补充规定”来应对打击犯罪的需要。特别是针对犯罪状况的实际变化，全国人大常委会于 1983 年作出《关于严惩严重危害社会治安的犯罪分子的决定》，开展了以“从重从快”为特征的严厉打击刑事犯罪活动的斗争。其后，国家一直坚持“严打”政策，多次掀起“严打”和专项整治斗争的高潮，并将“严打”作为刑事立法和刑事司法的一个重要思想。一个阶段之内，“严打”几乎成为我国控制犯罪的一个最常用、最直接的手段。作为对犯罪的控制来说，“严打”

确实可以在一定程度上集中司法资源使犯罪增长势头得到有效遏制，或者说能够迅速取得常规的犯罪控制手段所不能取得的效果。但是，“严打”只是权宜之计，长久来看，“严打”只会产生“割韭菜”效应——割掉一茬又长一茬。回顾十几年“严打”的效果，人们发现，在“严打”之后，往往出现更快、更多、更高的犯罪率的增长。这样，我们自然要思考，现有的控制犯罪的对策是否存在某种问题？如何才能找到更有效地解决犯罪问题的方法、观念或者对策？正是这样一种思路的驱使，使刑事政策进入人们的视野，成为关注的焦点。可以说，客观的犯罪现实为刑事政策进入刑事领域提供了客观基础。

（二）刑法学的研究遭遇“瓶颈”

客观形势的变化要求刑法理论不断提升自身的理论品格，同时要求强化其对实践的指导能力。然而，现实的刑法学研究很难给这种呼唤以有力的回应。虽然我国刑法学研究历经50多年的发展取得了骄人的成绩，并以1979年新中国第一部刑法的制定和1997年刑法的全面修订为契机，对刑法中的很多具体问题展开了深入、全面和充分的研讨，但不容否认的是，我国刑法学研究还带有浓重的注释法学色彩。由于研究方法比较单一、研究视野狭窄，致使我国刑法学基础理论方面的思考相对薄弱，积淀的观点和突破性理论不多，未能形成独立的理论品格；许多刑法学论著满足于对法条的机械诠释，缺少理论性的指导，无法真正发挥指导实践的作用；缺少理论上的整体性和前瞻性研究，刑事立法的储备严重不足，以致在实际适用时发生诸多的问题。现在比较热的理论问题相当一部分均源自对国外刑法理论的借鉴或照搬。借鉴本身并无问题，但是如果只是将这些外来的理论硬性地“装配”在我国刑法理论中，能否将这些借鉴来的理论与中国的刑法学理论形成一个完整的体系？能否对中国现有的司法实践发挥应有的指导作用？这些都应当是我们关注的问题。我认为，目前刑法理论研究对国外刑法理论的引进，并没有真正解决我国现实的问题。面对犯罪浪潮的冲击，面对犯罪现实的呼唤，刑法理论工作者也渴望回应现实的要求，寻求更好的解决犯罪问题的理论以指导实践。但传统思维定式的影响，既有刑法学研究框架的束缚，在现有的刑法理论基础上实现突破存在太多困难，刑法学已经很难找到新的拓展空间。面对现实的期许，刑法学研究确有力不从心之感。

（三）犯罪学研究日益崛起，急需找到自己安身立命的根基

新中国犯罪学的研究最初是从属于刑法学的，这种状况一直持续到20世纪80年代。到了20世纪80年代末90年代初，在日益高涨的犯罪浪潮冲击下，作为应答性的产物，犯罪学才慢慢地从刑法学中分离出来成为一门独立的学科。尽管犯罪学在我国仍是一个充满“稚气”的学科，还没有形成自己独立的学术品格，没有自己的专业槽，没有真正发挥对实践的引领作用等，但由于其是站在世界研究的基础上展开研究，起点较高，进展和成就还是不容否认的。研究队伍的扩大，研究领域的拓展，研究内容的深化，特别是一些带有我国特色的犯罪学理论的提出，都表明犯罪学在我国还是有强大的生命力和良好的发展前景的。然而，犯罪学的发展也面临着一系列的问题，如因缺少与实践的联系途径而对实践的指导作用不强；犯罪学和刑法学各自在不同的层面上发展，以致犯罪学理论与刑事立法和刑事司法无法形成相互关照和互动；因学科属性和定位不明，犯罪学在发展方向上陷入迷茫。这样，犯罪学以其强大的生命力不断向前推进和发展；而现存的诸多问题又成为其发展的羁绊。因此，发展到一定程度的犯罪学急需破除羁绊，找到一个解决自己发展迷茫的出路，找到自己安身立命的根基，找到与刑事立法和刑事司法契合的连结点。

表面上看，上面三个原因均是在各自层面上提出问题，还难以看到它们和刑事政策之间的联系。但透过表象我们可以看到：犯罪趋重的现实和现有控制犯罪的对策的效果不佳需要我们从根本观念上予以反思和改变；刑法学需要在现有基础上拓展研究空间并强化对实践的指导能力；犯罪学则要找到与刑事立法和刑事司法的连结点。那么，控制犯罪的观念应该是怎样的？刑法学可能拓展的空间在哪儿？犯罪学与刑事立法和刑事司法的连结点在哪儿？对这三个

问题的回答，都不能不触及刑事政策问题。也就是说，犯罪控制的指导思想及理念的转变涉及刑事政策的根本问题；刑事政策可以为刑法学提升理论品格，并且强化对司法实践的指导，它开辟了一条广阔的路径；犯罪学则要借助刑事政策这个桥梁和纽带与刑事立法和刑事司法相连接。所以，从刑事政策、刑法学和犯罪学三者关系为切入点展开思考，或许能够找到妥善解决问题的方法。

二、对刑事政策、刑法学和犯罪学三者关系的梳理

首先需要说明，这里没有用刑事政策学，而是使用了刑事政策一词。我认为，这是从我国现实出发作出的选择。就我国目前来讲，刑事政策虽是一个关注热点，但是远未达到刑事政策成为一个独立学科的程度，或者说，在我国刑事政策学还没有完全长成，使用刑事政策一词更客观一些。

梳理三者的关系，需要厘清一个前提，那就是对刑事政策本身的理解。对刑事政策的理解不同，刑事政策与刑法学、犯罪学进行关系梳理的结论亦会有所不同。刑事政策是一个非常复杂的问题，有学者认为从费尔巴哈提出刑事政策的概念以来，几乎是有多少个研究刑事政策的学者就有多少关于刑事政策的解说。由此可见，关于刑事政策内容的理解，学界的分歧还是相当大的。按照刑事政策的不同理解，我们可以将众多关于刑事政策的表述作如下归纳：

一是按照对刑事政策基本性质的理解，把对刑事政策的理解分为手段说、策略说和综合说三种。手段说将刑事政策理解为有效控制犯罪的具体方法和措施；策略说认为刑事政策应在抽象的意义上理解，其实质上是一种策略、观念或者指导思想；综合说则兼采手段说和策略说，认为，刑事政策既包含应对犯罪的具体方法和措施，也包含指导犯罪治理的理念、方针和策略。

二是根据刑事政策的涵盖范围，把刑事政策分为广义的刑事政策和狭义的刑事政策。狭义的刑事政策就是指运用刑事手段打击和控制犯罪的对策，它涉及的内容主要是刑事立法、刑事司法和司法机关运用刑事法律武器与犯罪做斗争的各种手段、方法和对策。而

广义的刑事政策除了刑事手段之外，还包括解决社会问题、调整社会形态、消除和减少引发犯罪因素的诸多社会对策。

三是按照纵向结构，将刑事政策分为基本的刑事政策和具体的刑事政策。基本的刑事政策是指从最宏观的意义上指引和引领一个国家全面控制犯罪的思想、方针和策略；具体的刑事政策则只在控制犯罪的某一阶段、某一局部来发挥它的作用。宽严相济的刑事政策可以说就是在刑事司法过程中运用的具体的刑事政策。

我这里所说的刑事政策是在策略说这个意义上来使用的，以广义刑事政策的理解作为涵盖的范围，同时包含基本与具体的刑事政策这样不同层面的刑事政策的内容。我认为，刑事政策是国家在特定历史时期制定的，旨在为惩罚犯罪、预防犯罪提供指导的方针与策略。这实际上确定了研究刑事政策问题的论域问题，强调论域是要强调社会科学的研究一定要在特定的时空背景下进行，离开了特定的时空背景就无法在一个平台上交流，无法对问题形成明确的结论。

（一）刑事政策与刑法学的关系

我国研究刑事政策的学者很大一部分来自研究刑法的学者群，但很少有人对刑事政策与刑法学之间的关系进行研究。或许在很多人看来刑法与刑事政策的连接似乎是自然而然的事情，两者之间的关系没有必要探讨。不过，也有部分学者开始关注刑事政策与刑法学之间的关系问题。北京大学的储槐植教授对二者之间的关系进行了较系统的研究，他认为，刑事政策和刑法学的关系可以借助两个功能来表达：一个是刑事政策对于刑法（包括刑法学）的导向功能。在整个刑事立法与刑事司法的变化过程中，刑事政策在犯罪圈的划定、打击重点的确定、打击方式的选择和打击手段的运用中均扮演引领者的角色，最终使得刑法向着一个特定的方向前进。如交通犯罪的行为人绝大多数主观上是基于过失，随着汽车拥有量的增加、现代交通速度和技术的不断提高，车辆肇事给整个公众和社会带来的安全隐患巨大，在这种情况下，面临着两种价值的冲突：公共安全的保障和个人权益的保护。作为整个刑事立法来说，对于交通犯罪的设定是要把重点放在个人权益的保护上抑或是放在整个公共安全的保障上？回答这样的问题就要有一个刑事政策的观念进行指引，这种刑事政策的观念直接决定着最终刑事立法的选择。如果偏重对个人权益的保护，就意味着对越来越严重的交通犯罪采取轻缓的处理办法；但是如果要关注对社会公众安全的保障，则可能要不断加重对交通犯罪和交通犯罪人的处罚，此时没有一个思想来指引就没有办法进行具体的立法。这实际上是刑事政策对犯罪圈划定的影响。

另一个功能是调节功能，又可以分为内部调节和外部调节。内部调节是指刑事立法与刑事司法之间的调节。一方面立法通过刑事政策调节司法，它实际要表明在社会外在环境和人们价值理念发生变化的情况下，同样的行为在整个司法过程中应该向偏重还是偏轻倾斜。如宽严相济的刑事政策提出后，必然要在整个刑事司法过程中加以贯彻，刑事和解能够引入到刑事司法实践中，应该说与特定观念或政策的指导是分不开的。另一方面是司法通过刑事政策调节刑事立法，它突出表现在立法修改方面。司法效果不佳或者司法过程中发现法律漏洞，则要适时修改立法，但怎样修改，要借助刑事政策的参与。外部调节主要指整个刑事立法和刑事司法与外部的政治、经济等相关的社会环境形成的一种良性的互动状态。它要解决的主要问题，是随着客观环境的变化适时地修改刑事立法、调整刑事司法。几个刑法修正案的出台很好地说明了这个问题。

我十分赞同储槐植老师的观点。刑法立法的变革、刑事司法的调整，并不是凭空产生的，刑事立法的总体走向确定、刑事司法的主要基调的选择，总是有一种观念指导、有一种价值体现，这种观念和价值的载体就是刑事政策。总结两者的关系，刑事政策（学）是刑法学的上游学科，它从最基本意义上、从价值观念层面引领刑事司法和刑事立法；另外，刑法学对于刑事政策（学）也要发挥特定作用，刑法学要成为检验特定时期刑事政策是否合理、是否有效的“舞台”。如刑法学中对“严打”效果的反思，表明刑事手段不是控制犯罪最好的手段，重刑在控制犯罪过程中也没有像人们预想的那样发挥重要作用。所以，才有了宽严相济刑事政策的提出和刑罚在控制犯罪方面作用认识的转变。

（二）刑事政策与犯罪学的关系

目前来看，对刑事政策与犯罪学之间关系的关注并不少见，但专门对二者的关系进行研究的还不多。我认为，把握两者关系的切入点不同，结论可能会不同。服务于我们的研究目的，对二者关系的把握可以从两者的连结点入手。刑事政策是关于犯罪治理理念和价值、观念的集合，它更多的是从权衡和价值判断层面对犯罪所进行的反映。其宗旨在于从总体上指引一个国家治理犯罪的实践和活动；而犯罪学是为了预防犯罪和减少犯罪而对犯罪这一社会法律现象进行辩证研究的科学。因此，犯罪治理可以说是刑事政策和犯罪学之间的交融点。以此连结点入手，刑事政策和犯罪学之间的关系可以从两个方面来看：

一方面，犯罪学是刑事政策得以形成的基础。从整个刑事科学的研究来看，所有关于刑事问题的思考可分为三个层面，即事实层面、规范层面和价值层面。在整个犯罪问题的研究中，事实层面的研究是整个刑事科学研究的出发点，规范的形成是价值判断的结果，所以犯罪学作为以事实层面研究为主要内容的学科，刑事政策作为以价值判断为主要内容的学科，二者均是规范学的上游学科；犯罪学又是刑事政策（学）的上游学科，犯罪学是刑事政策得以形成和提出的基础。首先，从犯罪现状的把握和了解来看，整个犯罪学的研究要借助对于犯罪现象的结构、犯罪动态的把握等问题的分析和描述，帮助我们了解现存社会的犯罪发生、发展规律，了解犯罪未来的走势，对这些规律和走势的认识是制定控制犯罪对策的前提和物质支撑。没有对现实世界的了解，整个刑事政策必然建立在虚无的基础上。从 1997 年刑法施行到现在已经有 8 个修正案先后出台，还有相关部门的解释。社会转型时期导致修法的频繁不是我国独有的现象，但是我国面临的问题是修法过于频繁，这值得我们进行思考。这一现象的出现是因为刑事立法、刑法学研究缺少前瞻性，这与我们忽视犯罪学研究有密切的因果关系。缺少对犯罪学的研究就无法对未来的犯罪走势有一个明显的把握，对未来的打击重点要放在哪里、未来的犯罪危害会表现在哪一领域都缺少明确的、预先的了解，所以整个刑事立法会出现偏离或无法适应社会发展的状况。现在我们将犯罪学的研究成果引进来，借助于犯罪学对于犯罪现象结构和动态的分析，借助对犯罪现象的回溯和展望，可以了解整个犯罪的发生、发展状况并提出应对犯罪的有效对策。也就是说，借助犯罪学的研究可以为刑事政策的形成提供现实的支撑和引领。从知识形态上来说，犯罪学不是仅仅对于犯罪问题进行客观的描述，它还要分析犯罪原因、找寻犯罪规律、提出解释犯罪问题的内在机理。比如说，在犯罪学的研究中，西方很早有人提出犯罪遏制理论。该理论在强调为什么有些人没有走上犯罪道路的时候，无非借助于两个方面的因素：一个是外部控制，另一个是内部自身免疫力的增强。从犯罪遏制理论来说，作为犯罪的惩治而言，仅仅靠针对个人的刑事手段是不可能达到预期效果的，社会环境的改善在整个犯罪控制当中发挥着非常重要的作用，所以，作为治理犯罪的观念来说，就要形成“打防并举”的局面，不能仅仅寄希望于借助刑事手段来完成。通过分析这些问题，从知识形态上犯罪学为整个刑事政策的形成提供理念、知识和具体理论的支撑。从另一个角度来说，刑事政策的形成源于犯罪学学科的发展和成熟。国外有学者说过，整个刑事政策问题的出现是与犯罪学学科的发达紧紧地联系在一起的，没有犯罪学学科的发达就没有刑事政策的变化和刑事政策学的出现。可见，犯罪学对于刑事政策的形成和发展具有至关重要的支撑和基础作用。

另一方面，刑事政策也是犯罪学发挥学科价值的基本路径。借助于犯罪学的思考，可以对整个社会的犯罪现象有一个全面的了解和透彻的把握；借助于犯罪演变趋势的考察，可以预知犯罪在未来一定期间内可能呈现的变化趋势。但是犯罪学的成果，不能够被自然地应用到刑事立法和刑事司法当中，它必须借助一个环节，通过某种途径才能真正地与刑事立法、刑事司法发生契合或者真正地完成对于刑事立法、刑事司法的指引作用，而在这样一个特定的环节当中，刑事政策恰恰扮演着桥梁的作用。借助于犯罪问题的研究生成刑事政策，再用刑事政策来引领刑事立法和刑事司法。过去国外有学者提出，没有刑事政策指引的刑法学只能是瞎子，这里的刑事政策和刑法学之间的关系已经被形象地说明。可见，犯罪学要借助于刑事政策这样一个特定的纽带与刑法学有机地连接起来，也就是说，犯罪学要靠刑事政策的媒介才能展示自身的魅力，发挥自己的作用。比如说，关于犯罪发生的原因问题，经过多方研讨发现，作为整个犯罪出现来说，如果单个考察每一个罪行严重的犯罪人都是十恶不赦的，或者说对其施用重刑都是自然的选择；但是将犯罪现象作为一个整体去观察、去分析时，我们不禁会问，为什么在一个特定的阶段之内、一个有政府领导的区域之内会有众多的犯罪发生？在犯罪滋生和蔓延的过程当中，国家要扮演怎样的角色以及应承担怎样的责任？这时我们借助于对犯罪问题的思考和研究，就会形成对于犯罪的理性认识，形成对于犯罪人的宽容和理解的情怀。一旦有了对于犯罪和犯罪人更审慎、更理性的认识，对于犯罪的控制也就可以心平气和地完成。此时我们要注意到，国家在整个控制犯罪的过程当中要承担一定的责任，犯罪人在某种特定的意义上来说也是某种牺牲品，所以对于犯罪人来说要对他进行惩罚，要予以矫治，但是要以一个合适的方式和尊重犯罪人人格的态度来看待犯罪和犯罪人。在这种观念下，我们就会注意到，重刑、死刑都不是解决犯罪的最有效手段，这样一来对重刑、死刑的依赖就会慢慢改变。没有刑事政策的连接，就没有犯罪学研究成果对于刑法学的引领和影响，这样，犯罪学理论再多，研究成果再好，也只能束之高阁成为无用的材料堆砌，而无法发挥特有的作用。所以，借助刑事政策学，犯罪学也找到了释放自己的空间，找到了展示自己魅力的平台。

（三）刑法学与犯罪学的关系

犯罪学与刑法学的关系一直是犯罪学研究者关注的话题。在这种关系的研讨中，比较有代表性的观点有两个：一个是以陈兴良教授为代表，把犯罪学看做刑法学的辅助学科。我理解，在陈老师看来，刑法学与犯罪学的关系应该是主从关系。另一些学者，主要是从事犯罪学研究的学者则认为两者是并列关系。比如说中国政法大学的皮艺军教授，曾写过一篇文章叫《犯罪学 VS 刑法学》，把二者看做一对孪生兄弟，只不过一个高大健壮、一个枯瘦矮小而已。中国政法大学的赵宝成教授曾提出犯罪学和刑法学是相互关照的亲缘学科，我理解本质上也还是一种并列关系。从犯罪学和刑法学的关系来说，赵宝成老师的研究还向前推进了一步。他从存在的形态、思考的模式、学科体系的不同等方面对二者的区别进行了深入思考。从存在形态上来说，他认为刑法学是一个自给自足的学科——犯罪是由刑法所规定，犯罪后处什么刑罚也由刑法规定，因此，刑法学自身就可以完成对问题的研究。但作为犯罪学来说，它要不断借鉴其他学科的知识，所以犯罪学是一个开放的体系。从研讨的基点来说，他认为犯罪学总是以批判的视角和思维去思考问题，而刑法学是在肯定的基础上对一些问题进行进一步的探究。肯定与否定两者之间的差异是非常明显的。从研究的方法上来说，刑法学更多是注释方法的研究，而犯罪学更多地依赖实证。这些问题的探讨能更好地帮助我们理解犯罪学和刑法学的内在差别。关于犯罪学和刑法学的关系，赵宝成教授认为它们是相互关照的关系，至于怎么关照，他说得不多，而这恰恰是我们需要关注的重点。

我认为刑法学和犯罪学的关系应当是非常亲密的。一方面，犯罪学的研究必然会推进刑法学的研究。相当一部分刑法学研究者可能不太同意这个提法，但如果我们从两者关系的把握来说，犯罪学实际上在扮演这样一个角色。回首犯罪学的发展历史，看到各种理论的交替变化，可能会觉得各种学说的交替有些杂乱无章，但如果要抓住一条主线，即看到犯罪学与刑事立法之间的相互呼应，就能感觉到每一次犯罪学理论的变化都会促使整个刑法学观念的变革。刑事古典学派理论（如果它可以作为犯罪学一种理论的话）还把犯罪问题的研究停留在行为层面上，只要有行为就应该加以处罚，而这个时候的刑法学是客观主义的刑法。随着刑事人类学派研究的兴起，人们开始关注从行为人这样一个角度，如何去分析和挖掘犯罪产生的原因，如何根据不同的原因来选取不同的惩治犯罪人的对策。此时在刑法层面上，则表现为客观主义向主观主义发生转变，其中相伴而生的一个非常明显的潮流就是个别化刑罚思想的形成。我认为，整个欧洲19世纪末的刑罚改革在很大程度上是受刑事人类学的推动的。继刑事人类学派之后，犯罪社会学理论成为犯罪学中的热点，与此相呼应，在刑法学上就是以李斯特为代表的目的刑主义和教育刑主义的兴起。犯罪学再进入一个阶段就是激进犯罪学的出现，就是说在对犯罪多方采取措施都不能遏制犯罪上升的势头，因而对犯罪感到无能为力的时候，只能对现有的西方制度进行抨击，而此时的刑法学的研究也进入了以市民刑法为主导、体现人文关怀等色彩的新的研究层面。因而，我们能够发现犯罪学的研究成果事实上在推动刑法学的观念转变，推动刑法学的理论发展。从现实的情况来说，犯罪学对刑法学的推动从不同层面也是能感受到的。比如未成年人司法体制的改革和变化，未成年人特殊处遇措施的规定，实际上是以犯罪问题的研究为基础的。没有犯罪学说对未成年人主观上、身心上的考察，没有对未成年人的可塑性和仿效性非常强的特点的考察，未成年人犯罪之所以要采取特殊的处理方法就没有理论依据。从整个刑事立法不断修订和改变来说，也是要借助于犯罪学中对整个犯罪走势的研究和对犯罪规律的探寻，来影响整个刑事立法向着适应实践要求这样一个方向发展。所以，犯罪学推动刑法学，应该是一个不争的事实。

另一方面，犯罪学也会从刑法学中获取自己的研究灵感。如果说犯罪学能始终关注刑法学发展动态的话，也就为自己的研究找到了一个更切合实践要求的方向。比如近年来人们逐渐认识到，在对犯罪人量刑的时候，行为人的人身危险性是一个值得关注的问题。人身危险性与主观恶性之间的关系，其在整个定罪过程中的功能一直是刑法学关注的问题。作为人身危险性的具体把握来说，离开了犯罪学的研究，刑法学自身是很难完成这样一个任务的。人身危险性的考察要涉及很多方面：犯罪人生存的环境、生理上的气质、性格以及血型等问题都会对人身危险性产生很大的影响。所以，人身危险性的鉴别要靠犯罪学的研究取得一定成果才能完成。犯罪学如果能找到一个很好的人身危险性的鉴别方法，我们引进人身危险性对于量刑，甚至定罪的影响就成为一个比较容易接受的现实。所以在犯罪学的研究中也需要对刑法学研究的要求有一定了解，从而找到自己进一步研究的重点与方向。总而言之，关注刑法学越多，犯罪学的研讨空间就越大。

综上，从三者关系的梳理来看，犯罪学、刑法学都与刑事政策具有密切联系。从三者关系的研究入手，我们能找到犯罪学、刑法学和刑事政策三者之间相互关照、良性互动的金钥匙。当然，找到这样一种关系并不是我们问题研究的归宿和落脚点，所以我们进入第三个问题：由三者关系引发的思考。

三、由刑事政策、刑法学和犯罪学三者关系引发的思考

对刑事政策、刑法学和犯罪学三者关系进行梳理和思考，只是思考问题的一个进路，通过对三者关系的梳理与思考，要求证的问题或能获得的启示才是我要讨论这个问题的根本目的。就三者关系的梳理与思考给我的启示而言，主要有三点：

（一）要给刑事政策以应有的理解

很多学者认为，刑事政策一词来源于西方。而在西方，刑事政策多在“手段说”或“综合说”意义上使用，因而，在将刑事政策引入到我国时，自然应具有相同的内涵。我想，这可能是对西方刑事政策理解的误解。据考察，刑事政策这一概念最早出现时，总被人们习惯地看做是一种立法技术或技巧，其后，尽管认识上也存在争议，但大多数法学家或刑事政策学家都倾向于认为，刑事政策既是打击和预防犯罪的斗争策略，是一个国家总政策的组成部分，同时也是研究犯罪现象及其对策的科学。李斯特在整个刑法的变革过程中，多次谈到刑事政策的这样一个问题，而这种刑事政策最终指向了一种观念和指导思想。

从我国目前的情况看，刑事政策不能离开我们长期的对政策的理解。从汉语的解释上来说，政策是指“国家或政党为实现一定

历史时期的路线而制定的行动准则”。我国最初提出诸如“坦白从宽，抗拒从严”或者惩办与宽大相结合之类的政策时，也都是在观念、指导思想这样一个意义上来使用的。所以，我觉得从整个历史发展的脉络来说，将刑事政策理解为方针或者策略，是有它的理论基础的。我们从三者关系这个视角去考察，刑事政策如果真的去扮演引领刑事立法、刑事司法这个角色，刑事政策真正成为犯罪学与刑法学的桥梁，它必须在观念层面上来使用。如果我们把它理解为一种具体对策的话，就意味着在整个刑事司法的过程中，可以直接把政策运用到具体的案件中，这样无疑会增加破坏法治的危险。如果把具体的方法、手段作为一种刑事政策，那么实际上它就成为犯罪学的一个组成部分，犯罪学、刑法学、刑事政策这样一个三角关系就很难确定下来。所以，我们从关系入手，再去关注刑事政策的内涵的时候，应该还它本来的面目，一定要把它作为一种观念和指导思想来把握。

（二）刑事问题的思考和研究应该有“一体化”的思想

储槐植教授很早就提出刑事一体化问题，当时应和者寥寥；但进入21世纪后，“刑事一体化”成为一个非常时髦的话题。论文检索过程中，含“刑事一体化”字样的文章数量以飞快的速度在增长，这也反映出一定的客观要求。在对刑事问题进行整体思考的前提下，要想寻找有效控制犯罪的对策，必须跳开现有狭窄的刑法学既有框架的羁绊，而在更高、更广的层面上去理解、认识和分析与犯罪相关的一些问题。储槐植老师在提出刑事一体化思想的时候，指出犯罪问题的研究要在刑法之中、刑法之外和刑法之上来进行：刑法之中就是要对罪刑关系进行思考；刑法之外就是关注前边、注意后边，前边要延展到对犯罪原因的考察，后边要追溯到对犯罪人的改造和后续的矫治工作；刑法之上就是要注意到整个客观环境的变化与刑事立法之间的关系。我们现在强调一体化的思想，在储槐植老师原创思想的基础之上，作为关乎犯罪问题的研究，都要把它放到一个大的背景之下，既要瞻前又要顾后，既要环左又要顾右。瞻前就是要关注犯罪学中对犯罪的研究，不仅仅涉及犯罪产生的原因，还涉及对整个犯罪现象的描述和把握；所谓顾后就是对犯罪的一些后续问题的研究，如刑罚的执行、监狱设施的设计和改造，在监狱改造的环节中需要关注的问题，包括重新犯罪率的有效抑制。所谓环左，就是作为整个刑事实体法的研究来说，必须与刑事程序法相互关照，在公正和效率之间、在程序和实体之间，要找到一个均衡点。如在基本理念上关注被告人的权利保护，就要求不仅在实体法中要明确罪刑法定这样一个基本原则，在程序法中也必须明确肯定无罪推定、沉默权等的相关配套措施。我们关注被害人的权益，那么在刑事立法的实体、程序两个层面，都要从不同侧面借助规范落到实处。作为整个刑事问题来说，一旦以一体化为视角，对于犯罪与刑罚的关系、对于公正与效率的关系、对于实体与程序的关系可能都会作出重新的诠释，而这样一种诠释，反过来会推动刑事立法向更高、更深的领域去发展。如果说我们的眼界仅局限于狭小的刑法天地，只围绕着犯罪与刑罚转圈子，就无法了解事实基础，无法在事实基础上进行价值判断，也不可能在更高层面对犯罪问题进行哲学思考。以往正是因为刑法学既有框架的局限，刑法学研究一直难以有大的突破，难以形成具有深厚理论积淀的、具有自己学术品格的大家或者学派。所以，我觉得这种刑事一体化的思想会使得我们认识问题、思考问题的视野豁然开朗，而且把犯罪原因、犯罪预防以及刑法的适用等问题结合在一起考虑，会使我们对犯罪问题有更透彻、更理性的理解。“一体化”思维应该是对三者关系梳理后最直接的回应。

（三）刑事学科之间应相互关注、共同发展

这也是由第二个问题衍生出来的。既然我们要在一体化的框架内全方位地思考有关犯罪的问题，那么各个研究犯罪的学科之间就要形成一种良性的互动和相互关照。就目前来说，关乎犯罪问题研究的各个学科发展是不平衡的，不少学者对犯罪学持漠视甚至排斥态度。从三者关系的视角出发，我们应该对这个学科有一个理性的看法：犯罪学获得不断的提升与发展，那么刑法学也会有更大的提升空间，事实上这是一种双赢的研究模式。因而，在未来的整个刑

事科学的研究过程中，要关注犯罪学的发展，从各个方面给予支持。而每个学科在支持其他学科发展的同时，也会促进自身的发展。可以设想，随着犯罪学研究队伍的扩大、研究内容的深入以及研究领域的拓展，犯罪学的理念和思想就会更多地借助刑事政策渗透到刑法学的研究中，并推进刑法学研究的丰富和深入。一旦刑法学的内容得到充实，刑法理论不断深入，刑法学研究指导实践的能力不断增强，那么犯罪学自身的影响和学科价值也会慢慢凸显出来；犯罪学得到进一步发展，刑法学获得进一步提升，整个刑事科学研究自然就会向前推进。

犯罪学学科、专业建设与发展研究

马亚雄　靳高风*

一、引言

学科是指一定科学领域或一门科学的分支，是一个相对独立的知识体系。一门学科在社会中的表现就是根据社会分工和人才培养而设置的各种学业的类别，即所谓的“专业”。专业是指根据学科分类和社会职业分工需要，分门别类进行高深专门知识教与学活动的基本单位。这个专业定义既有高深专门知识教与学活动的属性，又具有分门别类地进行这种活动的基本单位的属性。在我国高等学校和中等专业学校，根据国家建设需要和学校性质设置了各种专业，各专业都有独立的教学计划，以实现专业的培养目标和要求。学科知识的生产与专业人才的培养一般依靠大学中的院系来完成，大学的专业院系是生产专门知识、培养专业人才的主要阵地。

犯罪学是一门科学认识犯罪现象及发展犯罪防治对策的学科，其主要是分析犯罪现象、揭示原因及提供治理犯罪的对策。犯罪学自18世纪产生以来，无论在理论上和实践上都直接影响着世界范围内的立法、司法和犯罪治理的理念和措施。一方面，犯罪学改变了以往人们对犯罪和刑罚的认识观念，直接导致了刑事立法和司法的变革。另一方面，还使人们认识到了刑罚效果的有限性，认识到了社会措施对犯罪预防的作用。

---

* 马亚雄，中国人民公安大学犯罪学系主任，副教授；靳高风，中国人民公安大学副教授。本文为2007年北京市教学改革项目《犯罪学学科与专业建设研究》的部分报告。

犯罪学在西方国家已经发展为一门成熟的学科，并在认识犯罪和治理犯罪方面起着主要的作用。然而，我国犯罪学不仅起步较晚，而且发展还处于初级阶段。对国内外犯罪学学科与专业建设进行研究，有利于推动我国犯罪学专业人才的培养和犯罪治理事业的发展。

二、犯罪学：一门独立的学科与专业

人们根据不同的研究领域将知识分成自然的、社会的和人类思维的三大类别，与此对应的研究领域分别是自然科学、社会科学和人文科学。社会科学是以社会现象为研究对象的科学，其任务是研究与阐述各种社会现象及其发展规律。从学科史和方法论史来看，“社会科学”是一个出现相对较晚的概念，是科学发展分化的结果。在社会科学领域，历史学、经济学、社会学、政治学和人类学是最早独立的学科。截止到1945年，社会科学的各学科基本上都已经在世界上的绝大多数主要大学里制度化了，取得了独立的地位。[①]

犯罪学的产生是19世纪初期社会科学产生和发展的结果，也是社会分工细化的必然趋势。在犯罪学产生之初，犯罪学的建设者们就是比照其他学科的建设模式，试图把犯罪学建设为与其他社会科学一样的一门独立的学科。犯罪学早期的研究通过研究社会存在的犯罪人及其生活的环境来寻求犯罪产生的根源，即通过实验方法揭示犯罪现象和犯罪原因两个方面的规律，在此基础上提出刑罚和社会的对策，而更注重社会对策的发展。犯罪学是一门通过经验研究来把握作为社会现象的犯罪现象事实性规律的科学。犯罪学研究对象的独特性和不可替代性决定了犯罪学作为一门学科的独立性，而犯罪学对犯罪现象这一社会现象规律的揭示决定着犯罪学是一门社会科学。因此，从犯罪学的形成、产生和发展历程来看，我们认

① ［美］华勒斯坦等：《开放的社会科学》，生活·读书·新知三联书店1997年版，第34页。

为，犯罪学像政治学、经济学、历史学、社会学、心理学、法学[①]等其他社会科学一样研究社会现象发展变化的规律，也就是说，犯罪学是研究犯罪这一社会现象发生发展变化规律的科学，是一门独立的社会科学。这不仅是社会科学发展、学科分化的必然结果，也是犯罪学研究对象的独特性和不可替代性的要求。

犯罪学的学科性质决定了其在整个社会科学的学科结构中的地位。从犯罪学学科的性质来看，犯罪学无疑是一门独立的社会科学，是社会科学下的一个门类，然而，之所以在犯罪学已经证明了其存在价值的今天仍有人主张其从属性，是犯罪学学科发展欠成熟、学科制度化过程没有完全完成的结果。一些学者往往从犯罪学学科知识体系的不完善性和社会价值的不充分性等方面否定犯罪学作为社会科学一门学科的独立性。然而，随着犯罪学的逐步成熟，社会已经逐步认可了犯罪学的实质地位，一些社会科学家已经明确把犯罪学列为社会科学的一个门类。[②]

三、国内外犯罪学学科与专业建设情况及比较分析

从世界范围来看，犯罪学已经作为一门学科与专业在高等教育制度与大学中得以确立，但是犯罪学学科与专业的发展水平是不均衡的，其中以美国为代表的美洲地区比较发达，其次是欧洲地区。相比较而言，我国犯罪学学科与专业建设相对比较落后。犯罪学学科与专业建设主要体现在犯罪学专业在高等教育制度中的设置、犯罪学系在主要大学中的成立、系统的犯罪学专业课程的开设及犯罪学学位的设立等方面。

---

① 历史学、经济学、社会学、政治学是传统的社会科学的主要组成部分，地理学、心理学、法学一直未能成为社会科学的主要组成部分，而法学由于其过于规范化，缺乏经验研究的根基而为社会科学家所质疑。参见华勒斯坦等：《开放的社会科学》，生活·读书·新知三联书店 1997 年版，第 1—30 页。

② 邓小昭：《社科情报基础理论问题研究（1979—1999）》，载《情报资料工作》2001 年第 1 期。

（一）国外犯罪学学科与专业建设的情况

1. 犯罪学学科与专业在国家高等教育制度中的确立

在犯罪学学科与专业建设方面，美国、英国、澳大利亚等国家比较领先，尤其是美国，是一枝独秀的。目前在美国，犯罪学在各大学已经成为一门独立的学科，美国有32所大学设有犯罪学和法务学的博士项目，几百所大学设有硕士项目，上千所大学有学士项目。① 在美国，犯罪学已经成为一门独立的学科。从2005年起，由《美国新闻和世界报道》出版的《美国最好的研究生院》，开始给犯罪学学科的博士点排名，这是社会上对犯罪学作为一门独立学科最正式的认定。在2005年的最新排名中，博士教育阶段，马里兰大学犯罪学与刑事司法系在各项指标中均独占鳌头，并以非常接近满分的成绩继续领跑犯罪学领域，纽约州立大学、辛辛那提大学和加州大学的犯罪学分列第二、三、四位。在2006年，“美国国家研究审议会”已经认定法务学/犯罪学（criminology and criminal justice）是一门“正在兴起的学科”。因此，犯罪学最终被“美国国家研究审议会”确定为独立学科只是一个时间问题。② 鉴于美国犯罪学学科与专业发展的领先性，英国犯罪学学者洛克（Rock，1997）曾羡慕地指出：“犯罪学几乎算是一门美式的专门学科。它是为美国大众的兴趣、为美国的问题量身打造的。”③

2. 犯罪学学科与专业在大学中的确立

在美洲、欧洲及大洋洲的主要大学里，犯罪学已经以成立犯罪学系、犯罪学研究中心或刑事司法学院的形式确立了下来。根据有关统计，截至1991年，美国有416所大学设立了犯罪学系或刑事司法学院。大学里的这些犯罪学机构一方面培养各层次的专业人才，另一方面从事犯罪学相关课题的研究，其中尤以应用研究为主。一般犯罪学系承担两个方面的课程：一是犯罪学专业的课程，

---

① 曹立群、任昕主编：《犯罪学》，中国人民大学出版社2008年版，第10页。

② 曹立群、任昕主编：《犯罪学》，中国人民大学出版社2008年版，第10页。

③ 曹立群、任昕主编：《犯罪学》，中国人民大学出版社2008年版，第9页。

二是承担其他院系的相当于我们所说的“理论法学”的法学教育的基础课程。①

犯罪学在大学确立的形式大致有五种：一是一些综合性大学设立犯罪学系、犯罪学学院及犯罪学研究中心。著名的如印第安纳州立大学犯罪学系（Department of Criminology at Indiana State University）、剑桥大学犯罪学中心（Institute of Criminology at University of Cambridge）、多伦多大学犯罪学中心（The Centre of Criminology, University of Toronto）、墨尔本大学犯罪学系、开普敦大学犯罪学中心（The Institute of Criminology at the University of Cape Town）及香港大学犯罪学中心等。二是一些大学设立刑事司法学院，或把犯罪学作为刑事司法学院的主要专业或研究方向，或把犯罪学作为整个刑事司法理论体系的理论和方法论基础。三是一些大学把犯罪学作为社会学系的课程或专业。四是还有些大学将犯罪学设立为学院下的学科专业，如在美国的俄克拉荷马大学，犯罪学与社会学、心理学、政治科学、历史学等同属于艺术及科学学院社会科学群中的一个专业。五是开展博士项目或设置犯罪学博士学位授予点。根据“犯罪学和法务学博士项目协会”的数据，美国现在有 30 个大学有犯罪学和法务学的博士毕业生，其中 24 个学校有独立的犯罪学和法务学院系，其他 6 个犯罪学的博士项目在其他学科中，但毕业生拿到的都是犯罪学和法务学的博士学位。另外还有 2 个刚刚开始招生的大学。② 另外还有的大学虽没有设置专门的犯罪学机构，但是开设有犯罪学课程。

3. 犯罪学学位制度和课程体系完备

在西方大学的犯罪学系或刑事司法学院里，已经形成系统的学位制度和课程体系。犯罪学系或者犯罪学专业大都可以直接授予相应的犯罪学学位，如在美国宾夕法尼亚大学文理科研究生院、波士

---

① 苏力：《美国的法学教育和研究对我们的启发》，载《法治及其本土资源》，中国政法大学出版社 1997 年版。

② 曹立群、任昕主编：《犯罪学》，中国人民大学出版社 2008 年版，第 10 页。

顿大学的社会学系和人类学系等院校都可以直接授予犯罪社会学文科硕士学位，英国剑桥大学犯罪学中心（University of Cambridge Institute of Criminology）设有硕士和博士学位，墨尔本大学犯罪学系（Department of Criminology at the University of Melbourne）设有本科，并细分为三个专业：犯罪和暴力预防（Graduate Certificate in Criminology（Crime and Violence Prevention））、执法研究（Graduate Certificate in Criminology（Enforcement Studies））和政策研究（Graduate Certificate in Criminology（Policy Studies）），还有双学位、硕士研究生学位及博士学位，并有犯罪学的非学历教育教育（Graduate Diploma in Arts（Criminology））。英国莱斯特大学（University of Leicester）犯罪学系设有犯罪学远程教育（distance learning）和在校学历教育（campus - based learning），学历教育可以授予各层次的学位，有犯罪学专业本科教育（BA degree），课程由犯罪学系和社会学系联合授课。

西方犯罪学已形成比较系统的本科教育课程体系和硕士、博士培养方案。西方主要大学的犯罪学专业课程既包括理论性课程，也包括应用型课程；既包括理论课，也包括方法课；既包括社会科学和行为科学的课程，也包括法律和执法课程。本科课程体系包括基本课程和专题论文，基本课程一般在前两年或三年完成。硕士、博士课程分为不同的方向或专题。如英国莱斯特大学本科生课程具体包括：一年级有犯罪学理论（Criminological Theory）、刑事司法（Criminal Justice and Contemporary Issues in Crime and Criminal Justice）、转型社会学（Societies in Transformation）及研究方法（Research Methods），二年级有警务与社会（Policing & Society）、犯罪与惩罚（Crime & Punishment）、定量与定性研究方法（qualitative and quantitative research methods）、越轨社会学（the sociology of deviance），三年级有犯罪减少方略（Crime Reduction）和专题论文（the Dissertation），目前专题论文可选专题涉及少年犯罪与司法制度（Youth Crime & Justice）、比较犯罪学（Comparative Criminology）、心理健康与犯罪（Mental Health & Crime）、群体犯罪、社会控制及足球流氓研究（Crimes of the Powerful, Crime, Technology & Social Control and Football Hooliganism）等。硕士教育包括犯罪学（MSc/PgD in Criminology）、应用犯罪学（MSc/PgD in Criminology（Applied））、临床犯罪学（MSc/PgD in Criminology（Clinical））、警务与社会冲突（MSc/PgD in Policing and Social Conflict）和社会安全与组织风险管理（MSc/PgD in Security and Organisational Risk Management）五个研究方向。

在澳大利亚的墨尔本大学的犯罪学系里，本科生课程分三学年修完。前两学年课程侧重于犯罪学和刑事司法的基础课程，第三学年侧重于犯罪和执法的专题研究课程。第一学年包括警察法院矫正机构与犯罪（Cops, Courts, Corrections and Crime）、犯罪与犯罪学理论（Perspectives on Crime and Criminology）；第二学年包括犯罪与公共政策（Crime and Public Policy）、研究方法导论（Introduction to Research Methods）、刑法与犯罪学（Criminal Law and Criminology）、警务（Policing）、矫正理论与实践（Correctional Theory and Practice）、犯罪与偏差行为社会学（Sociology of Crime and Deviance）；第三学年包括量刑理论与实践（Sentencing Theory and Practice），心理学与刑事司法（Psychology and Criminal Justice），青少年犯罪与社会（Youth, Crime and Society），公司与白领犯罪（Corporate and White Collar Crime），澳大利亚暴力犯罪（Violence in Australia），定量研究方法（Qualitative Research Methods），当代犯罪预防（Contemporary Crime Prevention），女性、性别与犯罪（Women, Gender and Crime），民族、种族与犯罪（Crime, Ethnicity and Race），犯罪与文化（Crime and Culture），被害人学（Victims），毒品与司法（Drugs and Justice）和刑事司法（What Works in Criminal Justice）。①

在马里兰大学，犯罪学与刑事司法学专业的课程体系包括6门必修课、3门主选课（three（3）CCJS electives）与一门统计课

① http://www.criminology.unimelb.edu.au/subjects/.

（statistics course）、6门基础课。其中必修课包括刑事司法（Introduction to Criminal Justice）、犯罪学（Introduction to Criminology）、刑法（Criminal Law）、研究方法（Research Methods）、执法（Law Enforcement）和青少年犯罪（Juvenile Delinquency）。基础课可以从全校20多个系的130多门课中选。

（二）我国犯罪学学科与专业建设情况

新中国犯罪学的发展开始于20世纪80年代，是对我国改革开放后犯罪问题尤其是青少年犯罪问题日趋严重的社会现实反映的结果。1980年，中国社会科学院在青少年研究所下成立了第一个犯罪学研究机构——犯罪研究室，随后该机构编辑出版了第一个专门研究犯罪问题的学术刊物《青少年犯罪研究通讯》（后改为《青少年犯罪研究》）。从1982年开始，我国主要大学开始开设犯罪学课程，有的学校还成立了犯罪学教研室。从1987年开始，犯罪学作为刑法学专业硕士点和博士点的一个方向在全国法学院或法律系得以确立。但是，我国犯罪学学科发展还不成熟，学科专业建设还不充分，这主要表现为：一方面，学科知识和学科体系还不成熟，学科价值没有充分得到体现；另一方面，学科专业的地位在大学和国家学科专业设置管理目录中没有完全得到确立。因此，对我国犯罪学学科与专业建设研究具有重要的理论和实践价值。

1. 犯罪学学科与专业在我国高等教育制度中的地位

在我国，授权学位和培养研究生的学科专业目录按“学科门类”、“一级学科”、“二级学科（专业）”三个层次设置，这三个层次的作用是不同的。根据教育部的学科划分，我国高等教育的学科目录分为学科门类、一级学科（本科教育中称为“专业类”）和二级学科（本科专业目录中为“专业”）三级。学科门类和一级学科是国家进行学位授权审核与学科管理、学位授予单位开展学位授予与人才培养工作的基本依据，二级学科是学位授予单位实施人才培养的参考依据。我国高等教育学科结构体现在现行的教育部分别于1998年和1999年颁布的《我国普通高等学校本科专业目录》和《我国授予博士、硕士学位和培养研究生学科专业目录》中。根据这两个目录，犯罪学还没有被列入高等教育的学科结构中，而是分别属于不同学科的学科方向。在大学本科教育中，根据本科专业目录和大学学科设置的实践，犯罪学有两种地位：一种是处于第五层次，亦即法学（学科门类）——法学（二级类）——法学（专业）——刑法学——犯罪学；第二种是处于第三层次，亦即法学（学科门类）——公安学类（二级类）——犯罪学专业。[①]目前，前者一般是普通高校或政法类高校设置犯罪学专业的设置方式，后者是公安院校或普通高校中的公安类专业设置犯罪学专业的设置方式。

在研究生教育中，根据《我国授予博士、硕士学位和培养研究生学科专业目录》和教学实践，犯罪学处于第四位，亦即法学（学科门类）——法学（一级学科）——刑法学（二级学科）——犯罪学（学科方向）。[②]

2. 犯罪学在我国大学中的地位

在我国的大学里，犯罪学研究在20世纪80年代初作为法学或者社会学的分支学科开始复苏。1980年，中国社会科学院成立了第一个犯罪学研究机构——犯罪研究室，并编辑出版了第一个专门研究犯罪问题的学术刊物《青少年犯罪研究通讯》（后改为《青少年犯罪研究》），正式开始了我国的犯罪学学科制度化的进程。1982年，犯罪学课程在我国的大学里开设，首先开设犯罪学课程的是华东政法学院（1982年）和中国人民大学法律系（1983年）。1984年后，有条件的高等学校的法学院基本上都开设了犯罪学课程，有的学校还成立了犯罪学教研室。1987年，北京大学成立了犯罪问题研究中心，并开始招收犯罪学方向的硕士研究生，从1991年开始招收犯罪学方向的博士研究生。随后，犯罪学作为刑

① 参见中华人民共和国教育部高教司：《普通高等学校本科专业目录和专业介绍（1998年颁布）》，高等教育出版社1998年版，第185页。

② 参见国务院学位委员会办公室、教育部研究生工作办公室：《授予博士、硕士学位和培养研究生的学科专业简介》，高等教育出版社1999年版，第190页。

法学专业硕士点和博士点的一个方向先后在中国政法大学、上海大学、华东政法学院、武汉大学、吉林大学、中国人民公安大学等大学得以确立。20世纪90年代以后，主要大学法学院系逐步设置了犯罪学方向的硕士点、博士点或博士后流动站（属于刑法学的一个研究方向）。90年代，一些大学如中国政法大学、华东政法学院成立了包括犯罪学专业的刑事司法学院或犯罪学系（华东政法学院）。2005年，中国人民公安大学成立了犯罪学系，并开始招收犯罪学专业的学生，这是我国第一个犯罪学的专业院系，标志着犯罪学专业及其院系在我国大学里的开始。

3. 我国犯罪学的课程体系和结构

目前中国人民公安大学的犯罪学专业是我国唯一的本科专业，而硕士和博士研究生的培养在全国主要高校的法学院比较普遍，是作为法学一级学科中的刑法学专业下的犯罪学方向而存在的。就本科专业而言，根据中国人民公安大学2005年颁布的培养计划，犯罪学专业的课程体系由本科基础课、公安通修课、专业基础课和专业课（包括必修课和专业选修课），关于犯罪学专业的课程主要体现在专业基础课和专业课之中。专业基础课主要包括学习专业课所需要的其他相关学科的知识，包括社会学、心理学、法学和方法论等方面的课程。专业（核心）课程主要包括：犯罪学原理、西方犯罪学、刑事政策学、犯罪被害人学、犯罪预防理论与实务、犯罪心理学导论、罪犯矫治理论与实务和犯罪评估导论等。专业选修课程主要包括一些主要类型犯罪的分析与预防对策，如暴力犯罪及对策、经济犯罪及对策、有组织犯罪及对策等，还包括一些犯罪心理分析的相关课程。

目前我国的硕士和博士研究生的专业课程主要包括犯罪学原理、西方犯罪学、犯罪社会学、犯罪心理学、犯罪经济学、刑事法学、犯罪研究方法论等课程。

（三）国内外犯罪学学科与专业建设比较分析

通过国内外犯罪学学科与专业的发展情况，我们可以发现，我国犯罪学在高等教育制度和大学中的地位还没有完全得到确立，这限制了犯罪学的发展和治理犯罪专业人才的培养。

通过中西犯罪学学科与专业设置的情况比较，我们发现，犯罪学在我国高等教育制度中的地位与其应有的地位是极不相称的。王牧教授认为，我国目前把犯罪学作为刑法学的一个研究方向对待。在教育管理上，刑法学是二级学科，犯罪学是三级学科；在理论上，实际是认为刑法学包括犯罪学，犯罪学是刑法学的下位（辅助）学科。

通过中西犯罪学学科与专业在大学中发展的情况比较，我们发现，犯罪学学科与专业在我国大学中的地位还没有完全确立，还处于可有可无的阶段。虽然从纵向看我国的犯罪学科与专业建设得到了充分的发展，犯罪学学科实现了从无到有、从有到设立专业，取得了一定的地位，但是从中西横向比较来看，我国犯罪学在主要大学里的地位还未完全确立，这主要表现在：第一，犯罪学课程虽然在主要大学里得以设置，但仅仅限于法学院系，而且由于不属于大学本科法学教育的主干课程，处于可有可无的状态，大学里犯罪学教师的职位也由于课程少和收益少而逐步走向边缘化。第二，在教育行政管理上，犯罪学仅仅是一个三级学科，在研究生教育中是刑法学的一个方向。第三，很多法学院、社会学系还没有开设犯罪学课程。在我国社会转型和城市化加速发展时期，犯罪率急剧增长，犯罪控制部门急需理论界有力的支持。但是，作为生产者仍缺乏足够的准备，因为迄今为止我们还没有制订出培养合目的的劳动者的计划。第四，犯罪学人才的培养缺乏科学性，还根据刑法学专业的培养方案来定，犯罪学专业的人才缺乏行为科学和社会科学研究方法的训练。与西方国家相比，我国本科专业的课程体系和结构还不完善，还处于探讨阶段，而硕士与博士研究生的培养还偏向于刑法学人才的培养。从各大学犯罪学专业（方向）入学考试科目中可以看出，犯罪学专业的人才主要是侧重法学的基础和法学人才的培养，不仅没有社会科学的课程，也没有关于研究方法的科目。这样，犯罪学人才就很难对犯罪进行科学的分析和研究。第五，犯罪学院系目前在我国的普通高等学校中还几乎没有。20 世纪 90 年代华东政法大学尝试设置了犯罪学系，但是由于专业的毕业生毕业去向不明确而被迫撤掉，犯罪学专业的相关业务和课程并入了新成立的刑事司法学院。虽然中国人民公安大学2005年设置了犯罪学系，但也仅仅是基于警察行业的优势而为。虽然有的大学成立了刑事司法学院，如中国政法大学，但是与国外的刑事司法学院相比，犯罪学学科与专业还处于次要的地位。

四、完善我国犯罪学学科与专业建设的途径

（一）确立犯罪学学科与专业在我国高等教育制度中的地位

犯罪学在现今仍应当以二级学科进行管理，这是因为，虽然犯罪学的理论框架和逻辑内容实际上使犯罪学处于一级学科地位，但目前我国犯罪学以二级学科管理较为合适，犯罪学作为二级学科在法学领域更合适。[①] 北京大学法学院陈兴良教授认为，犯罪学应属一级学科，刑法学研究要以犯罪学作为基础，而不是包含在刑法之内，应属于刑事法的范畴。[②] 北京大学张美英教授认为，刑事科学容纳不了犯罪学，从这方面来讲，应是一级学科，但现实情况下，应是二级学科，犯罪学学科建设要注重理论的研究，重视犯罪学的导向作用。[③] 很明显，学术界已经认识到犯罪学在我国高等教育中学科地位的不合理性，因此，有必要进行学科结构调整，提高犯罪学的学科地位。确立犯罪学在高等教育体系中的学科地位，一方面要根据犯罪学的学科性质和在科学总体学科结构中的地位，另一方面还要考虑我国犯罪学学科发展状况和学科制度化进程。无疑，把犯罪学作为刑法学的一个方向是不合适的，这与犯罪学的学科性

① 参见王晓佳：《校庆现场采访报道之三十四：犯罪学学科建设座谈会在京召开》，载中国政法大学网站，http：//news. cupl. edu. cn/news/299_ 20041109080250. htm。

② 参见王晓佳：《校庆现场采访报道之三十四：犯罪学学科建设座谈会在京召开》，载中国政法大学网站，http：//news. cupl. edu. cn/news/299_ 20041109080250. htm。陈兴良主编：《刑事法评论》（第一卷），中国政法大学出版社1997年版，“主编絮语”。

③ 参见王晓佳：《校庆现场采访报道之三十四：犯罪学学科建设座谈会在京召开》，载中国政法大学网站，http：//news. cupl. edu. cn/news/299_ 20041109080250. htm。

质、研究对象和学科任务都是不相匹配的。如果从犯罪学学科性质和学科地位来说，刑事法学甚至法学都是涵盖不住犯罪学的。正如王牧教授指出的：本质上说，犯罪学应当作为一级学科进行管理，因为犯罪学本身的发展表明它已经具备一级学科的资格和条件，一方面犯罪学已经作为一门学科独立存在一百多年，已经发挥着其独特的而且极其重要的社会作用，另一方面犯罪学既有自己独立的学科群，又有成熟的学科作为支撑它的基础理论学科。但是中国犯罪学的发展现状表明犯罪学还不适合以一级学科进行管理，一方面犯罪学学科发展还不是很成熟，学科制度化进程还处于初级阶段，另一方面，犯罪学作为一门学科在大学里还没有取得一定的地位，还缺乏在大学里的学术积淀和社会的认可。

从犯罪学实现的学科价值、犯罪学的学科性质和地位、我国犯罪学的发展状况、社会对犯罪学学科的认知程度和人才培养的角度来说，我国犯罪学适合作为法学下的一个学科或专业。对于本科教育而言，犯罪学在本科专业目录中应处于第三个层次的地位，亦即法学（学科门类）——法学类（二级类）——犯罪学（专业），是和小法学专业相并列的位置。原因在于，一方面犯罪学学科对法律科学而言是一门基础性学科，是法学教育必不可少的内容；另一方面适合中国人才培养和职业分类的社会状况，在社会对犯罪学学科认知度不高的情况下，如此划分能拓宽犯罪学专业学生的就业途径。

对于研究生教育而言，犯罪学可以作为一级学科进行管理，亦即法学（学科门类）——犯罪学（一级学科），是与小法学并列的一级学科，可以下设犯罪社会学（Criminal Sociology）、刑事政策学（Criminal policy）、犯罪心理学（Criminal Psychology）和犯罪矫治学（Criminal Correction）四个研究方向：（1）犯罪社会学，是指运用社会学的理论和方法研究犯罪发生、发展、变化的社会机理及发展社会预防和控制对策的一门学科。（2）刑事政策学，是指对国家和社会控制和预防犯罪的刑事对策和社会对策进行研究的一门应用性学科，旨在发展合理的、有效的犯罪治理对策和措施。（3）犯罪心理学，是研究影响和支配犯罪人实施犯罪行为的心理结构形成、发展和变化规律以及犯罪对策的心理依据的一门学科。（4）犯罪矫治学，是指研究犯罪人的行为矫治和心理矫治对策的一门应用性学科。

（二）推动犯罪学学科与专业在我国大学中的确立

1. 确立犯罪学在法学教育和司法考试中的主干课地位

犯罪学课程虽然在我国大学里一直是法学院和社会学系的主要课程，但是现在犯罪学不是法学14门核心课程[①]和国家司法考试的内容，甚至有的法学院还没有开设。犯罪学既是一门认识违法犯罪现象和违法犯罪人的工具性学科，也是一门关于违法犯罪现象和违法犯罪规律的基础性学科；既关系到对违法犯罪人进行处罚和矫治的过程，也涉及处罚与刑罚运用的效果和根治犯罪的方式和方法，因此，犯罪学是一门法学尤其是刑事法学的基础课程，是从事刑事法律工作者所必备的方法和知识。犯罪学课程的开设，不仅可以增加法学学生社会科学知识和方法的分量，弥补法学作为规范学科的不足，而且可以增加法律工作者对人性和生命的认识，加深对法律背后的社会现象和人的现象的理解，利于立法和执法工作质量的提高。正如拉德布鲁赫所指出的：为保持法律学准绳的垂直，必须增加刑事立法、刑事司法人员关于人和生命的知识。[②] 因此，应改革法学本科专业和国家司法考试主干课程的设置，增加关于法律学科的社会科学的课程位置，把犯罪学课程列入法学本科专业和国家司法考试学习和考试的内容，以满足转型社会培养刑事立法、司法专业人员的需要。我们社会急需具有犯罪学素质的人才从事刑事立法、司法及社会管理工作，让犯罪学知识贯穿整个刑事立法、司法过程。只有这样，真正的法治社会才能够建立，不仅使社会更有秩序，而且更有对人的尊重。

---

① 教育部规定的法学本科14门核心课程是法理学、宪法学、刑法学、民法学、行政与行政诉讼法学、知识产权法学、商法学、国际私法学、国际公法学、国际经济法、中国法制史学、经济法学、民事诉讼法学、刑事诉讼法学。

② ［德］拉德布鲁赫：《法学导论》（中译本），中国大百科全书出版社2003年版，第98页。

2. 推动犯罪学院系建设

在学科制度化过程中，专业的学系一方面是一个学科存在的基础和知识生产基地。美国学者沙姆韦指出，学系是学科的基础，是人力资源和经费流通的场所，是很难被打破的知识生产的地盘，是建构学科研究对象的依托。[①] 另一方面是专业化人才培养的场所和依托，是知识传承的保障。当前，在我国普通高等学校，犯罪学的教学和研究生培养主要在法学院或刑事司法学院，除了警察院校中的中国人民公安大学外还没有独立的犯罪学院系，一些院校建立的刑事司法学院也不是以犯罪学研究和专业学生培养为主的。我国普通高校建立犯罪学院系，不仅搭建了一个研究现实社会犯罪问题的平台，以有组织地生产社会急需的犯罪学知识，并为实践部门提供可行的犯罪对策；而且构建了一个培养刑事立法、司法专业人员的基地，以培养具有社会科学素养的法学人才。

3. 建设犯罪学专业的人才梯队

建设一流学科必须有一支一流的教学和科研队伍，而且学科带头人是这支队伍的核心和统帅，因此在大学犯罪学学系或专业里实行学科梯队优化是学科建设的关键。培养犯罪学专业人才一方面是为了传承犯罪学知识，另一方面在于加强犯罪学知识的运用，把犯罪学推向社会。

目前，我们犯罪学的专业队伍可以说还是一个“杂牌军”，缺乏专业训练、学科习惯和学科的价值——信念系统。对目前犯罪学的专业队伍，有学者总结道：在中国大陆，大多数声称犯罪学家的人，都没有接受过行为科学的训练；大多数人获得的是法律学位，他们在与法律相关的职业中从事教学或实务工作；那些少数从事与美国学者类似研究工作的人并不认为自己是犯罪学家，他们认同传统的学科，更愿意被称为社会学家、心理学家和政治科学家。[②] 因

① 参见［美］沙姆韦、梅瑟－达维多：《学科制度化制度导论》，载华勒斯坦等：《学科知识权力》，生活·读书·新知三联书店1999年版，第33页。

② Cao liqun, “The state of criminology in china”, 4 Criminologist (2004), 1－5.

此，实行学科队伍的优化，形成以学科带头人为中心的研究群体，然后进行犯罪学人才的培养，进行犯罪学的职业化和专业化建设很有必要。

（三）明确犯罪学专业的培养目标

培养目标是人才培养的总原则和总方向，是开展教育教学的基本依据。犯罪学处于领先地位的美国马里兰大学犯罪学和刑事司法学（法务学）系拥有1000多个本科学生和犯罪学硕士、博士学位项目，其设定的培养目标包括：犯罪学和刑事司法（法务学）是行为科学和社会科学最主要的专业之一，通过提高学生分析和解决刑事、犯罪等公共安全问题的能力以及对法律原理和精髓的掌握，为各管理及安全机构培养分析和管理型人才。学生能够通过分析司法机构的数据来甄别高危犯罪并提出防治目标，能够根据犯罪学理论和方法提出降低犯罪率的可行方法，能够计划和执行有创新意识的解决方案，能够评估司法机构降低犯罪率的具体措施。马里兰大学的培养目标强调了分析社会治安形势和犯罪问题的能力、执法能力和管理能力。中国人民公安大学犯罪学系设定的培养目标为：能够全面系统地掌握犯罪学基础理论、基本知识和基本技能，能在公安部门从事犯罪预防、犯罪处置与罪犯矫治等犯罪防治实际业务工作和在检察、法院、司法行政部门从事相关工作以及在相关领域从事教学、科研工作的高级复合型专门人才。这一培养目标强调了学生犯罪治理和执法工作的工作能力和管理能力。

根据我国社会对人才的需求情况和犯罪学的发展状况，我国犯罪学人才培养应定位于为公、检、法、司等刑事立法、司法机关和国家行政机关培养专门的人才，促进刑事立法、司法和刑事政策的发展。具体而言，我国犯罪学专业的目标：我国普通高校的专业培养目标应该定位于为立法机关、公安机关、检察机关、人民法院、司法机关、监狱等政府部门及需要防范违法犯罪的企业单位提供管理型人才。公安院校具体的专业培养目标包括：一方面，能够科学准确地分析一定时空的犯罪治安形势，能够科学地进行犯罪治安形势的预测，能够制定一定时空的犯罪治理或犯罪预防的预案，能够对实施的犯罪治理或犯罪预防方案和措施进行科学分析和评估，毕业生不仅适合在公安机关的综合指导部门（综合指导机构、调研机构、办公室等）、犯罪防控对策制定及指导实施部门（指挥中心、违法犯罪信息统计分析机构、犯罪侦查与治安管理对策指导机构等）从事违法犯罪形势分析及其相应的对策制定与实施指导工作，而且适合在负责一定区域社会治安的派出所、社区警务站、探组等部门从事违法犯罪信息与态势分析和犯罪防范工作。另一方面，能够分析犯罪行为和犯罪人，能够把握犯罪行为的规律、模式和犯罪人的犯罪心理，为案件侦查、预审提供技术分析支持，为犯罪人矫治和预防提供操作方案；能够适合到侦查与预审部门、监管与矫治部门工作。

五、结论

犯罪学作为一门生产犯罪治理知识和培养犯罪治理专门人才的学科与专业，在欧美等发达国家发展较为迅速，犯罪学专业不仅逐步列入了国家高等教育学科与专业管理的目录，而且在主要大学里取得了明确的地位，不仅设置有犯罪学院系或专门的研究咨询机构，而且形成了比较完备的学位授予制度和完善的课程体系。由于犯罪学学科在我国起步较晚，犯罪学专业建设和教育也比较晚。因此，我国犯罪学学科与专业建设还不成熟，学科专业建设还不充分，这主要表现为：一方面，学科知识和学科体系还不成熟，学科价值没有充分得到体现；另一方面，学科专业的地位在大学和国家学科专业设置管理目录中没有完全得到确立。要推动我国的犯罪学学科与专业建设与发展，加强犯罪学学科在法律类和公安类人才知识结构中的分量，我们需要从三个方面着手：一、明确犯罪学性质和地位，推动犯罪学专业的发展；二、借鉴国外发展经验，促进犯罪学在大学中地位的确立；三、明确培养目标，完善课程体系和结构。

都市化与犯罪率同步增长的原因研究

张　荆*

现代化几乎成为人们“美好生活”的代名词，它意味着文明和富裕。但是，伴随现代化的许多“怪圈”似乎人类社会又无法摆脱和超越。其中现代化过程中的工业化和都市化所带来的环境污染、可再生资源的大幅减少；城市犯罪率的大幅上升一直是困扰人类社会的两大难题。

一、西方国家的都市化与犯罪增长

英国是最早开始工业化和都市化的国家，1891 年英国的城市数量率先达到了 622 个，城市人口占总人口的比例为 68%。同时，都市的犯罪问题极为突出。当年恩格斯在《英国工人阶级的状况》(1892 年）一文中曾指出：“那个巨大的贫穷的渊薮”是“一个日益扩大的泥塘，在失业时期那里充满了无穷的贫困、绝望和饥饿，在有工作做的时候又到处是肉体和精神的堕落”。为贫穷、失业所折磨的昔日农民大多丧失了生活的乐趣和希望，处于一方面是贫穷和饥饿，另一方面是酗酒、卖淫与犯罪的恶性刺激和循环中。不仅伦敦如此，“在其他一切大城市都一样。”“随着无产阶级人数的增加，英国犯罪数字也增加了，不列颠民族已成为世界上犯罪最多的民族。”

继英国之后，德国和法国的工业化和都市化似乎也未能避免犯

* 北京工业大学人文学院教授。

罪等社会问题的凸显，德国社会学家李连费尔特（Lilienfelt）在《社会病理学》一书中分析道：德国产业革命的发生促进了资本主义的发展，促进了经济富有阶层的出现，同时也带来了以农村地区为中心的大量无产者的产生，他们涌向城市寻找工作，使城市迅速膨胀。初期资本主义条件下的劳动者悲惨的生活状态主要表现为失业、不稳定的工作和收入、贫困、恶劣的衣食住、卫生环境恶劣等，并带来了犯罪等大量社会弊病的产生。

法国社会学家迪尔凯姆（E. Durkheim）的“失范理论”（Anomie）是在对法国大革命后急剧的工业化带来社会混乱状态研究基础上提出的，他认为，法国的工业化，以及由此引发的劳动分工，破坏了社会一致性为基础的传统团结。由于法国工业化过于迅速，社会还不能及时形成足够的调整机制，导致了许多社会异常现象的出现。

迪尔凯姆还认为：当社会发生急剧变迁时，社会规范、社会舆论、社会道德意识等就会产生混乱或者被削弱，社会对个人的影响作用急剧下降或者暂时消失，而社会生活的急剧变化则会使个人的欲望迅速膨胀，使个人的需要失去控制，从而产生失范状态，在失范状态下，社会缺少了是非、对错的标准，个人需求的急剧增长并且无法控制，缺乏合适的方向和适度的界限，正是在这种无规则的混乱状态下，犯罪现象大量产生。

美国是后发展起来的工业化和都市化国家，1890年美国的城市人口占总人口的比例仅为38%。100年后的1993年，美国城市人口的比例达到75.8%，成为世界上城市人口比例最高的国家之一。其间，美国的“贫民窟”大量产生和蔓延，传染病流行、犯罪增加。芝加哥学派的“犯罪区位学”研究在国际犯罪学界享有盛誉，他们的研究表明，在城市繁华商业中心区和郊区高档住宅区之间的“中间地域”，生活着不同于现代社会的特殊社会集团，他们是一些已被拒绝参与竞争者（犯罪者、失业者、被社会边缘化的人们），或没有机会参与竞争的人们（美国黑人、移民、其他少数团体成员），这些人主要从事小时工、盗窃、诈骗和卖淫等。

二、中国是否摆脱了都市化与犯罪增长的“怪圈”

中国的都市化不同于早期资本主义的都市化，它是在公有经济为主体、在强势政府调控下的都市化，那么，它是否摆脱了都市化与犯罪率同步增长的“怪圈”呢？

中国的都市化要比西方发达国家晚得多，解放初期的1951年全国城镇人口占总人口的比例仅为11.8%。20世纪50年代和60年代初，中国在“国民经济五年计划”和“大跃进”的带动下，曾经有过都市化的“躁动”，但很快在国家流动人口政策的控制下平息。改革开放前的1976年，中国城镇人口占总人口的比重仅为17.4%。

中国大规模的都市化，准确地说是改革开放以后的事情，特别是1992年邓小平南巡讲话以后，中国经济改革“提速”，城市产业结构调整，国家对流动人口政策性干预减弱，中国都市化的进程明显加快。其中，1996—2003年是中国都市化发展最快的时期，城市人口占总人口的比例一直保持在1.4—1.5个百分点的高增幅，到2006年中国的都市化水平已达到了43.9%。与此同时，犯罪率也出现了迅速攀升的趋势。运用皮尔逊R系数对1992—2006年的中国都市化水平与犯罪率进行相关统计分析，两者的相关系数为0.935，表现出极高的相关性。这一数字表明：中国的现代化依然没有摆脱许多西方国家曾经出现过的都市化与犯罪率同步提高的“怪圈”。

三、中国流动人口成为城市犯罪的主体

1993年，美国学者卡斯特尔斯（S. Castles）教授出版过一本很有影响的著作，叫《国际移民时代》（International Population Movements in the Modern World），书中将农村人口向城市迁移称为“第一次移住”、将跨国界的移民迁入称为“第二次移住”，并认为这是现代国家不能回避，必须承受的两次“移住现象”。中国的此次都市化主要表现为“第一次移住”，即国内大量的农村人口向城

市迁移。

20 世纪 90 年代中后期，中国流动人口总量达到 9000 万，其中农民工达到 8000 万人，占 88.9%。农村人口大量流入城市为都市化建设做出了重要贡献，并逐渐成为城市产业工人的重要组成部分，据 2003 年底统计，全国第二产业就业的农民工已占 57.6%，其中加工制造业占 68%、建筑业占 80%。第三产业就业的农民工占 52%，其中城市环保、家政、餐饮服务员等行业农民工占到了 90%。但是，流动人口在为城市带来新的繁荣、新的商机和生活的便利的同时，犯罪问题也日益突出。以大城市北京、广州、上海为例，1994 年北京的流动人口为 112 万人，流动人口犯罪占全市犯罪总人口的 44%。当时流动人口犯罪问题已凸现，但似乎并未引起管理者的高度重视，或是一直缺乏对流动人口有效管理对策，使流动人口的犯罪比例继续攀高。据 2006 年末统计，北京已有流动人口 383.4 万人，2006 年上半年，北京市公安局破获的各类刑事案件中涉及流动人口的 19953 起，占全部案件的 69.2%；抓获各类流动人口违法犯罪分子 17538 人，占全部被抓获违法犯罪分子总数的 72%。广州市社科院的一项调查表明：改革开放初期的 1979 年，外来人口犯罪仅占广州市犯罪总人口的 3.5%，2002 年这一比例上升到 85%。上海的情况也大体相同，2007 年少年犯管教所关押的外省籍的未成年犯已接近 80%。

农村人口既是中国流动人口的主体，也是流动人口犯罪中的主体，据北京市丰台区统计（1993 年），流动人口犯罪中农民占 92.9%。天津市社会科学院法学研究所对 1990 年、1993 年、1996 年、1999 年、2002 年五个年度外来犯罪者的职业结构调查表明，农业户口占很大比例，均占到了 84% 左右。

四、城市文化板块与农村文化板块的碰撞与犯罪问题

（一）从艾绪强案件说起

在都市化过程中，进城农民为什么会成为中国城市犯罪的主体？在传统的农业社会里，他们中的许多人曾邻里守望、互相关

爱、忍受清贫、朴实劳作，是什么因素使他们成为城市化过程中的犯罪者呢？河南省信阳市兰店乡农民工艾绪强在王府井大街驱车杀人案曾经引发过中国犯罪学界和网民的广泛讨论。

艾绪强2000年来京打工，最初做买卖废品工作，以后学会开铲车，在朝阳区崔各庄一家沙场开铲车和装载机。后因沙厂污染环境被有关部门勒令停产，艾绪强应得到的工资未能及时发给。他多次向有关部门反映，2004年，西城区劳动仲裁部门帮他要回703元，据艾绪强说："只解决了很少的一部分"，他对社会失去了信任。2005年9月11日上午，艾绪强在北京市灯市口西侧，抢劫出租车，杀死司机，驱车闯入王府井步行街冲撞人群，导致无辜路人2人死亡、6人受伤。在法庭上，当公诉人问他："你为什么要开车撞人？"他回答："我觉得现在10个城里人有9个都是黑心的。"

拖欠农民工工资似乎是艾绪强案件的直接诱因，但问题并不那么简单，他为什么把仇恨泛化为城里人？这背后似乎还有更多社会和文化的原因。

（二）文化冲突所引发的进城农民个体的心理冲突

农村和城市是两个不同质的文化板块。20世纪90年代中国经济高速增长之前，农村的生产方式落后、道路交通不便、大众传媒不发达，表现出浓重的传统性和封闭性，与不少城乡差别较小、传媒发达的国家相比，中国城市文化与农村文化的不同质似乎表现得更加明显。

一个从长期生长的文化生活简单、人际交往具体化、感情色彩浓重、非竞争性、价值文化同质的农业社会的农民来到一个文化生活复杂、人际交往匿名、弱情感文化的都市，文化冲突就会发生。进城农民首先需要摆脱传统乡村以血缘、地缘为纽带的文化环境，适应都市的业缘文化，参与激烈的竞争，在多元的价值观中进行自主选择，这种文化冲突的感受是具体的，并加剧了他们的内心紧张感和焦虑感，并会引发其心理冲突和行为冲突。其次，城市文化的匿名性一方面造成进城农民个体的无归属感，另一方面也减轻了他们对越轨行为的负罪感，增加了越轨行为发生的可能性。

艾绪强的犯罪心理也能从一个侧面反映出这种文化冲突与犯罪的关联性。他所要报复的“城里人”已不再是一个具体的城里人，而是一个抽象的概念，是他对城市业缘文化的反感，对业缘文化的功利性目标所带来的人们情感的疏远、冷漠的反感。艾绪强在作案之前曾写下遗书，遗书中只字未谈拖欠工资之事，而是谈他想念刘霞，说是来世会报答她。刘霞是他在农村离异的妻子。他对刘霞的思念，实际上是对传统乡村那种以血缘、地缘为纽带的浓重亲情的眷恋。

据说，艾绪强来京做买卖废品工作时，月收入1000元左右。后来他成了铲车司机，每个月能赚到3000多元，他曾为自己有技术、能体面地挣大钱而自豪，在同乡面前俨然是个成功人士。但是好景不长，沙厂停产他失业，使他的情绪变得极坏，常常坐在门口发呆，作案前一个月他开始整天失眠。一个在农村非竞争环境中长大的人无法理解为什么城市的竞争一会儿把人抬到峰顶，让你自豪得飘飘然，一会儿又把你推到谷底，让你感到无助和绝望。这就是城市的竞争文化，艾绪强不会对城市文化有这么深的理解，但是他却切身感受到了这种文化的冲突。

2001年年底，北京发生过多起轰动京城的“打闷棍”抢劫事件，公安机关迅速破案，抓获了来京打工农民李吉文等4人。调查表明，这4名团伙成员都来自外地农村，曾在北京某洗浴中心做“黑保安”，他们每天目睹城里有钱人奢侈生活，内心感到不平，在李吉文牵头下组成了犯罪团伙，开始抢劫犯罪活动。团伙成立20余天里先后作案9起，致8人受伤、1人死亡。在该案件的分析中，我们也能清楚地看到文化冲突的影响，城市文化生活的复杂性、娱乐文化的刺激带来的道德观的麻痹和混乱；城里人生活方式和价值观多元化，以及显著的贫富差距不断冲击着这些从农村来的年轻人，文化冲突引发了个体的心理冲突，并与其犯罪行为相关联。

（三）“城市村落”现象与“失范”

以血缘、地缘为特征的农村文化板块和以业缘为特征的城市文化板块，在中国20世纪90年代都市化高速发展时期相碰撞，形成了独特的“城市村落”现象，在北京，曾经形成规模大、有影响的“城市村落”，有“画家村”、“安徽村”、“河南村”、“新疆村”、“浙江村”等。这些“城市村落”由无到有、由小到大，成为流动人口在城市聚集的重要方式。在这5个“城市村落”中，除“画家村”是由不同城市的自由画家和艺术家组成外，其他四个“城市村落”都是由劳动力输出省或自治区的农民组成。人们很少听到“画家村”的犯罪消息，但是，“安徽村”、“河南村”、“新疆村”、“浙江村”的犯罪问题却常见于报端。城市村落与中心城市的关系、村内新的人际关系的形成、规范文化的特征等，为都市化与犯罪的关系提供了丰富的研究资料。以北京的“浙江村”为例分析。

“浙江村”是北京最大的“城中村”，分布在北京的朝阳区、海淀区和丰台区，其中影响最大的是丰台区南苑乡大红门地区的“浙江村”。据说“浙江村”始于1981年，20世纪80年末粗具规模，人口增至3万余人，以后每年以50%的速度增长。据北京1994年10月的人口统计，“浙江村”有外来常住及流动人口达11万，当地农民仅有14301人，外地人是本地农民的7.7倍。“浙江村”的个体工商户75%来自温州的乐清县，20%来自温州的永嘉县，98%为农民，年龄在20—40岁之间，文化程度多为小学和初中毕业。据1995年统计，“浙江村”共有服装摊位1万余个，日成交额500多万元，年交易额15亿元。

20世纪90年代初期，“浙江村”的社会治安状况开始恶化，据浙江省乐清县委组织部1992年《关于乐清籍党员在京情况的调查报告》记载：“从1992年10月中旬开始，一批来自县东片地区的罪犯流窜到北京，专门抢劫在京乐清人，据反映大概有6个团伙，他们白天摸情况，夜里蒙面抢劫，每夜都有四五户人被劫，金额少则几千元，多则十多万元，手段非常恶劣，气焰非常嚣张，据不完全统计，1992年10月中旬至12月中旬仅两个月的时间里，被抢金额达100余万元。当地派出所由于人手不够，情况不清，再加上都是乐清人抢乐清人，因此无法控制，使犯罪分子的气焰更加嚣张。”1994 年管辖“浙江村”的大红门派出所大幅增加警力，由原来的 40 人增加至 70 人，以维持“浙江村”的社会治安。但当年仍发生重大凶杀案件 11 起，死亡 11 人，被抢财物共计 50 余万元。1995 年 1—9 月，“浙江村”的治安刑事案件继续攀升至 1543 起，比 1994 年同期上升了 99.6%，9 月份平均每天发生刑事治安案件 7.76 起。“浙江村”的主要犯罪类型有抢劫、敲诈勒索、吸毒贩毒、抢夺、盗窃、故意伤害、赌博等，其中，最突出的是抢劫和敲诈勒索犯罪。

“城市村落”属于农村文化板块还是城市文化板块？似乎既有农村文化板块的要素，又有城市文化板块的要素，但又似乎两者都不是。从“城市村落”成员构成角度来看，它是传统地缘和血亲文化的产物，“安徽村”是由安徽省无为县的农民组成；“河南村”的主体是驻马店、信阳一带的农民；“新疆村”的主体是来自喀什地区的农民；“浙江村”的主体则是温州乐清、永嘉一带的农民。他们形成“村落”主要是凭借血缘和地缘文化的力量，亲戚带亲戚、朋友串朋友的“滚雪球”方式，而且村落越滚越大。但是“城市村落”又不是传统的乡村，这里缺少代际传承，是一个由 20～40 岁青壮年劳动力组成的“村落”，缺少传统乡村历史和文化沉积，缺少传统乡村的家族长老及家族文化所具有的血亲凝聚力，也缺少村委会等社会组织机构。从“城市村落”生产的角度看，似乎具有城市业缘文化的特征，“安徽村”主要从事室内装修和家政服务业，“河南村”主要从事废品收购业，“新疆村”主要为餐饮业，“浙江村”主要为服装业。但是，村落的业缘文化又缺少城市业缘文化中的“单位体制”和“科层制度”的支撑。

在这些“城市村落”里，人际交往既有具体性又有匿名性，因为是血亲地缘“滚雪球”形成的村落，人与人之间的交往有具体性的特征。但是，“城市村落”又不是传统乡村的搬移，而是由一个地区若干个村落的青壮年组合，因此又缺少传统乡村人际交往的具体性。加之“城市村落”的人员因工作特点流动性大，更增添了成员之间交往的匿名性色彩，血亲为纽带的传统乡村借贷关系在匿名性色彩增大的状态下失去了原有的人伦规范的保障，同时又无法得到城市“契约文化”和“法律文化”的有力保护，因此“城市村落”内的债务纠纷频发，人际关系紧张，暴力犯罪多发。

“城市村落”已不是传统的农村的非竞争文化，同时入住“城市村落”的乡亲们来时大多两手空空，但在城市的竞争环境中，一些人因勤劳、机遇、关系、技能等因素迅速致富，而另一些人则无所作为，或“一贫如洗”，于是，心理失衡，雇凶手抢劫同乡的案件在“城市村落”时有发生，并对城市治安构成威胁。“城市村落”中的建筑、装修包工队沿用传统乡村生产队的“年终分红”的分配方式，与城市企业的月薪制度相分离，并在“城市村落”中达成默契，结果是矛盾丛生，劳资关系紧张，报复性犯罪频繁发生。正是这种是农村又不是农村，是城市又不是城市的“四不像”状态，使得“城市村落”中的文化冲突显得异常激烈，犯罪问题异常突出。

“城市村落”似乎是城市中的一个独立王国，进城农民有着自己不同于所在城市的语言符号、交往方式、交易手段。城市原有的社会正式控制系统似乎无心介入或介入效果不佳。2007 年年底，北京市公安局人口管理处强调，今后对于地缘、亲缘流动人口聚居区，如木樨园浙江人聚居区等，北京警方将与外地警方联建流动人口管理机构，“乡音好沟通，当地警方管理当地流动人员，更亲切。”语言文化的差异真的会影响一个城市的治安管理效果吗？还是有更深层的文化冲突的原因？“浙江村”的村民曾批评当地政府对该地区治安管理的怠慢：“派出所管什么用？那只是北京人的派出所。”“要想把‘浙江村’治理好，就得设立浙江人自己的法庭，别人管不好也管不了。”面对地方政府治安管理的怠慢，“浙江村”的人们也曾自发地尝试过若干种“自我保护”方式，如雇用保镖、建立“联防自卫基金”、建立民间联防队和巡逻队等。

“城市村落”的治安紊乱不管是出自村落内部的混乱，还是外部地方政府的管理无效，有一个事实不容否认，即北京的“安徽村”、“河南村”、“新疆村”、“浙江村”等在相当长的一段时期内都曾出现过明显的“失范”状态。所谓“失范”是指社会规范对个人或社会群体的控制能力降低或丧失，表现出一种规范文化的冲突状态。在“城市村落”中，传统的乡村文化丧失了对个体行为的控制力，新的城市规范文化又无法迅速被“村民”所接受，城市的社会控制系统无法和“城市村落”达成有效的互动，并且无法有效地控制该地区的社会治安。“城市村落”的居民也认为，那些陌生的城市社会控制系统不能有效地保护自己的安全和利益，他们以一种自发的自治方式保护自己的利益和财产不被犯罪者所侵害。

（四）城市的歧视性文化

人自出生后就在身心两个方面有着巨大的潜能，这种潜能的自我延伸是人的本性。在人实现潜能的过程中，让某些团体或个人获得较为有利的条件，或者给某些团体、个人附加某种特性，或虚构某种特性已阻止他们实现其潜能的行为被称为歧视。歧视是一种不平等的对待。歧视既是一种行为，更多的表现为一种文化，即政策、法律、习俗，以及认为自己所持有的文化、地位、职位优于某些团体或个人的一种观念意识。中国城市的歧视性文化主要表现在政策方面。

1958 年 1 月，全国人大常委会通过了第一部《中华人民共和国户口登记条例》，首次以法律的形式对农民进入城市进行了严格限制，并逐渐形成农村与城市在户籍、住房、收入、医疗、福利、子女就学等方面的两套管理体制，城市优越于农村。20 世纪 90 年代城市化加速发展，粮、油、棉限制供应政策的解除，上亿人口的大规模流动，最终冲破了《户口登记条例》的限制，打破了地域间的封闭，大量农民工涌入城市，并逐渐成为城市产业工人重要的组成部分。但是，长期以来形成的“城乡二元结构”仍然像“紧箍咒”一样，束缚着进城打工的农民，使他们难以融入城市社会，没有城市户口，找工作难，工资时常被拖欠、子女无法入学、居住在“贫民窟”、无法享受城里人的医疗保障和社会福利等。

笔者曾经访谈过做钟点工的曾女士，她20世纪80年代末和丈夫一起来北京打工，最初落脚二环路以里，随着都市的扩张、房价的高抬，他们不断搬家，先搬到三环附近，再搬到四环附近……现在搬到了五环以外，他们只能租最便宜、最破旧的房屋，孩子在京上过七八所打工子弟学校，都是学费交后不久学校消失了，上公家的学校要交3万—5万元的“赞助费”，门槛太高。无奈，他们只得恋恋不舍地将孩子送回四川老家。

笔者认为，进城农民与城里人之间在医疗、教育、住宅、社会福利等诸多方面的不平等，其中教育不平等是最大的不平等。《中华人民共和国义务教育法》明确规定，少年儿童有接受义务教育的权利，为什么现实中农民工的子女无法享受城市九年制义务教育的权利，无法享受免交学费的权利，无法在城市中就近入学呢？三万到五万元的“入学赞助费”，成为一个巨大的门槛，将农民工子弟拦挡在义务教育的大门之外，打工子弟学校因办学资质、办学条件，以及骗子横行等原因，让进城农民的子女屡遭挫折。对于这种教育的不平等，曾有城市教育行政部门解释道：国家义务教育的财政拨款是下拨到农民工子女的户籍所在地，因此，他们无权享受城市有限的义务教育资源。但是，在世界上许多接受移民的国家里，不同国籍、不同种族、不同民族的少年儿童移居到一个城市后，都能迅速享受到该国的义务教育，并能就近入学。农民工子女和城里的孩子们都在同一片土地上、在同一面国旗下成长，他们之间的差异既不是种族的也不是国籍的差异，仅仅是户口上的，即“农业户口”与“非农业户口”的差异，或者说是从事职业的差异，为什么不能享受同等教育资源，为什么不同地区的义务教育资源不能有机调配？这里有一个制度安排的问题，也有一个歧视性文化（政策）的影响问题。

农民工子女与城市少年儿童的教育不平等所带来的后果是严重的。一些农民工子女因在城市上不起学，在街头游逛，成为城市不安定因素。2005年，北京的一项调查表明，未成年人犯罪中，辍学和无业者占51.3%，其中农民工子弟、流浪儿童的犯罪问题尤为引人注目。问题更严重的还是对中国未来社会的影响，近年来，因进城打工的农民子女无法在城市就学，父母只得把他们留在乡下，让老人照顾，与父母两地分居，中国人称其为“留守儿童”。据2007年统计，全国已有“留守儿童”近7000万人，儿童不能与父母双亲在一起生活的情况在全部留守儿童中超过了半数，比例高达56.2%。一方面“留守儿童”在其社会化的重要时期因无法感受到父爱和母爱，无法得到良好的家庭教育，造成社会化的缺陷。另一方面，“留守儿童”多由隔代老人管理，或托付给亲友，一些“留守儿童”不服老人管理或委托的监护人管理，或者老人、监护人对“留守儿童”放任自流，儿童厌学弃学，离家寻找父母、流浪街头等情况时有发生。据民政部门统计，每年中国有15万人次的流浪儿童，83%来自农村；60%为初次流浪。笔者在对成都流浪儿童的访谈调研中发现，70%左右的流浪儿童都有轻微的违法犯罪行为。“留守儿童”和“流浪儿童”问题关系到少年儿童的健康成长，关系到国家的未来发展，必须采取有力措施予以解决，否则，不远的将来我们的社会将为这次城市化过程付出沉重的代价。

在对农民工的访谈中，我们还可以了解到，农民工居住条件恶劣，在都市化高速发展阶段，“贫民窟”的大量产生曾经是世界上许多先发展国家共同遇到的棘手问题，“贫民窟”曾被犯罪学家称为“亚文化的土壤”。“贫民窟”特殊的生活环境、交友环境，以及生活方式容易形成与城市主流文化相抗衡的亚文化，也容易形成犯罪的价值观，并增大外来人口融入城市的难度和犯罪的可能性。

五、日本对都市化与犯罪率同步增长“怪圈”的规避

日本是国际犯罪学界公认的摆脱了都市化与犯罪同步增长“怪圈”的国家，此外还有瑞士。1960年至1975年，是日本经济发展和城市化发展速度最快的时期，但从犯罪统计上看，20世纪60年代除了性犯罪、过失犯罪有所增加外，财产犯罪（盗窃、诈骗、贪污、买卖赃物等）、凶恶犯罪（杀人、抢劫等）、粗暴犯罪（伤害）均有所下降。进入70年代后，各种类型的犯罪出现了全

面下降的趋势。对于日本对都市化"怪圈"规避，国际犯罪学界有两种观点。一种观点认为，日本战后经济迅速增长，社会繁荣使大多数人的生活水平得到了提高，并赋予了国民以合法进取的机会，使他们较少地用非法手段达到自己的目的。另一种观点从社会控制犯罪的角度分析认为，①日本是一个中央集权程度较高的国家，单一民族，同族同源，共同的社会和文化传统，形成了其他发达国家所没有的"内聚力"。②日本的岛国特点构成其社会的独立性，有助于它保持社会的传统和连续性。③家庭、学校和社会团体继续保持着传统的对犯罪的非正式的社会控制。④在正式的社会控制方面，法律制约的有效，比如，禁止个人持有枪支的法律限制了实施暴力人的行为。在刑事司法方面，警察的高效率和民众的广泛有力的合作、参与有效地抑制了在城市化进程中犯罪率的增长。

笔者长期留学日本，对于日本摆脱都市化"怪圈"的研究认为：(1) 日本政府在现代化过程中有效地保护了传统的东方文化，并使其巧妙地与现代社会接轨，缓解了传统社会向现代社会转型中的结构性冲突，比如，企业的终身雇用和年功序列工资制，减少了失业人口，缓解了社会转型的"阵痛"；对长幼有序、夫妻有序、师生有序等传统观念的保护，缓解了在现代化过程中家庭、学校等非社会性控制系统内部的结构性冲突。(2) 强调国民的积累和投资，缓解"后生型"国家消费超前所带来的生产力与消费需求的尖锐矛盾。(3) 国家有计划地向贫困地区投资，缓解地区间发展的不平衡，同时缓解了都市化发展过快造成的社会紊乱。(4) 城市采取各种措施，有效地接纳了农村移民，缓解了城乡文化板块的冲突。(5) 发挥传统舆论对犯罪控制的机能，提高犯罪检举率。

关于"日本战后如何解决农村人口向城市迁移中的社会问题"，笔者曾对日本独协大学石康吾教授进行过访谈，他指出：20世纪六七十年代日本政府曾出巨资建立廉租房和各类职业学校，督促进城的年轻农民读书，帮助他们适应城市生活，鼓励他们安心在城市生活和工作，几十年后这些人成为城市建设和发展的中坚力量。他认为，对于大量涌入城市的青年农民，日本政府前期在学校、住宅等方面的投资是正确的，因为它会给未来的城市发展带来无可估量的好处。现在地处东京都中野站北口的太阳广场就是那个年代政府为进城打工者建起的住宅和活动场所，随着这些年轻农民工熟悉了城市生活，成家立业后，逐渐搬出“太阳广场”，目前这里已经成为中野区政府管理的会议、娱乐场所及结婚市场。日本城市化高速发展期的这些做法值得我们借鉴。

六、中国摆脱都市化与犯罪同步增长“怪圈”的对策建议

（一）科学地控制城市的发展规模和速度

既然中国的城市化发展速度与犯罪率的增长呈现出0.935的强相关性，那么，有效地控制城市的发展速度和发展规模便是有效抑制犯罪率增长的重要手段。20世纪60年代初期，中国曾经采取过将大量城市人口疏散到农村的政策，并带来了犯罪率的大幅下降，同时也带了城市化水平的整体下降。从现代化发展的角度看，疏散城市人口不符合现代工业、服务业及经济社会的发展规律。但是90年代中后期城市化的高速发展，也带来了城市人口增长与城市承载能力的矛盾，并使全国的犯罪率不断攀升。因此，在城市化发展速度、城市的承载能力、控制犯罪三者之间需要寻找一个最佳点，这是犯罪学领域应当研究的重大课题。根据新中国成立六十年来，城市化与犯罪率变化的曲线分析，从抑制犯罪减少社会问题的角度看，城市化水平每年增加在0.5—1个百分点之间比较合理，这样的增长速度能够使城市比较从容地安排流动人口的住宅、就业、生产、生活、教育、医疗等，缓解城市发展过快、人口拥挤所带来的交通、住宅、医疗、卫生、环保等诸多社会问题，也能使政府比较从容地改善流动人口的生活环境、文化环境，有效地控制流动人口的犯罪增长。

（二）努力推进城乡一体化，缓解城乡文化冲突

农村文化板块和城市文化板块的差异来自于不同的生产方式、生活方式和文化传统，城乡文化的冲突除了这些差异之外，还来自

于农村文化板块和城市文化板块之间的壁垒，从20世纪50年代末户口登记制度实施到改革开放前的三十年间，农村文化板块和城市文化板块之间的壁垒越筑越高，两个文化板块的交流越来越少，文化的独立性越来越明显。改革开放以来，特别是90年代以后，农村人口大规模向城市迁移，城乡分割的壁垒被打破，城乡文化板块的碰撞必然表现出异常剧烈的状态，这种异常剧烈的文化冲突反映在进城农民身上，其表现之一就是进城农民的高比例的犯罪问题。随着中国经济的发展和社会的开放，我们应当大力促进城乡一体化的发展，城乡一体化将改变中国长期以来形成的“城乡二元结构”，实现城乡在政策上的平等、产业发展上的互补、国民待遇上的一致，让农民享受到与城镇居民同样的教育、医疗、社会福利，使整个城乡经济社会全面、协调、可持续发展。城乡一体化将会大大缓解城乡文化冲突，也会减少由城乡文化冲突所引发的进城农民的犯罪问题。

（三）全面改善进城农民的生存环境

进城农民，特别是农民工已经成为中国城市化建设的重要组成部分，在城市的第二产业和第三产业中农民工已占到半数以上，城市应当抑制传统的歧视性文化，善待农民工，树立“人人平等”、“公平对待”的理念，纠正各种损害农民工人格尊严和公民权利的歧视性做法。优化流动人口就业、就医、子女就学、社会保障等公共服务。

首先，城市的政府应通过建设廉租房等手段，帮助农民工改善住房条件，使他们逐渐摆脱“贫民窟”式的生活环境。其次，从国外一些城市的发展看，“贫民窟”常常是一种以血缘、地缘为纽带，自发形成的居住区域，表现出很强的自治性和封闭性，政府的管理难于介入，在这些区域中容易形成与城市主流文化相抗衡的亚文化，容易形成青少年犯罪的低文化群体，形成有广泛影响的犯罪价值观。在“贫民窟”居住的人们更难以融入城市文化和生活，增大区域性犯罪形成的可能性。因此，政府在城市化发展的过程中应尽可能避免“贫民窟”的出现，避免贫富差别区域的形成，这样将会有利于未来城市的发展，收到良好的预防犯罪的效果。

最后，城市在接受进城农民为市政建设、居民生活便利做贡献的同时，还应当为农村减少“留守儿童”承担起相应的社会责任。积极接纳农民工子女在城市就学，让他们能够安心地把妻子和孩子接到城市，过上正常的家庭生活。这既是一种人本主义的关怀，也是青少年平等、健康成长的基本条件，更是抑制流动人口犯罪的重要手段。

（四）改革现有户籍制度

中国“城乡二元结构”形成的基础是户籍管理制度。1958 年 1 月 9 日，我国颁布了第一部《中华人民共和国户口登记条例》，确立了一整套新的户籍管理办法，主要包括常住、暂住、出生、死亡、迁出、迁入、变更 7 项人口登记制度，其主要功能是保障城市的粮油布的配给，稳定城市秩序。《条例》的实施逐渐将公民的户籍划分为“农业户口”和“非农业户口”，在就业、就学、医疗、养老、住房等方面形成两套管理机制。从宪法学和国际法学的角度分析，该《条约》违反了当时的《中华人民共和国宪法》中关于公民迁移自由的条款（1975 年《宪法》修订后，取消了公民迁移自由的条款），同时也违反了 1948 年联合国制定的《世界人权宣言》中关于“迁移、居住自由”（第 13 条）的条款。但是，从法社会学的分析，这种非流动的户籍制度与当时的计划经济体制相配套，严格限制人口迁移在一定程度上抑制了流动人口的犯罪，抑制了城市犯罪率的上升。

改革开放以来，特别是 20 世纪 90 年代以来，中国经济飞速发展，人民生活水平大幅度提高，大量的农村剩余劳动力以不可阻挡之势向城市迁移，城市化速度加快，户籍制度原有的粮油布配给功能及限制人口迁入迁出功能逐渐丧失，户籍或暂住证成为警察管理人口、预防犯罪的一种手段。由于户籍管理功能单一化和警察作为户籍管理的主体，影响流动人口申报暂住证的积极性。据北京市海淀区 2004 年的调查，办暂住证人数为 26 万人，与实际应办证的流动人口数（64 万人）相比仅占三分之一。大多数流动人口不向所在城市申报，增大了政府对流动人口管理的难度，也使流动人口的犯罪问题突出。因此，传统的户籍管理制度的改革势在必行。

如何改革传统的户籍制度呢？长期以来户籍管理制度的基本思路是“以证管人”，即通过管理户籍，进而管人的衣食住行，管社会治安，因此这项工作一直由公安系统来做。户籍制度的改革首先要冲破这种传统观念，将户籍管理与警察的治安管理相分离，与政府服务于百姓的福利制度相结合。户籍制度改革的基本方向应当是将户籍登录与城市居民、流动人口的权益和福利相结合，走服务型的管理模式。户籍制度与人口的医疗、就业、职业培训、子女就学、升学、住房、社会福利等民生和教育问题相结合，使流动人口户籍申报工作由现在的被迫申报转变为主动申报，因为申报的目的不是为了接受管理，而是为了让自己和家庭享受所在地区政府为市民提供的社会福利和良好教育。

要想完成户籍管理与流动人口权益的连接，光靠公安机关一家是无法完成的，我们可以借鉴国外发达国家的经验，将目前的公安系统管理户籍逐渐过渡到由市区政府内设的户籍管理部门进行管理。这一管理机制一方面容易实现与区域社会福利和社会教育的联动，有利于密切政府和民众的联系，也使户籍管理更加人性化，同时，也能减轻由警察管理流动人口所带来的进城农民的被歧视感和不安感。另外，户籍管理与警察治安管理相分离，更有利于城市的公安系统集中精力做好犯罪的预防和控制工作。

（五）增强城市公安的快速反应能力

传统的将派出所建在非闹市区的“深宅大楼”里是改革开放前地域封闭，人口流动缓慢，以住地居民的户籍管理为核心，通过管户籍来管治安的工作模式的产物。这种做法已经不适合大规模人口流动的现代都市管理。派出所是分局的派出机构，应当减小机构规模，增加机构数量和机动性，将“治安阵地”前移，建在人口流动量最大的地方，如，主要车站、闹市区、娱乐场所周边等，派出所与派出所之间的设点距离，应以自行车的速度计算在20分钟或半小时之内可以到达为最佳（因为现代都市常常堵车，自行车通常是警察最便利的交通工具)，要将警察到现场的平均速度提高到8分钟以内，以符合现代都市治安管理的要求。城市应建立起以110报警服务台为指挥中心，派出所为据点和前沿阵地，在点与点之间以巡警为补充的、具有快速反应能力的社会治安体系。

在世界都市化的发展过程中，曾出现过四次“警务革命”，第一次是1829年伦敦警察的职业化；第二次是19世纪末20世纪初的美国警察的专业化；第三次是20世纪30年代至70年代警力机动化、装备现代化，强调快速反应能力；第四次是20世纪80年代开始的社区警务改革。目前，中国城市的警察发展还处于完成了第二次革命，即警察的专业化，并开始进入警力机动化、装备现代化的第三个阶段，因此必须适应大都市的快速发展的需要，把警力放在街面上，增强警力机动化、装备现代化和快速反应能力。一是为了震慑犯罪，二是为了高效地解决因地点时间的不确定性引发的各种民事纠纷、冲突、街头犯罪以及突发事件。另外，可以辅助于社区警务，并注意从源头上打击犯罪，比如，严格取缔各种销赃市场，严格管理各类二手车市场及废品收购站等。

（六）建立服务于农民工的社会组织

在农村人口大规模地向城市迁移的过程中，在特定的法律框架下，帮助农民工建立一些同乡会、工会等社会组织，这些社会组织可以成为城市与农民工连接的中介，帮助农民工解决实际困难和问题，包括进行适当的心理咨询，就城市文化、法规、习俗等进行指导，举行与城市居民的联谊活动等，当进城农民遇到难处时能找到一个宣泄和帮助他们说话的地方。在农村人口向城市大量迁移过程中，农民工的中介组织作用是不容忽视的，它能有效地避免进城农民与城市的直接冲突，避免城乡群体之间的敌视，缓解农村文化板块与城市文化板块碰撞所带来的进城农民的心理冲突和行为冲突，使农民工能够顺利地融入城市生活。

（七）进一步建立和完善城市社会福利体系，控制犯罪的增长

改革开放三十多年，中国的经济实力得到了空前的增强。此时拿出一定数量的资金投入社会建设，特别是加强社会福利制度的辐

射面，是稳定社会、减少犯罪的重要手段。现代社会的福利制度既有扶助贫困、缩小经济差别的功能，也有控制由于“绝对贫困”引发刑事犯罪的功能。制定相关的福利法规，在完善法律的基础上，逐渐建立起完善社会保障体系，并不断扩大福利事业的范围，让包括农民工在内的更多社会群体受益。构建福利社会是目前许多发达国家所采取的基本做法，它在预防犯罪和控制犯罪率的增长等方面收到了意想不到的效果。

中国犯罪治理模式的文化研究

——运动式治罪的式微与日常性治理的兴起

单　勇　吴飞飞*

作为人类有组织地应对犯罪的策略、措施与实践，犯罪治理是犯罪学研究的出发点和关键所在。由于不同的犯罪治理模式具有不同的治理理念、策略、技术、措施与运作方式，不同的犯罪治理模式能够形成不同的治理效果，所以在犯罪治理体系中犯罪治理模式是最为重要的研究范畴。在犯罪学乃至整个刑事科学中，以犯罪治理为基础的犯罪治理模式研究意义深远、价值重大。基于犯罪学跨学科研究的特性①，对犯罪治理模式的研讨，离不开从特定视角出发运用其他学科的知识和方法进行分析与反思。以文化为视角、以文化的规范性为分析工具，这无疑是一种体察、检讨、反思与整合我国犯罪治理模式的新尝试。

一、犯罪治理的两种模式

所谓犯罪治理，是指人类有组织地对刑事犯罪和社会越轨行为进行打击、控制和预防的应对措施、策略与实践。从模式上看，在

---

* 单勇，吉林大学法学院讲师、法学博士、经济学博士后；吴飞飞，国家检察官学院讲师、法学博士。

① 综观学术及学科演进谱系，犯罪学是在整合多学科理论观点和研究方法的基础上发展起来的。以往形成的犯罪心理学、犯罪社会学、犯罪生物学等理论体系均是犯罪学引进、借鉴其他学科知识、思想与方法的产物，属于各学科针对犯罪问题的合作研究。可以说，跨学科研究是犯罪学最为鲜明的学科特色和最为可行的学术发展路径。

现代社会中，各种犯罪治理力量和活动的设计、运作不是毫无章法、任意实施的，国家和社会需要在一定模式下展开治理活动，犯罪治理可概括为不同的犯罪治理模式，一国的犯罪治理模式往往构成其犯罪治理活动的鲜明标志。

作为犯罪治理理论中最为重要的基石范畴，犯罪治理模式是指基于特定治理需要和根植于特殊社会环境的，各种犯罪治理理念、措施、活动的基本组合方式与实践运作形式。犯罪治理模式不同于具体的治理活动。具体的犯罪治理活动如同建设大厦的钢筋、水泥、砖瓦等建筑材料，而犯罪治理模式则是建设大厦的方案，没有一定的方案，大厦难以平地而起，不同的方案也会导致各种材料不同情况的消耗与使用，以及大厦最终的迥异风格。可见，犯罪治理模式是对各种犯罪治理活动的理念、策略、措施的有机整合，是实践中犯罪治理的指导原则。它能够为国家、社会提供一套整体性的犯罪预防和控制方案。

从历史上看，人类对犯罪的反应包括常态反应和特别时期的特殊反应。面对犯罪的侵害，国家和社会一般是通过国家机器和社会组织以法律、纪律、道德、伦理等各种社会控制手段的日常运作来加以应对，这种日常性治理是人类治理犯罪的常态。随着社会变迁和情势变更，犯罪现象往往呈现周期性的波动；在某一时期，整体犯罪态势严重到国家和社会日常性治理难以承担的程度也是常有之事。因此，在日常性治理之外，依靠由国家强力推动的各种专门性治罪运动、采用超出日常强度的司法资源和社会成本高效地应对犯罪，将国家和社会的力量集中投入，也是一种犯罪治理模式。在我国这种常态反应就是日常性治理，特殊反应就是运动式治罪。故此，在模式上，犯罪治理可分为运动式治罪模式和日常性治理模式。①

所谓运动式整治犯罪模式（简称运动式治罪），是指以“运动

① 单勇：《犯罪的文化研究——从文化的规范性出发》，吉林大学博士论文2007年。

治理犯罪”为理念、以群体性犯罪治理运动为内容的犯罪治理运作形式和组合方式。

“运动”治国的传统在我国长期存在，并在国家和社会生活中刻下了深深的烙印。“运动治理犯罪”属于“运动治理国家”观念的自然延伸和有机体现。我国的运动式治罪模式在实践中表现为由国家发起、社会各界广泛参与的群体性犯罪治理活动，这种治理活动本质上属于一种运动，是一种以打击、控制、预防犯罪为内容的运动，是一种蕴涵社会治理、社会秩序完善意义的运动。运动式治罪发动的背景在于：犯罪率急剧增加、整体犯罪态势严峻、日常性治理不足以有效应对转型时期犯罪浪潮的挑战。可以说，运动式治罪模式是我国社会转型历史巨变时期的非常之举。运动式治罪的非常之处表现为在全国范围内，以“大会战”、专项治理、集中整治等轰轰烈烈的非常规方式，集中投入司法资源和社会资源，以法律为代表的正式社会控制手段对犯罪进行高强度、高效率、暴风骤雨式的整治。同时，运动式治罪在社会生活表层公开地以一种合法的暴力制约、压制犯罪这种暴力。故此，它更易快速满足民众对于社会安全的心理需求，更易加强社会团结和稳定社会秩序。

所谓日常性治理模式，是指以对犯罪进行日常治理为理念，以国家和社会的正常机制打击、控制及预防犯罪为内容的犯罪治理运作形式和组合方式。

日常性治理属于国家和社会对待犯罪问题一般性和惯常性的应对方案。从内容上看，日常性治理中的治理方式涵盖广泛，包括直接反应和间接反应、司法反应和行政反应、官方反应和民间反应，并深入涉猎各种国家管理和社会自治活动。从主体上看，与运动式治罪不同，日常性治理中社会多元力量参与程度和主体地位均有较大提高，社会组织和公民个人在犯罪治理中的作用得到充分的发挥。从手段上看，日常性治理的控制手段既包括共享的价值观念和文化规范，也包括普遍、统一的行为规范（包括法律、纪律、道德、伦理、习惯、传统等），更包括推行上述价值观念、文化规范、行为规范的制度和组织。

总之，这两种治理模式共存于我国犯罪治理实践中，运动式治罪主要表现为以“严打”为代表的各种专项整治犯罪运动，日常性治理主要表现为通过国家、社会的正常管理和自治活动对犯罪进行有条不紊、循规蹈矩的日常预防和控制。上述关于两种犯罪治理模式的基本理论构成了本文进行文化研究的理论前提和研讨基础。

二、视角与工具：文化和文化规范性

“知识在本质上是视角性的。”① 本文将文化学的知识与方法引入到犯罪治理模式研究中，以文化为研究视角、以文化的规范性为分析工具，对运动式治罪和日常性治理进行文化规范性的反思与解读。

在文化哲学的立场上，“文化不是与经济、政治、科技、自然活动领域相并列的一个具体对象，而是内在于人的一切活动之中，影响人、制约人、左右人的行为方式的深层的、机理性的东西。文化是历史积淀下来的被群体所共同遵循或认可的共同的行为模式。”② 在本质上看，“文化是人类历史地凝结成的稳定的生存方式”。而犯罪本质上是文化的一个侧面。正如严景耀先生所云：“为了了解犯罪，我们必须了解发生犯罪的文化，反过来，犯罪的研究又帮助我们了解文化及其问题。犯罪不是别的，不过是文化的一个侧面，并且因文化的变化而发生异变。如果不懂发生犯罪的文化，我们也不会懂得犯罪。换言之，犯罪问题只能以文化来充分解释。”③ 故此，从文化视角出发考察犯罪治理模式，是对犯罪治理模式最为深入和本质的体察与反思。

同时，“文化研究是目前国际学术界最有活力、最富于创造性的学术思潮之一，……但同时它又是一个最富于变化、最难以定位的知识领域，迄今为止，还没有人能为它划出一个清晰的学科界

① 冯俊等：《后现代主义哲学讲演录》，商务印书馆2003年版。

② 衣俊卿：《文化哲学十五讲》，北京大学出版社2004年版。

③ 严景耀：《中国的犯罪问题与社会变迁的关系》，北京大学出版社1986年版。

限，更没有人能为它提供一种确切的、普遍接受的定义。”① 在复杂、流变的文化研究中，我们还需要确立一个适宜的分析工具，以此来把握犯罪治理模式的文化本质。殷海光先生将文化的特征分为四种，即规范特征、艺术特征、认知特征和器用特征。他认为：“一个文化系统中，对文化分子的思想、行为，甚至情感，规定其应当或不应当，善或恶等预规或应迫，就是规范特征。该种特征常透过社会控制，传统力量，奖励，惩罚，批评等展布出来。与文化的其他特征相比，规范特征常为主宰特征。不同的文化之最核心的差别乃是规范特征的不同。”②

受殷海光上述论证的启发，在犯罪文化学语境下，本文归纳与提炼出“文化的规范性”作为研讨犯罪治理模式的分析工具。在文化的符号性和系统性的共同催生下，文化的规范性成为一种潜在的、深层的社会力量。文化规范性通过文化的符号性，以语言、文字等形式承载传播、提倡主文化的法律、道德、宗教情感等因素，进而在社会生活中表达意义；同时文化的系统性体现了主文化对亚文化的“宰制”③ 化系统性的行为与事件的惩罚和纠正为标志，推行、发扬某种有利于主文化的人文精神和价值观念。这样文化的规范性不仅能够规范、控制个人的具体行为，而且也能够影响、制约社会的整体运行和发展。这具体表现为以下三方面：第一，从文化的本体意义上看，文化规范性是文化对个人与社会的影响和制约，是文化的本质属性。第二，文化的规范性广泛存在于各种主文化、亚文化及犯罪亚文化类型中，从根本上看，文化的规范性主要体现

① 罗钢、刘象愚主编：《文化研究读本》，中国社会科学出版社 2000 年版。

② 殷海光：《中国文化的展望》，上海三联书店 2002 年版。

③ “宰制”（domination）是由美国社会学家华尔泽在探讨社会公正问题时所提出的研究范畴。“宰制”的原义是：不同的社会有不同领域间的区分，应坚持领域独立的原则。否则，当一些人在一个领域中的优势能够顺利转移成另一个领域中的优势时，就必然使原本应当独立的领域公正遭到破坏。

本文使用“宰制”一词的目的，不仅意图体现主文化在社会中的主导地位，更希求凸显主文化对犯罪亚文化的排斥、压制与统治，进而在主文化与犯罪亚文化的冲突中把握犯罪问题。

了主文化所要求的文化规范。第三，文化的规范性发挥作用常常表现为一种社会控制的过程，这种社会控制拥有法律、道德、宗教、习俗等广泛的外在表现形式。

文化规范性可从不同层面获得展示。首先，从主观层面看，文化规范性可从价值观念的角度加以展示。其次，从客观层面看，将生活方式中的主观因素划入价值观念中，仅选取生活方式中的客观因素，这样文化规范性也可从生活方式的角度加以展示。再次，“文化是制度之母”①，文化与制度存在密切联系，文化规范性还需获得制度层面的理解。最后，重视分析文本与话语是文化研究的特色之一，对犯罪学文本与话语的研究对文化规范性的理解也大有裨益。

在犯罪文化学场域下，运用文化规范性理论研讨犯罪问题能够发展出一种犯罪的文化规范性研究。这种犯罪的文化规范性研究重视分析主文化、犯罪亚文化与犯罪的关系，关注主文化与犯罪亚文化之间的文化冲突，主张主文化的规范性能够有效抵御和预防犯罪的发生，并认为犯罪亚文化的规范性能够刺激、诱发行为人实施犯罪等社会越轨行为。

故此，本文认为，文化规范性构成了把握犯罪与文化关系的连接点，构成了对犯罪治理模式进行文化研究的分析工具。本文下面对犯罪治理模式的文化规范性研究就建构于文化规范性的四个不同层面之上，即以价值观念、生活方式、制度、文本或话语具体解构和反思我国犯罪治理模式的本质特征与利弊得失。

三、运动式治罪的文化规范性反思

尽管运动式治罪在我国犯罪治理活动中发挥了重要的历史作用，但每一次“严打”结束后，立案数基本上是义无反顾的直线上升，运动式治罪并没有取得理想的治理效果。故此，我们对运动

① ［美］塞缪尔·亨廷顿、劳伦斯·哈里森主编：《文化的重要作用——价值观如何影响人类进步》，程克雄译，新华出版社2002年版。

式治罪的反思与检讨就不应停止。

（一）价值观念：人治对法治的冲击

法治与人治是社会生活中两种相互对立的价值观念。我国的运动式治罪模式更多地体现了人治的价值观念，运动式治罪的实施导致人治思想对法治精神的冲击。

首先，我国的运动式治罪本质上是一种“贤人之治”，在其启动过程中政治权威起到了关键性作用，而法律仅具有工具属性，法律的最高权威尚未从实质上得到确立。尽管从当时的历史条件来看，政治权威发动运动式治罪在客观上不仅是必要的，也是颇具成效的。但从本质上说，运动式治罪是一种“贤人之治”，也是法治不发达的产物。

其次，我国的运动式治罪往往具有较大的不可预测性，法治理念下的法律制定、执行的可预测性和稳定性得不到有效保障。相对于社会公众，“严打”等运动式治罪的决策、实施具有一定的神秘色彩，社会公众往往事先无法得知各种运动式治罪究竟何时开始、何时结束等具体情况。附随于运动式治罪的法律嬗变也往往难以预料。今天不是犯罪的行为，可能因形势需要明天被国家标定为犯罪；今天应处以轻缓刑罚的犯罪行为，很可能随着政策的需要很快就加重其刑罚。这种变化对于一般人来说实在是过于突然。可以说，运动式治罪的浪潮也在“制造”犯罪。

再次，在运动式治罪中，国家权力的运作未能得到法律的有力限制和约束，运动式治罪往往体现人治理念中国家对民众的单向控制。国家将民众置于“潜在犯罪人”的地位予以防范和控制，缺乏法律程序保障民众对相关公权力运作的知情和外部监督。法治所要求的国家与民众的双向控制受到运动式治罪的实际抵制和排挤。

最后，秉承“治乱世用重典”的传统思想，运动式治罪忽视对个人权利的保障，缺乏应有的人文关怀和人道精神；受运动式治罪的影响，法治真正尊重个人、充分保障个人权利的理念一直未能实现全面的贯彻和落实，“刑讯逼供”等侵犯人权的现象仍屡禁不止。

总之，正如有学者所说，“运动毁灭法制，运动的结果导致轻视法制，以党的政策取代法律；运动本身就是一种非正常秩序状态，它必然会损坏法制；运动本身具有极强的政治性，使法律不仅难以驾驭运动，而且充当了运动的工具，最后被政治所抛弃。”①

（二）生活方式：片面打击对犯罪原因的忽视

“生活方式是人与社会、人与人之间的一种交往方式，是人类生活与行为的意义之网。”② 人类社会的生活方式蕴涵了多重的犯罪原因和社会矛盾，特定社会中的犯罪情势很大程度上是由隐藏于生活方式深层的犯罪原因和社会运行机理所决定的。作为人类历史地凝结成的生存方式，文化是犯罪发生的深层机理。“文化冲突是生成犯罪的深层社会原因，犯罪很大程度上是主文化与犯罪亚文化相互冲突、矛盾的产物。”③ 犯罪治理工作必须考虑到当代中国文化冲突的犯罪原因，必须注重从控制犯罪亚文化的消极影响和改变犯罪亚文化的生存土壤、社会结构等方面入手，必须深深根植于当代中国生活方式的特定场景。

我国的运动式治罪往往强调严厉打击，而忽视对犯罪发生多重原因的重视和对滋生犯罪的生活方式的治理，忽视对犯罪嬗变规律的把握，往往陷入治标不治本、一治一乱的困境。这导致运动式治罪蜕变为法律上单纯的事后惩罚。从本质上说，运动式治罪是一种依靠严厉的刑罚惩罚犯罪的“以暴治暴”的犯罪治理模式。然而，“暴力的回报只能是暴力，残酷行为的回报也只能是残酷行为，不会有其他的回报。‘经历过’刑事司法机关的人越多，我们的社会成为健康社会的机会就越少。”④

---

① 蔡定剑：《历史与变革——新中国法制建设的历程》，中国政法大学出版社1999年版。

② 张旭主编，单勇、李欣执行主编：《犯罪与生活方式》，黑龙江人民出版社2008年版。

③ 单勇、侯银萍：《犯罪的文化冲突论》，载《法制与社会发展》2008年第2期。

④ ［俄］谢尔盖·博斯霍洛夫：《刑事政策的基础》，刘向文译，郑州大学出版社2002年版。

(三) 制度：运动式治罪对日常性治理的排挤

“文革”结束伊始，在日常性治理较为薄弱和犯罪浪潮不断高涨的局势下，运动式治罪重新登上历史舞台。随着社会转型的不断深入，各种应对犯罪的日常性治理机构和机制日趋完善，依法治国已取代依靠运动治国成为宪法所明确认可的治国方略。因此，日常性治理应成为今后犯罪治理工作的中心。但由于对运动式治罪强烈的路径依赖，运动式治罪对日常性治理形成了事实上的制度排挤，犯罪治理模式总体上仍处于运动式治罪的轨道上。

一方面，“严打”等运动式治罪本身是永无终点的，一次运动的结束往往昭示了下一次“严打”的开始，犯罪治理模式难以从运动式轨道上转型为日常性治理。

为更加严厉地打击犯罪，每一轮的运动式治罪总是要把尽可能多的罪犯关进监狱；但罪犯被关进监狱并不意味着犯罪治理工作就万事大吉了，漫长的行刑工作能否完成改造罪犯的任务值得怀疑。“增加监狱关押人数，最终结果只能是，培养更多的罪犯回归社会。”[①] 正如有学者所言：“严打是无奈之举，而非长久之计；一轮严打结束往往意味着下一轮严打即将到来，严打把自己推向了‘不归路’。”[②] 各种社会资源围绕着运动式治罪使用和消耗，进而导致国家在犯罪治理问题上陷入运动式治罪循环往复的桎梏。

另一方面，国家对运动式治罪模式的频繁使用和过分依赖，导致运动式治罪对司法成本、社会资源的巨大滥用和透支，致使日常性治理的资源支撑不够。

任何一种制度的运行都需要制度成本。运动式治罪需要在全国范围内集中投入大量的人、财、物，高强度、暴风骤雨式的运动式治罪往往意味着社会资源和司法成本无节制的消耗。有资料显示：

---

① D. Stanley Eitzen, Dong A. Timmer, Criminology, John Wiley & Sons, Inc, p. 571, 1985.

② 谢望原、卢建平等：《中国刑事政策研究》，中国人民大学出版社 2006 年版，第 308 页。

“我国将大量社会资源投入到打击犯罪活动中，仅关押一个犯人，每年就需花费1万元以上，一个犯人每年给国家造成的耗费超过3万元；而建一所监狱的资金，至少可建10所学校。”因此，在我国当前社会资源较为有限的情况下，社会资源多投入于运动式治罪就意味着少投入于日常性治理活动。

（四）文本与话语：运动式治罪中政策和法律的科学性欠缺

文本与话语是人类知识、思想传承和意义表达的载体。运动式治罪的话语可体现为党和政府制定的各种刑事政策，运动式治罪的文本主要是指相关刑事法律。运动式治罪所特有的文本和话语构成了运动式治罪嬗变的外显标志和独特的文化视角。

首先，运动式治罪将法律作为推行运动的有力工具，运动式治罪需要依法进行，但为保障运动式治罪而出台的法律文本与既有法律规范缺乏必要的连续性、稳定性及可操作性。很多司法解释之间的矛盾导致性质相同的案件得到不同的刑法制裁，这有违刑事法治的公平原则和平等原则。

其次，文本随话语而变、法律随政策而迁，运动式治罪中法律缺乏连续性、稳定性及可操作性的原因在于指导运动式治罪的话语和政策缺乏应有的科学性。运动式治罪关注从重从快打击犯罪，相关话语与政策由此而衍生，相关法律文本亦随之嬗变。除了从重从快打击犯罪以外，法治精神、法律文本的连续性、人权保障、犯罪规律的复杂性、犯罪治理的系统性等深层次原理均在不同程度上遭受忽视。

最后，运动式治罪中话语和文本、政策和法律的科学性欠缺导致法律对犯罪治理和社会治安维护不得力。运动式治罪的长时间实施和不良影响，导致刑事法律、司法解释的制定越来越屈从于打击犯罪的需要，而忽视对法律文本正当性和合法性的把握；法律的实施越来越具有阶段性、个别化的治罪风格，法律的长远发展得不到保障；法律因社会功效蜕化仅具有短期效果，法律的预防、控制犯罪功能受到压制。改革开放以来，我国犯罪率每年均保持较快的增长势头，社会治安根本好转的目标仍未实现。

四、日常性治理的文化规范性解读

作为人类社会对犯罪的一般性反应，日常性治理深深根植于人类文化之网或生活方式之中。借助文化规范性的工具，对日常性治理可形成以下四方面的解读：

（一）价值观念：法治理念的巩固

从价值观念上看，日常性治理并非天然与法治理念不可分割。在法治理念风行之前，人类就存在对犯罪进行日常性治理的悠久历史；在法治理念获得普遍认同后，各国在国家治理走向法治的同时，其犯罪治理也逐渐向法治轨道靠拢。时至今日，日常性治理的实质合理性就在于对法治理念的奉行与遵守。

首先，日常性治理要求法律不仅具有工具属性，更要求法律应成为国家治理和犯罪治理中的最高权威。

日常性治理活动具有长期性和稳定性。这种稳定性要求：人类借助法律将社会稳定的安全需求以及对安全需求的保障予以规范化。犯罪治理活动的长期性要求：为消除、减弱政府和政治权威对犯罪治理认识的部分盲目性，必须有一个超然于政府和政治权威的最高权威予以信赖和依靠，而这个最高权威就是法律，依靠法律这个最高权威治理犯罪的理念就是法治精神。

其次，日常性治理强调国家权力的运作必须受法律的有效制衡。国家权力对犯罪进行打击和预防，实质上牵涉到对犯罪嫌疑人等公民人身和财产等权利的剥夺，因此公权力运作的合法性不能不时刻受到考量。

在法治理念下，日常性治理一般从实体、程序及组织三方面来限制公权力的滥用。在实体上，在刑事法律中制定各种原则和规则来限制国家权力滥用；在程序上，在刑事诉讼法中设置国家权力运作的合理环节和限制条件；在组织上，以检法部门的组织法及其他行政法规对公权力的运作进行干预。

最后，日常性治理是在人文精神和人道主义传统指导下的犯罪治理模式，虽然它依法剥夺犯罪嫌疑人和犯罪人的某些权益，但它更要求尊重人、关心人，尤其是保护犯罪嫌疑人和犯罪人的基本人权。

一方面，日常性治理能够通过对犯罪的打击与预防实现对社会公众或潜在被害人的人权保护。毕竟，任何人均有成为潜在被害人的可能。日常性治理对犯罪的防控工作本身就是对所有公民权益的保护。另一方面，日常性治理保障人权的关键在于对犯罪嫌疑人和犯罪人群体的权利保障。毕竟，少数群体的人权保护状况往往最能反映一国人权保障的真实水平。

（二）生活方式：对犯罪原因的重视

由于根植于生活方式和社会环境，所以日常性治理非常重视对犯罪原因的认知和体察。

一方面，基于对犯罪原因等犯罪学理论的重视，日常性治理强调治标与治本相结合、全面预防优于片面打击、日常治理优于运动式打击的治理原则。日常性治理不主张对犯罪一味地严厉打击，而是注重体察与犯罪发生有密切联系的各种社会关系，重视对犯罪原因的控制；日常性治理也不局限于疾风骤雨般的整治犯罪，而是将有限的司法资源科学地分配到犯罪治理的各个环节，注重对犯罪的整体治理和对罪犯的长期矫治。

另一方面，日常性治理重视发挥民间日常性治理的积极作用。对社会和公民来说，民间日常性治理能及时有效地自卫和被害预防，能充分发挥民众的主体地位；对国家来说，民间日常性治理能够有效节约国家司法资源，使国家的力量集中投入到制度建设、人员培训、大要案侦破等必须由国家承担的领域中来，同时民间日常性治理还能有效配合国家日常性治理的实施。

总之，基于对犯罪原因的重视，日常性治理模式适应了社会生活的需要，充满了活力和弹性。从此，犯罪治理活动不再局限于单纯打击，开始走向打击、预防、控制、改造、教育、矫治相结合的发展路径，犯罪治理也不再是国家的专属，治理主体日趋多元化，民间日常性治理逐渐兴起。

（三）制度：社会治安综合治理的路径依赖

当代中国犯罪治理的总体指导思想是社会治安综合治理，综合治理思想需要借助一定的犯罪治理模式在实践中贯彻和落实。在运动式治罪与日常性治理的比较中，日常性治理与社会治安综合治理思想或政策更具契合性，更有助于将综合治理思想全面实现。

无论是国家治理还是犯罪治理均需借助于制度，日常性治理是一种由各个级别、领域、层次的不同制度有机整合而成的制度性治理。从类型上看，日常性治理包括国家的正式制度，如立法制度、司法制度、行政制度等，也涵盖各种自发形成的非正式制度，如各种预防犯罪的习俗、惯例和规约等。在正式制度中，日常性治理既包括侦查制度、检察制度、审判制度、行刑制度等宏观或整体上的制度，也包括诸多具体制度，如逮捕制度、假释制度、缓刑制度、社区矫正制度、恢复性司法制度等。

由于社会治安综合治理思想强调全面做好打击、防范、教育、管理、建设、改造六个领域的工作，要求综合使用各种社会控制手段，所以，单纯重视打击犯罪和片面使用司法手段的运动式治罪对贯彻这一指导思想显然力不从心。而日常性治理既是一种覆盖全面的犯罪治理模式，又能充分动员社会多元力量和运用多种社会控制手段；既重视打击犯罪，更注重预防和控制犯罪、改造罪犯、教育潜在犯罪人、健全日常监督和管理、加强制度建设和治理组织机构建设。这是一种在国家日常管理和社会自治中对犯罪进行综合性治理的犯罪防控模式。因此，日常性治理为综合治理思想或政策的实现提供了理性的发展路径和适宜的运作模式，更有助于将综合治理理念制度化、具体化。

（四）文本与话语：政策和法律之科学性的保障

作为文本形式的法律与作为话语形式的政策，是日常性治理的外在表现形式。一方面，理性、科学的日常性治理要求成熟的政策作为犯罪治理的基本理念。日常性治理要求政策的制定应遵循民主化与科学化的程序。政策的制定需要慎重，必须经历建立议程、界定问题、设计方案、预测结果、比较和抉择方案以及方案的合法化等环节；政策的制定需要向社会各界和有关专家征求意见，并充分反映社会组织与公民个人的真实想法和诉求。由于政策包括刑事政策和社会政策，日常性治理还要求刑事政策和社会政策之间相互协调与配合。刑事政策针对犯罪问题而制定，社会政策针对与犯罪有密切联系的社会问题而制定，因此，犯罪治理还需考虑相关社会问题，刑事政策的贯彻实施还有赖于社会政策的协调和支持。

另一方面，理性、科学的日常性治理要求形式合理性与实质合理性兼备的法律作为治理工作开展的依据。为保证犯罪治理的稳定性、可持续性及可操作性，日常性治理要求相关法律具备形式合理性，即法律能够普遍执行和一体遵守、法律内容明确、法律面前人人平等、社会一般人具有预测可能性、法律不能变化得过于剧烈、法律语言规范和严谨等。为合理地组织对犯罪的反应、维护社会正义，日常性治理要求法律文本在内容上具有实质合理性，即法律能够重视犯罪原因、能够体现人文关怀、能够以法治精神制约国家公权力的运作、能够科学地对相关组织和机构进行立章建制等。

总之，通过对我国犯罪治理模式的文化研究，可以形成如下规律性认识：从价值观念上看，运动式治罪以其“贤人之治”给法治带来了莫大的冲击；日常性治理则以“法律之治”巩固了法治的权威。从生活方式上看，运动式治罪以其片面强调打击犯罪而忽视了复杂、多元、深刻的犯罪原因；日常性治理则根植于犯罪原因打防并举、标本兼治。从制度上看，频繁实施的运动式治罪对日常性治理造成了事实排挤；作为一种制度性治理，日常性治理则构成了推行社会治安综合治理思想的可行路径。从文本和话语上看，运动式治罪致使相关政策和法律科学性欠缺；日常性治理则充分保障了政策和法律的科学性。故此，与运动式治罪相比，日常性治理是一种较为全面、理性、科学的犯罪治理模式。基于中国转型社会的犯罪治理需要，运动式治罪的日渐衰落与日常性治理的日趋兴盛构成了国家治理犯罪问题的历史趋势与发展规律。

提出“运动式治罪的式微和日常性治理的兴起”这一论断，还远未完成对我国犯罪治理模式的研讨。从治理策略与犯罪情势上看，在恐怖主义犯罪的治理、奥运期间的犯罪治理等问题上，运动式治罪模式仍有一定的作用空间；日常性治理的运用并非意味着完全排斥运动式治罪。于是，该论断又开放出一个新问题以期待引发学界的深入思考，即在完善日常性治理的同时如何理性运用运动式治罪模式，运动式治罪如何才能有机融入日常性治理模式的框架之中。

美国21世纪的犯罪问题

——兼论对中国的借鉴

李晓明*

犯罪是西方社会的第一大公害，而美国又是西方社会的典型代表，也是西方犯罪率最高的国家之一。因此，研究美国的犯罪问题，尤其是研究美国在现代工业化实现过程中犯罪的基本轨迹和规律，对于我国在实现市场经济和现代化建设进程中制定应对犯罪的策略具有重要的借鉴意义。笔者有幸到美国进行学术访问，并对美国社会的犯罪问题进行了较深入的调查和研究，下面从几个方面进行阐述。

一、美国犯罪问题概说

众所周知，犯罪这一社会现象是无法彻底消除的，只能在一定程度上予以控制，并尽可能控制在社会所能容忍的范围内。美国社会同样需要面对穷凶极恶的犯罪问题，甚至采取一切手段和可能来应对犯罪。为了真正做到有的放矢，美国政府就必须对社会的犯罪状况及未来发展趋势进行宏观把握和预测，也只有这样才能最终为政府决策和议会立法提供可靠依据。在美国，反映其犯罪状况的，就是一年一度的《统一犯罪报告》（Uniform Crime Reports），这个

---

* 苏州大学王建法学院教授、博士生导师。本文在撰写过程中，自始至终得到了我的研究生刘杰、何家亮给予的资料上的查找、整理和编辑，甚至撰写了部分内容和绘图，在此表示衷心感谢！

报告是由美国司法部联邦调查局经统计而做出的，在美国具有相当的权威性和可信度，主要根据全国范围内的警署机构所接手的犯罪案件的数目而形成。

《统一犯罪报告》中反映的犯罪主要分为两大类：一类是指数犯罪，另一类就是非指数犯罪。前者包括较为严重的八种犯罪：强奸、抢劫、杀人、重伤、盗窃、入室盗窃、盗车和纵火犯罪；后者则是除了这八种较为严重的犯罪之外的其他犯罪，虽然占的比重没有指数犯罪高，但也是了解美国犯罪状况的重要依据。近些年来，虽然美国移民人口在逐年增长，但美国的犯罪绝对数值和犯罪率并没有明显增长，甚至呈现程度不同的下降趋势。从专业角度讲，虽然一个国家的犯罪绝对数值可以反映出该国的基本犯罪状况，但从犯罪统计学的技术层面讲，最主要或最准确的应当是一个国家的犯罪率。而美国《统一犯罪报告》中的犯罪率是用每10万国民中的犯罪起数来计算的，即犯罪率=本年的犯罪总数/本年的全国人口总数×100000。比如2004年的犯罪率为3982.6，则表示在2004年每10万人中约有3982.6起犯罪。当然，这3982.6起犯罪是指数犯罪，并不包括非指数犯罪，也就是说美国的犯罪率是以指数犯罪为依据的，而非指数犯罪被排除在犯罪率统计之外。因此，虽然指数犯罪是威胁社会治安的主要障碍与参数，但就总体犯罪统计来看，又不能不说是一大缺陷或不足。

八类指数犯罪又被分为两大类：暴力犯罪和非暴力犯罪，前者包括了指数犯罪中的杀人、强奸、重伤、纵火四种犯罪，主要是以暴力为角色的；后者包括了抢劫、盗窃、入室盗窃和盗车四种犯罪，主要是以财产为角色的犯罪。

1. 关于暴力犯罪。美国的暴力犯罪是非常严重的，就拿杀人来讲，根据《1999年美国的人权纪录》，“美国枪支泛滥，暴力犯罪严重，公民的生命和人身安全受到严重威胁。据美国司法部估计，美国人现在拥有2.35亿支枪，几乎平均每人一支，每年要发生枪杀事件100余万起。从1972年以来，每年死于枪支造成的他杀、事故和自杀的人超过3万。”[①] 一项国际调查也表明，在世界36个最富有国家中，美国在谋杀、自杀和事故中枪杀死亡率最高。德新社1999年5月10日说，1995年美国有报道的谋杀和过失杀人案是2.16万起，其中有15551起是持枪杀人，35673人死于枪弹。1985—1995年，美国青少年犯罪猛增2倍，其中持枪杀人案件剧增3倍。1997年，在15—24岁年龄段的青年中发生了6044起持枪杀人案等。[②] 我们可以发现，仅此杀人一项其状况就是非常严重的。所以美国各界正在强烈呼吁政府加强枪支管理的规定，以减少类似惨剧的发生，但是美国当局并没有任何行动的意思，这又为美国暴力犯罪持续严重的状况埋下深深的种子。其他暴力犯罪的状况同样是很严重的，在美国，平均每5.5分钟就发生一起强奸案件，每35.3秒就要发生一起重伤案件等。[③]

2. 关于非暴力犯罪——财产型犯罪。根据《2000年美国的人权纪录》，1%最富有的美国人拥有全国财产的40%，而80%的美国人只占有全国财富的16%。20世纪90年代以来，美国社会财富增长的40%流入了少数富人腰包，多数穷人只得到其中的1%。[④] 1977年到1999年，美国最富的1/5家庭的税后收入增长了43%，而最穷的1/5家庭的税后收入（扣除通货膨胀因素）却下降了9%，那些靠最低工资维持生计的人今天挣到的美元按实际收入计算还比不上30年前的水平，这在一定程度上造成了美国财产犯罪如此猖獗的重要原因。[⑤] 依据“犯罪动力场”理论分析，原动力的极力推动和外动力的严重刺激，内动力无法克制由此产生的犯罪动机，便在内外因的双重夹击下而实施非正当行为。在美国，“富人效应”波及贫困者，后者受到富人的影响同样想过富人般的生活，

① 中国国务院新闻办公室：《1999年美国的人权纪录》。

② DPA（Deutsche Presse Agentur）德意志新闻社1999年5月10日，www.zh.wikipedia.org/wiki/。

③ 参见马跃：《美国刑事司法制度》，中国政法大学出版社2004年版，第18页。

④ 中国国务院新闻办公室：《2000年美国的人权纪录》。

⑤ 中国国务院新闻办公室：《1999年美国的人权纪录》。

那么在正当途径无法满足的情况下，便大肆地进行着盗窃、抢劫等犯罪以满足其歪曲的心理。当然，贫富的严重差距并非是财产犯罪的唯一原因，但可以说它为财产犯罪提供了环境和氛围。在美国，每1.2分钟发生一起抢劫案件，每25.3秒发生一起盗车案件，每14.6秒发生一起入室盗窃案件。① 由此可见，其非暴力犯罪即财产型犯罪的严重程度。

除了上述八种犯罪，还有贪污受贿、诈骗、赌博、卖淫、伪造货币罪等，尤其是计算机犯罪和恐怖组织犯罪增长势头过快。2001年“9·11”事件后，美国屡屡遭受恐怖活动的袭击，民众的安全指数迅速下降。恐怖活动一方面增加了美国的犯罪率，同时也导致了其他犯罪的增长。还有，美国的种族歧视问题也程度不同地存在，甚至积重难返。根据《1999年美国的人权纪录》，在美国黑人只占美国人口的13%，却占囚犯总数的49%，黑人妇女被判入狱的比率比白人妇女高8倍以上，拉美裔妇女被判入狱的比率比白人妇女高近4倍，每25名18岁以上的印第安人中就有1人在蹲监狱、处于假释或缓刑。② 美国医疗协会1999年3月公布的调查报告表明，只有15.3%的白人处于贫困线以下，而墨西哥裔美国人和黑人的贫困率则分别高达45.7%和42.5%。③ 对如此严重的种族歧视，在堪称自己是“自由民主的国度”的国家实在很难说得过去，这也为美国犯罪高峰期的又一次到来埋下了隐患。

但是，我们必须正视近些年来美国犯罪防控积极的一面。尤其是20世纪90年代初到21世纪初，其间美国的犯罪无论是总数还是犯罪率都处于下降通道。尤其在其人口增长的情况下，能做到这一点也是非常难得的，这为我国在市场经济条件下和现代化建设中防控犯罪必将提供十分有益的经验和参考方案。下面我们将对美国近十几年的犯罪情况做具体分析。

---

① 参见马跃：《美国刑事司法制度》，中国政法大学出版社2004年版，第18页。

② 中国国务院新闻办公室：《1999年美国的人权纪录》。

③ 参见马跃：《美国刑事司法制度》，中国政法大学出版社2004年版，第20页。

二、美国近十几年的犯罪数据分析

根据美国司法部联邦调查局的历年《统一犯罪报告》（The Uniform Crime Reporting）统计，我们整理了一份反映美国20世纪末21世纪初的犯罪综合数据情况：

年份	人口总数	犯罪总数	犯罪率	暴力犯罪	财产犯罪	杀人犯罪	盗窃犯罪
1990	248,709,873	14,475,600	5820.3	1,820,130	12,655,500	23,440	3,073,900
1991	252,177,000	14,872,900	5897.8	1,911,770	12,961,100	24,700	3,157,200
1992	255,082,000	14,438,200	5660.2	1,932,270	12,505,900	23,760	2,979,900
1993	257,908,000	14,144,800	5484.4	1,926,020	12,218,800	24,530	2,834,800
1994	260,341,000	13,989,500	5373.5	1,857,670	12,131,900	23,330	2,712,800
1995	262,755,000	13,862,700	5275.9	1,798,790	12,063,900	21,610	2,593,800
1996	265,284,000	13,493,900	5086.6	1,688,540	11,805,300	19,650	2,506,400
1997	267,637,000	13,194,600	4930.0	1,636,100	11,558,500	18,210	2,460,500
1998	270.296.000	12,485,700	4619.3	1,533,890	10,951,800	16,970	2,332,700
1999	272,691,000	11,635,100	4266.8	1,430,690	10,204,500	15,530	2,099,700
2000	281,421,906	11,608,070	4124.8	1,425,486	10,182,584	15,586	2,050,922
2001	285,317,559	11,876,669	4162.6	1,439,480	10,437,189	16,037	2,116,531
2002	287,973,924	11,878,954	4125.0	1,423,677	10,455,277	16,229	2,151,252
2003	290,788,976	11,826,538	4067.1	1,383,676	10,442,862	16,528	2,154,834
2004	293,655,404	11,695,264	3982.6	1,367,009	10,328,255	16,137	2,143,456
2005	297,568,563	11,564,186	3886.2	1,401,184	10,163,002	16,911	2,156,316
2006	300,625,236	11,351,791	3776.1	1,453,027	9,898,764	17,147	2,182,191

该列表包括了1990—2006年间每年的人口总数、犯罪总数、犯罪率（十万分之一）、暴力犯罪总数、财产犯罪总数、杀人犯罪、盗窃犯罪几项内容。①

① 1990－2006 The Uniform Crime Reporting, from U. S. Department of Justice, Federal Bureau of Investigation NATIONAL PRESS OFFICE.

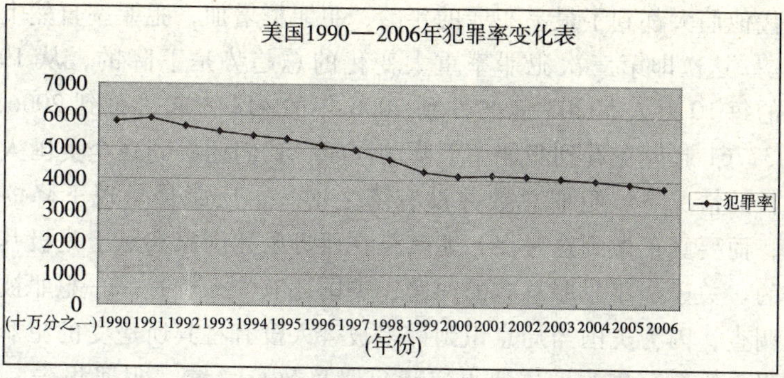

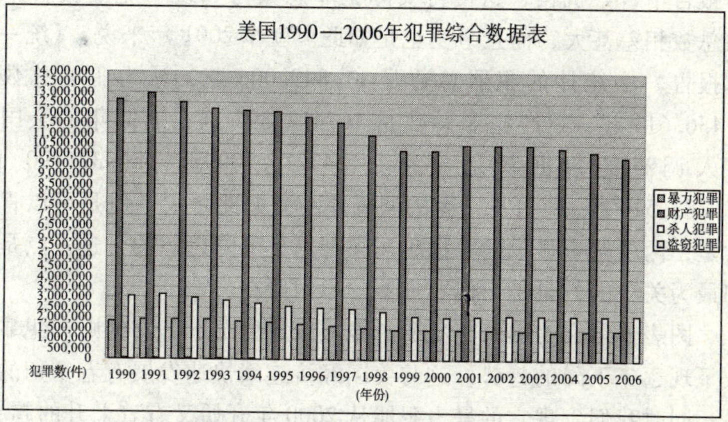

图表反映了美国犯罪率正在经历第三次重大变化，前两次分别是 20 世纪 40 年代和 20 世纪 60 年代，这两次的犯罪率都因为“二战”而发生变化。所不同的是，第一次的犯罪率是下降的，很大程度的原因是因为大批男青年被征到了“二战”前线。根据美国犯罪学理论的研究成果，在性别上男性青年从事犯罪活动的可能性大，被征兵后减少了犯罪群，犯罪率自然降低了。而第二次的犯罪率是上升的，主要是因为“二战”后出现的婴儿潮。根据美国犯罪学理论的研究成果，“二战”后整个世界处于较安定状态，美国更是最终的“大赢家”，同时在美国有大量的婴儿出生。到了 60

年代他们大都到了最易犯罪的年龄，犯罪群增加，犯罪率自然上升了。[①] 这次即第三次犯罪率重大变化的总趋势是下降的，从 1990 年的每 10 万人 58203 起案件到 2000 年的 41248 起，再到 2006 年的 37761 起。在看到犯罪率下降的同时，我们还看到在全美国人口增长的情况下，犯罪总数并没有随之增长，反而是呈现下降的趋势，而要真正做到这一点，尤其是在西方发达国家实际上是极其困难的。关于全年犯罪总数的问题，美国还有一个调查——犯罪被害人调查，因为美国当局意识到许多被害人没有将其所遭受的犯罪行为报告给警察机构，这使得实际犯罪总数与《统一犯罪报告》中的总数相差甚大，而且事实也是如此。就拿 2001 年来说，《统一犯罪报告》中统计的犯罪总数是 11, 849, 006 起，暴力犯罪总数是 1, 436, 611 起，财产犯罪总数是 10, 412, 395 起；而同年的全国被害人调查的数据却是分别是 24, 215, 700 起，5, 932, 190 起，18, 283, 510 起。[②] 可见二者的调查差距竟如此之大，但是可以肯定的是，两个调查显示的数据犯罪率都是呈下降趋势的，这一点是我们最为关注的，也是为何要借鉴的原因所在。

图表显示在美国每年犯罪总数减少的情况下，它的财产犯罪总数呈现逐年下降的趋势，这与美国经济连续快速发展有着密切的关系；同时我们发现它的暴力犯罪从 2000 年开始又有着上升的趋势，杀人犯罪同样呈现如此趋势。造成这种状况的原因也许是多方面的，包括政治、经济、文化甚至有统计方面的原因，正如前文所讲的，《统一犯罪报告》和犯罪被害人调查数据方面是有很大差距的，每年的“误差”也有大有小，所以有可能造成变化上的差异。

图表显示 2001 年的犯罪率比 2000 年要高，这或许正是因为当年的“9 · 11”事件造成的。当时全国民众心理受到很大打击，安全感急剧下降，国内的各种不安定因素开始活跃起来“趁火打劫”，猖狂地进行犯罪，美国当局及时采取了一定的措施才没有使

① 参见马跃：《美国刑事司法制度》，中国政法大学出版社 2004 年版，第 18 页。

② 参见马跃：《美国刑事司法制度》，中国政法大学出版社 2004 年版，第 25 页。

得犯罪达到无法控制的地步，之后的几年美国的犯罪率始终是下降的。

关于这十几年的犯罪率为什么会下降？我们认为，原因是多方面的，但其中最主要的原因起码包括：

首先，是美国的经济持续增长。经济的好转一定程度上减少了财产方面的犯罪，同时随着国民幸福指数的上升，他们的目标由当初的有房有车、有多余的钱可以度假等到后来的要增加自身的知识、接受更高等的教育，在实现了后者的目标的同时国民的素质也在一定程度上得到了提高。尤其是黑人，在逐渐消除种族歧视后，美国黑人可以接受更好的教育和得到更好的生活环境，这样他们的犯罪数会随之减少，在过去直到现在黑人被视为美国的不安因素之一，他们的犯罪数减少了，整个国家的犯罪数自然也就会下降。

其次，美国有较发达的社会保障制度。美国虽然历史较短，但社会发展和社会保障机制相对健全，不仅拥有失业保险和最低生活标准等社会保障机制，而且目前正在逐步推行全民医疗保险制度(Health Plan for All People)。马萨诸塞州成为美国第一个提供全民医疗保险的州，这项法案于2006年4月4日以压倒多数在州立法机关获得通过。根据该项法案，2007年7月1日前，所有马萨诸塞州的居民必须获得健康保险。政府将在3年内拿出51.5万美元用于补贴公民的个人保险计划，将让更多的工薪阶层和穷人买得起保险，并将扩大保险免费适用儿童的数目和范围。强制企业必须为职工购买保险，且要求保险公司予以优惠，10人以上的集体保险，每人每年只交295美元即可。如果他们不购买，将受到税收方面的惩罚。①

再次，美国当局在过去的几十年中加大了对犯罪的惩罚力度。严厉打击犯罪，尤其是加大和扩大了死刑的适用，加重了对暴力犯罪、盗车犯罪、毒品犯罪等的惩罚和打击力度。同时还采取了新的

① PAM BELLUCK: Massachusetts Sets Health Plan for Nearly All, N.Y. Times, April 5, 2006.

警务措施，加强了警察的执法效率，使警察在预防和控制犯罪方面发挥了更大的作用。警察 24 小时的巡逻很大程度上减少了犯罪的空间与时间，这当然是以强有力的经济基础为后盾的，这在我国目前是无法实现的。

还有，在文化上美国实行相当开放的政策。外来文化大量进入美国，积极吸收好的部分以充实本国文化；在世界范围内进行人才引进战略，为美国的经济、文化发展做出了不朽的贡献；还有美国的民主有着其独有的特点，其民主的发展程度是较高的，尤其是它的新闻自由，给美国政府产生了极大的压力和监督力，迫使美国政府为控制犯罪进行着长期不懈的努力。

三、美国 21 世纪犯罪原因分析

进入 21 世纪，美国犯罪状况总体呈平缓下降趋势，考察这一时期犯罪的原因，可以从工业化发展和社会文化等多个角度来分析。

（一）工业化对犯罪的影响

工业化通常被定义为工业（特别是其中的制造业）或第二产业产值（或收入）在国民生产总值（或国民收入）中比重不断上升的过程，以及工业就业人数在总就业人数中比重不断上升的过程。[①] 工业发展是工业化的显著特征之一，也是现代化的核心内容，是传统农业社会向现代工业社会转变的过程。在过去的 100 多年中，美国工业化取得了重大成就，美国也因此一举成为超级大国。随着美国工业化的进程和整个国家工业体系的建立，企业需要大量有熟练技术的工人，故此许多农村人口涌入城市。人口迁移带来的直接后果便是城乡分裂，农村人口的大量涌入引发了近代以来的城市化运动，包括都市化和城市群建设等，而在这一过程中也带来了许多社会和犯罪问题。

在工业化的进程中，整个社会都发生了巨大而深刻的变化，传

---

① 康辉：《工业化》，载 http：//baike. baidu. com/view/143403. htm。

统社会的一些价值标准已不能适应新的社会发展需求。在历史变迁和社会变动过程中，人们的行为比社会稳定时期更有可能背离他们原来所信奉的价值标准。原有价值标准的指导作用开始弱化，已经无法指导人们去适应变化了的情况。当这种基于传统道德理念的价值标准对于社会中人群的约束力减弱到一定程度，甚至不起作用时，每个人所具有的社会角色和行为方式就会发生错变和混乱，因而导致大量的社会问题，包括犯罪问题出现。

综观美国社会，贫富悬殊一直是它的一个凸显问题。根据有关调查显示，80%的美国家庭的实际收入下降或原地踏步，且在很大程度上失去了经济保障。而美国1%最富有家庭却占有全国40%的财富。[①] 我们知道，贫富悬殊带来的直接后果便是各个社会阶层间情绪的对立，在矛盾的碰撞中就可能诱发犯罪，可以说贫富悬殊是导致犯罪的一个重要原因。

自美国这个国家诞生以来，围绕种族歧视的争论就没有停止过。随着工业化的发展，贩卖黑奴和大规模的移民运动等，虽然满足了国家对于技术和产业工人的大量需求，但流动人口给整个社会治安带来了巨大压力。然而，历史的原因造成了占社会主流的白人对有色族裔的歧视。正是这种歧视，造成了各种族间的不理解，由此产生的大量社会矛盾往往演化为犯罪。

此外，在美国工业化的进程中，居住条件的恶化，以及城市人口流动性的增大，都造成了社会成员普遍的焦虑和紧张情绪。经济的繁荣发展，使得整个社会发生了巨大的变化。人们不可能像过去那样固定地居住在一个地方而老死不相往来。越来越多的人在城市化的进程中进入大城市，给城市的发展注入了新的更大的活力，同时也给城市带来了很多不安定因素。同样，展望正处于工业化发展初期的中国社会，大量流动人口的存在也是导致我国犯罪率居高不下的主要原因之一。如何有效地控制流动人口，减少人口流动所带来的诸多社会问题，以及对整个社会形成的巨大震荡和冲击，成为

---

① 郭自力：《美国犯罪原因初探》，载《当代法学》1999年第3期。

摆在中国面前的一道管理社会的现实问题。显然，美国在这方面所做的种种努力，对中国进行社会治安管理和控制极具借鉴意义。

总之，美国工业化的发展史就是夹杂着失业、贫困、种族歧视，以及居住稳定条件恶化和城市人口流动性急剧增大等各种错综复杂矛盾和社会问题的历史。另外，由于社会在转型过程中的不确定性，使许多人一时无法适应，由此引发许多人内心的紧张情绪，而这种情绪一旦受到刺激无法控制就有可能引发社会冲突，造成社会的不安定。可见，工业化和城市化与犯罪之间存在着某种规律性的联系。

（二）政治腐败对犯罪的影响

根据马克思关于生产关系和上层建筑间联系的经典论述，生产关系与上层建筑之间是相互制约和相互作用的关系：一定社会所拥有的生产关系总是制约着该社会中上层建筑的发展，而同时上层建筑又会反过来作用于生产关系。国家机构和意识形态构成上层建筑的主要组成部分。考察上层建筑与犯罪现象的关系，会发现上层建筑的发展对犯罪的消长有着重要的影响，即上层建筑的某些因素可能起到遏制犯罪的作用，如属于上层建筑重要组成部分的国家的法律制度和司法机构等往往起到的是遏制作用。但有些上层建筑的因素却恰恰相反，而起消极因素，诸如滥用权力、官僚主义等，甚至在某种程度上对犯罪起着推波助澜的作用。

综观美国的历史，作为一个年轻的移民国家，美国的政治腐败问题不像同时期有更长久历史的、经历过漫长封建社会的欧洲国家那样严重。然而，到19世纪初，政治腐败在美国开始成为一个司空见惯的现象。无论是历史上的水门事件、伊朗门事件，还是华尔街的金融家和五角大楼滥用内部信息赚取非法收入事件的连续曝光，美国政治腐败的例子总是层出不穷。[1] 这使得大多数美国民众对政府的信任度也在不断降低。在很多人看来，在美国政治领域中得到好处而非法支付钱款是普遍存在的现象。

---

① 郭自力：《美国犯罪原因初探》，载《当代法学》1999年第3期。

政治上的腐败直接渗透到经济领域，对经济的发展产生了很大的负面影响。这一现象在建筑领域表现得尤为突出，可以说腐败的事实触及了建筑过程的每一个阶段，因此该行业的腐败现象也越来越引起人们的极大关注。由于工程建设周期相对较长，如果一旦工期被拖延，开发商将承担巨大的风险。压力之下，许多开发商不得不向市政监察人员或工会人员行贿，以免由于市政监察和工会的罢工而造成工期拖延，进而带来更大的损失。正因为建筑行业存在的种种问题，使得很多人在通过合法途径不能解决的情况下，转而通过非法途径来解决，很多犯罪集团也参与其中，而这又为有组织犯罪的蔓延提供了方便之门。反观目前的中国社会，蒸蒸日上的改革开放催生了各行各业的迅猛发展。房地产建筑业作为支柱产业之一，在蓬勃发展的同时也受到了腐败分子侵蚀的危险。美国房地产业发展的种种教训，对于中国房地产业的健康发展有着重要的意义。

政治腐败导致的另一个严重后果，就是法律和政府的威信不断降低。这也从一个侧面验证了滥用职权、官僚主义等政治腐败是导致在上层建筑领域助长犯罪发生的一个重要原因。而要抑制此类犯罪的发生，就必须加强对政治腐败的打击力度。加强制度建设，将政府官员的行为置于法律的制约之下。只有这样才能使政府更加清廉，进而控制和减少犯罪的发生。中国共产党在“十五大”上提出的“依法治国”方针，标志着中国社会正在努力向法治社会转型，而建立廉洁政府则又是建立法治社会的最重要和最关键的一步。美国政治腐败的历史值得我们深思，只有从源头上制定出遏制政治腐败的有效机制，才能为整个社会防治犯罪创造良好的政治环境。

（三）道德观念对犯罪的影响

人的道德观念对犯罪的影响有时是十分巨大的。在历史的发展过程中，不同的社会形成了不同的文化特色，由此为基础形成的不同道德观念为所在社会的大众普遍接受。在同一个社会形态中，人们这种基于普遍观念形成的道德准则也在时代的变迁中发生着变化。例如，在美国建国初期，由于大量移民都是基督教清教徒，人们在道德领域还是相对保守的，主流社会都有严格的道德壁垒。任何逾越这道壁垒的行为，都将受到普通大众的鄙视和社会的摒弃。而现如今，经过20世纪60年代的性开放，人们越来越注重倡导人性的回归和个性的宣泄，对于独特生活方式的追求已为人们广泛认可。

另外，即便是在同一个社会中，人们的道德标准也很难达成一致。一些人认为是有害的事物，在另一些人看来却可能是完全可以接受的。例如，服用致幻药物现象，虽然这种行为可以被认为是不道德的、违法的，但在年轻群体中却极为普遍。一些人将服用致幻药物作为减轻烦恼、获得暂时欢快的一种可以接受的尝试。在他们看来，这与其他能给人带来快乐的东西一样，其起到的作用是一样的，只是有人愿意尝试，有人不愿意而已。由此可见，人们对事物的看法往往由他所信奉的价值观念所决定。反观中国社会正处于社会转型时期，各种社会思潮冲击着人们固有的观念。信仰的缺失使得很大一部分社会成员无所适从，进而导致各种越轨行为不断挑战着社会道德和法律的底线。因此，对于正处于社会转型中的中国社会来说，正确的道德观念和社会价值的普遍认同显得尤为重要。

尽管如此，在每一个社会中都有占统治地位的道德观，以这些道德观为基础的主流价值观支配着人们的言论和行动。就社会中的个体而言，如果认可这种道德行为规范，就会被社会评价为是品行端正，就不会犯罪；反之，就是道德水准低下，就会违法犯罪，而不适宜担任重要的社会公职。例如，美国加利福尼亚州的一条法律，曾将使用麻醉剂成瘾的人作为犯罪加以处罚。当时的美国总统里根试图任命一位联邦上诉法院法官，但因该人在哈佛大学法学院读书期间，曾有过短暂的吸食大麻的历史，而遭致参议院的否决。当然，一些传统意义上的自然犯，如杀人、抢劫、贪污、受贿之所以被认为是犯罪，更是因为这些行为背离了可接受的、占主导地位的道德标准的最低限度。

现代社会的发展日新月异，人们的观念也在发生着重要的变化。传统的道德观念以过去从未有过的速度改变着，在这种情况下如果没有一个能够维护社会稳定的新的道德观念来适应社会发展的需要，就会造成物质与精神的失调，其结果必然是道德崩溃，犯罪率上升。世界上许多国家的情况正是如此，[①] 包括改革开放后的中国，在给人们带来丰厚的经济利益和物质享受的同时，也的确使得整个社会的道德标准与价值观念多元化，而在这种多标准和不同价值观念的震荡和冲击下，越轨和犯罪行为的增多就会成为一种必然。

四、美国犯罪轨迹对犯罪学理论的影响

纵观美国社会犯罪发展的历史，学界不同学说和犯罪学的不同流派给出的对美国犯罪问题的评价，以及犯罪率流变的原因也是各不相同的。这些专家和学者们通过分析美国社会犯罪变化发展的原因、方式和轨迹，对于美国现代犯罪学理论的形成与发展也产生了巨大影响。主要表现在：

（一）人口统计学对美国犯罪学理论的影响

自 1930 年联邦调查局开始编纂《统一犯罪报告》以来，美国的犯罪率经历了几个明显的变化时期。第一个较大变化时期是在 20 世纪 40 年代。在这一时期，犯罪率呈下降的趋势。因为当时正值第二次世界大战，大批年轻人被征兵送往前线，直接的后果就是国内年轻人数量的大量减少。而根据犯罪学研究的一贯表现，男性青年从事犯罪活动的可能性较大，从许多调查和统计的数据和研究结果看，这个年龄段的实际犯罪率也最高。从《统一犯罪报告》统计的数字看，1933 年到 1941 年犯罪率从每 10 万人中有 770 起犯罪降至每 10 万人中有 508 起犯罪。第二个较大变化时期是在 20 世纪 60 年代到 90 年代初。此期间犯罪率呈现大幅度上升的趋势。按照美国人口统计学的观点，第二次世界大战后出现的婴儿潮是导致该时期犯罪率上升的主要原因。因为第二次世界大战结束后的 10

---

① 郭自力：《美国犯罪原因初探》，载《当代法学》1999 年第 3 期。

年间，美国迎来了有史以来少有的生育高峰期。战争的结束，整个社会逐步稳定下来，人们生活的逐步安定导致了婴儿出生率的节节攀高。人口学家把1945年至1955年间大批婴儿出生的现象称为婴儿潮。而到了20世纪60年代，在婴儿潮中出生的孩子逐渐进入最易犯罪的年龄，因此专家们推论，大量犯罪“适龄”人口的增加最终导致该时期犯罪率的大幅度上升。据相关数据统计，在这一时期美国的犯罪率上升幅度的确较大，从1960年每10万人中1887起犯罪上升到1980年的每10万人中5950起犯罪。[①] 第三个较大变化时期是从20世纪90年代初到现在，在这一时期美国的犯罪率呈持续下降趋势。据相关数据统计，从1991年到2004年犯罪率从每10万人中有5897起犯罪下降到令人惊讶的每10万人中的3982起犯罪。固然对此的解释有很多种说法，但基于人口统计学的一个较新的观点是由芝加哥大学经济学教授列维特（Stephen levit）所提出的。他在《魔鬼经济学》（Freakonomics）一书中指出，1973年1月美国高院判决一名堕胎妇女无罪，等于变相实施堕胎合法化，是令20世纪90年代至今美国犯罪率开始下降的根本原因。列维特的逻辑很简单：被父母“放弃”的青少年令犯罪率上升——堕胎使这类青少年的数量减少——堕胎令犯罪率下降。正如他本人在书中所说：“真正导致美国犯罪率下降的并不是枪支控制，也不是强劲的经济增长率，更不是新的巡管政策，而是潜在的罪犯数量的急剧减少。”[②] 从人口统计学的角度来考察犯罪问题，为我们打开了一扇新的窗户，用简单的人口数量的变化从一个侧面揭示犯罪率变化起伏的原因，是极其耐人寻味的。

（二）青少年犯罪对美国犯罪学理论的影响

统计资料显示，虽然20世纪90年代至今美国的犯罪率一直呈下降趋势，但其中青少年犯罪却呈现出急剧增长趋势。在1990年

① 马跃：《美国刑事司法制度》，中国政法大学出版社2004年版，第15—17页。

② ［美］史蒂芬·列维特和史蒂芬·都伯纳：《魔鬼经济学》，刘祥亚译，广东经济出版社2006年版，第2—3页。

到2000年的10年中，美国青少年的杀人与自杀案件增长了3.2倍。同时，美国15岁及以下孩子因为枪杀而死亡的比率高出其他25个发达国家总和的12倍。[①] 近几年来，因为校园中的暴力现象严重，美国青少年经受着一种普遍暴力的痛苦。尽管在美国学龄孩子的所有杀人和自杀案件中，仅有1%发生在校园里，但这个数字已呈现出快速增长势头。特别是近两三年来，美国校园中连续发生多起青少年枪击案件，使人们在震惊之余，更多地去反思枪击案背后的各种原因。2007年4月16日，发生在美国弗吉尼亚理工大学（Virginia Polytechnic Institute）的美籍韩裔学生赵承辉（又名赵承熙，Cho Seung—Hui）在校园枪杀32人的事件，成为美国校园史上的第一大枪案。[②] 根据社会化过程理论中社会学习论的学说，犯罪是个人社会交往和学习的结果。美国学者萨瑟兰（Edwin Sutherland）的“差别交往论”（Differential Association Theory）是其中影响最大的。他认为，犯罪是在社会交往中通过与他人的相互作用而习得的；犯罪行为的学习发生在具有亲密关系的人群中；这种学习包括两方面的内容，即对待犯罪的态度和犯罪技术，前者是指一个人在犯罪之前必须先对犯罪形成确定认识，即认为犯罪是可以接受的行为，后者则是指学习犯罪不仅包括学习对犯罪的认识，还包括学习犯罪技巧。综观美国青少年犯罪的情况，充斥于大众传媒的暴力形象无疑是青少年犯罪行为的“楷模”。当前美国社会中，3/4学龄孩子的母亲在家庭之外工作，这使得孩子们常常独自一人度过很多时间，而填塞这个空白的通常都是电视和录像节目。据调查，美国孩子年平均在校时间为900小时，而看电视的时间高达1500小时。这种情况使得孩子们处于一种危险的境地之中。当前电视节目的混乱已是人所共知的事实。正如美国“全国有线电视联合会”（NCTA）所做的“全国电视暴力研究”中所证实，“电视正以一种

① 孙淑敏：《当代美国青少年犯罪成因研究》，载《青年研究》2006年第8期。

② CHRISTINE HAUSER : Virginia Gunman Identified as a Student , N. Y. Times, April 17, 2007.

有助于学习挑衅性态度的方式描述着暴力”。当然，没有人会认为孩子们一定会模仿他们在电视或录像上看到的每一种恶性行为。但专家们认为，长期浸淫于这种大众传媒会歪曲孩子们对世界的感觉，他们可能会认为那就是应有的行为方式。加上青少年特有的好奇心和极强的模仿能力，更导致了他们实践这种行为的可能性，青少年犯罪的发生也就不可避免了。①

（三）街头犯罪团伙对美国犯罪学理论的影响

十几年来，美国街头的犯罪团伙发生了巨大的变化。他们的势力范围从大城市向中小城市及郊区扩张。同时这种团伙犯罪的发展，也伴随着与其相关的各种犯罪的层出不穷。这其中，尤其是暴力犯罪和毒品犯罪比较突出。另外，街头犯罪团伙活动区域范围内的社区均受到不同程度的安全威胁。特别是这种团伙犯罪带来的不良文化，已影响到所在社区的年青一代，越来越多的青少年正涉险加入这些团伙。正如列维特在他的《魔鬼经济学》（Freakonomics）一书中所描绘的那样：对于那些从小在芝加哥南部的救济区里长大的孩子们来说，加入贩毒团伙是一项非常光荣的职业。② 在他们当中很多人看来，黑帮老大是他们所能想到的最好的工作，既风光又赚钱。可以想象，要是他们在其他环境下成长的话，说不定他们很容易想到要去做一名经济学家或是作家。不难看出，一些贫困社区的孩子之所以更容易加入街头犯罪团伙，与他所处的社区文化不无关系。根据犯罪亚文化理论（Crime Cultural Deviance Theory），来自社会下层的青少年之所以更容易走上犯罪道路，主要是因为受到犯罪亚文化的影响。这种亚文化所宣扬的是与主流文化价值观念相悖的价值观。如社会主流文化宣扬人应通过努力学习、努力工作来求得个人在社会上的发展；人应有长远打算，不应急功近利，不应

---

① “IN FOCUS—FORESTALLING VIOLENCE", Scientific American, Vol 279, No. 3, 1998, pp. 15 – 16.

② ［美］史蒂芬·列维特和史蒂芬·都伯纳：《魔鬼经济学》，刘祥亚译，广东经济出版社 2006 年版，第 19—20 页。

因贪图一时享乐而损害自己的长远利益；人要有通过长期奋斗来实现自己理想的决心和毅力。[①] 而在一些亚文化中，有很多和主流文化相悖的观点，如要及时行乐，快乐一天是一天。这种亚文化的产生有其深厚的文化和社会原因，接受这种亚文化的往往是身处社会底层的人群。由于种族隔离和歧视现象在美国一直得不到很好的解决，一些少数族裔和移民社区往往比较贫困。在社会底层的生活，使得他们在激烈的社会竞争中处于劣势，正是这种挫败感，使得他们很难认同主流文化中宣扬的伦理道德，在消极的情绪中更容易接受亚文化的熏陶。因此，在一些贫民区和少数族裔特别是黑人社区，这种亚文化的影响是很大的。在这种文化中成长起来的人，当主流文化与其固有的一些观念发生矛盾时，便往往会做出背离主流文化的行为，而这种行为往往就是犯罪行为。对亚文化持肯定观念的人，凑到一起形成各种团体和帮会，这也往往成为犯罪团伙的雏形。同时这些团伙的活动不仅对所在社区的治安产生影响，而且某种程度上更是对这种亚文化的传播。所带来的不良文化对社区中的青少年产生极大的负面影响。因此街头犯罪团伙的发展和产生，使得人们对于亚文化发展对犯罪的产生有了更深的认识。[②]

五、基本结论、借鉴与展望

从上述美国的犯罪状况可以看出，他们在控制犯罪方面是比较有效的，也是比较成功的。为此，我们应该取其所长、去其所短，借鉴他们的经验和成功之处用之于我国，为我国的预防和控制犯罪提供更多的有效方法和空间。

（一）工业化时期美国采取的措施对犯罪状况的影响及借鉴

纵观美国整个工业化的发展历程，经济高速发展的同时，也伴随着犯罪率的急剧上升。工业化对传统的农业化社会造成的冲击是

① 马跃：《美国刑事司法制度》，中国政法大学出版社2004年版，第68—70页。

② ［美］史蒂芬·列维特和史蒂芬·都伯纳：《魔鬼经济学》，刘祥亚译，广东经济出版社2006年版，第16—17页。

巨大的也是多方面的。先进的生产力在带来物质财富极大丰富的同时，也产生了诸多如犯罪的社会问题，使得原本较为成熟稳定的农业社会面临巨大的挑战。因为在传统的农业社会中，基于人们对土地依赖的原始属性以及交通等方面的限制，造成当时人口流动速度相对较低。在这样一种近乎封闭的农业社会中，除了传统意义上的“自然犯”，其他类型的犯罪很少出现。但是，进入工业化社会后，之前人们对土地的巨大依赖性减退，加之交通的便捷，全国人口流动数量急剧增加且人员复杂。原本稳定的社会结构也在这个过程中悄然发生着变化。在商品经济时代，各个阶层以及各个阶层内部形成竞争之势，而且这种竞争相当激烈，势必造成一部分人的落败。这个过程不断考验着每个阶层的承受能力，对于个体而言还伴随着巨大的生存压力，人们之间再没有农业社会时的那种亲密无间的感觉，道德约束乏力，越轨行为的出现概率大大提高。就世界范围来讲，工业化的进程是每个还处在发展中的国家都必须经历的。我国也正处于这个关键时期，如何在发展和稳定之间找到一个最佳平衡点呢？这需要我们认真思考和研究。在借鉴美国工业化进程中的犯罪防控措施时，我们应注意这样两个问题：一是失业问题。国家有效地保证每个公民的劳动权，使得每个人在社会中都能够自食其力，是各个国家或者社会所追求的。在竞争激烈的市场经济下，优胜劣汰是当然规律，这就必然产生失败者。失业问题的加剧、失业人口的增加、社会上的闲散人员增多，一方面增加国家的财政负担，另一方面就是增加社会不稳定因素，失业人员在生存都无法得到保障的情况下极易发生越轨行为，最终导致犯罪率的上升。二是贫富差距问题。根据联合国的统计，中国的基尼系数在2005年就达到了0.463，已超过正常指标范围，进入不合理的状态。贫富差距问题带来的社会问题是诸多的，富者过的生活是贫者无法想象的，后者心理产生极不平衡感。所以在他们通过正当途径无法达到前者的生活方式的情况下，有的人便通过非法途径来填补这种心理上的失衡，从而导致犯罪率上升。所以，贫富差距问题是导致社会不稳定的重要因素。通过对美国在工业化过程中犯罪现象的研究，无疑对我国建设社会主义现代化国家有着重要的启示——贫富差距问题和失业问题应得到很好的解决。

（二）美国的社区矫正和对受害者的安抚对犯罪状况的影响及借鉴

社区是整个社会的细胞，建立有效安全的社区对预防和控制犯罪尤为重要。因此，在美国社区矫正（community correction）也就成为普遍使用的司法和执法形式。它以1841年的马萨诸塞州的鞋匠奥古斯塔的缓刑尝试为开端，至今已经有160多年的历史了，100多年的实践证明，这项制度对控制犯罪、预防犯罪是十分有效的。社区矫正是充分利用社会资源，积极运用各种方法、手段，整合政法部门、社区等各方力量，着力对社区范围内的假释、监（所）外执行、管制、剥夺政治权利、缓刑等罪犯进行针对性的教育改造的手段和方法。可见，社区矫正主要针对一些缓刑、假释、未成年人等轻型犯罪对象，对其进行监督，促进其改造，他们被社会接纳的程度也高，有利于减少和预防犯罪。推行社区矫正工作，是依法治国方略的具体体现，是推进社会主义法治建设和精神文明建设，促进社会稳定、社会进步的一项重要举措，是充分运用社会机制、整合社会资源进行犯罪控制和预防的有效手段。但就目前而言，我国对这项制度并没有充分建立和运用，我国的缓刑犯、管制犯等因为缺少警察与司法机构的及时监督和人民责任感的缺失，对他们实际上是“放任自流”，这便造成了在没有节省社会资源的同时浪费着大量的制度资源，因此美国发达的社区矫正是非常值得我们深思、研究和借鉴的。

另外，为了减少受害者的痛苦和损失，近些年美国的许多州纷纷实施受害者援助计划，成立受害者援助基金，帮助那些无法获得赔偿或是补偿的受害者。主要包括向受害者提供法律援助、医疗服务、心理治疗、财政资助等。众所周知，受害者对犯罪者及其家人往往存在着仇视和敌对心理，这种心理失衡一旦得不到恰当的引导和抚慰，很可能引起复仇等连锁性的犯罪，这是人类一般性的本能的自然反应。所以，恰当的安抚受害者及其家属，成为犯罪学上预防和控制犯罪不可或缺的重要措施。可以说，在这一点上美国做得比我们要好得多。我国目前不但民事执行难，而且刑事犯罪中经济赔偿方面的执行也是相当困难的，其中许多都是犯罪者无力支付、不愿支付或不肯支付。在这种情况下，受害者很难得到应有的经济赔偿，失衡的社会心理无法得到修复，必然导致新的社会问题，甚至是犯罪。所以，成立受害者补偿基金是非常必要的，在我国某些发达城市已经有所尝试，并且取得了积极良好的社会效果。

（三）美国的法院制度对犯罪状况的影响及借鉴

美国的法院制度一定程度上反映了其国民的价值观，也有许多地方值得我们借鉴：

1. 在美国的许多州和地区，一些重要的法庭职务，如法官变成了通常由民选产生。按照民主原则，他们直接对公众负责，而不再对产生的法院机构或是法院负责。一些知名的大律师可以直接选为法官或是检察官，这在中国似乎是不可能的。我国的法院是对产生它的机构负责，并不是直接对人民负责，只能在一定程度上说是间接对人民负责。所以借鉴美国的法官选举制度，对人民直接负责制度，似乎对我国法院制度改革意义非常。而且，如果让知名律师或教授适时进入司法系统，对我国司法系统整体素质的提高也是十分有益的。

2. 美国的陪审团制度对审判的公平、公正起着至关重要的作用。在法官法律知识和证据采信原则的指导下，以民众的常识、常理、常情来判断一个人是否有罪，对于消除公众对审判制度的怀疑态度是十分有效的。相反，审判机构一旦失去人民的信赖，那么这种危机也是异常严重的。取信于民，就要不但使得人们参与制定规则，同时还要参加规则的执行。

3. 在一个真正实行无罪推定的国家，沉默权的设立是其重要前提和支撑，没有它无罪推定几乎是不可能实现的。许多现代法治国家均规定，犯罪者没有自证其罪的义务，国家也没有强迫其自证其罪的权力。国家应当对其怀疑的对象承担举证责任，并且国家必须满足超出合理怀疑之外的标准。我国目前沉默权的缺失，对无罪推定制度的执行无疑是一种阻碍，对长远的犯罪控制和预防也是极为不利的。

4. 在美国，每一个内心确信自己无罪的被告都有在法庭上证明目前和以前对其指控不成立的机会。为避免受官僚机构的制约，诉辩交易制度（the plea bargaining system）被创造出来，在该种制度下，一个人可以在庭外认罪服法从而避免开庭审判，这对犯了罪的人无疑是一种激励自首的有效措施。[①] 上述制度我国或许有但并没有得到很好的执行或是干脆就没有，但是实践证明它们对预防和控制犯罪是切实有效的。

（四）美国社区警务对犯罪状况的影响及借鉴

美国在20世纪70年代进行了著名的“堪萨斯城”试验，试验结果证明，加强社区警务（Community police service）的巡逻比街道巡逻更能有效地预防和控制犯罪。为此美国当局进行了大胆的警务战略转移计划。主要有两点：一是社区警务的目的是维护社区的安定，提高社区的生活质量。社区警务不仅仅是预防犯罪还要进行社区建设，类似于我们的文明社区建设，但是他们搞得更加实际和具体，而且有专项的人力、物力和财力支持。二是提出了一个新的概念“零度容忍（Zero tolerance）”，对社区家庭中的不良现象，如家庭暴力、虐待儿童以及青少年的不良行为等，都不能有丝毫的容忍，即所谓的对其容忍度为零。司法部门对诸如此类的现象要进行及时的干预，警察加强了对青少年饮酒、吸毒甚至是逃学、夜不归宿的管理。这在极度个人人权主义的美国似乎干预到了个人的自由，有的人担忧警察会因此而滥用职权危及个人安全，因此他们加强了社区警务的公开化和对警务行为的监督，多年的实践证明这是十分有效的。与我国社区中的家庭相比，拿家庭暴力来讲，绝大多数的家庭暴力司法部门是不干预的，堂而皇之地以“清官难断家务事”为由不了了之，只有达到了触犯刑法时，甚至情节十分恶

---

① 参见马跃：《美国刑事司法制度》，中国政法大学出版社2004年版，第289—299页。

劣或出现人命时才插手干预，往往此时已经构成犯罪。因此无法达到真正控制和预防犯罪的目的与效果。随着青少年犯罪的急剧增多，各地纷纷成立了青少年犯罪研究会等学术或政府机构，但这并没有从根本上着手更没能具体落实对青少年社区生活上的管理。因此我们应该借鉴美国的做法，不仅要进行社区警务巡逻，警察也要适时地对家庭种种不良现象进行介入，对个别青少年的恶习进行及早的矫正。尤其是当今，在青少年有可能成为社会犯罪主流的危险时刻，对他们进行及时教育，以预防某些青少年犯罪案件的发生，对稳定社会极具重要意义。所以，我国应该加强社区警力的投入，不给犯罪留有任何空间和时间。

当然，目前就我国的经济水平和社会发展状况看，同美国 20 世纪 80 年代到 90 年代更具有可比性，以及美国在此后的数年中是如何保持着犯罪率不升反降的趋势，更是值得我们认真研究、思考和探索。但基于篇幅的限制，本文不可能对此作出详述和讨论。

总体说来，犯罪是一个极其复杂的社会问题，要解决这个问题，不仅要运用法律等强制力，也要协调引发犯罪因素之间的错综复杂关系，预防犯罪的发生，极力控制犯罪率的上升。对美国犯罪问题进行讨论，可以发现有许多值得我们借鉴的地方，值得我们为之思考和研究。甚至对我国打击、预防犯罪等，均有着巨大的有针对性的启发作用，同时也希望我国的犯罪状况能够得到基本控制，继而社会治安状况有所好转，真正实现和谐社会的宏伟目标和蓝图。

求真　务实　高效

——美国犯罪学会如何开会

王　洁*

美国犯罪学会（American Society of Criminology，ASC）第61届年会于2009年11月4日至7日在宾夕法尼亚州的费城召开。尽管它并没有冠以“国际”头衔，但由于众多有着不同国籍的专家、学者以及司法实务人员前来参加，所以在某种意义上，美国犯罪学会实际上就是一种国际性的犯罪学大会。ASC第61届年会会议的主题是犯罪学与刑事司法政策（Criminology & Criminal Justice Policy）。主题之下设五个分题，具体是矫正与量刑、批判犯罪学、国际犯罪学、有色人种与犯罪以及女性犯罪五个方面。[①] 总共用三天半的时间，在近50间会议室里，就1000多项论题（Topic）进行

---

* 中国政法大学和美国东北大学联合培养博士研究生。非常感谢我的导师：中国政法大学王平教授、皮艺军教授和美国东北大学何霓（Ni He）教授。本文中很多观点获益于我与三位导师的交流。感谢美国东北大学博士生Althea K. Blake对会议形式的介绍，并特别感谢美国诺维奇大学余晓青（Olivia Yu）教授对全文进行的悉心修改。但是所有责任由作者本人承担。也特别感谢国家留学基金委提供的留学资金资助。

① See The American Society of Criminology（ASC）61st Annual Meeting（美国犯罪学会61届年会手册），p. 9；另可登录美国犯罪学会网站查阅，http：//www. asc41. com/index. htm。

交流和讨论，每一个议题的讨论时间限定在 80 分钟以内结束。①

对于美国犯罪学已经取得的诸多犯罪学理论研究成果及其实证研究方法国内多有介绍②，而这次会议中也没有学者提出新的犯罪学理论，因此本文在此不重点介绍此次开会的理论和研究方法，以免赘述。以下我将综合本次 ASC 第 61 届年会讨论内容和即将在加利福尼亚州圣弗朗西斯科举行的 62 届年会通知，谈谈美国犯罪学会是如何组织稿件、分流稿件、如何组织学术交流等小问题的。另外，由于中国犯罪学界和美国犯罪学界在 1995 年有过一次学术交往，我也对其中一部分内容进行简单对比③。

一、论题高度细化

……1995 年的研讨会有 30 个议题，即：1. 犯罪的历史与现状；2. 犯罪与财产的不平等；3. 犯罪、传播媒体与政治学；4. 青少年犯罪帮伙；5. 青少年犯罪模式；6. 有组织犯罪与白领犯罪；7. 毒品与犯罪；8. 妇女与犯罪；9. 种族与犯罪；10. 心理学的犯罪理论；11. 生物学与社会学的犯罪理论；12. 犯罪与刑事司法教

① 最强烈的印象是，参加美国犯罪学年会就像去五星级酒店吃自助餐。700 多项议题就像 700 多种食品。由于分身乏术，每个人在这有限的三天半里无奈只能听到非常有限的报告。按照空间分，每天最多能去六到七个会议室；按照时间计算，总计也仅能听 30 个小时左右。不过这也表明，可供选择的 700 多个讲座中总是会有触动学术神经的。

② 仅以专著或者编著的十本书籍为例，就有吴宗宪：《西方犯罪学史》，警官教育出版社 1997 年版；储槐植：《刑事一体化》，法律出版社 2004 年版；皮艺军主编：《越轨社会学》，中国政法大学出版社 2004 年版；王牧、赵宝成、吴宗宪：《新犯罪学》，高等教育出版社 2005 年版；白建军：《关系犯罪学》，中国人民大学出版社 2005 年版；许章润主编：《犯罪学》，法律出版社 2007 年版；曹立群、任昕主编：《犯罪学》，中国人民大学出版社 2007 年版；等等。译著主要有［法］米海依尔·戴尔玛斯—马蒂：《刑事政策的主要体系》，卢建平译，法律出版社 2000 年版；［美］乔治·B. 沃尔德：《理论犯罪学》（第五版），方鹏译，中国政法大学出版社 2005 年版；［美］弗雷达·阿德勒、杰哈德·穆勒：《遏制犯罪：当代美国的犯罪问题及犯罪学研究》，廖明等译，中国民主法制出版社 2006 年版；等等。

③ 1995 年 11 月 15 日至 19 日，中国犯罪学研究会应美国犯罪学会邀请，曾经组织过 9 人代表团参加过在波士顿召开的“犯罪与司法”国际学术研讨会。详见康树华：《美国的犯罪与对策》，载 http：//www. 51zy. cn/free_ read. asp？ id = 115409043 。

育；13. 社会控制犯罪系统研究；14. 批判犯罪学理论研究；15. 犯罪地理学与社区；16. 犯罪控制理论研究；17. 亚文化研究；18. 失范理论与社会键理论；19. 被害人与犯罪；20. 青少年教育与行为规范；21. 执法研究；22. 违法处置研究；23. 未成年人司法系统；24. 判决与法院；25. 监狱与看守所；26. 犯罪预防研究；27. 刑事司法统计与统计调查；28. 数量研究方法；29. 质量研究方法；30. 犯罪研究的设计。

……当时该会邀请了60个国家的2000多名专家、学者与教授以及实际工作者。那次大会共进行373次学术研讨会，按研究问题划分，分别在41个会议厅展开讨论。

——康树华：《美国的犯罪与对策》①

对ASC第61届会议所有的小组会议（panels and sessions）进行统计，可以发现总计大约有740多次小组讨论与交流，再加上海报问答②（Poster Presentation）224次，总共就有近1000次研讨。这1000次小组讨论的主题主要是围绕46个议题展开的，具体情况详见表一。与1995年相比，可以看出议题内容上基本相同，但增加了刑事政策、社区矫正等16个议题，而小组会议则多了近400次。此次参会人数在4000人左右③，比1995年增加了近一倍。从这几个基本数据可以看出，美国犯罪学会这个研究团体是在不断发展壮大的。

如果以关键词再对此次大会所有论题进行细分统计，可以发现刑事司法政策以198次高居第一，也就是说，在此次参会的论文或者报告中，至少有198篇论文或者报告是在研究刑事司法政策。由

① 详见康树华：《美国的犯罪与对策》，载 http：//www. 51zy. cn/free_ read. asp? id = 115409043。

② 小组讨论形式后面文章中有详细介绍。

③ 按照ASC会议规定，每个小组会议通常至少有4个人参加，740次小组讨论就至少有3000人；海报会议因为一个人就可以发起，如果按照每个海报一个听众做最低估计，那么这部分就是450人；此外有很多参会人员并没有作报告，这一部分人至少在500人左右。所以61届会议参会人数至少3950人，这是最保守估算。

此可见刑事司法学在国外的确比较热。① 紧随其后五位依次是犯罪学理论、矫正、国际犯罪学与比较犯罪学研究以及青少年犯罪。具体情况详见论题关键词频率统计表一②。而 ASC 第 62 届年会具体讨论议题现在还不清楚到底会有多少，但是我们可以从该网站通知中要求在线报名注意事项和报名方法中初步了解到他们将要讨论的答题内容，包括犯罪和社会机构、犯罪和犯罪行为的原因、犯罪类型、犯罪相关、被害人学，等等，具体内容详见表四。

表一：ASC 第 61 届年会论题关键词频率统计

讨论主题（Topic Index）关键词 46 个	次数（Frequency）
刑事司法政策（criminal justice policy）	160 以上
犯罪学理论（criminology）；矫正（correction）	159—140
国际犯罪学与比较犯罪学研究；青少年犯罪	139—120
	119—100
暴力；警务（policing）；被害化（victimization）；研究方法（measurement and methodology）；女性；社区；种族与民族	99—80
犯罪预防；毒品及药物滥用	79—60
教育或者学校；少年司法；回归（reentry）；家庭、亲属间暴力；生命历程（life course）；传媒；矫治（rehabilitation）③；量刑；性侵犯	59—40
作者会读者（author meets critic）；威慑；经济；家庭；女权理论；团伙；政府；宗教；恢复性司法；日常活动理论；犯罪与司法教育（teaching about crime & justice）；恐怖主义；白领犯罪或公司犯罪	39—20
死刑；生物社会（biosocial）及遗传因素；枪支；仇恨犯罪（hate crime）；有组织犯罪；就业或工作场所犯罪；理性选择	19 及其以下

① 参见曹立群、任昕主编：《犯罪学》，中国人民大学出版社 2007 年版。

② See The American Society of Criminology（ASC）61st Annual Meeting，pp. 427 - 429.

③ 矫治比矫正的范围大。矫正通常是对犯罪人适用；矫治不仅对犯罪人适用，还适用于对越轨行为等其他行为。

从表一可以看出，美国犯罪学会对研讨的主题分类特别细致，可以说是“不厌其烦”。譬如，在当下日益成为中国学界和司法实务部门研究热点的社区矫正，在这里就被细分为两个领域，即矫正和社区。矫正以145次排在第3位；社区以88次排在第11位。如果将这两个合并成一个问题，即社区矫正，那么社区矫正就会以233次超越刑事司法政策196次而排名第一，成为美国的研究热点问题。再如，青少年犯罪和少年司法也是国内经常放在一起研究的课题，在这里，也对其进行了区别。报告或者论文主题侧重于青少年犯罪（Juvenile delinquency）的放在一个会议室里进行交流，而侧重关注少年司法（Juvenile justice）的则安排在另一个地方进行讨论。研究青少年犯罪主要考虑青少年犯罪的因素，而少年司法则主要关注整个司法过程。在美国不仅有独立的少年法院，而且因为要针对少年的生理、心理因素以及社会因素对其进行不同于成年人司法的处置，所以将其与侧重研究原因的青少年犯罪论题分开有其合理依据。

对研讨题目不厌其烦地高度区分有这样几大好处：其一，每位听众都能精确地找到自己的兴趣点所在，一句废话都不多听；其二，各个题目都涉及独到的研究方法和范式，不仅使代表们对同一问题能从不同的验证方法和理论角度得到启发，而且也能使代表之间在同一个管道里对话和论辩，避免了各说各话、泾渭不明；其三，每个议题组的中心发言不超过5人，并在80分钟内完成问答与讨论。由此大大提高了研讨的效果，使得每个参会人员都会在研讨后获得新的增益。

表二：从移民代际因素与性别因素分析未成年犯罪①

Table 1 Sample Characteristics by Immigrant Status and Gender (cont.)

	Immigrant Status					
	Female			Male		
	1st Mean(SD)	2nd Mean(SD)	Native Mean(SD)	1st Mean(SD)	2nd Mean(SD)	Native Mean(SD)
Family Affluence^{f,m}	73.81 (25.27)	81.21 (21.11)	87.84 (19.29)	75.52 (25.52)	81.17 (20.68)	86.69 (19.07)
Family Bonding	79.37 (19.86)	77.01 (21.45)	75.24 (19.84)	82.31 (18.26)	80.19 (17.96)	78.68 (18.68)
Life Event–Total^{m}	22.96 (16.98)	27.52 (16.72)	28.35 (17.24)	27.72 (24.57)	21.51 (17.66)	25.69 (18.14)
School Bonding	78.44 (20.88)	72.97 (22.23)	74.59 (20.59)	67.87 (24.31)	71.00 (23.43)	70.07 (22.14)
School Crime	36.05 (27.66)	42.23 (27.29)	44.68 (27.53)	40.53 (30.27)	44.51 (26.89)	43.72 (26.50)
NB Bonding	65.85 (30.16)	65.32 (30.70)	70.33 (27.94)	71.11 (31.64)	70.23 (26.91)	70.97 (28.16)
NB Efficacy^{f}	58.06 (31.27)	58.54 (29.95)	64.48 (29.46)	63.13 (27.30)	60.60 (28.87)	63.25 (28.48)
NB Disorganization	11.90 (17.83)	20.11 (26.77)	17.17 (25.51)	17.03 (24.19)	24.44 (30.57)	19.43 (26.95)

上图表二是从同在一个会议室里的几个学者做移民犯罪研究的报告中摘录的。有三位学者各自报告自己的研究：韩国学者关注男性和女性的性别因素对犯罪的影响，中国学者关注不同代际移民（即一代、二代、三代）中这种代异因素是如何影响移民犯罪的，而美国学者则同时关注性别因素和代异因素对不同移民群体犯罪的作用。非常类似于烹调鱼，烹调熊掌，烹调鱼与熊掌，饶有趣味。表中横栏首先是将回答问卷的学生根据性别分类，然后在女性群体中根据第一代移民、第二代移民和美国土著（Native）② 区分；对男性群体也同样按照第一代移民、第二代移民和美国土著区分。从竖栏中我们可以看出，这个表里面的数据主要是从不同理论角度看家庭经济状况、家庭关系、生命历程、学校治安、社区关系、社区效能、社区解组等因素对不同代际移民、不同性别移民的影响。

国内犯罪学会在开会的时候，很少对会议论题进行如此高度的

---

① See Ni He, Ineke Haen Marshall, Ling Ren, (2009) Immigrant Status, Acculturation and Delinquency: A Gender - based Analysis. 引用的图表是该报告 PPT 中的一部分。

② 这里的土著不是指印第安人，而是指第三代移民。第三代移民已经完全融入美国社会，可以认为其是美国本土人。还没有找到一个合适的中文对应词语，先暂用“土著”。

细分，通常都是将相关主题的放在一块，譬如上面讨论的两个问题通常都是放在一起进行讨论。当然，这样做也有其理由。首先，正如大多数犯罪学者所指出的，中国犯罪学研究的现状不是非常理想，犯罪学研究起点低、时间短，所以，犯罪学理论研究不发达，还没有到研讨需要高度分工的时代。其次，参加研讨会的人员也不是很多，每次300人左右，无论从开会成本还是实际操作来看，都不太有可行性。

二、形式丰富多样

美国犯罪学会开会的会议形式通常主要是个人报告、主题研讨、学术沙龙、作者与读者见面会、海报会展五种形式。每届会议的主席可能根据具体的情况作一些调整。譬如61届会议特别提出一种政策建议会议（policy proposals）①，但是62届会议将其取消，将其并入会长特邀论坛（Presidential Plenary）。

在2010年度大会中，美国犯罪学会将举行几次关于犯罪和社会机构（经济、家庭、教育、政治和宗教）的会长特邀论坛。参加这种论坛的作者需要陈述并论证犯罪和其中一个或几个机构的关系，对此前已有研究进行总结，也欢迎提出新观点的论文。一次会议讨论一篇论文，报告人陈述完后，有两个讨论者（discussants）对报告的观点进行评论。这两个讨论者由该区的主持人决定。②

这些会长特邀论坛次数有限，在会议程序中都特别标明。提交的论文不得超过20页，并且由相关区主持（area chair）进行同行审查（peer－review）。如果您有兴趣参加会长特邀论坛，请提交的论文摘要适合犯罪与社会机构（即经济、家庭、教育、政治和宗教）讨论主题。您需要在5月14日之前将您的完整论文初稿

① http：//www. asc41. com/Annual_ Meeting/2009/2009PrintProgram. pdf.

② 当然，在会前他们已经读了发言人的文章。

(draft) 提交给下面的区主持名单[①]。请在提交论文之前注意 ASC 网站上的区主持的相关通知。

- 会长特邀论坛论文摘要提交截止时间：

2010 年 3 月 12 日，星期五

- 会长特邀论坛论文提交截止时间：

2010 年 5 月 14 日，星期五

- 是否接受的通知时间：

2010 年 7 月 2 日，星期五

——见 ASC62 届会议通知[②]

以上楷体字部分是 ASC 第 62 届会议通知对会长特邀论坛的规定。这种论坛形式是以会长名义举办，就大会确定的主题进行几次专题讨论，规格比较高，要求自然也相对严格。要求严格表现在，其他形式报告的论文都仅需要提交论文题目和论文摘要，不需要提交具体的论文，但是想参加会长特邀论坛的报告者必须提交论文全文，而且需要经过同行审查后决定是否同意该作者到时候在特邀论坛上发言。

其次是最常见的个人报告（Individual presentation）。说是个人报告，并不是指一个人主讲，其他人都做听众，而是因为这几个报告人都是各自陈述自己的研究成果（这与下面将要提到的完整主题讨论小组相区别）。个人报告通常是四五个报告者在一个会议厅里面各自报告，有时候有主持人，有时候没有，如果没有，那么第一个发言的就是当然的主持人。个人报告的内容要求是已经完成的研究成果或者是已经取得实质进步的论文，而不能是即将开始的研究计划或者还处在初步设想阶段。

再次是主题研讨（Complete Thematic Panel）。这个报告类似于

---

① 在此为了避免重复，省去区主持名单。详细名单见表二区—会长特邀论坛中各区主持的信息。

② http://www.asc41.com/Annual_Meeting/2010/2010_Meeting_Call_for_Papers.pdf.

中国的讲座，80 分钟。三到四个主讲人围绕同一个主题作报告，每个人的报告时间为 15—20 分钟，时间以人数而定，但最后需留 20 分钟左右的提问和交流时间。通常在个人报告中，大家是就相同主题或者近似主题发言，所以有时候与这种主题研讨的形式比较相似。二者最大的不同在于讨论的组织形式不一样。个人报告通常是由区主持和各领域的专家分流稿件，而主题讨论通常是由个人、ASC 下属委员会（ASC Divisions）或者其他工作团体自己组织的小型讨论。为了鼓励研讨的时候演讲者和听众互动，研讨中至少需要提交四篇论文，或者三篇论文再加一个评议者。譬如，如果有学者想以中国的群体性事件为主题办一个主题研讨会，那么他可以邀请三到五个研究群体性事件的学者参加，其中有学者可能会侧重从实证研究中取得的数据为基础进行数据分析，有学者则从宏观角度谈群体性事件发生的原因、现状或者对策，最后评议者可以谈群体性事件的研究方法和理论意义等。

依次，作者与评论者见面（Author Meets Critics Session）。先由作者阐述自己的观点，再由其他学者进行评论，然后是互动环节。当作者缺席时，就由对该书有新的研究成果的新的学者代替作者发言，之后进行讨论。譬如，对刑事司法界影响甚大的《惩罚的限度》一书，沃克教授（Samuel Walker）① 对该书作了一个评论。他用幻灯片展示他的观点，并开玩笑说给大家制造一种回到 19 世纪的感觉。

最后，形式相对比较简单的是海报会展（Poster Presentation）和圆桌讨论会（Roundtable Discussion）。海报会展要求作者将需要演讲或者报告的题目、论文摘要（不超过 200 个字）以及作者基本信息写在一张海报上，张贴的海报需要就理论框架或方法、数据、政策分析或结论等进行说明以吸引观众。海报会展期间，作者站在自己的海报旁边等待听众或观众到来讨论和交流。这种形式主

---

① 美国刑事司法知名学者，主要著作是：《关于犯罪与毒品的常识与谎言——一个政策指南》（sense and nonsense about crime and drugs: a policy guide）。

要为了给与会的博士生、硕士生群体提供表达自己学术观点的机会。通常情况下，一个大厅里面有四五十张海报，甚至更多。第61届大会中海报会展就有224个海报展出。①

学术沙龙或“圆桌讨论”有一个主持人，每桌有四到六个学者相约组成一个专题小组。由主持人发问，然后每个学者根据自己的研究作答，每个回答者不超过三分钟。具体时间由参加的人数决定分配。每一轮问答期间，听众都可以提问以及进行评论，由于没有个人报告那么正式，所以整个交流相对比较轻松。通常情况下，想报名参加学术沙龙的提交论文摘要的时间比个人报告可以迟一些。譬如62届会议要求交个人报告、主题研讨、作者会读者的截止时间是3月12号，但是参加学术沙龙以及海报问答的申报截止时间则是5月14号。②

不同的会议形式不仅使得日常认知的冗长、乏味的专业叙述变得不是那么乏味与无趣，而且实际上这些不同的会议形式非常有利于大会行政事务性机构组织参会人员投稿、分流稿件，节省大会运行的费用，提高开会的效率。下文对此有详细阐述。

三、务实

第一，不搞形式，注重实效，这是参加本次学术会议首要的见闻。不举行开幕式、闭幕式，没有欢迎标语、条幅，这对于我们中国代表团来说，很不习惯，甚至认为不像会议，然而事后认真思考，没有开幕式、闭幕式，减少了谁上主席台、排座位，列发言顺序……等许多麻烦。

第二，注重节约，不讲排场，会风简朴。本次研讨会没有宴会，不发纪念品，不搞文艺演出，更没有车接、送站，不统一安排食宿。

第三，全力以赴，集中精力搞好学术研讨。不搞旅游，没有参观访问。参加会议的缴了注册费后，领了出席证、论文集、日程安

---

① http：//www. asc41. com/Annual_ Meeting/2009/2009PrintProgram. pdf.

② http：//www. asc41. com/Annual_ Meeting/2010/2010meeting. html.

排表、参加会议人员名单，以及大会讨论内容、报告人名单、地点、时间表，等等，然后，你对哪个问题感兴趣，自动对照去哪个会议厅参加讨论，听学术报告。

——康树华：《美国的犯罪与对策》

就我此次参加会议所看到的情况而言，15年前康树华教授的考察，15年后依然如此；真“惊讶”于美国犯罪学会对其传统的坚持。必须承认，这种“务实”的精神是使得美国的犯罪学研究遥遥领先于其他国家的一个重要因素。但是，或许美国犯罪学最“务实”的表现之一就是它的实证研究。就我此次所听和所看的所有报告而言，每个报告里都是用实证数据（data）去论证论文中的理论假设或者去验证既存的理论。数据是决定论文质量的核心因素。[①] 那么这些数据是怎么弄出来的呢？一个重要的资料收集方法就是使用高质量的调查问卷。[②] 下面我将以设计调查问卷时候的一个细节为例说明他们是怎么“务实”的。

问卷的设计很人性，也非常“务实”[③]，根本就不是我们想象的那种直接问话，很多时候都很间接、很委婉。譬如如果想问卷调

---

① 美国东北大学何霓教授对此有一个形象比喻，认为“data是米”。的确如此，“巧妇难为无米之炊”，犯罪学会年年开，有理（论）无数（据）莫进来。中国政法大学皮艺军教授认为Data也相当于主食，它不是类似于盐或者糖一样的作料。烹调有时可以不用盐，炒菜也可以不放糖，但是吃饭若没有主食则不行。报告的观点与你的数据是否相符，别人可以验证；论文中提出的问题，若是假问题，别人可以反驳；研究者自己可以分析其所做的实证资料和数据，出成果，其他人也可以以此为基础，做深入研究。学术自由，真正做到让学术为大众服务。厨师做出来的菜如果好吃，被哄抢，能成为招牌；若不好吃或者不符合大众胃口，就会被冷落一边。不管如何，都要摆上餐桌，让公众自己去做选择。例如，哈佛大学知名教授桑普森（Robert J. Sampson）的报告，听者甚众，400多平方米的会议大厅里面全部挤满了人，可谓水泄不通。在此次会议所用的近50间会议室里，这种景象并不多见。

② 问卷的设计直接影响刑事司法研究的结果。See David Weisburd , Cynthia Lum, and Anthony Petrosino, (2001) Does Research Design Affect Study Outcomes in Criminal Justice? The Annals, AAPSS, 578. pp. 50 - 70.

③ 根据美国各高校IRB（Institutional Review Board）规则，在问卷设计、调查、分析过程中，都要尊重问卷回答者的个人隐私、尊严，不能对其造成任何不利的影响。

查公安、检察、法院三个机构之间司法人员的相互关系怎样，那么就可以有很多表述方式。例如，人们通常认定律师们的群体素养比其他司法群体的群体素养高一些，而其他司法人员或者群体又未必同意。但是，这仅仅只是一种经验上的假设，实际情况到底怎样，区别有多大，只能用客观系统的科学举证来回答这些问题。这里的关键问题是要考虑答卷人的感受，要尊重答卷人的隐私权利。

比如，让答卷人对以下陈述作出支持或反对的反应：你对律师群体的看法是（从最不同意到最同意）？由于这个问题很抽象、很大，没有清楚地限定边际，答卷人支持或者反对的也就不清楚，因此所取得的数据信度和效度都会有问题。而且从实际调查目的来看，也就很可能达不到问卷设计的要求。如果换个说法：有人认为，律师在司法从业人员之中的专业素养最高，您的看法是（见下表三）？这个具体化的声明设计具有几个优点：首先，其考虑的是引用别人的话，强调不是作者自己的观点，所以问卷设计者不会直接冒犯答题者，尤其是不会直接引起法官以及检察官的反感。其次，将你是否同意，以及同意的程度如何，通过将该题的选项和此前答题人的职业和身份与级别联系在一起进行交互分析，调查者就可以判断是哪些人认同这句话，认同人的主要职业是什么，同样也就能知道是哪些人强烈不同意，强烈不同意的是哪个群体，以及比例如何。这种细微之处的思考，特别反映了一种“务实”精神。[①]

表三：司法共同体职业满意度调查

	最不同意	不同意	不知道	同意	最同意
你对律师群体的看法是：	1	2	3	4	5
有人认为司法共同体中律师的专业素养最高，您的看法是：	1	2	3	4	5

① 在分析问卷的时候，还可以考虑不同年龄层的人的不同价值观念，考察他们观念的变化以及走向等。如果调查问卷数据出来以后，发现60%—70%都认为怎么样，那就表明这样一个判断有可能是成立的。

为了验证这个数据的可信度，还可以从另外的角度来问，进行一些补充论证；为了补充效度，也可以从其他人做的一些问卷数据来进行相互验证，如果发现现在的问卷所分析出来的结果和其他人的结果都很接近或者相似，那么，就表明这个数据比较可信，或者某个理论的确有用，能用来解释这个问题；同时也说明，人的行为倾向也可能由此就会有一些预测，就可以提前采取一些科学的方法或者手段来进行调控或者预防。①

但是，数据并不总是神圣或无懈可击的，因为资料要通过人的感知取得，数据分析要由人来操作。问卷设计的合理性和问题敏感度，以及答卷人对问题的理解、兴趣和他们的记忆好坏，都直接影响到答案的可靠性，所以无论在方法论上或者在实际操作中，都会有误差和不足，甚至是无法完善之处。即使是同样的资料，用不同的数量分析方法就可能导致不同的结论。数据如同一个小女孩，不同的衣着就能把她打扮成不同的样子。即使对同样的数据，不同学者也可能会作出不同的解释和结论。不可迷信量化实证的另一个原因是，在现实社会中，信息与资料的可得性是不平等的。譬如，白领犯罪的量化资料就很难收集，尤其是高级白领犯罪的行为极其隐蔽，他们的地位职权往往是他们不法活动的天然掩护体，问卷调查更是难以企及，所以在调查研究中，他们的犯罪资料极其难得；但是，数据和实证的缺乏不等于这个群体犯罪率低或不犯罪。②

四、组织有效

据介绍，美国犯罪学会大概有会员5000人左右，通常如果有

---

① 关于研究方法，还有很多，譬如 content analysis 就是一种。因为，人类行为都是有记载的。有文字记载，也有行为记载或者图片、电影等记载手段。譬如涂鸦，其实也是一种人类行为文化，通过涂鸦，你会发现主要是团伙里面的成员喜欢涂鸦，通过他们的涂鸦，可以分析团伙喜欢干什么以及他们在干什么。还有例如音乐、歌曲，都是反映时代精神、反映人类精神。从歌曲的格调可以知道人的喜乐哀愁，从电影故事可以知道时代趋向。

② 这个观点获益于 Dr. Olivia Yu 的启发。

60%的参会率，也将是3000人大会。美国犯罪学会只有一个会长(President)，但每一次大会有两位临时会议主席（Program Co－Chairs）主持会务工作，临时主席由各高校的教授轮流担当。譬如，第61届大会就是由我所在的美国东北大学娜塔沙·A. 弗罗斯特教授（Natasha A. Frost）和约翰·杰伊刑事司法学院的乔选·D. 弗雷利什教授（Joshua D. Freilich）共同主持①。第62届大会将由瑞斯托·加西亚和肯纳·奎奈特两位教授共同担任主席②。

一年一次的学术盛会是学者们汇报学术研究成果的重要机会和极佳场合。组织这么多人的会议肯定不是一个轻松的事情。如何组织稿件、如何分流稿件、如何展示学术研究成果等都是需要仔细安排的。不过ASC成熟的组织规则，使得大会秩序井然、有条不紊。一方面，这些参会人员都是专家、学者或者大学生，参会人员的素质高，大家都能按照规则行事；另一方面，美国本来就是一个成熟的法治社会，法治的规训使得各种机构、人员各尽其责，若不尽其责导致纠纷也能及时依法处理，因而效率比较高。下面将以美国犯罪学会组织、分流稿件的方式说明其组织如何高效：

当在学会网站提交论文摘要或者小组讨论主题（complete panel）时，您应该从下面12个大的交稿区（area）中选择一个分区(sub－area）交稿。请选择最适合您发言或者报告的区或者最相关的分区交稿，您只能在网上提交一次论文摘要。如果您是提交圆桌讨论、海报问答，或者作者会读者小组会议的论文摘要，您只要直接选择讨论的大区域，即10区、11区、12区，这三个区没有细分分区。您关于区和分区的选择不仅对决定您将参与哪个小组非常重要，而且能帮助项目主席避免安排相同主题讨论小组所可能存在的时间冲突。

- 选择合适交稿区和分区的提示：

---

① Northeastern University；John Jay College of Criminal Justice.

② 两位教授都是来自印第安纳大学普渡大学印第安纳波利斯，Indiana University Purdue University Indianapolis。

- 在做选择之前浏览整个交稿区目录。
- 首先选择最合适的区，然后确定与你论文最相关的分区。

应该根据您所认为您的论文所主要关注的方面来选择交稿区和/或分区。例如，如果您的论文主要研究在一个特定管辖区内将少年犯转处到普通法庭（adult court）的程序，那么您可能选择第七区，第38分区。①

——见ASC62届会议通知

根据ASC规则，准备做报告者必须在开会前6个月左右将自己的论文摘要及相关信息按照要求统一发送给学会网站，譬如62届大会于2010年11月中旬召开，会议交稿的截止时间是3月中旬，中间7个月的时间用来同行审稿、准备报告具体内容等。这里必须特别提到美国的交稿和中国非常不同。ASC只是要求计划在大会上作报告的会员将15个字以下的论文题目、200字以下的论文摘要，及其他个人信息如邮箱、单位地址、电话——但不需要年龄、性别这种可能导致歧视的信息。所以如果学者想参会，仅仅只有一个初步的观点或想法时，同样可以报名参会。这样做实际上有利于鼓励更多人参与，有利于促进学术交流。

从上面会议通知中可以看出，ASC事先将所有拟定题目范围按照会议的开会形式（即本文第二部分写的六种主要研讨形式）和研究方向将其分成12个大范畴，然后在不同范畴里再分细目，结果是50个较具体的题目范畴，详情见表四。当所有人都按照要求报完名后，ASC大会事先选定的区主持会将不同的论文交由相关领域里的100多个资深学者对申报题目进行审查编排，确定哪些细目组需要重组或充实，哪些组过大或过小，这样，就使得在80分钟里面讨论的问题重点集中、安排合理，从而提高会议的效率和严肃性。

---

① http://www.asc41.com/Annual_Meeting/2010/2010_Meeting_Call_for_Papers.pdf.

表四：ASC 第 62 届年会交稿区（Area）

区一 Area I	会长特邀论坛（Presidential Plenaries）①
1	犯罪和经济 *Shawn Bushway SBushway@ uamail. albany. edu*
2	犯罪和家庭 *David Farrington dpf1@ cam. ac. uk*
3	犯罪和教育 *Allison Payne allison. payne@ villanova. edu*
4	犯罪和政治 *Thomas D. Stucky tstucky@ iupui. edu*
5	犯罪和宗教 *Ronald Akers rlakers@ ufl. edu*
区二	犯罪和社会机构（Crime and Social Institution）
6	犯罪和经济
7	犯罪和家庭
8	犯罪和教育
9	犯罪和政治
10	犯罪和宗教
区三	犯罪和犯罪行为的原因（Causes of Crime and Criminal Behavior）
11	生物学、生物社会、心理学视角
12	微观社会视角（学习理论、控制理论、压力理论、理性选择）
13	宏观社会视角（文化理论、解组理论、失范理论）
14	日常行为理论与情景机会（situational）理论
15	发展的、整合的以及生命历程理论
16	批判、冲突和女权主义视角（Critical，Conflict and Feminist Perspectives）
区四	犯罪类型（Types of Offending）

① 此处标明各区主持的信息，主要是为了说明前面“会长特邀论坛”这一会议形式的组织情况。从区二到区十二将不再将相关学者的信息列出。感兴趣的读者可以直接点击链接查询，http：//www. asc41. com/Annual_ Meeting/2010/2010_ Meeting_ Call_ for_ Papers. pdf.

续表

17	暴力犯罪
18	财产犯罪
19	家庭暴力（Family and Domestic Violence）
20	性犯罪（Sex Crimes）
21	公共秩序犯罪（Public Order Crimes）
22	白领、职业以及机构犯罪（White Collar, Occupational and Organizational Crime）
23	有组织犯罪（Organized Crime）
24	仇恨犯罪（Hate Crime）
25	恐怖主义
区五	犯罪相关（Correlates of Crime）
26	团伙、朋辈和共同行为（Gangs, Peers, and Co-offending）
27	药物滥用（Substance Abuse）
28	枪支（Firearms）
29	精神问题（Mental Health）
区六	受害学（Victimology）
30	被害特点和趋势（Victimization Patterns and Trends）
31	对受害人的政策和预防措施（Victimization Policy and Prevention）
区七	犯罪的社会反应（Social Responses to Crime）
32	犯罪政策和预防（Crime policy and prevention）
33	警务和执法（Policing and Law Enforcement）
34	公诉、法院和量刑（Prosecution, Courts and Sentencing）
35	监狱（Prisons and Jails）
36	社区矫正（Community Corrections）
37	服刑人回归社会（Prisoner Reentry）

续表

38	少年司法制度（Juvenile Justice）
39	死刑（Death Penalty）
40	对犯罪和已感风险的恐惧（Fear of Crime and Perceived Risk）
41	媒体和对犯罪认知的社会建构（Media and the Social Construction of crime）
区八	比较论点（Comparative Perspectives）
42	性别、犯罪和司法（Gender, Crime and Justice）
43	种族、民族和司法（Race, Ethnicity and Justice）
44	移民与越境犯罪和相关司法问题（Immigration and Transnational Crime and Justice）
45	犯罪人犯罪学①（Convict Criminology）
区九	有创意的研究与教学方法（Innovative Methods in Research and Teaching）
46	量化研究的发展（Advances in Quantitative Research）
47	非量化研究的发展（Advances in Qualitative Research）
48	评估研究的发展（Advances in Evaluation Research）
49	实验方法研究进展（Advances in Experimental Methods）
50	教学方法研究进展（Advances in Teaching Methods）
区十	圆桌讨论会（Roundtable Sessions）
区十一	海报会展（Poster Sessions）
区十二	作者与评论者会面（Author Meets Critics）

① See http://www.convictcriminology.org. 犯罪人犯罪学是在矫正领域和犯罪学学术研究领域中一个相对较新而且有争议的理论。它挑战传统的由研究者、政策制定者、政治家等提出的关于犯罪和矫正的观点。这主要是由一些有被囚经历的人对现行的矫正和控制进行的思考。譬如，有些有博士学位的犯罪人，或者在狱中通过自学想获得博士学位的人，以及那些来自于刑事司法系统的犯罪人等服刑完毕后，他们可能会从事教职或者研究犯罪。因为很多从事犯罪学研究或者教学的人员都没有犯罪的背景，他们的出现使得《犯罪人犯罪学》成为一个独立的研究领域。

另外，美国犯罪学界也有一种类似于国内政府经济发展五年计划或者十年纲要，亦即五年内在哪里开年会，由谁组织，谁主持，每次讨论的主题是什么都事先安排妥当。这种不断更新滚动的五年计划不仅使得犯罪学界能平稳有序地运行，而且能使刚进入这个领域的新手很快就能知道学界在关注什么以及自己应当如何着手研究。第63届犯罪学大会定于2011年在华盛顿特区召开，主题是《突破禁锢：犯罪学中的创新和大胆尝试》(Breaking the Mold: Innovations and Bold Ventures in Criminology)，时间、地点已经安排妥当。而且接下来近十年的开会时间和酒店也都已经事先有所安排。详细情况见表五。

表五：ASC 年会时间安排①

2010 加利福尼亚州旧金山	11月17—20日	旧金山万豪伯爵
主题：	犯罪与社会机构	
大会主席（Co－chairs）：	CrystalGarcia crgarcia@ iupui. edu Kenna Quinet kfquinet@ iupui. edu	
2011 华盛顿特区	11月16—19日	华盛顿特区希尔顿
主题：	突破禁锢：犯罪学中的创新和大胆尝试	
大会主席：	Eric Baumer ebaumer@ fsu. edu Ryan King rking@ albany. edu	
2012 伊利诺伊州芝加哥	11月14—17日	帕尔默家希尔顿
2013 佐治亚州亚特兰大	11月20—23日	亚特兰大万豪伯爵
2014 加利福尼亚州旧金山	11月19—22日	旧金山万豪伯爵
2015 华盛顿特区	11月18—21日	华盛顿特区希尔顿
2016 新奥尔良洛杉矶	11月16—19日	新奥尔良希尔顿
2017 宾西法尼亚费城	11月15—18日	费城万豪伯爵
2018 佐治亚州亚特兰大	11月14—17日	亚特兰大万豪伯爵

① See http: //www. asc41. com/Annual_ Meeting/ascanlmeet. htm.

几点思考

上面所写主要是美国犯罪学会开会的一些程序以及会议主要讨论的内容，但也可以看出会议程序其实就是学术规范的一部分。某种程度上，或许上面所写的形式其实只要有一个很好的软件操作系统就能完成，但是一定的形式反映一定的内容，好的形式不仅能使得内容充分呈现，而且也能起到一个导向作用；会议形式很多时候可以复制，但是会议内容因为包含有人的学术原创活动，很难或者说几乎不可能全盘复制。本文只是说明他们是如何组织学术会议的，提供一个可以比较的模式，相信我们自己会找到一种适合我们自身需要，而且同样务实、高效的学术会议形式。

另外，提交美国犯罪学大会的论文或者报告的结构都很相似，这种相似看上去比较机械，但是从学术积累的角度来看有其合理性。论文或报告的基本结构：首先是导语或者简介，简要介绍为何研究某个学术问题；接着是文献综述，对既有的研究进行一个概括性的总结，说明这个问题学界研究的观点，在此基础上提出自己的理论假设或者观点；然后是用实证资料或者数据来验证自己的理论假设或者观点，看看自己提出的观点是否能得到数据的支持；最后是就验证过程中发现的问题做一个总结说明，表明哪些假设有数据支持，哪些观点没有被验证以及可能的理由。因此，其相同的论文结构使得大家在同一个管道内对话，特别有利于学术交流。国内提交犯罪学会的大部分论文或者报告结构也都比较相似，首先描述现状，然后分析原因，最后提出对策。[①] 如果分析原因和/或者提出对策要做到比较全面，那么就必须谈到政治、经济、社会等各种因素，这样就会导致大部分论文中的原因或对策近似或者重复，不利

---

① 在 2009 年中国犯罪学年会基础理论讨论小组会议中，北京大学陈兴良教授在发言中也特别提到这个问题。关于中国犯罪学界要怎样进行实证研究的思考，请参见卜安淳：《犯罪学研究的实证和思辨——中国犯罪学学会第十八届年会后的思考》，载 http：//www. dffy. com/faxuejieti/xs/200908/20090830193001. htm。

于学术积累和学术知识增长。可喜的是，近年来犯罪学者们的不断反思使得这一现象有所改进，即分别对现状、原因、对策进行探讨，但是由于学术规范还没有完全建立，学术整体质量的提升尚待时日。

还有，中国其实也有很多实证材料和数据。从每年提交犯罪学会的论文进行分析，可以发现很多来自基层司法实务部门的文章中都有他们本单位的数据。通常一篇文章前面列出办理多少多少案件，然后接下去就分析犯罪原因，最后提出一些问题的对策。说这样的文章多如牛毛并不过分。本文不在讨论这些文章的价值有多少，而是作一个对比。笔者认为，国内论文往往有数据，但缺乏实证分析；更确切地说是缺乏由理论为指导的量化分析（Quantitative Research）。[①] 以前引表二为例，很多学界的读者可能都会看懂制表人的意图和要表达的学术观点，但是未必能够如此运用数字把理论

---

① 之所以让众多数据处于睡眠状态，没能进行深入分析，首要原因是因为长期以来没有这种实证研究的传统。中国传统以坐而论道，沉稳思辨见长，硕果也累累；要做实证研究，需要更多的田野调查获取真实情况，就得耗费很多钱财，而长期以来中国一直是积贫积弱的国家，民众衣食尚不能做到无忧，何谈去做高投入低产出的实证研究。这些情况使得犯罪学发展先天不足。

其次，是因为缺少这种实证分析的方法。实证分析更多地要用到社会学、统计学等其他学科的知识，而国内学科虽然林立，但是学科交叉、学科融合并不充分，使得犯罪学在研究方法上没有有效地吸取统计学科的营养而导致发育不良。在社会经济高速发展的阶段，国家更关注的是对犯罪的打击和遏制，于是主要的刑事司法资源都投入到刑法学科。使得刑法学科一直独领风骚，犯罪学被边缘化。改革开放之前，在强烈的意识形态和高压的政治手段控制之下，对犯罪的研究没有受到统治者重视因而被冷落一边；改革开放之后，犯罪逐年增多，青少年犯罪尤其增势凶猛，于是，中国青少年犯罪研究会因为时势而先于中国犯罪学研究会而产生。

最后，怀疑主义盛行，没有人相信数据。新加坡学者郑永年指出，就各社会群体之间的关系来说，现在中国社会所面临的主要危机就是各群体之间的信任危机，尤其表现为权（政治）、钱（经济）和民（社会大多数）之间的不信任。不信任意味着一方视另一方为欺骗，因此不仅不相信另一方所发布的资讯，而且经常把另一方所发布的资讯作相反的理解。见郑永年：《中国政府信任危机背后的政治危机》，载联合早报网，2009年8月18日。这样一种怀疑主义毫无疑问也影响到犯罪数据公开以及数据信度、效度。因为很多数据被怀疑是造出来的，没有人相信数据，于是政治家、社会学家等各方面也自然不愿意投入做以数据为重要基础的实证研究。

观点表现出来。就我此次参会情况来看，与会学者争论的问题主要是关于研究方法。论文最后得出的结论需让人信服，最关键的是证据（evidence），因此文章所使用的数据（证据）是如何收集以及怎样分析自然成为争论的核心。研究方法上的差异是造成国内外学术接轨和国内学者的文章在国外学报上发表的一个主要障碍。学习西方的实证研究方法，特别是细致的量化分析方法就对国内学者显得尤为重要。

青少年犯罪与少年司法研究

我国未成年人犯罪的新趋势*

——以三省市未成年犯问卷调查为分析基础

张远煌　姚　兵**

作为世界性问题，未成年人犯罪与吸毒贩毒、环境污染并列为全球三大社会公害。就我国的情况而言，近10年来未成年人犯罪呈现日趋严重的发展态势。从1998年到2007年，我国法院判决的未成年犯罪人绝对数始终处于增长态势，2007年的未成年犯罪人数是1998年的2.6倍；未成年犯罪人在全部刑事罪犯中所占的比例，2005年以前几乎是逐年递增，到2005年达到9.82%，比1998年增长了3.46个百分点。2005年以后虽然略有回落，但仍旧维持

---

* 本文系教育部哲学社会科学研究重大课题攻关项目“未成年人犯罪问题研究”(06JZD0010)之子项目《未成年人犯罪的犯罪学研究》之阶段性成果。

** 张远煌，北京师范大学法学院教授、法学博士、博士生导师，法学院与刑事法律科学研究院党委书记，兼任刑事法律科学研究院犯罪学与刑事政策研究所所长；姚兵，北京师范大学刑事法律科学研究院博士研究生。

在9%以上。[①] 这说明，当前我国未成年人犯罪的形势不容乐观。有鉴于此，我们需要时刻保持对未成年人犯罪的密切关注，进一步加强对未成年人犯罪的科学研究。本文以2008年上半年在三个省市进行的未成年犯问卷调查所获取的第一手数据资料为基础，同时参照先前有代表性的研究资料，对现阶段未成年人犯罪的最新动向展开分析，目的是准确、及时地掌握当前未成年人犯罪的客观情况，为深入剖析未成年人犯罪原因、制定有效的预防对策提供科学的事实依据。

一、研究设计及实施情况

为完成教育部哲学社会科学重大课题攻关项目“未成年人犯罪研究”，充分了解当前我国未成年人犯罪的基本情况，北京师范大学刑事法律科学研究院犯罪学与刑事政策研究所成立了以张远煌教授为负责人的“未成年人犯罪的犯罪学研究”课题组。课题组针对未成年人犯罪设计了调查问卷，为尽量减小抽样误差，增强研究结果的代表面，选取了北京、湖北、贵州三地的未成年犯管教所进行抽样问卷调查。之所以选取这三个省市确定抽样框架，主要是考虑到以下几个因素：

第一，从地域分布来看，北京、湖北、贵州分别位于我国的东部、中部和西部地区，三地在自然条件、人文环境等方面差异明显，从地理区域分布的角度而言具有相当的代表性。

第二，从经济发展水平来看，北京、湖北、贵州三地分别代表

---

① 应当说明的是，以2005年12月5日中央政法委书记罗干在全国政法工作会议上的讲话，2006年3月最高人民法院、最高人民检察院在第十届全国人大第四次会议上的工作报告为标志，我国从2006年开始全面推行宽严相济的刑事政策，这必然影响到法院对未成年人犯罪的审理。作为正式的社会反映，法院的判决无疑对犯罪的成立起着“漏斗过滤”的作用，而最终被贴上犯罪标签的人的总数，一定程度上则取决于“漏斗口”的收缩或扩张。考虑到这一情况，虽然2006、2007年的未成年犯罪人在全部刑事罪犯中的比例较2005年有所下降，但未成年人犯罪的实际严重程度却未必比2005年逊色多少。

我国的发达地区、欠发达地区和落后地区。2007年，我国国内生产总值为249529.9亿元，人均国内生产总值为18934元。其中，北京市地区生产总值为9353.32亿元，人均国内生产总值为58204元；湖北省地区生产总值为9230.68亿元，人均国内生产总值为16206元；贵州省地区生产总值为2741.90亿元，人均国内生产总值为6915元。[①] 在全国31个省、市、自治区（不含港、澳、台）中，北京市的人均国内生产总值排名第2位，湖北省排名第16位，贵州省排名最后一位。

第三，从人口分布来看，截至2008年年末，全国总人口为132802万人，人口密度为138人/平方公里。其中，北京市常住人口（常住半年及以上，下同）为1695万人，人口密度为1033人/平方公里；湖北省常住人口为5711万人，人口密度为305人/平方公里；贵州省常住人口为3793万人，人口密度为223人/平方公里。[②] 三地均在我国人口地理分界线——瑷珲—腾冲线以东，属人口相对密集的区域。在此范围内，北京、湖北、贵州三地大致上可以代表人口密度疏密程度不同的区域。[③]

2008年12月到2009年1月，课题组成员分赴北京、湖北和贵州的未成年犯管教所进行问卷调查。鉴于三地未成年犯管教所中的女性在押人员数量均不足3%，相应数据很难具有统计意义，故在取样时排除了女性未成年在押人员，所有问卷调查对象均为男性在押未成年犯。课题组采等距离抽样法，在每个省市的未成年犯管教所随机抽取30%的男性在押人员作为问卷发放对象。实际发放问

① 参见中华人民共和国国家统计局编：《中国统计年鉴》（2008），载 http://www.stats.gov.cn/tjsj/ndsj/2008/indexch.htm，访问时间：2009年6月27日。

② 参见中华人民共和国国家统计局统计公报，载 http://www.stats.gov.cn/tjgb/，访问时间：2009年6月27日。

其中湖北省和贵州省的人口密度是作者以统计公报中的常住人口数除以两省各自的行政面积所得。

③ 需要说明的是，三地中人口密度最低的贵州也高于全国的平均水平。之所以没有选择人口密度更低、一定意义上更具代表性的地区，一是考虑地域分布的代表性，二是为了保证获得足够的样本数量。

卷1000份，回收问卷983份，其中有效问卷966份，有效回收率为96.6%。966份有效问卷的构成为：北京173份，湖北385份，贵州408份。

全部问卷资料经课题组成员检验核实后进行编码，然后输入计算机，利用SPSS16.0统计软件进行数据统计分析。

二、未成年犯罪人的新情况

（一）文化程度有所提高

调查数据显示，上过初中的人数最多，占66.2%；其次是上过小学的，占19.7%；上过高中、中专或职业高中的占12.9%；没上过学的仅有0.8%。我们发现，与20世纪90年代相比，目前未成年犯的文化程度有所提高。根据1995年公安机关的统计，在当年刑事案件的未成年作案人员中，小学文化程度的占39.82%，初中文化程度占53.25%，高中文化程度占3.71%，文盲占3.34%。两相比较，现在未成年犯中初中文化的比例较1995年上升了12.95%，高中文化的比例上升了9.19%，而小学文化的比例则下降了20.12%，文盲下降了2.54%。之所以出现这一情况，主要应当归功于我国义务教育水平的提升。随着我国经济发展水平不断提高，九年义务教育得到推广和普及，未成年人基本上在学龄段都能入校读书。2006年全国小学学龄儿童入学率达到99.3%，与1990年相比提高了1.5个百分点。① 同时，适龄未成年人小学毕业后大都升入初中，义务教育阶段学生流失有所减少。2006年全国小学升初中的比率达到100%，与1990年相比提高了25.4%。②

但是，我们也注意到，大多数未成年犯罪人在初中毕业之前或毕业后就离开了学校，而没有进入高中、中专或职业高中继续学习

① 参见中华人民共和国教育部网站，http：//www.moe.edu.cn/edoas/website18/83/info33483.htm。访问时间：2009年7月3日。

② 参见中华人民共和国教育部网站，http：//www.moe.edu.cn/edoas/website18/90/info33490.htm。访问时间：2009年7月3日。

文化知识或职业技能。根据2006年的统计，我国初中升高级中学的比率为75.7%。[①] 这些在初中阶段后就结束学业的未成年人大多在十四五岁左右，生理上正处于青春期，有较强的叛逆心理，不再满足甚至反感家长的庇护，渴望走向社会接触新鲜事物。同时，他们缺乏基本的职业技能，难以在社会中谋得一份稳定工作。当家庭的控制逐渐削弱，学校的管理无法涵盖，又整天无所事事时，这些处在社会化关键时期却脱离正常社会控制的未成年人，无疑成为违法犯罪的易感群体。正如有学者所言，游离于学校和工作单位之外，家庭管不了、学校管不到、社会管不好的未成年人是违法犯罪的高危群体。

（二）案发前闲散状态居多

在接受调查的未成年犯中，首先，因犯罪进入未成年犯管教所之前，既没上学也没干什么事情、处于闲散状态的最多，占53.8%；其次是上学读书的，占23%；打工、做学徒的占14.3%；在家务农的有5.4%。根据公安机关1995年的统计，农民占整个未成年刑事案件作案成员的比例居第一位，达到35.67%；其次是在校学生，占31.27%；社会闲散人员居第三位，占22.57%。与20世纪90年代相比，现在未成年犯案发前处于闲散状态的比例大幅上升，较1995年提高了31.23%，已经成为未成年犯进入管教所之前的主要生活状态；农民的比例则明显降低，与1995年相比下降了30.27%。之所以出现这种变化趋势，与我国转型期城乡结构调整有关。随着工业化、城镇化的快速推进，我国农村人口在全国人口中的比重持续下降。2007年，农村人口的比重为55.06%，与1995年相比下降了15.9%。显然，这是未成年犯中农民比例减少的原因之一。

此外，如前所述，游离于社会控制之外的闲散未成年人是违法犯罪的高危群体。这其中，由农村向城市流动人口的未成年闲散子

---

① 参见中华人民共和国教育部网站，http：//www. moe. edu. cn/edoas/website18/90/info33490. htm。访问时间：2009年7月3日。

女的犯罪问题尤为突出。目前，我国跨地区流动的农民工已达1.39亿人，连同随其流动的子女近2000万人，总共占到全国人口的十分之一强。具体来说，农村人口流向城市后其子女分为两种情况：

一是进入城市的“二代移民”。调查显示，城市“二代移民”中辍学现象比较严重。2003年11月发布的《中国流动儿童状况调查研究报告》指出，我国流动儿童随着年龄的增大，失学者的比例逐渐升高。从8岁到14岁，流动儿童未上学比例由0.8%增长到15.4%，中途辍学的现象比较突出。客观上，户籍制度、家庭经济和教育条件限制了他们自身素质的提高，在竞争激烈的城市很难立足；但是，这些未成年人长在甚至生在城市，“城市人”是他们生活的参照物，心理预期要远远高过父辈一代。当已经形成的过高预期受限于客观条件无法实现时，极易萌生相对被剥夺感。在这种情况下，很多人辍学后又找不到工作，成为“城市流民”，一旦遇到外界因素的刺激或影响，很容易实施违法犯罪活动。北京市海淀区检察院透露，2007年起诉部门受理的未成年刑案，外地籍未成年犯罪嫌疑人共171人，占总数的75%。其中只有15人是在校学生，大多数为社会闲散人员。①

二是留在农村的“留守儿童”。在缺少父母关爱、社会的有效监护、关心和教育等情况下，留守儿童更多地暴露在不良社会环境中，使得原本薄弱的学校教育因为家庭教育的缺失而大打折扣，从而造成社会化过程扭曲。他们存在着较普遍的心理和性格方面的障碍，学业更容易受阻，行为也更容易越轨。② 2004年公安部的调查显示了两个“大多数”：全国未成年人犯罪大多数在农村，其中大多数又是留守儿童。这其中，辍学后处于闲散状态的留守儿童更是

---

① 参见《未成年犯罪 二代“移民”占七成》，载《北京青年报》2008年12月10日第A9版。

② 参见王道春：《农村“留守儿童”犯罪原因及预防对策刍议》，载《北京青年政治学院学报》2006年第3期，第27页。

违法犯罪的高发群体。全国妇联2008年2月27日发布的《全国农村留守儿童状况研究报告》显示，根据2005年全国1%人口抽样调查的数据，全国农村留守儿童约5800万人。其中，15—17周岁年龄组的农村留守儿童失学率在20%左右。[①] 当父母管不到、其他亲属管不好甚至不愿管的情况下，这些留守儿童脱离学校教育后，没人组织他们安心务农（或者由于征地拆迁等原因早已“无地可种”），整日闲散游荡，极易受到不良影响而走上违法犯罪的道路。

（三）犯罪低龄化趋势继续发展

未成年人犯罪的低龄化，是我国犯罪学界长期关注的一个重要问题。根据中国青少年研究中心“预防青少年违法犯罪课题组”2002年对全国10个省、直辖市的2780名在押未成年犯的调查，全部被调查的未成年犯的平均犯罪年龄为15.73岁。而根据本课题组对北京、湖北、贵州三地的调查，回答问题的953名未成年犯实施犯罪时的平均年龄为15.56岁。可见，短短几年时间未成年人犯罪的平均年龄又有所降低。

除犯罪平均年龄外，能够反映未成年人犯罪低龄化的还有以下两个方面：

第一，犯罪高峰年龄提前。所谓“犯罪的高峰年龄”，是指在所有的未成年人犯罪主体中相对集中的年龄，即犯罪率最高的年龄。根据公安机关1995年的统计，14—15岁的作案人数占当年未成年作案人数的33.4%，16—17岁的作案人数占当年未成年作案人数的66.6%。[②] 在953名回答问题的未成年犯中，14—15岁实施犯罪的占47.2%，16—17岁实施犯罪的占52.7%。显然，与20世纪90年代中期相比，当前未成年人犯罪的高峰年龄有所提前，表现在14—15岁年龄段实施犯罪的上升而16—17岁年龄段实施犯罪

① 参见《全国农村留守儿童约5800万 面临亲情缺失等问题》，载http://www.gov.cn/jrzg/2008-02/27/content_903341.htm。访问时间：2009年7月3日。

② 参见王亚东、鲍遂献主编：《中国现阶段未成年人违法犯罪问题研究》，中国检察出版社1997年版，第4页。

的下降，比例在14个百分点左右。

第二，初犯年龄趋低。所谓“初犯年龄”，是指未成年人第一次实施犯罪的年龄，包括在未达刑事责任年龄时实施严重危害社会行为的情形。调查显示在回答问题的924名未成年犯中，第一次实施犯罪的年龄主要集中在14—16岁，占到全部未成年犯的77.5%；7—13岁年龄段第一次实施犯罪的比例高达9.8%。关于初犯年龄的问题，由于目前无法掌握权威的统计数据，因而难以判断当前未成年人犯罪初犯年龄是否有明显降低的迹象。但根据各省市一些零散的资料，也大致能够看出近年来未成年人犯罪初犯年龄趋低的态势。例如，据重庆市公安局统计，不满14周岁的少年儿童作案人数，自20世纪90年代开始一直呈稳步增长态势，目前，该人数已达18岁以下犯罪人员总数的17.7%。[①] 根据河北省的统计，14岁以下低龄未成年作案人从1992年的365人迅速增长到1995年的663人，虽然以后的四年中有所下降，但是从2000年急剧增长为705人，直至2002年的772人，比1992年增长了111.5%，其增长态势大大超过社会整体、青少年和未成年人整体违法犯罪的增长速度。14岁以下未成年作案成员占当年同龄人口总数的比例也从1999年的0.31‰增长到2002年的0.61‰，三年间翻了一番，其增长速度是所有违法犯罪各年龄段人员中变化最大的。

综上所述，无论是从犯罪平均年龄、犯罪高峰年龄还是初犯年龄考察，都可以基本断定，当前我国未成年人犯罪低龄化的现象有日趋严重的迹象。

（四）具有犯罪经历者增多

在回答问题的未成年犯中，表示只实施过一次犯罪行为的占43.1%，实施过不止一次，但不多的占41.5%，实施过很多次犯罪行为的占15.4%。实施过二次以上犯罪行为的未成年犯达到

① 参见刘长琨、陈田、夏以群：《四川、重庆两地未成年人犯罪调研和思考》，载《青少年犯罪研究》2006年第3期，第22页。

56.9%。1991年8月至1992年2月，中国青少年犯罪研究会在北京、上海、河北、江苏、湖北、广东、四川、陕西八个省市开展了一次比较系统的大型调查。调查对象包括1064名未成年人，875名18岁至未满25岁的成年人，以及44名未填者。其中工读生248人，劳教人员24人，受刑事处罚者1455人，未填238人。当被问及曾经有过几次违法犯罪时，1983人中回答一次的有1093人，占55.1%；二次的224人，占12.3%；三次的98人，占4.9%；四次以上的235人，占11.9%；未填的313人，占13.8%。仅填写有二次以上违法犯罪经历的就达577人，占29%以上，如果加上有多次违法犯罪经历而未填者，应当不少于三分之一。尽管这次调查对象包括一部分年轻的成年人，以及少数非刑事犯罪者，但整体而言，其对研究未成年人犯罪经历仍具有一定的参考价值。我们发现，与20世纪90年代初期相比，当前未成年人犯罪中具备一定犯罪经历者明显增多。

多次实施犯罪不仅造成了更大的社会危害，而且巩固强化了未成年犯的主观恶性和犯罪心理，使他们对犯罪“习以为常”，可能掌握了一定的犯罪经验，其人身危险因而大大增强。笔者注意到，我国犯罪学研究和实务部门通常以被公安、司法机关处理过的次数为依据，认为未成年人犯罪中初犯、偶犯居多。[①] 在笔者看来，是否初犯、偶犯通常是就“未成年犯”这一犯罪标签而言的，而实施犯罪行为的未成年人是否被贴上这一标签，一方面取决于未成年人实施犯罪的次数，但更重要的或许是公安、司法机关发现未成年人犯罪的能力和效率，正视社会反应在犯罪生成中的作用不容忽视。如果一名未成年人实施过多次违法犯罪，但只有一次被抓获，除非他自己坦白，否则不太可能被认定为惯犯、累犯。但实际上，不少首次被司法机关发现的未成年犯，其犯罪生涯已经持续了少则数月多则数年了。如何在看到未成年人犯罪与成年人犯罪的区别的

① 参见王亚东、鲍遂献主编：《中国现阶段未成年人违法犯罪问题研究》，中国检察出版社1997年版，第9页。

同时，正视当前未成年犯中多次犯罪现象严重的情况，并在刑事政策、刑事立法和刑事司法方面正确应对，应当引起我们的高度重视。

三、未成年人犯罪行为的新特征

（一）抢劫犯罪日益突出，盗窃犯罪明显下降

未成年人犯罪主要集中于四种类型。其中，抢劫犯罪最多，占58.8%；其次是故意伤害犯罪，占13%；居第三位的是盗窃犯罪，占8.8%；强奸犯罪居第四位，占8.2%。另外，抢夺犯罪占3.5%，故意杀人犯罪占3.4%，其他犯罪类型很少。抢劫、盗窃和抢夺三项财产犯罪合计为71.1%，是主要的犯罪类型。根据1991年对成都市未成年犯管教所910名18岁以下在押人员的统计，盗窃、抢劫、抢夺和诈骗等图财违法犯罪有720名，占违法犯罪人员总数的79.1%。[①] 可见，二十年来未成年人犯罪基本保持以财产犯罪为主的特点。此外，与未成年人好冲动、做事不计后果的特点相适应，杀伤等暴力犯罪在未成年人犯罪中也占有一定比例。调查显示，故意杀人、故意伤害犯罪合计达到16.4%。

总体而言，未成年人犯罪的整体结构没有太大变化，仍集中于财产犯罪、暴力犯罪和性犯罪等少数几种犯罪类型。但是，我们也注意到，当前未成年人财产犯罪中的具体犯罪类型出现了一些明显的变化：

第一，抢劫犯罪日益突出。在20世纪八九十年代，抢劫在未成年人犯罪中并不突出。根据公安机关的统计，1986年到1995年间未成年人抢劫犯罪的比例在6%—17%。[②] 而根据我们的调查，抢劫犯罪已经占全部未成年人犯罪的三分之二左右，成为未成年人

① 参见张先钦：《910名未成年人违法犯罪剖析》，载《公安大学学报》1992年第3期，第60—61页。

② 参见王亚东、鲍遂献主编：《中国现阶段未成年人违法犯罪问题研究》，中国检察出版社1997年版，第10页。

犯罪最主要的犯罪类型。其他大型调查也印证了这一现象。根据中国青少年研究中心2002年对全国10个省、直辖市的2780名在押未成年犯的调查，抢劫犯罪占到64.4%。由此可见，抢劫犯罪是近年来未成年人犯罪中增长速度最快的犯罪类型。应当说明的是，未成年人犯罪中抢劫犯罪的增长势头并非我们的新发现，早在20世纪90年代即有学者对此进行过报告。如有学者指出，未成年人犯罪中增长最快的是抢劫，由1985年仅占未成年人作案总数0.82%猛增到1995年的17.12%，作案人员的绝对数量也从1985年的916人增加到1995年的26154人，净增2万余人，年递增率为70.86%，尤其是到了90年代几乎是直线上升。[①] 笔者在这里重复强调未成年人抢劫犯罪日益突出的情况，目的是引起理论研究和实务部门的关注，以便促进对这一变化趋势的深入研究，寻找合理有效的应对措施。

第二，盗窃犯罪下降明显。与抢劫犯罪急速上升形成鲜明对照的是，未成年人盗窃犯罪的下降趋势明显。20世纪90年代中期以前，盗窃犯罪一直是未成年人犯罪的第一大犯罪类型，至少能占到一半以上。根据公安机关1995年的统计，在未成年人犯罪各类型的作案人员中，盗窃犯罪占68.09%。[②] 几年之后，2002年中国青少年研究中心对全国10个省、直辖市的2780名在押未成年犯的调查显示，盗窃犯罪急剧下降为10.5%，居于抢劫和强奸之后，列第三位。[③] 我们的调查同样证明了这一趋势，而且比例更低，只占8.8%。当然，我们也注意到，未成年人盗窃犯罪也并非简单的直线下降，在个别地区、特定时段可能出现波动和反复。例如，在

① 参见戴宜生：《关于二十世纪八十、九十年代中国青少年违法犯罪状况及趋势分析》，载中国青少年犯罪研究会编：《中国青少年犯罪研究年鉴》（2001年第二卷），中国方正出版社2002年版，第146页。

② 参见王亚东、鲍遂献主编：《中国现阶段未成年人违法犯罪问题研究》，中国检察出版社1997年版，第11页。

③ 参见关颖、鞠青主编：《全国未成年犯抽样调查分析报告》，群众出版社2005年版，第22页。

20世纪90年代个别区域性的调查曾报告未成年人盗窃犯罪呈增长态势。90年代重庆市共抓获盗窃作案成员143373名，其中未成年人31183名（年均3118名），占27.8%。在这十年中，未成年人除1991年超过年平均值外，1997年至2000年后四年都超过年平均值。未成年人盗窃犯罪增加的势头十分显见。

未成年人财产犯罪中抢劫犯罪增多、盗窃犯罪下降的变化趋势表明，当前未成年人犯罪手段趋于暴力化，犯罪行为的危害性和犯罪人的危险性都有所增强。

（二）犯罪的暴力化倾向明显增强

调查显示，当实施犯罪过程中遇到被害人反抗时，有22.4%选择放弃犯罪，逃离现场，总计有77.6%的未成年犯选择（或可能）对被害人实施暴力。犯罪的暴力化倾向是近年来我国学界在探讨未成年人犯罪时经常提及的特征之一。但是，从目前掌握的资料来看，绝大多数学者都是采用描述性语言对这一问题进行经验性的简单阐述，至多会列举一两个典型个案，鲜见有学者对此进行有说服力的实证研究和深入分析。本次调查一定程度上弥补了学界对这一问题研究方法上的欠缺，证实了现阶段未成年人犯罪呈现暴力化倾向的特点。

实际上，如前所述，未成年人财产犯罪中抢劫犯罪大幅增加而盗窃犯罪明显减少的变化趋势，就已经在一定程度上说明了当前未成年人犯罪的暴力化倾向。我们认为，暴力化的犯罪手段是未成年犯应对被害人反抗态度的客观表现。这种情况提醒我们，未成年人在犯罪中表现出相当的危险性和顽固性，不能再将未成年人犯罪视做“小儿科”，应下大力气采取科学合理的矫治措施消除未成年犯的反社会性。长期以来，在应对未成年人犯罪的问题上，我们一直强调发挥家庭、学校、社区的教育、预防功能，试图通过不断完善未成年人的成长环境，尽量从根本上防止未成年人犯罪的发生。但是，这些“理想措施”除了需要长期、艰苦、耐心、细致的工作而往往“远水不解近渴”之外，也不可能对所有未成年人犯罪都产生同样的积极效果。对于实施严重暴力犯罪且具有相当人身危险的未成年犯，我们不得不承认，目前最有效的方法还是刑罚手段。基于此，在继续探讨未成年人犯罪社会预防和综合治理的同时，我们必须关注刑罚运行的效果和刑罚威慑力的发挥，积极合理地运用刑罚手段处理未成年人犯罪中的严重情形。

（三）结伙犯罪的组织化程度不断提升

在所有接受调查的966名未成年犯中，有85.7%是与他人结伙共同犯罪，只有14.3%是单独犯罪。关于未成年人结伙犯罪这一现象，是我国学者很早就关注的问题。早在20世纪80年代初，有学者在研究青少年犯罪时就指出，团伙犯罪是我国青少年犯罪活动的主要组织形式。① 此后，我国研究未成年人犯罪的学者迅速达成共识：团伙犯罪是未成年人犯罪的主要作案形式。目前，犯罪学界比较认可的未成年人结伙犯罪比例在70%左右。② 从我们的调查来看，这一比例还要高出一些。

应当说，未成年人犯罪中结伙犯罪突出，这是未成年人成长过程中渴望友谊、乐于交往、在群体中寻找安全感与归属感等一系列社会心理需求所决定的。但是，长期以来人们一直认为，未成年人结伙犯罪多是临时纠合的松散型群体，缺乏组织性因而危害有限。尽管近年来也有学者开始关注未成年人团伙犯罪中出现的一些涉黑情形，但基本上是通过个别案例进行分析，对未成年人结伙犯罪组织程度的整体情况缺乏了解。本次调查所揭示的情况表明，当前未成年人结伙犯罪出现了组织化程度不断提升的现象，需要引起我们的高度重视。

调查显示在820名回答问题的未成年结伙犯罪者中，有42.7%（包括多选者）报告在犯罪过程中团伙有明确的支配者，这意味着团伙中存在领导与被领导、指挥与被指挥的关系，相应

---

① 参见郭翔、马晶森：《论青少年团伙犯罪》，载中国青少年犯罪研究学会编：《中国青少年犯罪研究年鉴》（1987首卷），春秋出版社1988年版，第375页。

② 参见郗杰英主编：《预防闲散未成年人违法犯罪研究报告》，中国档案出版社2002年版，第5页。

地，团伙成员之间更复杂的分工就可能出现。由此可见，当前未成年人结伙犯罪中有一部分已经具备相当的组织化程度。当然，从数据统计上我们也可以看出，有57.3%的未成年犯报告在结伙犯罪中没有具体的头儿，也就是说，目前未成年人结伙犯罪中有半数以上还是简单、松散的群体集合，没有明确的层级与分工，不具备组织性，多属未成年人群体不良行为的延伸或恶化表现。但是，四成多有一定组织性的未成年人结伙犯罪已足以令我们感到心悸。

未成年人结伙犯罪之所以会呈现出组织化程度不断提升的现象，主要是基于以下两方面的事实：

其一，少年团伙基数大，并且未成年犯中有多次犯罪经历者增加，为未成年人涉足有组织犯罪提供了内在的基础。从目前的情况来看，虽然未成年人参与的团伙犯罪多数还处于组织结构松散、无明确层级与分工的纠合形态，但如前所述，现阶段由于少年团伙基数大，加之未成年犯中有相当一部分实施过多次犯罪行为，已经具备一定的犯罪经历，如果这些未成年人在多次犯罪之后并未受到有效遏制，以这些人为核心形成的未成年人群体，就会符合逻辑地升级为结构相对稳定的犯罪帮派，甚至直接模仿黑社会组织成立组织严密的少年黑帮。近年来经新闻媒体曝光引起社会广泛关注的重大未成年人团伙犯罪，如云南西畴的“跨世集团”、湖北恩施的“太阳帮”、西安的“山合社”，从其组织化程度和行为性质看，已经具有了少年黑帮的性质。这一变化趋势，很大程度在刑事政策意义上构成了从宽处理未成年犯罪人一般原则的例外和挑战。

其二，有组织犯罪自身发展的需要，为未成年人更多地涉足有组织犯罪提供了外在的拉力。某些有组织犯罪集团为了发展和壮大势力或恶意利用未成年人特殊身份的便利，会将黑手伸向未成年人，而受帮派亚文化、不良交往等因素的影响，一些未成年人也会倾向于加入已经成型的犯罪组织。这就为未成年人结伙犯罪组织化程度的提高提供了强有力的拉力。实际上，近两年已经出现了未成年人卷入有组织犯罪的苗头。以冯志希、冯志钊两兄弟领导的“黑龙会”涉黑案件为例，该组织发展的一个主要特点就是选择未成年在校学生。据调查，“黑龙会”专门派骨干到中小学校去发展学生入帮，并成功发展了60余名学生加入，这些学生都是1990年后出生，最小的年仅13岁。学生加入“黑龙会”的主要原因在于：一是加入后“有依靠”，可获得归属感，二是满足安全感和逞强好胜心理，三是同辈群体的鼓动。而有组织犯罪之所以选择渗入校园，原因在于：首先，中小学是青少年集中的地方，渗透校园可以较为迅速地壮大帮派势力。其次，冯氏兄弟及其帮派骨干都是辍学青少年，和原中小学学生均有着密切的联系，轻车熟路，容易将“黑手”伸向校园。再次，“学生单纯好骗”，容易通过威逼利诱的方式吸收进入帮派。最后，学生加入帮派的使用成本较低，通过“给点小恩惠小恐吓就可以指挥他们”。

中国青少年嗨 K：时尚还是犯罪？

刘晓梅*

近几年来，我国吸食新型毒品的青少年群体开始不断“发展壮大”。从天津市公安局禁毒办统计数据分析得知，2007 年以来，天津市破获的较大的毒品案件中，新型毒品案件占了 81.4%。2008 年，天津市破获的 1000 克以上的毒品案件中，全部都是新型毒品；在警方收缴的各类毒品中，新型毒品占 84.2%，70% 以上的吸食新型毒品者都是 35 岁以下的青少年。他们将自己吸食新型毒品的行为统称为“嗨 K”。作为疯狂、狂欢的代名词，嗨（high）代表时尚，代表青春，代表前卫。被青少年美其名曰“嗨 K”的行为，在犯罪学视角中被称为青少年吸食新型毒品犯罪。

一、嗨 K 无害？

在调研中，笔者发现，90% 以上的新型毒品吸食者认识不到其危害性。他们否认自己是在吸毒，认为那只是自己的一种乐趣，是缓解压力的手段。嗨 K 无害论在某些青少年群体中得到认同，新型毒品被其视为“娱乐消遣品”。

相对海洛因、大麻和可卡因等传统毒品而言，新型毒品主要是指人工合成的精神类毒品，是由国际禁毒公约和我国法律法规所规定管制的一类药品（毒品）。与传统的鸦片类毒品相比，新型毒品

---

* 天津社会科学院法学所所长，法学博士，副研究员，主要从事法律社会学和犯罪学研究。

主要通过化学合成，因为其滥用多发生在娱乐场所，所以又被称为“俱乐部毒品”、“休闲毒品”、“假日毒品”。

根据新型毒品的毒理学性质，可以将其分为四类：冰毒，即甲基苯丙胺，外观为纯白结晶体，吸食后对人的中枢神经系统产生极强的刺激作用，能大量消耗人的体力和降低免疫功能，严重损害心脏、大脑组织甚至导致死亡，吸食成瘾者还会造成精神障碍，表现出妄想和好斗等情况。摇头丸，属于具有明显致幻作用的苯丙胺类中枢兴奋剂。由于滥用者服用后可出现长时间难以控制随音乐剧烈摆动头部的现象，故称为“摇头丸”。其外观多呈片剂，形状多种多样，五颜六色，用药者常表现为认知混乱，行为失控，其常常引发集体淫乱、自伤与伤人，并可诱发精神分裂症及急性心脑疾病。K粉，学名氯胺酮，属于静脉全麻药，临床上用作手术麻醉剂或麻醉诱导剂，具有一定精神依赖性潜力。K粉外观上是白色结晶性粉末，无臭，易溶于水。滥用氯胺酮会导致十分严重的后遗症，轻则神志不清，重则可以使中枢神经麻痹，继而丧命。此外，它还使人产生性冲动，导致许多少女失身，所以又称为“迷奸粉”或“强奸粉”。三唑仑，又名三唑氯安定、海乐神，是一种新型的苯二氮卓类药物，具有催眠、镇静、抗焦虑和松肌作用，长期服用极易导致药物依赖。因这种药品的催眠、麻醉效果比普通安定强45至100倍，口服后可以迅速使人昏迷晕倒，故俗称迷药、蒙汗药、迷魂药。三唑仑无色无味，可以伴随酒精类共同服用，也可溶于水及各种饮料中。

新型毒品与海洛因等传统毒品的主要区别在于：一是新型毒品系人工合成的化学类毒品，制造成本低、周期短、风险小。海洛因系原植物加工合成类毒品，制造成本高、周期长、风险大。二是吸食冰毒、摇头丸、K粉、麻黄素片等新型毒品后，吸食者兴奋、狂躁、易性乱、抑郁、易怒，且连续三四天不吃不睡，出现幻觉、错觉、猜疑、恐慌等精神病症状，其极易在吸毒后的幻觉中对社会和他人产生攻击行为。而吸食海洛因后，吸食者则绵软无力、昏睡，在毒瘾发作时，其有可能为筹毒资而攻击亲人或他人。三是新型毒品吸食方式多以饮料瓶做成水烟筒吸食，也有的为追求综合效果，将海洛因和冰毒等新型毒品掺在一起吸食或注射。四是吸食者对传统毒品会产生强烈的生理依赖，而长期服用新型毒品会产生很强的精神依赖。五是新型毒品具有群体性吸食的特点，吸毒者少则三五人，多则几十人在一起聚众吸毒，并且在超强、超重的重金属音乐刺激下才能有助于药效的发挥，所以一些练歌房专门设有供吸毒者使用的房间，叫“嗨房”。在一些娱乐场所，还有专门陪“嗨”的服务小姐，这种人也有一个专有名称：“嗨妹”。她们向客人推销摇头丸和K粉，以招揽顾客，赚取钱财。

在青少年吸食新型毒品人群中，其所谓的“嗑药”就是吃摇头丸，“打K”就是吸食K粉，“溜冰”则是吸食冰毒。据上海社科院公布的关于新型毒品实证研究报告显示，初次使用新型毒品者的年龄以21—30岁年龄组占首位，占40.6%；20岁及以下年龄组占17.4%，其中年龄最小的仅12岁。其中相当一部分是受过良好教育的中上层社会人群。[①] 很多低龄吸毒者的“第一口”都是在同学聚会、蹦迪等活动中尝试的。多数吸食新型毒品者对嗨K的危害知之甚少，有的人最初竟出于“不吸没面子”的动机而沾染上毒品。特别令人忧虑的是，一些年轻的白领和企业高管成为吸食新型毒品的高危人群。在调研中，笔者曾对吸毒成瘾被送往戒毒所强制戒毒的A（男，27岁）进行访谈。这名吸毒者有自己的生意，但就是有“嗨”的爱好，他常常牵头组织吸食者一起“嗨”。有一次，他过生日召集了近30名“志趣相投”的“嗨友”一起娱乐，那一晚上的毒品消费额达到了20万元以上。在某房地产公司担任销售主管的D（女，25岁），是在一个朋友的生日Party上第一次嗨K的。其间，有人拿出嗨粉让大家嗨，D不肯，两个身材苗条的女子就劝D，说嗨粉可减肥，不用吃药饿肚子，还能让自己开心。D因此动心。一次两次的嗨，体重是有些下降了，但她从此不嗨K就由不得自己了。

---

① 援引自 http://news.sohu.com/20070701/n250851631.shtml。

天津禁毒办的B警官告诉笔者，新型毒品的可怕之处更在于它的致幻性，吸食后很容易使人产生幻觉，有的吸食者称“嗨大”后“要什么有什么，想要别墅，别墅就在眼前了；想开宝马，自己就在宝马车里了”，而这些幻觉会成为一些暴力、强奸案件的诱发原因，极易导致刑事犯罪案件的发生。2009年3月24日晚上11点半，笔者在天津某酒吧灯光幽暗的嗨房里，在震耳欲聋的低音炮音响轰击下，看到嗨女C一边疯狂地扭动身体，一边兴奋地叫着，“哈，我看到一个柜子打开，捆扎好的钞票一沓一沓地往下流，直到流成一座小山……”（C嗨出的幻觉）她又“打”了一条K粉，其神志渐渐迷茫，身体燥热，她索性把衣服脱了，上身赤裸着跳舞、唱歌、喝酒，而浑然不觉。C逐渐清醒后，笔者问她，“如果不泡吧，晚上做什么?”沉默片刻，她从牙缝中挤出两个字：“无聊。”C的周围已形成一个个圈子，彼此互称“嗨友”，他们在很多“嗨场”秘密聚会，通宵跳舞，狂欢畅饮，甚至发生性行为。

在调研中，笔者发现，许多吸食新型毒品者对新型毒品的危害没有充分的认识。B警官告诉笔者，他所接触过的新型毒品吸食者中只有一人承认长期吸食摇头丸和K粉导致了记忆力减退。据B警官介绍，在“嗨”的特定环境下，正常人待上半个小时就会感觉耳膜疼，并且精神上会受不了，而吸食新型毒品的人在重金属音乐中来回蹦跳，摇头达数小时之久，这样，他的心脏长时间处于高度超负荷工作状态，其损害可想而知。而吸食者并不将摇头丸、K粉等视为毒品的原因在于，人体对摇头丸、K粉等新型毒品的生理依赖性相对较少，不在特定的环境中，短期内吸食者不会有特别再想吸食的感觉，从而使吸食者认为不会上瘾。因此，相当一部分吸食者尤其是青少年对新型毒品的认知度不够，甚至产生了“无害”的印象。而实际上，“摇头丸”和K粉等新型毒品均属我国规定管制的精神药品，长期吸食容易引起高血压、心脏病、精神分裂等疾病，无节制地吸食还会危及生命，其他副作用还有诸如记忆力减退、精神委靡、食欲不振等。因此，只要是毒品就会致瘾。长期服用新型毒品会产生很强的精神依赖，服药后感觉不到疲倦，但药效消失后身体极度疲乏。大量吸食这类新型毒品还会严重损伤心、脑，甚至导致死亡。

二、嗨 K 无罪？

受国际国内涉毒因素的影响，近几年制贩冰毒等新型毒品活动日益猖獗。一些不法分子在歌舞娱乐场所大肆销售新型毒品，少数歌舞娱乐场所经营主暗地纵容、容留吸毒贩毒活动，各地歌舞娱乐场所吸贩新型毒品问题也日益严重。随着新型毒品的泛滥，青少年已经日益明显地成为最容易受这类毒品侵害的高危人群之一。由于年轻人精力充沛、追求新奇、寻找刺激，非常容易受到这类新型毒品的诱惑和俘虏。歌舞厅、迪吧等娱乐场所是青少年群体乐于消费的地方，同时也是新型毒品泛滥的场所。青少年嗨 K 族大都因为猎奇和寻求刺激选择了新型毒品，而新型毒品漂亮的伪装又使他们不认为自己是在吸毒，而认为这是一种时尚。"摇头万岁，嗨药无罪"是"嗨哥"、"嗨妹"的流行语。

依据《中华人民共和国刑法》，其所规定的毒品犯罪包括以下12项子罪名：非法提供麻醉药品、精神药品罪；容留他人吸毒罪；强迫他人吸毒罪；引诱、教唆、欺骗他人吸毒罪；非法买卖、运输、携带、持有毒品原植物种子、幼苗罪；非法种植毒品原植物罪；非法买卖制毒物品罪；走私制毒物品罪；窝藏、转移、隐瞒毒品、毒赃罪；包庇毒品犯罪分子罪；非法持有毒品罪；走私、贩卖、运输、制造毒品罪。我国《刑法》第357条规定："本法所称的毒品，是指鸦片、海洛因、甲基苯丙胺（冰毒）、吗啡、大麻、可卡因以及国家规定管制的其他能够使人形成瘾癖的麻醉药品和精神药品。"这一规定从外延和内涵两个方面明确了毒品的概念。由此可见，我国刑法对新型毒品的犯罪圈也予以了划定，并明确走私、贩卖、运输、制造毒品，无论数量多少，都应追究刑事责任，予以刑事处罚。同时，我们也应当看到，我国刑法并没有将吸毒确认为犯罪，相关法律只是将其定位为一般违法行为，对其采取强制戒毒的处罚措施。但是，我们绝不能对吸毒这一违法现象掉以轻心，因为大多数青少年的毒品犯罪都是由吸毒引起的。可以说，吸毒是毒品犯罪的重要源头之一。本文所谓毒品犯罪不仅局限在制毒、贩毒、运输毒品等直接以毒品为犯罪对象的传统意义上的毒品犯罪，还包括由于毒品引起的抢劫、盗窃、卖淫、走私枪支等犯罪行为。

案例一：2009年2月6日下午，贵阳市飞山街发生一起劫持人质案件，一名男性疑犯持刀劫持一名少女，但未提出任何要求。云岩警方经过一个多小时的工作，成功处置这一案件，生擒犯罪嫌疑人张某，并将被劫持人质安全解救。在将张某抓获后，公安机关立即着手对其进行审查，了解其作案动机等情况。但面对民警的讯问，张某语无伦次、答非所问。由于警方在张某身上搜出疑是吸毒所用的锡箔纸，警方依法对其进行尿检。经检验，张某案发前曾吸食新型毒品。同时，通过对清醒后的张某进行审查，警方得知，案发前，张某过量吸食新型毒品从而引起精神错乱，导致其幻想有人要加害于他，进而实施劫持人质犯罪。[①]

案例二：2007年5月27日，卖淫女严某（1987年出生）在江宁金元宝大酒店“陪溜”，因吸食冰毒过量而死亡。[②] 目前，新型毒品大量出现在宾馆、夜总会、麻将馆和地下赌场。一些不法分子为了获取高额利益，以新型毒品可以提高性欲为诱因，积极在个体足疗保健中心和宾馆等场所向嫖客和卖淫女兜售，有的宾馆甚至开展“嗨哥”、“嗨妹”开房“陪溜”业务。卖淫女在宾馆开房“陪溜”一次可获1000元甚至更多。部分卖淫女在高额利益的诱惑下，纷纷上阵“陪溜”。

案例三：江西省景德镇市公安机关侦破的“2004·9·19”十八桥伊路网吧伤害致死案，系张国平、汪国辉黑恶势力犯罪团伙所为，警方已抓获该团伙成员35名，其中骨干成员12人，致伤30人，致死1人，缴获各类枪支12人，子弹50余发，新型毒品K粉

① 田坚：《疑犯因吸毒过量产生被追杀幻觉》，载《贵阳日报》2009年2月9日。

② 许惠宏：《新型毒品犯罪趋势及对策》，载《江苏警官学院学报》2007年第6期。

780余克，麻果300余粒，摇头丸67粒。[①]

近年来，受国际毒品犯罪暴力化、有组织化不断加剧的影响，一些毒品犯罪分子为了争夺在娱乐场所贩卖新型毒品的控制权，相互持刀持枪砍杀。毒品犯罪的暴力化程度不断增加，给缉毒工作带来了更大的风险。

三、法社会学视角下青少年嗨K的原因

在法社会学视角下，社会控制和自我控制的弱化是当下青少年嗨K的主要原因。用社会控制理论来解释，人与其所生活的社会之间，是依赖着一种被称为"社会链"（bond）的东西加以维系着的。[②]当人和社会之间的维系程度薄弱乃至破裂时，个人就会无所拘束，从而产生越轨甚至犯罪行为；而当人和社会之间的维系程度紧密牢固时，来自自我的本能冲动、欲望因受到社会联系的控制，可以阻断越轨和犯罪行为，从而产生顺从社会规范的行为。而依据自我控制理论，犯罪正是自我控制弱化再加上适合机会的产物。其基本观点是：自我控制弱化的人之所以犯罪，是为了直接满足瞬间的欲望，其很少考虑长远利益（自我控制水平高的人能够延迟满足，做事有计划性）；自我控制弱化的人之所以选择犯罪是因为能够从焦虑中得到解放（自我控制弱化的人缺乏忍耐力，好冲动，动辄以暴力解决冲突）。笔者通过对46名天津吸食新型毒品青少年进行访谈发现，在吸食新型毒品的青少年人群中，大多数人在吸毒之前对"人活着就是要及时享乐"的观念认同程度相当高，对"只要会混，读书不好照样可以赚大钱"、"凭感觉做事，没必要活得太认真"、"在社会上混不可能一点违法的事也不做"等主流文化反对的价值观持认同态度。在性行为方面，半数以上则表现为性

---

① 占志远、徐剑波：《景德镇市公安机关成功摧毁三个涉黑犯罪团伙》，援引自http：//www. mps. gov. cn/n16/n983040/n1364127/n1364223/1378943. html，2006－11－21。

② 周东平：《犯罪学新论》，厦门大学出版社2006年版，第205页。

行为的低龄化和多性伴倾向。

个案1：甲男（1987年出生）："我爸妈都在狱里。我十几岁就在社会上'混'。我帮助老大拉拉场子，有时候出去压阵，事情成功后就可以分到很多钱。一般说来我每月收入少则五千，多则八千一万。这样的收入，不但够吸毒，还可以找小姐。"在毒品黑社会中，甲男这样的青年会被视为是有能力、有本事的角色。他在非主流文化群体中获得了归属感和满足感，自认为能实现自身价值。

个案2：甲女（1985年出生）："我觉得K粉是人没有办法去抗拒的，诱惑力太大了。如果想远离，首先你结交的朋友圈子不是这个圈子，身边没有在娱乐场所玩的人，因为人是跟着环境走的，人必须去适应环境，不是环境适应人。如果所有人都不嗨，就你一个人嗨，还有什么意思！大家都嗨，我也跟着嗨……我的自控能力不强，我估计我要是回去再接触这个圈子的人，我可能还会嗨。"

个案3：乙男（1983年生）："你可能对我们这个圈子里的人并不是很熟悉，现在的年轻人，特别是在外面玩的，一般都能接受一些新潮思想，大家在一起玩，如果放不开，不可能玩开心。像一夜情这种事情，我们大家都不在意。女孩子来这边嗨的，很多都是空虚无聊，想体验一些刺激和快感。"

在以往的研究中，青少年吸毒的原因大都被简单地归结为好奇、精神空虚和结交不良朋友。但需要进一步追问的是，青少年为什么会对毒品产生好奇？为什么会丧失生活目标、精神空虚？为什么会结交举止不端的朋友？萨瑟兰提出的差异交往理论指出，一个人的行为主要是由他的社会交往所决定的，一个人犯罪行为的形成，主要是由于同有犯罪行为的人交往的结果。如前所述，新型毒品具有群体性吸食的特点，许多嗨K族都是在朋友聚会上第一口吸食新型毒品的。根据萨瑟兰的理论，青少年吸食新型毒品是在与其他人的交往过程中，经过互动而学会的，这种学习的过程往往完成于关系密切的群体中。在这样的群体中，青少年所受到的影响远远大于在其他环境中所受的影响。可以解释这一现象的还有犯罪亚文化理论。在某种意义上，新型毒品亚文化群体，就是娱乐场所的亚文化圈子。吸毒亚文化对青少年吸食者的影响，并使其实现高度的文化认同是近年来青少年嗨 K 蔓延的主要根源。从笔者对天津 46 名吸食新型毒品青少年个案的访谈资料分析来看，新型毒品亚文化的价值观念是西方“前卫、时尚、狂欢、刺激”的高峰体验理念。新型毒品亚文化迎合了青少年崇尚个性张扬、叛逆家庭与社会、追求人生享乐的心理。

个案 4：乙女（1986 年出生）：“我们都是时尚达人……所以玩新型毒品的多数还是像我们这样喜欢挑战、喜欢追求刺激、喜欢走在社会最前沿的新潮人。”

在一个新型毒品亚文化群体中，个体在从初次接触摇头丸、K 粉、冰毒、麻果到彻底成为新型毒品吸食者的过程中，群体亚文化氛围对其起着推波助澜的作用。尤其是当青少年群体成员聚集在酒吧、歌舞厅、夜总会等特殊化的社会情景中时，新型毒品亚文化氛围会被极大渲染。特殊的音乐节奏、疯狂的舞蹈、鼓点，均会激起年轻人对吸食新型毒品的参与和冲动。而这些新型毒品就成为他们疯狂摇摆和寻求刺激的兴奋剂。

个案 5：丙女（1988 年出生）：“摇头丸这个东西，如果你不听到音乐、不去那个场合还好，也不会太想；但是如果经常出入酒吧这样的娱乐场所，在那个气氛下听到那种音乐，人就会特别想嗨。”

综上，笔者认为，青少年嗨 K 的原因链如下：冲动性人格（目光短浅，具有麻木性和非理性倾向，乐于冒险，缺乏忍耐力）——→自我控制弱化（以自我为中心，家庭教养不良）——→社会联系薄弱（因不认同社会主流价值观，而融入亚文化群体）——→犯罪机会（闲暇时间充裕，经常出入娱乐场所，能够得到毒品）——→吸食新型毒品。当前，青少年嗨 K 蔓延不仅关系到青少年的健康成长，而且直接关系到国家的兴衰和民族的存亡。因此，如何通过加强对青少年进行反毒防毒知识的教育，加强对青少年正确的人生观、价值观的教育，以及净化适合青少年健康成长的社会环境，提升社会主流文化对青少年群体的吸引力，使青少年爱惜生命，自觉远离毒品，也是需要进一步研究的问题。

逐级年龄非正式社会控制理论及其犯罪学意义

汪明亮*

一、引言

美国犯罪学家罗伯特·J. 桑普森（Robert J. Sampson）和约翰·H. 劳布（John H. Laub）在《犯罪之形成——人生道路及其转折点》（Crime in the making: pathways and turning points through life）一书①中提出并论证了“逐级年龄非正式社会控制理论”（An age - graded theory of informal social control）。《犯罪之形成——人生道路及其转折点》一书获得诸多重要评价：② 如，“这是一部具有创造力的、直率的、在理论观点和方法论方面存在诸多争议的书。”（约翰·莫德尔（John Modell），《美国社会学杂志》）“本书值得广为传阅和引证。（作者）极其谨慎地构建了一套用于解释人生进程中违法犯罪的稳定性和变动性特征的理论体系，并对该理论进行了极为细致的论证”。（坎迪斯·克鲁茨克尼特（Candace Kruttschnitt），《犯罪与违法研究杂志》）“《犯罪之形成》一书值得广为推广。”（琼·麦科德（Joan Mccord），《当代社会学》）“把量

---

* 复旦大学法学院副教授、法学博士。

① 该书曾荣获美国犯罪科学迈克尔·J. 辛德朗图书奖，该书中文版已由本文作者组织翻译，在北京大学出版社出版。

② Robert J. Sampson，John H. Laub. *Crime in the making*：*pathways and turning points through life*. Harvard University Press. 1995.

化研究的统计数据与个体生活史的质化研究娴熟地结合在一起。该书‘必然’使人们对犯罪学或生命进程产生兴趣，必然会拥有广泛的读者群。《犯罪之形成》一书注定成为经典。”（迈克尔·路特（Michael Rutter），伦敦大学精神病学学院）“在《犯罪之形成》之前，没有一部著作能够提供涉及从青年时期到成年时期违法犯罪的如此体系化的、理论化的观点。”（约翰·哈根（John Hagan），查佩尔希尔的北卡罗来纳大学）

笔者认为，逐级年龄非正式社会控制理论对人生进程中的犯罪的新视角解释，为反思当代犯罪学理论和刑事政策提供了重要的理论依据。特别是在我国当前犯罪形势严峻、犯罪学研究滞后、刑事政策尚不完善的历史背景下，介绍及借鉴该理论的研究成果尤显必要。

二、逐级年龄非正式社会控制理论的理论基础

逐级年龄非正式社会控制理论的提出与建构是建立在诸多犯罪学理论基础之上的，是对这些理论的批评与发展、反思与借鉴。笔者认为，罗伯特·J. 桑普森和约翰·H. 劳布所提出的逐级年龄非正式社会控制理论至少受以下理论影响。

第一，生命进程理论（the life - course perspective）的影响。生命进程被定义为“人生不同年龄段的道路”，这里的不同年龄段“由形成生活阶段、生活变迁和生活转折点的事件以及决策过程紧密相关的期望和选择来表明”。是一种“随着时间变化而形成的一系列文化角度定义的逐级年龄段角色与社会转化过程”。[①] 可以用两个中心词来分析生命进程的动态性。一条轨线（A trajectory）是指生命进程中所经历的一段道路或一个发展阶段，诸如工作经历、婚姻、父母子女关系、自尊心或者犯罪行为。多条轨线（trajectories）则意指长期的行为模式并以一系列的变迁为标志。变迁

---

① Robert J. Sampson, John H. Laub. *Crime in the making: pathways and turning points through life.* Harvard University Press. 1995. p. 8.

(transitions) 以生命中的事件为标志（如第一份工作或第一次婚姻），这些事件体现在多条轨线之中并随着一小段时间的变化而变化。一些变迁是逐级年龄段的，而另一些则不是；因此，被假定为重要的是标准化的时间段和先后角色的变迁。生命进程分析常常被刻画为如下特征：聚焦时间周期，时间段，生活中先后发生的主要事件以及它们所带来的结果对日后社会发展的影响。生命进程理论的长期观点是：轨线表明儿童时期的事件与成年时期的经历之间存在着紧密的联系。另外，生命进程理论的短期观点也表明，变迁或转折点可能修正生命的轨线——它们能够使生命“改道”（redirect paths）。可能修正生命轨线的社会机构与事件包括：学校，工作，兵役，婚姻以及父母子女关系[①]。因而，纵向研究方法构成了生命进程研究的核心。

显然，罗伯特·J. 桑普森和约翰·H. 劳布的逐级年龄非正式社会控制理论的研究视角便是建立在生命进程理论基础之上的，只不过该理论强调的是，“社会联系的品质和强度，而不是生命事件的出现和消失。”[②]

第二，犯罪与违法稳定性理论（stability of crime and deviance）的影响。犯罪与违法稳定性观点广为流行，该观点强调：反社会行为的个体差异在生命进程中具有稳定性。犯罪与反社会行为的稳定性经常被定义为同型连贯性（homotypic continuity），意指同样行为或表型个性在不同时间段的连贯性[③]。一些研究表明，早期的攻击行为预示着后期的攻击及犯罪暴力，犯罪与攻击行为具有较高程度的稳定性。“早期具有较高比率实施反社会行为的孩子比具有较低

① Robert J. Sampson, John H. Laub. Crime and deviance over the life course: The Salience of Adult Social Bonds. *American Sociological Review* 55. 1990.

② Hogan. The Variable Order of Events in the Life Course. *American Sociological Review* 45. 1978.

③ Caspi and Berm. Personality Continuity and change across the Life Course. *In Handbook of Personality: Theory and Research*, ed. L. A. Pervin. New York: Guilford. 1990. p. 553.

比率的孩子在日后更有可能去实施该行为。"[①] 格鲁克夫妇（the Gluecks）在他们的犯罪生涯（criminal careers）研究中发现，所有的510名少年犯"都有过严重的反社会行为经历"。他们的数据也证实了"反社会行为生涯中的早期反社会行为因子"。另外，格鲁克夫妇在青少年违法犯罪行为揭秘课题研究中对1000名男性的后续研究也证实了行为所具有的显著的连贯性。正如他们在《犯罪人与非犯罪人视野》一书中所强调的："原先属于非违法犯罪人组的大多数男孩在随后的日子里依然遵守法律，而原先属于犯罪人组的男孩大多数在17—25岁年龄段继续实施各种犯罪行为。"[②] 简言之，相当多的证据表明：反社会行为在生命进程中具有相对的稳定性。由于一直强调行为的稳定性，发展心理学家特别重视儿童早期而忽视成年生活过程。即使是最近的犯罪社会理论也持相同的观点，否定成年时期的变迁会对成年犯罪产生真正影响。

罗伯特·J. 桑普森和约翰·H. 劳布吸收了犯罪与违法稳定性理论观点，他们提出的逐级年龄非正式社会控制理论并不否认犯罪与违法行为所具有的稳定，但同时又认为，"犯罪学家不应该把稳定性作为普遍性规则，该稳定性是以儿童时期的变量作为最适中的预测工具的长期性的预测性研究为依据的"。更确切地说，"虽然存在着纵向的连续性，但研究已经证实，青年后期存在着诸多的变量，并且成年犯罪行为并不直接归因于儿童时期的行为倾向。而且，有证据证明成年时期犯罪行为的变化受生命进程中的社会变迁及成年生活事件的影响，这也就强调了生命进程视角研究的意义"。[③]

第三，变动性与成年生活进程理论（change and the adult life course）的影响。该观点强调"社会自身因素间的相互作用的本

① Rolf Loeber. The Stability of Antisocial Child Behavior: A Review. *Child Development* 53. 1982. p. 1433.

② Sheldon Glueck and Eleanor Glueck. *Delinquents and Nondelinquents in Perspective*. Cambridge, Mass.: Harvard University Press. 1968. p. 170.

③ Robert J. Sampson, John H. Laub. *Crime in the making: pathways and turning points through life*. Harvard University Press. 1995. pp. 15 – 16.

性”和“社会环境的差异性”，并进而认为“社会学研究与社会学理论的贡献在于为从社会组织与社会作用方面理解人类行为提供了基础，人类行为的形成不仅取决于早期生活中所发生的事情，还要受制于整个生命进程中的社会结构、社会因素间的相互作用以及它们对个体生活机遇的影响。”[①] 其代表性理由有：

虽然早期的研究显示儿童阶段的反社会行为是成年时期反社会行为的最好预测，但“大多数反社会的孩子成年后都不再实施反社会行为”。一份剑桥——萨默维尔青年研究报告显示“多数成年罪犯都没有在青少年时期犯罪的经历”。“虽然行为的稳定性多于变动性……但所有的资料都显示，有足够的行为变动性因素存在，这就排除了对犯罪生涯进程所做的单方面解释的结论”。只是在相对少的一部分实施极端的反社会行为的男性中存在反社会行为的稳定性和连贯性。稳定性是一种存在于被其称为“终身持久性犯罪人”（life - course persistent）中的一种特性。换言之，鉴于变动性是大多数青少年的特性，稳定性则是那些实施极端反社会行为人的特性。[②] 该观点进一步论证，对大多数非“终身持久性犯罪人”的年轻人而言，社会因素可能会修正儿童时期的轨线。如，相关研究表明，婚姻促使“社会稳定性的增强”。虽然婚姻不能减少犯罪性，但可以减少诸如饮酒、滥用毒品等反社会行为。又如，服兵役对成年犯罪会产生多种影响，但对犯罪亚群体来说，服兵役之后会减少犯罪行为。并且有证据证明，失业会导致犯罪率的上升。[③] 因而，成年时期的变迁能够“修正儿童时期不幸经历所带来的影

---

① Dale Dannefer. Adult Development and Social Theory: A Paradigmatic Reappraisal. *American Sociological Review* 49. 1984. p. 106.

② Robert J. Sampson, John H. Laub. *Crime in the making: pathways and turning points through life.* Harvard University Press. 1995. p. 12.

③ Robert J. Sampson, John H. Laub. *Crime in the making: pathways and turning points through life.* Harvard University Press. 1995. p. 13.

响”。[1]

很明显，罗伯特·J. 桑普森和约翰·H. 劳布的逐级年龄非正式社会控制理论在某种程度上采纳了变动性与成年生活进程理论，并以格鲁克夫妇的研究数据为依据，从定性与定量两方面对之进行了更为深入的论证。

第四，社会控制理论（social control）的影响。美国社会学家特拉维斯·赫希（Travis Hirsch）在《少年犯罪原因》一书中提出了社会控制理论。社会控制理论的主要观点是：[2] 人本是非道德的动物，都有犯罪的自然倾向。因此，犯罪的原因是不需要解释的，而不犯罪的原因才需要探讨。人之所以不犯罪，是由于他害怕违法行为将损害自己与朋友、父母、邻居、老师、雇主等的联系，因而保持了克制。假如一个人缺乏对他人的情感与兴趣，没有这些社会联系，那么他就会放任自己的行为，进而实施犯罪。因此，社会联系（social bond）是制约人们犯罪的重要因素；犯罪缘于薄弱的社会联系。社会联系，是指一个人与传统社会之间的联系，也就是说一个人对传统社会的依附。

社会联系由四个要素组成，这四个要素可以用来解释少年犯罪的原因：[3] 一是依恋（attachment）。是指一个人对他人的情感和兴趣。当个人对他人或群体产生依恋时，就会在做出某种决定或进行某种活动时，考虑他人或群体的意见与感情。对正常人来说，这种感情联系是犯罪的重要抑制因素，这种感情联系越强烈，个人在打算进行犯罪行为的时候，就越有可能考虑犯罪行为会对这种联系造成的损害，因此，依恋在控制少年犯罪中起着重要的作用。二是奉献（commitment）。是指将时间、精力和努力使用于传统的活动内

---

① Robert J. Sampson, John H. Laub. *Crime in the making: pathways and turning points through life*. Harvard University Press. 1995. p. 14.

② Travis Hirschi. *Causes of Delinquency. Berkeley, CA: University of California Press*. 1969. 转引自张小虎：《转型期中国社会犯罪原因探析》，北京师范大学出版社2002年版，第117—119页。

③ 参见吴宗宪：《西方犯罪学》，法律出版社1999年版，第518—525页。

容上。如果人们为了顺应传统的生活方式而花费时间和精力，致力于传统的生活、财产、教育、名誉等活动中，就不大可能从事危及其传统目标和地位的活动，因而也就不大可能从事少年犯罪活动。三是卷入（involvement）。是指花费时间和精力参加传统的活动。较深入地卷入传统活动的，总是全力以赴地忙于各种传统事务，就会缺少从事越轨活动的时间和精力。卷入传统活动的人，总是与按时进行某种活动、限期完成一定任务、遵守工作时间、贯彻有关计划等联系在一起的，因而很难有进行越轨行为的机会。四是信念（belief）。就是指对共同的价值体系和道德观念的赞同、承认和相信。在社会群体中存在着一种共同的价值体系和道德观念，生活在这种社会或群体中的人们通常都相信、遵循这些价值体系和道德观念。如果缺乏这样的信念或者使其受到削弱，个人就有可能进行越轨或者犯罪行为。

可以说，逐级年龄非正式社会控制理论的主要原则都来源于社会控制理论的中心观点：当个体与社会联系的纽带弱化或破裂时，犯罪及违法行为就会产生。该理论对社会控制的理解不仅仅指向为社会镇压和国家制裁（如监视、强制遵守、监禁）方面，而是接受了一个更为一般化的社会控制概念，即一个社会群体具有的根据一定原则和价值规范自己，并赋予这些规则效力的能力。[①] 该理论从互惠角度，以及从联系个体与社会、个体与更广泛社会组织（如工作、家庭、学校）之间的纽带结构角度，进一步强调了非正式社会控制的功能。[②]

三、逐级年龄非正式社会控制理论的主要观点

在反思、借鉴生命进程理论、犯罪与违法稳定性理论、变动性

---

① Kornhauser, Ruth. *Social Sources of Delinquency*. Chicago: University of Chicago Press. 1978.

② Kornhauser, Ruth. *Social Sources of Delinquency*. Chicago: University of Chicago Press. 1978. p. 24.

与成年生活进程理论以及社会控制理论的基础上，罗伯特·J. 桑普森和约翰·H. 劳布提出了逐级年龄非正式社会控制理论。

逐级年龄非正式社会控制理论的核心主旨表现在三个方面：(1) 以非正式家庭和学校社会控制为媒介的社会结构环境来解释孩童与青少年时期的违法行为；(2) 反社会行为自孩童时期到成年时期的各个阶段都具有一定的连贯性；并且 (3) 除了孩童时期的倾向外，成年时期的家庭、就业等非社会控制纽带可以解释在人生不同阶段的犯罪性的变化。①

逐级年龄非正式社会控制理论强调生命进程中各年龄阶段的非正式社会纽带对犯罪的重要性。因此，孩童时期、青年时期及成年时期的非正式社会控制构成了该理论模型的核心。实际上，先前犯罪学上所有的有关社会控制研究都集中在青少年或者官方的（正式的）社会控制机制方面，如逮捕、监禁等。结果，大多数的犯罪学研究都未能分析从孩童时期至成年时期的非正式社会控制过程。逐级年龄非正式社会控制理论以年龄为基础来区分个体的生命进程，并主张那些重要的非正式与正式的社会控制机构会在生命的不同阶段发生变化。例如，在孩童时期与青少年时期，主要的社会控制组织是家庭、学校、同年龄群体以及青少年司法系统。在成年早期，高等教育或职业培训机构、工作以及婚姻变得更为突出。青少年司法系统也被成年刑事司法系统所替代。最后，在成年中期，主要的社会控制组织包括工作、婚姻、父母子女关系、投资以及刑事司法系统。

逐级年龄非正式社会控制理论通过对个体内部变化的评估的特别关注，系统地研究了所有年龄阶段的犯罪与非正式社会控制之间的关系。与大多数研究生命进程模型的学者不同，逐级年龄非正式社会控制理论强调的是社会联系的品质和强度，而不是生命事件的出现和消失。例如，该观点认为婚姻这一结构性制度本身并不能提

① Robert J. Sampson，John H. Laub. *Crime in the making*：*pathways and turning points through life*. Harvard University Press. 1995. p. 5.

高社会控制水平。然而，与配偶（或同居者）感情深厚、关系紧密就会形成一种社会纽带或个体间的相互依赖，在其他条件相同情况下，就可以降低犯罪的可能性。同样，仅就业本身并不能提高社会纽带作用。就业如果与工作的稳定性、工作的责任心及工作的关联性（即雇主雇员间的依赖性）一起就会提高社会控制作用，在其他条件相同情况下，会降低违法犯罪的可能性。

逐级年龄非正式社会控制理论考察了生命进程中各阶段的个体间的社会联系（例如父母—子女，教师—学生以及雇主—雇员），并把这称为社会投资或社会资本。并且假定，社会资本来源于强大的社会关系（或强大的社会纽带），无论是作为孩子在家庭中，作为青少年在学校中，还是作为成年人在工作中，都表明了在个体水平上的社会关系的重要性。如果这些社会关系被表明是相互依赖的，那么它们就是个体在生命轨线的变化过程中所获得的社会上和心理上的资源。社会资本最典型的特征在于人与人之间，以及社会机构间的组成情况。当这些关系发生变化从而引发一定的行为发生时，社会资本就凸显出来。换句话说，“社会资本是富有成效的，能够使一定的目标得以实现，缺少它则不行。”① 社会资本的缺乏是社会纽带乏力的最主要表现。理论上的任务就是要确定反映社会资本的社会关系（与个体的、家庭的、职员的以及其他社会参与者的联系）的主要特征。一个重要的因素就是社会系统中的人际网的关闭（即联系中断）。比如，以涉及雇员与雇主关系为例，建立在责任、期盼、相互依赖社会网络上的联系比仅仅建立在功利目的上的、互不关心社会网络上的联系更能够起到社会控制的作用。同样，成年人之间的关系（如婚姻）本身并不能带来足够的社会资本，因此，社会资本并不单指婚姻状况。可见，成年时期社会纽带的重要性在下列情况下显示出来，即该纽带导致了责任上的相互依赖和相互制约，并进而大大增加了把犯罪倾向付诸实施的成本。

① James S . Coleman. Social Capital in the Creation of Human Capital. *American Journal of Sociology* 94：98. 1988.

当然，指望社会机构（如婚姻或工作）会彻底改变有犯罪背景的成年人（或缺乏自控力），或者指望这些机构能够对他们进行直接的诸如监督等方面的控制都是不切实际的。不过，在不考虑犯罪背景前提下，在成年人工作和家庭生活中投入一定的社会资本就有可能最大限度地抑制他们去实施犯罪。相应地，对那些处在缺乏相互依赖关系以及缺乏非正式社会控制的成年人（如与劳动部门关系疏远，婚姻不稳定），即使年轻时是非犯罪人，也易于去实施犯罪行为。这些假定既可以用来解释成年时期侵犯行为的抑制，也可以解释犯罪行为的抑制。

罗伯特·J. 桑普森和约翰·H. 劳布经过大量的统计数据分析，得出或进一步证实了非正式社会控制与犯罪关系的一系列的结论，例如，第一，家庭纽带弱化会增加青少年违法犯罪的可能性情形：(1) 来自父母的无规律的、严苛的、威胁性和惩罚性的管教；(2) 父母管教程度很低；(3) 父母对孩子的拒斥（不闻不问/敌意）；(4) 孩子对父母情感依恋程度很低。[①] 第二，婚姻本身并不能提高社会控制水平。然而，与配偶（或同居者）感情深厚、关系紧密就会形成一种社会纽带或个体间的相互依赖，在其他条件相同情况下，就可以降低犯罪的可能性。[②] 第三，仅就业本身并不能提高社会纽带作用。就业如果与工作的稳定性、工作的责任心及工作的关联性（即雇主雇员间的依赖性）一起就会提高社会控制作用，在其他条件相同情况下，会降低违法犯罪的可能性。[③] 第四，在非正式社会控制过程中，家庭和学校因素最为重要。

另外，罗伯特·J. 桑普森和约翰·H. 劳布还强调，社会资本和非正式社会控制的理论是动态的，犯罪行为的连贯性和变动性是

---

① Robert J. Sampson, John H. Laub. *Crime in the making: pathways and turning points through life.* Harvard University Press. 1995. p. 65.

② John Braithwaite. *Crime, Shame, and Reintegration.* Cambridge University Press. 1989. pp. 90–91.

③ Robert D. Crutchfield. Labor Stratification and Violent Crime. *Social Forces* 68: 495. 1989.

并存的。变动性在他们的理论中占有重要地位，因为他们认为不能仅仅以儿童时期的行为来解释成年时期的犯罪变化。他们特别假定，成年时期社会纽带的强度对受儿童时期犯罪行为控制的成年时期的犯罪行为带来直接的消极影响。同时，他们的理论还把儿童时期的犯罪行为与成年时期的行为表现联系起来，强调一种积累的、发展的过程，在该过程中儿童时期的犯罪行为削弱了成人与社会间的社会纽带作用。如此，成年时期的社会纽带不仅影响着成人时期的犯罪行为，还可以用来解释儿童时期个体差异性与成年时期犯罪行为之间关系的紧密程度。①

四、逐级年龄非正式社会控制理论的借鉴意义

笔者认为，无论是对推进我国犯罪学理论研究还是刑事政策完善，逐级年龄非正式社会控制理论都有重要的借鉴意义。

（一）对犯罪学研究带来的启发

在提出及论证逐级年龄非正式社会控制理论过程中，罗伯特·J. 桑普森和约翰·H. 劳布无论在研究方法还是在研究视角方面都值得我们借鉴。

第一，方法论上的更新。在论证逐级年龄非正式社会控制理论方法论方面，对格鲁克夫妇的研究数据进行量化（定量）和质化（定性）分析是其特色。一方面，定量分析表现为对格鲁克夫妇研究数据进行纵向的分析，罗伯特·J. 桑普森和约翰·H. 劳布把大量的社会学、统计学的研究方法（如多元线性回归、协方差结构分析）等引入犯罪学定量分析研究之中，其得出的结论为：成人社会纽带具有抑制成人犯罪的效用；② 另一方面，定性（或质化）分析表现为对格鲁克夫妇研究的各个子集中案例所记录的生活经历

① Robert J. Sampson，John H. Laub. *Crime in the making*: *pathways and turning points through life*. Harvard University Press. 1995. p. 143.

② Robert J. Sampson，John H. Laub. *Crime in the making*: *pathways and turning points through life*. Harvard University Press. 1995. chapter 3 - chapter 8.

进行集中的分析,[①] 即样本个体的生活史分析,[②] 也得出“人生转折点”——成人社会纽带对于犯罪亦同样具有抑制作用。量化与质化研究方法都是建立在实证资料基础之上，其得出的结论无疑是科学的、合理的。这就使我们更有信心地确信，个体强而有力的工作及婚姻依恋等非正式社会控制因素，确可降低成人犯罪。

科学的研究方法是任何学科赖以建立的工具，犯罪学研究对象的复杂性更加强调其研究方法的科学性。[③] 新中国成立以后，犯罪学研究发展缓慢，难以取得实质性进展，其原因是多方面的，但研究方法上的欠缺也是一个重要原因。中国的犯罪学理论研究只有进行研究方法上的变革，才能实现质的飞跃，才能建立起科学的犯罪学理论，并在此基础上为中国的刑事政策制定提供科学的指导。从新中国成立至今，在我国犯罪学研究领域，注重的往往是定性的、思辨的研究方法，而定量的、实证的研究方法严重缺失，这是导致犯罪学理论研究不发达的一个重要原因。因此“在21世纪，中国犯罪学界还应积极探索思辨与实证的研究方法、定性分析与定量分析方法的最佳结合，以使中国犯罪学的研究方法有新的进步，更有力推动中国犯罪学研究的发展。”[④] 在此背景下，借鉴罗伯特·J. 桑普森和约翰·H. 劳布对格鲁克夫妇的研究数据进行定量和定性分析的研究方法，无疑会对中国犯罪学研究带来重要影响。

第二，研究视角上的拓展。罗伯特·J. 桑普森和约翰·H. 劳布拓展了“年龄—犯罪路径”的研究视角。一方面，关注儿童时期的个性以及儿童时期行为与成年行为之间的联系；另一方面，强

---

① 罗伯特·J. 桑普森和约翰·H. 劳布确定了三方面定性分析的尺度：第一个尺度是婚姻关系。主要指样本及其配偶之间的依恋或者联系，同时，样本对家庭倾注的物质和感情支持的程度也很重要。第二个尺度是职业生涯，尤其是成年时期的工作稳定性程度。有关样本的专职和兼职工作的性质有大量广泛而有效的信息作为佐证，其中还包括了对其工作习惯的简要评价。第三个尺度是成年时期犯罪行为的特点。

② Robert J. Sampson, John H. Laub. *Crime in the making: pathways and turning points through life*. Harvard University Press. 1995. chapter 9.

③ 陈明华等：《比较犯罪学》，中国人民公安大学出版社1992年版，第76页。

④ 康树华：《中国犯罪学的未来展望》，载《中国刑事法杂志》总第41期。

调成年早期的与社会变迁相关的以及成年期的中止犯罪的因素的解释；最后，突出人生所有阶段的社会结构因素与非正式社会控制之间的关系。因此，把儿童时期与成年时期纳入犯罪与年龄的研究范围是论证逐级年龄非正式社会控制理论的一个重要特色，以此研究视角为主线，整合有关犯罪与生命进程的研究文献，作者最终提出了逐级年龄非正式社会控制理论。正如作者所说，在这个理论模型里，“对人的一生具有重要影响的童年时期重新进入了我们的视野。同时我们也意识到，随着年龄的增长，通过与关键社会团体的接触和互动，个体的改变是可能的。这样研究的重点就转移到人生的重要道路和转折点上来了，从而一项新的研究议程开启了。它潜力巨大，旨在把现今关于犯罪的稳定性和变动性的分歧都统一起来。因此，我们可以乐观地预见，通过将来不懈的努力，人类发展进程中的犯罪行为、违法行为以及社会控制的谜团将继续被一一揭开。”①

就犯罪社会学而言（我国犯罪社会学研究也不例外），其研究视角至少存在如下不足：首先，对青少年犯罪及青少年犯罪与成年犯罪间关系的关注，是犯罪社会学研究的重要视角，但忽略了儿童时期的个性以及儿童时期行为与成年行为之间联系的理论意义。其次，犯罪社会学研究也没有足够重视另一种现象——成年时期的中止犯罪与犯罪向非犯罪行为转化。再次，犯罪社会学研究在很大程度上忽略了人生所有阶段的社会结构环境与非正式社会控制协调作用之间的联系。在犯罪研究过程中，大多数研究者所关注的要么是宏观层次的社会结构变量（如社会阶层、种族、迁移），要么是微观层次的作用（如父母子女间的作用，纪律）。虽然这两方面变量在解释犯罪方面都是必要的，但还不能使我们精确地知道社会结构

---

① Robert J. Sampson, John H. Laub. *Crime in the making: pathways and turning points through life.* Harvard University Press. 1995. chapter3 - chapter8. p. 257.

变量与非正式社会控制间的关系。[1] 因此，罗伯特·J. 桑普森和约翰·H. 劳布所拓展的“年龄—犯罪路径”的研究视角对深化犯罪社会学研究有着重要借鉴意义。

（二）对现行刑事政策带来的反思

第一，对刑罚在刑事政策中的主导地位予以反思。以逐级年龄非正式社会控制理论为基础，罗伯特·J. 桑普森和约翰·H. 劳布对现行的一些特定的刑事政策，特别是对刑罚措施在刑事政策中的主导地位提出了批判。他们认为，刑罚在无意间起到了引发犯罪的作用。其原因在于，刑罚（主要指关押和监禁）将对今后的职业和工作稳定性产生极大的不利影响。低收入、失业和不完全就业进而会增加家庭破裂的风险。因此，监禁导致家庭中的男性失业，进而可能导致家庭破裂，进而再间接使其将来违法犯罪的概率增高。无论青少年时期还是成年时期，监禁的时间长短都对工作稳定性有负作用，进而导致将来的违法犯罪。因此，为了避免刑罚所带来的负面影响，在经过一段时间的监禁后，就必须让个体有机会重新和各种社会团体，如家庭、学校和工作部门建立联系。[2]

众所周知，无论在观念上还是在立法例中，现在世界上多数国家和地区在刑事政策中还是把刑罚（主要是监禁刑）作为主导地位。监狱究竟能否改造罪犯？这一点早已引起西方学者的注意和研究。研究表明，监狱实际上很难实现改造功能，相反，“监狱在减少、控制、预防犯罪方面所起的作用微乎其微。在美国各地，各种各样的监狱里的不可思议的累犯率，使得美国监狱的阻止犯罪和改造罪犯的功能丧失殆尽，罪犯关押的时间越长，他成为累犯的可能性就越大。”[3]“有情况表明，判处6个月以上刑期的罪犯，其成为

---

① Robert J. Sampson, John H. Laub. *Crime in the making: pathways and turning points through life*. Harvard University Press. 1995. pp. 6 – 7.

② Robert J. Sampson, John H. Laub. *Crime in the making: pathways and turning points through life*. Harvard University Press. 1995. p. 225.

③ D. Stanley Eitzen, Doug A. Timmer. *Criminology*. John Wiley & Sons, Inc. 1985. p. 571.

累犯的可能性将显著增加。并可能加大其再犯之罪的严重性。”①“我国现在的监狱劳动，是用极少量的奖金来约束服刑人的身体……其实际用意不过是避免和防止犯人逃跑而已。在这种情况下，要想使犯罪人得以改善和更生，是根本不可能的。现在，已坐过监狱的人中，约有三分之二的人又成为再犯者，重新回到了监狱”。②

罗伯特·J. 桑普森和约翰·H. 劳布则进一步从监禁刑对犯人日后的职业和工作稳定性可能产生极大的不利影响，也即不利于非正式社会控制方面来反思监禁刑在刑事政策中的主导地位，拓展了理性看待刑罚（特别是监禁刑）功能的视角，为我们更为深入地反思刑罚（特别是监禁刑）在刑事政策中的主导地位提供了理论上的支持。

第二，重申预防性的社会政策。通过对刑罚在刑事政策中的主导地位的反思，罗伯特·J. 桑普森和约翰·H. 劳布进一步主张，应该重申预防性的社会政策。“今天占主导地位的事后控制手段不仅忽视了犯罪发生的社会结构背景，而且也忽视了那些基本的社会团体。这些社会团体具体指的是家庭、学校和工作等，它们能够产生社会资本从而提供非正式的社会控制。我们并不是说在所有的案例中监禁都是不必要和不应得的，更不是说它对犯罪没有任何抑制作用，而是我们认为刑事政策的基础并不能完全依靠刑事司法体系所提供的正式社会控制。所以，我们要用一种更加综合而长远的观点来建立新的刑事政策，应该认识到职业、家庭凝聚力以及城市社区内的社会组织和刑事政策之间的紧密关系”。③

一般认为，事前预防和事后预防是预防犯罪的两大措施。刑罚手段是一种事后预防，是正式的社会控制手段。事后预防的作用是

---

① D. Stanley Eitzen, Doug A. Timmer. *Criminology*. John Wiley & Sons, Inc. 1985. p. 571.

② ［日］菊田幸一：《犯罪学》，群众出版社 1989 年版，第 316 页。

③ Robert J. Sampson, John H. Laub. *Crime in the making: pathways and turning points through life*. Harvard University Press. 1995. p. 256.

有限的，它只能治标而不能治本。根据逐级年龄非正式社会控制理论，非正式社会控制弱化是促使成人实施犯罪行为的一个重要原因，因此，欲想控制成年时期犯罪的发生，就必须考虑引发犯罪发生的非正式社会控制弱化方面的因素，也即尽可能地强化个体与家庭、学校和工作单位等社会团体间的纽带关系，增加社会资本，从而强化非正式社会控制，最终预防犯罪的发生。而这一点，刑罚恰恰是不具备的，其不仅不能增加社会资本，反而会反其道而行之，弱化非正式社会控制，减少社会成本。可见，罗伯特·J. 桑普森和约翰·H. 劳布重申预防性的社会政策，强调加强社会纽带关系在预防犯罪中的重要作用观点，对刑事政策的完善具有重要的借鉴意义。

基于社会支持视角的青少年犯罪对策分析

徐 毅 唐陆奇*

现代社会学认为，社会支持是为各种社会形态对社会弱势群体即社会生活有困难者所提供的无偿救助和服务。社会支持从支持来源看，可以分为国家支持子系统、群体支持子系统和个体支持子系统。青少年作为社会的弱势群体，是社会支持的主要客体之一。从一般意义上说，青少年由于自然的生长过程就处于劣势，心理的不成熟性和对亚文化的趋同性等特质，使得他们本身就是社会的弱势群体，需要成人社会、政府、社会团体予以特殊的保护；从人的发展阶段性角度来看，青少年是未成熟的人、正在发展中的人、需要特别帮助的人等。尤其是在社会转型期，如果这部分原本处于弱势状态的青少年，得不到必要的社会支持，他们自身无法克服成长过程中的困难与障碍，由此可能会产生厌恶社会、自暴自弃等消极的反社会的思想，在这种情绪推动下，他们有可能成为违法犯罪的潜在力量，将给社会和个人带来极大的后果。作为弱势群体的青少年的生存与发展离不开社会支持。但是从实践研究来看，我国青少年社会支持状况不容乐观。

一、现阶段青少年社会支持现状分析

在我国，青少年一般的年龄限度在14周岁至25周岁，现阶段

* 作者单位：浙江省诸暨市人民检察院。

青少年犯罪一直呈现高发态势，以我院2006年至2008年所办理的青少年犯罪案件的实际数据为例：三年间我院办理青少年犯罪案件1424件2552人，分别占总受案件数的50.5%和总受案人数的56.5%，均超过半数，其中所涉罪名最多的为盗窃罪，其次是寻衅滋事罪和抢劫罪。青少年犯罪的高发态势同现阶段青少年社会支持体系不健全、不完善有很大关系，我国青少年社会支持状况不容乐观，主要体现在两个方面：

一是在社会支持来源方面。青少年时期生理发展快，心理发展相对较反复，敏感而脆弱，性格和人格都尚未定型，社会支持非常重要。从来源看，我国青少年社会支持来自三个层面，即国家支持子系统、群体支持子系统和个体支持子系统。

国家对青少年的支持主要通过制定相关的法律法规保障青少年的权利来体现。例如，我国现行的《未成年人保护法》、《预防青少年犯罪法》、《义务教育法》以及《民法》、《刑法》等法律中也有若干有关青少年权益保护与青少年违法犯罪的专门规定。作为群体子系统的社会层面对青少年的社会支持，主要体现是我国现有的青少年犯罪综合治理体系中规定的治理力量。在综合治理体系中，公安机关、检察院、共青团、学校、社区、妇联、政法委这些机构都是治理的力量，通过他们的分工合作为青少年提供社会支持，以达到预防犯罪的目的。第三个层面的支持主要是家庭成员的社会支持。家庭作为培育青少年成长的地方，为青少年提供成长需要的物质支持和精神支持，在我国家庭支持主要包括养育、教育青少年等。在现阶段家庭成员的支持仍然是我国传统的青少年社会支持的最重要力量。

随着社会的不断发展，以上三个层面的社会支持的缺陷也不断显现，传统意义上的青少年社会支持面临着严峻的挑战。首先，国家提供的社会支持存在缺乏可操作性和内容单一的问题。国家制定上述法律法规更多的是从法律角度来应对青少年问题，而缺乏对青少年生理和心理的深入研究，无法通过内在作用，缓解个体的压力来达到促使个体健康成长的目的。我国许多相关的法律仍然停留在

“惩戒”的阶段，法律规定内容比较单一，主要是预防方面的粗线条规定，缺乏具体操作性细则。其次，社会层面的社会支持主要问题在于青少年犯罪综合治理系统的缺陷。在综合治理体系中规定许多共同保护青少年权利的机构，部门虽然多，但却没有专属权力和责任，而且机构之间缺乏相互沟通和合作，管理松散。同时，在支持主体中的公安机关、检察院等机构由于自身的职业特点，如果长期与青少年接触容易使他们产生逆反心理，不利于他们的成长，更不利于犯罪的预防；社区由于事务庞杂，对青少年工作疲于应付，效果不佳；再者，非专业人士无法对青少年进行有效的辅导与服务。最后，家庭所能提供的社会支持在社会经济和大众传媒发展飞速的今天更是极大地衰落了。家长由于忙于自己的工作，往往忽视孩子成长过程中的问题，亲戚朋友之间也日益疏于走动，现在的孩子只能依靠计算机、游戏机或者一些较为亲密的同年友群，替代原有的支持，加深了对媒体的认同，相信更多塑造出来的英雄行为，容易导致偏差行为的发生。特别是有些处于社会边缘的家庭在教育青少年方面本身就存在障碍，往往采取粗暴单一的教育方法，不但不利于子女的健康成长，更有可能将子女推向犯罪。

二是在社会支持性质方面。从社会支持性质角度看，社会支持的本质是各种可以利用的社会资源，包括有形的如物质、金钱或者其他工具；无形的如感情、指导、亲密的社会交往、尊重等。我国青少年社会支持仍然普遍停留在最初的物质支持阶段。虽然已经有了专门的机构实施社会支持，比如，福利院、康复中心等，但是他们提供的更多也只是物质支持。对青少年的社会支持大部分仍然是知识工具性的财力帮助和物质支持。无形的社会支持还远未被重视。青少年在成长过程中会对自身和社会产生许多疑问，他们对外界充满好奇，无论是在生理上或是心理上常常会遇到自己无法解释的问题。当他们遇到困惑时，他们需要社会给予的信息支持。在我国最突出的信息支持问题是我国青少年性知识的极端缺乏、性教育的不普及。性困惑心理致使青少年走上犯罪道路已经成为我国社会的一个严重的问题。

二、社会支持与青少年犯罪的直接关系

缺乏社会成员身份的支持与青少年犯罪的产生有直接关系，即压力事件对一般青少年的直接影响。我们知道，在青少年的成长过程中会遇到诸多的压力事件，比如：父母离异、不良朋辈影响、课业压力、心理困惑、家境贫困等。当他们承受压力事件时，需要的就是社会成员身份的支持。通过对青少年心理排解、困难疏导等社会支持方式可以有效缓解他们的心理压力，提升他们的自尊和对环境的掌控度，促进心理健康，预防危机行为的发生。社会成员身份支持对缓解青少年心理压力的作用主要表现为：压力事件（父母离异、不良朋辈、课业压力、心理困惑、家庭贫困等）——青少年——社会成员身份社会支持——提升自尊、环境掌控度——心理健康。相反，如果在青少年遭遇压力事件时，缺乏有力的社会成员身份的社会支持，作为弱势群体的青少年很容易对环境产生恐惧心理，环境的压力导致青少年心理的不健康发展，从而去依赖一些不良因素，导致犯罪的发生。

以笔者接触到的两个实际案例说明：

案例一：穆某（男，16周岁）出生于单亲家庭，母亲在其幼年时即去世，父亲经常酒后对其进行毒打，后穆某离家出走，一直流浪在外。2008年11月30日晚，穆某因为经济拮据，伙同余某、赵某、曾某、罗某、夏某预谋抢劫，曾某携带一把弹簧刀、穆某携带一把伸缩式铁棍作为抢劫工具。六人窜至一服装厂附近，见荣某、张某坐在草坪上聊天，于是曾某、夏某、赵某控制住张某，曾某用弹簧刀架住张某的脖子威胁拿出钱财，同时穆某、余某、罗某控制荣某，并且对荣某进行殴打，之后六犯罪嫌疑人采用搜身的方式，劫得荣某的诺基亚5200型手机一部以及100元钱，劫得张某的金鹏牌E5116型手机一部以及20多元钱，之后逃窜。

案例二：谢某（男，16周岁）一直对性比较好奇，经常瞒着父母偷偷在家中上网看黄色录像，父母因为平时工作繁忙，疏于管教，与孩子之间缺乏沟通。2008年5月11日23时许，谢某伙同朋

友周某、李某等人在某宾馆附近遇见江西省人平某，周某搭话平某，要求平某跟其到该宾馆“开房聊天”，即指发生性关系，遭平某拒绝。周某就拉平某的手走向该宾馆门口，途中对谢某、李某说：等会大家“排炮”（指轮流发生性关系）。到宾馆门口，周某入内去开房间。谢某、李某按周某要求，各抓住平某的一只手看住她。房间开好后，周某强行把平某拉到403房间床上，不顾平某挣扎、反抗，强行与其发生了性关系。事后，周某又到401房间告知谢某、李某，平某已被其“拿下”，让他们可以去“排炮”了，谢某便去403房间，要与平某发生性关系，遭平某拒绝而回到401房间。第二天上午，周某又一次强行与平某发生了一次性关系。

应该说，案例一中穆某之所以走上犯罪道路，是在两个急需危机支持的环节上出现了脱节。首先，在其遭受父亲的毒打时没有防止青少年家庭暴力的力量加以制止，也就是说他没有获得能够使他免于毒打的强有力的社会支持，如果此时有社区、学校、公安机关的介入，协助他父亲正确教育子女，家庭暴力也就不会对穆某的成长构成压力，导致其离家出走，如果穆某此时还在学校安心读书，后面的犯罪发生的可能性要小很多。其次，穆某在外流浪混迹街头很长一段时间，却没有任何机构收留管教他，也没有任何人去关心帮助他，青少年本身心理不够成熟，使得他们在抵御不良因素侵染时抵抗力明显不足，在一些不良青年的唆使下走上犯罪道路。如果在这两个环节中，他能够得到社会支持，帮助其缓解压力，形成正确的心理机制，从物质、情感、身份上给予帮助，那么他会比较容易渡过难关。案例二中谢某之所以会走上犯罪道路，一方面是由于家庭的社会支持比较缺乏，支持的内容不完整，其父母一直忙于工作赚钱，在物质上给予谢某的很多，但是在精神方面尤其是信息方面给予的支持非常少，导致其对性一直处一种好奇、懵懂的状态。另一方面是由于社会层面的社会支持匮乏。整个社会对于青少年的性教育、性知识的传播一直处于极端缺乏的状态，导致青少年对性事非常好奇，在无法通过正常渠道了解的情况下，只有通过上网看色情图片、黄色录像等非法途径获得相关的信息，在这一过程中很多青少年往往会受到一些不良因素的影响，从而走上歧途。

我国还存在着残疾青少年、城市贫困家庭子女、高校贫困生、下岗失业青年、刑满释放的青少年、青年女性、单亲家庭子女这些特别弱势的青少年群体，这些人或在经济发展方面受到制约，或在精神上受到歧视，一些基本权利得不到保障。这些特殊青少年弱势群体如果在成长过程中得不到必要的社会支持，他们本身又处于社会的边缘，就极易走上犯罪的道路。因此，社会支持对青少年的健康成长具有重要意义。

三、完善犯罪青少年社会支持体系的重点对策分析

通过对上述青少年社会支持的基本现状分析以及社会支持同青少年犯罪之间关系的分析，可以得出这样一个结论：社会支持体系的不完善是青少年犯罪的一个重要因素，笔者认为，要建立起完善的社会支持体系，要从以下方面入手：

一是要完善家庭支持。家庭是人一生中经历的第一个环境和社会化过程的起始点。在个体社会化过程中，家庭在供给个体衣食住行等基本物质生活需要、帮助其掌握基本生活技能，建立良好的人格状态和行为模式等方面起着十分重要的作用。要充分发挥家庭支持在预防青少年犯罪中的功能，使青少年在温馨的家庭环境中茁壮成长。家长要了解和尊重孩子。作为父母，必须认识到孩子在人格角色方面和自己是平等的，了解和尊重他们在每个时期的生理和心理变化发展的特征和要求。家庭教育应科学化、全面化。父母要有现代的教育观念，应重在对子女道德品质、人格陶冶等方面的教导及良好学习、生活习惯的培养，使孩子成为未来社会所需的全面发展的人才。与此同时，又要注重家庭教育方法。要提高家庭教育的质量，父母的素质显得格外重要。家长应不断提高自身的综合素质和教育能力，这是预防青少年犯罪的基础工程。社会可通过建立“家长学校”、家庭教育指导中心等途径加以配合和支持。父母应正确解决家庭矛盾与冲突，即便家庭解体，也应充分履行自己的职责和义务，以更多的爱来抚平孩子心灵的创伤，在经济上加以保

障，把对孩子的伤害降到最低。

二是要完善学校支持。学校是青少年从家庭走向社会的中间环节。学校阶段正是其心理变化大、情绪反应强烈、精力充沛的时期。这个时期，他们不仅对物质需求日益增长，更是各种思想观念的形成时期。故学校支持功能完整全面地发挥是青少年社会化顺利实现的根本保障，同时，也是防止青少年走上违法犯罪道路的重要防线。在教学内容上，应发挥好传递主文化的功能，把各种不同的亚文化凝聚到社会主义文化中去，以抵御反文化，帮助学生形成正确的人生观、价值观，培养学生优良的道德品质和习惯，并把社会规范逐步内化为自觉的行动。应加强普法教育，树立青少年知法、懂法、守法的意识，以远离邪恶。应重视对学生进行心理卫生、青春期等知识的教育，尤其是承受挫折、适应环境、战胜困难的训练。在教学方式上，教师应通过自身的学习和提高，总结推广适合青少年生理、心理成长特点的教育方法和育人措施，对于学生出现的思想问题，应有针对性地妥善解决，及时帮助他们克服心理障碍和行为偏差，并辅之于丰富多彩的校园文化生活，这不仅可减轻学生的学习压力，陶冶其情操，而且有利于发展其各方面的兴趣和能力，为学生个性发展提供多种选择的可能性。此外，学校应多采取与家长联系、沟通的“双管双教”的方法，以尽早防止青少年的不良倾向。尤其要关心少数孤儿、异常家庭和非婚生的子女，尽全力给予他们多方面的帮助与照顾，消除其家庭带来的“阴影”，保障其健康人格的形成。学校还应加强与公安机关的合作，保持良好的校园治安秩序和学校周边环境。

三是要完善社区支持。当今社区在预防青少年犯罪中具有越来越重要的地位和作用。发挥社区支持功能的作用，一方面，要对青少年开展经常性的法制宣传教育，发挥群众的力量，维护好社区的社会治安，净化社区的文化环境，让青少年在健康、和谐的氛围里生活、娱乐、成长。居民之间、邻里之间、同事之间应相互关心和照应，尤其是对有违法犯罪倾向的青少年，要及时加以疏导，并配合家长进行教育，提早将青少年的犯罪意识扼杀在萌芽中，以挽救处于犯罪边缘的青少年。另一方面，通过设立社区图书馆、文化站、球场、健身房等设施，举办各项文体活动及职业技能培训，想方设法吸引更多的青少年参与，让他们在各种活动中身心得到有益的锻炼，更好地展现自我、完善自我。还应该组织实施对特殊家庭的社区支援，落实对失足及有行为偏差的青少年的帮教措施。有必要一提的是，目前要为健全社区教育组织配置一批专、兼职社区人员（离退休人员），专门从事青少年的帮教工作，这对预防青少年犯罪大有裨益。

四是完善政府支持。政府支持，主要指在政府主导下，通过一系列国家立法和行政措施来担负改善和净化社会环境的重任，建立一套行之有效的社会保障制度，以保证青少年健康成长。在净化社会大环境方面，首先应切实抓好党风与政风建设，这是预防青少年犯罪的重要举措。要严肃执法。有法必依，执法必严，这既能很好地体现法律的威慑力，又能给青少年违法犯罪造成巨大的心理和社会震慑。大力整顿文化市场，彻底杜绝文化环境污染给青少年身心造成不良损害。道德教育要从娃娃抓起。父母作为孩子最好的启蒙老师，家庭理应成为道德教育的摇篮。作为教书育人的主阵地，学校要把道德教育放在首位，首先要向学生讲授的应该是如何做人，其次才是具体的专业知识。要在全社会营造一种浓烈的道德氛围，使道德成为约束人们行为的第一准则。青少年价值观念，因此，道德取向，影响并决定着一个社会今后很长一段时间的价值观念、加强对青少年的道德教育显得尤为关键，理应成为全社会的共识。

参考文献：

1. 陆世桢：《中国城市青少年弱势群体现状与社会保护政策》，社会科学文献出版社2002年版。

2. 贺寨平：《国外社会支持网研究综述》，载《国外社会科学》2001年第1期。

3. 赵艳霞：《独生子女问题的社会支持和保障对策研究》，载《东岳论丛》2009年第3期。

4. 张学东：《社会支持视角下流动儿童的城市融合》，载《河北青年管理干部学院学报》2009年第2期。

刑事政策视野中的未成年人犯罪与少年司法

卢建平*

马克思在《〈政治经济学批判〉序言》中指出，“人类始终只提出自己能够解决的任务，因为只要仔细考察就可以发现，任务本身，只有在解决它的物质条件已经存在或者至少是在生成过程中的时候，才会产生。”① 由此观之，未成年人犯罪虽然是个世界难题，但不是无解的问题。

首先应该肯定，未成年人成为问题，是历史的进步，因为人类已经能够意识到未成年人及其问题的重要性，能够加以区别对待了。少年司法就是基于对少年这一新人种的发现而形成的。

历史学的研究表明，19 世纪以前的西方社会，人仅仅被划分为 7 岁以下的幼儿阶段和 7 岁以上的成人阶段。当然我们也可以推论，在人类的幼年时期，人是不分成年人和未成年人的。

19 世纪以后，工业革命催生了现代教育，正在“学习”准备走向成人社会的未成年人，与已经在“工作”的成年人有了明显的区别。而与民族国家的崛起同步的是“国家亲权主义”的兴盛。“国家亲权”（Parens patriae）一词源于拉丁语，其含义是“国家

---

* 北京师范大学刑事法律科学研究院常务副院长、教授、博士生导师，中国犯罪学学会副会长，北京市海淀区检察院副检察长。本文系教育部重大攻关项目“未成年人犯罪研究”阶段性成果之一。

① 《马克思恩格斯选集》（第 2 卷），人民出版社 1995 年版，第 33 页。

是每个儿童的最终监护人，因此国家可以承担家长责任，并且为了保护儿童可以干预家庭事务。”在很大程度上，少年是社会文化变迁的产物，而并非单纯的生物学范畴。①

未成年人问题、未成年人犯罪以及与此相对应的少年司法的出现，反映了社会的进步。然而，工业化革命在提升人类改造自然能力的同时，也使人类出现了某种生物学意义上的退步，人类的生育能力下降，使儿童成为更加稀缺因而也更加宝贵的资源，因为儿童原本就是人类得以繁衍生息的不可替代资源，因此，儿童的问题更应引起重视。

从科学发展观的视角来看待未成年人的犯罪与司法，会有新的收获。要实现人类的可持续发展，代际和谐与持续发展是至关重要的，而核心的理念应该是儿童权利最大化。毛主席对青年人寄予厚望，他说：“世界是你们的，也是我们的，但是归根结底是你们的。你们青年人朝气蓬勃，正在兴旺时期，好像早晨八九点钟的太阳。希望寄托在你们身上。”那么儿童权利最大化在规则、法律的层面又该如何体现？

正是基于以上宏观的考虑，我们立足于刑事政策的基本立场，试图利用人类知识发展的成果，从多学科的角度来全面认真地剖析未成年人犯罪的现象与实质，评判未成年人犯罪的应对机制，探寻未成年人犯罪治理难题的解决之道。

未成年人犯罪的界定：刑法学与犯罪学的分歧

如何界定未成年人犯罪是我们面临的第一个难题。不同的学科对于未成年人犯罪的表述是极不一样的。例如在犯罪学中，对于未成年人犯罪就有不同的说法，如违法与犯罪、越轨行为、偏差行为、边际行为、不法行为、少年问题等。因为犯罪学吸纳了更多人文社会科学的研究成果，对于现象的关注更为全面。但问题是，犯

① 姚建龙：《超越刑事司法——美国少年司法史纲》，法律出版社 2009 年版，第64页。

罪学的功能是对现象进行描绘和解释，而对现象进行高度概括和明确界定进而作出有效规制的功能必须由法律来承担。犯罪学为刑法奠定科学基础，而刑法是在犯罪学基础上的高度概括。二者的关系正如德国学者耶赛克所形容的那样："没有犯罪学的刑法是个瞎子，没有刑法学的犯罪学是漫无边际的选择，仍然是个瞎子。"①

刑事政策学的立场是要在犯罪学的广袤无垠和刑法的封闭与概括之间寻找一条通路。在认识论的层次上，刑事政策学对待未成年人犯罪的立场与犯罪学应该是一致的，即还原未成年人犯罪的复杂面目；问题在于，如何化科学理论为行动指导，确切地说，如何将犯罪学的知识转化为刑事立法的规定？

由于中国刑事政策研究的后起与本身的局限，其对于科学立法的指导有限，因此，未成年人犯罪这样一个无比复杂的问题就如此被简单化成了一个非常间接的概念——刑事责任年龄，浓缩成我国刑法的一个刑法条文，即刑法第17条。当然，刑事政策的其他内容（如未成年人保护、未成年人犯罪预防等）已经难以为刑法体系所包容，从而溢出了刑法的范畴，成为单独的法律门类（少年法或未成年人法）。由此可见，刑事政策与刑法的又一大区别。

对于刑法的这种高度抽象和简化所带来的利和弊，我们当然可以从不同学科的角度进行评判甚至批判。这里我们所要着重关注的是，将未成年人犯罪纳入普通的以成人为标准形态的刑法是否合适？

越来越多的人相信，未成年人犯罪与成人犯罪不同。那么二者到底有什么不同呢？与成人犯罪相比，是量的差异或是质的区别？同质犯罪观强调质同而量不同，异质犯罪观则认为，未成年人是从心智不成熟的感性阶段向理性阶段发展的弱势群体，其认知能力、辨别能力和自我控制能力都比较弱，生活阅历短浅，很容易受外界不良因素的影响。而很多审判经验丰富的人士认为，未成年人行为

---

① ［德］耶赛克等：《德国刑法教科书（总论）》，徐久生译，中国法制出版社2001年版，序论。

与成年人行为的区别不仅是年龄上的数量之别，而且在于其身心发育之中的本质差异。美国联邦最高法院大法官肯尼迪认为："未成年人是未成熟的人，他们是缺乏责任感的，他们更易受到消极的影响，易受他人及环境左右，他们与成年人不同。由此情况我们应该确认未成年人的罪责是较少的，他们得到的处罚应该较轻。"①

我们原则赞同异质犯罪观，但也对此抱有疑问：如果强调了质的区别，那么仅仅因为主体年龄的不同，其犯罪行为果真就有如此巨大的差别么？仅仅因为年龄的不同，成年人与未成年人在心智成熟、认知水平、犯罪能力、责任能力以及承担责任的方式上真的就有如此之大的差异么？未成年人是弱者，还是强者？他们是天使，还是魔鬼？

犯罪学对于未成年人犯罪原因的揭示也给刑法的评价出了另一个难题：未成年人犯罪究竟是个人责任还是社会责任？因为犯罪学的研究表明，与成人犯罪相比，未成年人犯罪不仅仅是一个简单的犯罪现象，不仅仅是个人对法律的违反，而是家庭、学校、社会等多方面消极因素在未成年人成长过程中综合作用的结果。因此，与其说是个人责任，不如说是社会责任。

看来，纯粹的客观差异不足以说明问题，还应该从行为人及其主观方面来寻找答案；如果说犯罪是个人对国家统治的反抗或对社会秩序的破坏，那么作为治理者的国家或社会对于犯罪现象的反应特别是对于未成年人犯罪的态度，也对未成年人犯罪的认识有着重大的影响。

从未成年人犯罪到少年司法——科学治理的努力

刑法将无限复杂的社会现实抽象概括成单纯的法律范畴，而犯罪学又尽量将其还原成本来面目。法国犯罪学家乔治·比卡认为："犯罪学所能贡献的是一种比不同国家的立法更为广阔的视野，因

① 转引自［美］戴利尔：《死刑与未成年人》，戴宜生译，载《青少年犯罪研究》2006年第2期。

为这个视野具有普遍性；其次是一种比刑法更为客观的视野，因为其不为公共秩序和打击犯罪的紧急需要所制约；最后是一种由社会学、临床学等不同学科研究成功所充实的视野。面对冰冷的刑法，犯罪学带来了科学的、人道的因素，并成为唯一的可以使人们掌握犯罪事实的学科。”他断言，对个人和对社会的保护以及不可缺少的刑事司法现代化，只能从犯罪学中获得益处。犯罪学不仅仅产生于刑法的不足，同时也为刑法的新生创造了条件。没有犯罪学的贡献，自然就不会有少年司法的诞生。而其他学科，例如生理学、心理学（特别是发展心理学、社会心理学）、人类行为学、认知科学（脑科学）、医学、教育学、社会学特别是社会工作学对于少年司法制度发展的贡献则有待我们去认识。

少年司法就是不同于成人的司法。其基本原则有三：

一是儿童利益最大化原则，涉及儿童的一切行为，必须首先考虑儿童的最大利益；尊重儿童基本权利的原则，所有儿童都享有生存和发展的权利，应最大限度地确保儿童的生存和发展；

二是无歧视原则，每一个儿童都平等地享有公约所规定的全部权利，儿童不应因其本人及其父母的种族、肤色、性别、语言、宗教、政治观点、民族、财产状况和身体状况等受到任何歧视；

三是尊重儿童观点的原则，任何事情涉及儿童，均应听取儿童的意见。

最初的国家亲权主义基于扩大化的父母亲权或者亲权化了的国家统治，将未成年人违法犯罪的治理逐渐专门化，但由此带来的问题是，这种理念会产生一种霸权，即父母对于子女的身份霸权，或者说是成人社会相对于未成年人的霸权。这种霸权的基础不是别的，就是辈分、年龄，尊卑长幼。

基于国家亲权主义，至今已经实行了多种治理模式，如以惩罚为主的刑罚模式（基于报应思想，注重严打，强调法治主义和罪刑相当，刑法明确而确定，刑罚严厉）、以医疗为主的治理模式（犯人就是病人，需要治疗和个别化的处遇，以社区处遇为主，以社会政策为主）和以保护与教育、帮助为主的福利模式（立足人道主义，着眼人权与发展，以教育代替惩罚，以保护代替监禁，保护优先主义）。各种模式可谓利弊纷呈，功过兼有，最终还是没有能够遏制未成年人犯罪上升、恶化的势头。

世纪之交，新的恢复性司法模式又开始大行其道（参见表一），然而也由此带来了一系列问题：刑法的性质是否因此发生改变，它是私法还是公法或者公私兼有？刑事法律关系是一种什么样的关系，是国家与犯罪人二者之间的对立关系（犯罪是孤立的个人反对统治关系的斗争?），还是有第三者插足的三角关系？在犯罪治理体系中，国家垄断包办与社会多方参与的各自范围和相互关系又该如何界定？

表一：刑事司法新老范式比较①

犯罪侵犯了国家	犯罪侵犯了他人
关注责难、犯罪、过去	关注解决问题、责任、义务、将来
关系对立，程序正式	对话与谈判
施加痛苦、威慑	为双方恢复关系，以恢复为目的
公正就是程序	根据结果判断；改正被定义为正确的关系
冲突被认为是国家与个人间的	冲突被认为是人与人间的
一种社会伤害被另外一种社会伤害所替代	关注社会伤害的弥补
社区被边缘化	社区是恢复性程序的促进者
鼓励竞争、肯定个人价值	促进相互关系
司法关系被认为是国家与犯罪人之间的，被害人被忽视，犯罪人是被动的	司法关系是三者关系，被害人的需要与权利得到尊重，鼓励犯罪人承担责任
犯罪人的责任就是接受惩罚	犯罪人的责任是理解行为后果、促进好的结果出现

① Zehr, H. Restorative Justice, IARCA Journal, 1991, p. 7.

续表

犯罪侵犯了国家	犯罪侵犯了他人
犯罪被定义为纯粹法律概念，没有政治、道德、经济与社会的维度	从政治、道德、经济与社会等方面认识犯罪
债是欠国家的	债是欠被害人的
刑法针对犯罪人过去的行为	刑法针对犯罪人所造成的损害
污点不能被除去	通过恢复性司法能够除去污点
不鼓励悔过与谅解	悔过与谅解是可能的
依靠专家解决	由参与者解决

从恢复性司法风靡全球的形势看，在经历了法治主义指导下的司法专门化努力以后，刑事司法呈现出多元化的发展趋势，这种多元化，既有复古的成分（即回归传统，如私了)，但更多的是创新，是与时俱进的制度革新，国家与社会，犯罪人与被害人，公共权力与私人力量，惩罚、预防、教育、改造等在科学治理犯罪的目标指引下聚合为一个整体。刑事司法的多元化为少年司法制度的独立自主发展开辟了广阔而美好的前景。

刑事政策指导下的少年司法制度变革

由于中国是一个发展中国家，其发展具有后发的特性，因此其治理犯罪的制度变革既要从本身的国情出发，也要参考借鉴其他国家的经验教训。中国的发展路径是独一无二的。

与西方法治发达国家漫长的少年司法史相比，中国的少年司法可以说仍然处在“史前期”：除了一些非正规化的少年司法工作机构（无相关法律规范明确予以认可，仅有法律的笼统授权，如《未成年人保护法》第五十五条)[①] 以外，很难说有正式的少年司

① 该条规定：公安机关、人民检察院、人民法院办理未成年人犯罪案件和涉及未成年人权益保护案件，应当照顾未成年人身心发展特点，尊重他们的人格尊严，保障他们的合法权益，并根据需要设立专门机构或者指定专人办理。

法，既有的少年司法工作机构在规模、组织化、专业化程度等方面与社会需求还有很大的差距。

当然，在起初，西方国家的少年司法也是一套小型且另类的刑事司法制度，其发展的过程也是漫长的。一般认为，美国伊利诺伊州1899年的“安置收容生活上不能自理、被遗弃和犯法儿童条例”是少年司法立法的先例。其后影响遍及全球，少年司法的专门化程度日渐凸显，不仅有专门的立法（如日本的少年法，中国台湾的少年事件处理法），而且有专门组织（如少年法院、家庭裁判所），配备有专门人员（如少年法官、少年调查官、少年保护官）和专门程序，而且有大量适合少年身心特点的专门措施（如教育措施、惩戒措施和少年刑罚等）。

先实践后立法，先实体后程序，从刑罚执行反过来推动制度的整体发展，这是西方少年司法制度的基本演进路径，而少年司法越来越跳出刑事法之外，成为兼具刑事法与行政法属性的，以非罪化、轻刑化、非刑罚化处遇为主的专门法律，这是少年司法的世界潮流。随着人类的不断成熟，少年司法正在不断壮大，同时愈加专门而精细。

然而，在中国处理未成年人案件的司法实践中，未成年人的特殊性并没有得到足够的重视；许多典型的未成年人犯罪案件，仍然是按照以成年人标准设计的刑法来定罪量刑的。由于未成年人的特殊情况，刑法只能对其部分行为治罪，其刑事责任不完全，因此刑法成为“残缺的刑法”；因为刑罚的严厉性减低而宽缓程度提高，因此刑罚也成为“有限的刑罚”；传统刑罚和刑事诉讼机制对于未成年犯罪人的适应程度低，因而变成“不适当的刑罚和诉讼机制”。面对复杂的未成年人犯罪，我们现有的刑法体系显得力不从心，捉襟见肘，亟待改造和完善。

从刑事政策的立场出发，我们不能仅仅盯在“未成年人”及其“已然之罪”上，应该体现“提前干涉”和“向后延伸”的特征，少年司法所针对的行为不再只是传统意义上的犯罪行为，还包括了一般不良行为和严重不良行为，所以，要有效治理未成年犯罪问题，需要变革刑法，并在传统刑罚制度和刑事诉讼机制之外进行制度创新，借鉴吸收各国成功经验，尤其是全国各地试行多年且行之有效的实践做法，为建立中国独特的少年刑法、少年司法制度（如少年法院、少年法官）奠定坚实的理论和实践基础。

实践表明，未成年人犯罪有其特殊性，承认这一点，就需要制定特殊的定罪、量刑和处遇政策，需要有符合未成年人身心特点的预防对策，要有专门审理未成年人犯罪的实体法和程序法。对未成年人实行非刑化、轻刑化、非监禁化的司法保护，不仅可以维护他们的合法权益，保证对他们处理的公正合法性，同时也有助于对他们的教育、感化和挽救。因此，在宽严相济刑事政策的指引下，应当对未成年犯罪人实行有别于成年犯罪人的政策，如表二所示：

表二：宽严相济刑事政策与未成年人犯罪

	未成年犯罪人	成年犯罪人
刑事政策	宽严相济，以宽为先	宽严相济，宽严适中
定罪范围	有限	全部
刑事责任	不完全	完全
刑罚程度	减弱	标准
干预手段	以刑罚为辅，急需制度创新	以刑罚为主，适度创新
处理机制	专门化机制与程序	标准机制与程序

少年司法因为其对象复杂，手段多样，而且内容丰富，无疑是广义刑事政策适用的最理想空间。但最理想也就意味着最困难。少年司法面临的矛盾和困难是：多样化综合性的司法与专门化的矛盾；个别化专业化的高昂社会成本与社会资源的紧约束；法治主义、人权保障与社会控制的冲突。能否因为关爱有加，就可以越出行为的边界而进入灵魂世界？因为强调福利和儿童权利最大化，就可以超越法治的范围而为所欲为？“为了最大限度地保护孩子的利

益，很多法理都可以调整，因为孩子是最重要的”？[①] 在西方国家的实践中，司法系统与社会福利系统的认知矛盾、法治模式与福利模式的区别已然暴露得十分明显了。而少年司法面临的最大问题是，少年司法的实效究竟应该如何看待：是低效还是无效？因为福利模式、教育模式的无效失败而最终回归传统的惩罚报应模式？

面对福利模式的运行状况，台湾学者林东茂不无担忧地写道：少年犯究竟应该严教还是严罚，深受各种刑罚理论角力的影响。采取责任报应论者主张，少年犯因为还不是一个伦理上的充分自由人，因此普通刑法已给予责任的减免。事实上，犯罪的矫正与教育效果，并不如实证主义者想象的那么乐观。纵然，刑法必须相当程度的谦让，对少年犯更要谦让，但谦让岂可无度？刑法作为社会秩序的最后一道防线，不能扮太多的笑脸，这会让少年犯走法院如儿女回娘家般的亲切。修法后的规定，难免纵容少年犯，在口耳相传之下，他们知道立法者“妈妈”对他们做了很慈祥的召唤，法院会变成弟兄们把欢晤谈的地方。[②]

就西方发达国家而言，基于福利主义的司法模式难于经受实践的检验而备受质疑，少年在消逝，少年司法被迫转型。[③] 当然，如今的社会是一切皆有可能的时代。西方国家失败了的，不见得我们就不能够尝试；他们的覆辙，我们不见得重蹈；他们曾经试过的不同步骤，我们也不见得一一重来。甚至可以预言，我们能够从少年司法的“史前期”直接跨入现代化或者“后现代化”时期，在借鉴少年司法专门化经验的同时，积极学习吸纳司法多元化的现代实践。历史虽然是惊人的相似，但永远没有两篇完全相同的历史；历史常常在重复上演，但上演的永远是不同的篇章。

法律立足于现在，且主要是过去，而其调整的对象主要在将

① 皮艺军：《越轨社会学概论》，中国政法大学出版社2004年版。

② 林东茂：《评少年事件处理法修正》，载《一个知识论上的刑法思考》二版，台北五南书局2001年版。

③ 参见姚建龙：《超越刑事司法——美国少年司法史纲》第四章，法律出版社2009年版。

来，这是法律面临的最大挑战。成人代表着现在或者过去，而儿童代表着将来，以成人制定的代表现在、过去的法律来管束代表未来的儿童，这是未成年人犯罪治理或者少年司法所面临的最大挑战。而中国的当务之急，是确立少年在刑事司法中的应有地位。

论我国少年审判制度的改革与发展

莫洪宪*

自1984年11月"少年法庭"在上海市长宁区建立以来，现代少年司法制度在我国已走过了20多年历程。回首我国少年司法制度改革之路，我们清晰可见，我国的少年司法制度改革是以少年审判改革为中心推进的。以少年审判机构改革为先导，促进和带动了少年的侦查、检察、辩护、法律援助和管教等一系列制度的发展和完善，是我国少年司法制度改革的重要特征。① 少年法庭的发展孕育着我国司法制度的未来，本文回顾我国少年法庭改革之路，旨在追昔抚今，展望我国少年法庭改革的未来。

一、我国少年审判机构改革的历程

回首我国少年审判机构改革的历程，大体分为以下五个重要阶段：

（一）创建和试点阶段：1984年11月至1988年5月"上海会议"②

1984年11月，上海市长宁区法院在华东政法学院青少年犯罪

---

* 武汉大学刑事法研究中心主任，教授、法学博士、博士生导师，中国犯罪学研究会副会长。

① 肖扬：《少年·和谐社会的希望》序，载人民法院报社、北京市海淀区人民法院少年法庭编：《少年·和谐社会的希望》，人民法院出版社2006年版，第2页。

② "上海会议"即"全国法院审理未成年人刑事案件经验交流会"，1988年5月10日至15日在上海召开。是我国第一次全国法院少年审判工作会议。

研究所的配合下，在我国率先建立了专门审理少年刑事案件的合议庭（以下简称“少年法庭”），该法庭是我国第一个少年法庭，它的建立，宣告了现代少年司法制度在我国的诞生。长宁区“少年法庭”的建立受到了国家和社会的广泛关注。上海市高级人民法院党组指示其研究室及时介入，跟踪调研，总结经验。上海市中级人民法院也通过审判监督程序，强化业务指导。[①] 1986 年 8 月，《中国法制报》和《人民日报》海外版对长宁区的实践也相继报道。最高人民法院对此也非常重视，时任最高人民法院副院长任建新指出“这是个新事物”，并给予了充分肯定。1987 年 6 月，全国法院工作会议肯定了长宁区法院的做法，提出：“这是一个改革，在有条件的法院可以推广。”

在中央、各地党委、人大的重视与积极支持下，这一时期，少年法庭在我国开始由地方向全国发展。上海、天津不仅在基层法院设立了少年法庭，而且在中级法院也相应地设置了少年法庭，且与一审衔接、配套。北京、江苏、福建、四川、湖北等 11 个省、市、自治区的高级法院也积极选择试点、积累经验、逐步推广。据统计，截至 1988 年 5 月“上海会议”前，全国已建立 100 多个少年法庭。[②]“少年法庭”的创建和试点带动了我国整个少年司法制度的改革。为了与少年审判改革相协调，少年侦查、少年检察、少年羁押、管教制度随即开始改革。1987 年 1 月，长宁区与上海公、检、司等机构正式建立了配套制度；同年 10 月，又与上海市少年管教所签订了《关于建立业务协作的协议书》。初步形成了对少年被告人羁押、预审、起诉、审判、辩护、管教“一条龙”工作体系。[③]

---

① 李国光：《提高认识 加强领导 做好少年刑事案件的审判工作》，载雷迅主编：《中国少年刑事审判实践》，人民法院出版社 1994 年版，第 40 页。

② 林准：《在全国法院审理未成年人刑事案件经验交流会上的讲话》，载雷迅主编：《中国少年刑事审判实践》，人民法院出版社 1994 年版，第 3 页。

③ 曹加雄、丁年保：《针对少年被告人特点开展审判活动》，载雷迅主编：《中国少年刑事审判实践》，人民法院出版社 1994 年版，第 66 页。

（二）推广和积累经验阶段：1988 年 5 月“上海会议”至 1990 年 11 月“南京会议”①

1988 年 5 月 15 日，时任最高人民法院副院长林准在“上海会议”上就我国少年法庭制度改革作了重要讲话，提出了进一步开展少年法庭工作的六点意见。他明确指出：“少年法庭是人民法院积极参与社会治安综合治理的一种很好的审判组织形式，是预防和减少青少年犯罪的一项治本措施。”“建立少年法庭是当前客观形势的需要，是预防和减少少年犯罪的需要。”“少年法庭的出现，对我国少年司法制度的建立和健全有着重要意义。”并希望“会议之后，大家要重视起来，已经设立少年法庭的，要继续实践，总结和创造新的、更好的经验。还没有设立少年法庭的，要根据条件，积极筹备、推广。”

由于最高人民法院对少年法庭的建立和发展态度明确，积极支持，在其后短短两年多时间里，我国少年法庭得到空前的发展。到 1990 年 6 月，全国各级人民法院已建立少年法庭 862 个，比 1988 年“上海会议”时增加了 7 倍多。其中，6 个高级法院、144 个中级法院、712 个基层法院建立了少年法庭；14 个高级法院建立了“少年法庭指导小组”。京、津、沪的中级人民法院和基层人民法院全部建立了少年法庭；江苏、福建、吉林等省建庭比例高达 70%—80%；还有一些省、自治区正在试点、推广。少年法庭配备了一定数量政治和业务素质较好的审判人员，并且保持了队伍的相对稳定性。另外，这一时期，我国少年法庭还向农村发展。② 为了使少年法庭工作能够向专业化发展，1988 年 7 月，长宁区法院试建了与其他业务庭同等建制的“少年审判庭”。③ 我国少年审判机构

① “南京会议”即“第二次全国法院少年刑事审判工作会议”。1990 年 10 月 30 日至 11 月 3 日在南京召开。

② 林准：《把少年刑事审判工作推向新的阶段》，载雷迅主编：《中国少年刑事审判实践》，人民法院出版社 1994 年版，第 14 页。

③ 曹加雄、丁年保：《针对少年被告人特点开展审判活动》，载雷迅主编：《中国少年刑事审判实践》，人民法院出版社 1994 年版，第 66 页。

改革迈出了新的步伐。

（三）普遍发展与巩固提高阶段：1990 年 11 月“南京会议”到 1995 年“福州会议”①

1990 年 10 月 30 日至 11 月 3 日，“第二次全国法院少年刑事审判工作会议”在南京召开。会议肯定了我国过去少年审判改革的成果，会上最高人民法院明确提出，要“进一步建立、巩固和发展我国的少年法庭”，并希望会后，“我国少年法庭工作能够进入普遍发展、巩固提高的阶段”。这一时期，我国少年法庭继续蓬勃发展，实现了“普遍发展、巩固提高”的既定目标。（1）从少年法庭的规模看，根据“福州会议”的统计，截至 1994 年底，全国法院已建立少年法庭 3369 个，其中独立建制的少年刑事案件审判庭 540 个，审理涉及未成年人保护的刑事、民事、经济案件的综合性审判庭 249 个。全国已有少年案件审判人员 1 万余名。（2）关于少年法庭的形式，除“少年合议庭”、“少年审判庭”外，还出现了“少年综合案件审判庭”。1991 年 8 月，江苏省常州市天宁区法院突破少年法庭纯刑事性的特点，把涉及未成年人权益保护的民事、行政、经济案件均纳入少年法庭的受案范围，将过去只审理刑事案件的“少年审判庭”改为“少年综合庭”。此后，我国少年法庭出现了多种形式并存、共同发展的局面。到 1994 年底，全国已设立少年综合庭 249 个。②

（四）困境与萎缩阶段：1995 年 5 月“福州会议”到 2006 年初

1995 年 5 月，在福州召开了“全国第三次少年审判工作会议”。会议在对少年法庭改革给予充分肯定的同时，认为我国少年法庭已经历了初创、试点、推广经验和全面发展，现已进入巩固、

① “福州会议”，即“全国第三次少年审判工作会议”。1995 年 5 月在福建省福州市召开。

② 参见《全国法院少年法庭工作会议纪要》，载《最高人民法院公报》1995 年第 3 期。

加强、提高和规范化的阶段。鉴于当时我国少年法庭形式多样，缺乏统一性与规范性，因此，规范少年法庭自然成为本次会议的重点。会议制定了“巩固、加强、充实、规范、提高、发展”的方针，并将该方针确立为今后少年法庭工作的基本任务，提出“应当按照需要和可能设置机构”。对少年综合庭，会议指出：“现在一些地方少年法庭的受案范围很不一致，已经影响到法院内部的审判工作秩序和少年法庭今后的发展。少年法庭应集中搞好未成年人犯罪案件的审判，有条件的可以承担一些侵害未成年人人身权利案件的审判任务。原来试办的‘综合庭’应认真总结经验，权衡利弊得失，调整受案范围。少数地方结合当地实际情况，尝试由少年法庭受理某些以未成年人为当事人的民事案件，可以继续进行试点，但不宜在较大范围内提倡和推广。少年法庭不应受理经济纠纷案件。”

“福州会议”试图规范少年法庭发展的初衷产生了一个“意想不到”的后果——在很大程度上直接导致了少年法庭在数量上的急剧萎缩。许多地方法院把“应当按照需要和可能设置机构”的指导意见，理解为中央对少年法庭不支持的政策，因而对少年法庭的未来与发展产生了怀疑、观望和动摇。[①] 无独有偶，1997 年，我国新刑事诉讼法颁行，新刑事诉讼法吸收了抗辩式庭审方式，又使少年法庭原建立在纠问式庭审方式上的许多特色性做法（如法庭教育、少年法官的庭外调查等）面临着合法性危机。[②] 1999 年 10 月，最高人民法院发布的《人民法院五年改革纲要》，要求“1999 年底之前完成对现存各种‘专业法庭’和不符合条件、不利于依法独立公正地行使审判权的人民法庭的清理、调整和撤并工作。”《纲要》的发布，对于当时正身处危机中的我国少年法庭无疑是雪

---

① 姚建龙：《评最高人民法院少年综合庭试点改革》，载《法学》2007 年第 12 期。

② 姚建龙：《评最高人民法院少年综合庭试点改革》，载《法学》2007 年第 12 期。

上加霜。此外，这段时期，以下原因也导致了我国少年法庭的急剧萎缩：（1）此前大量成立少年法庭，不少是因为响应中央政策，很多地方成立少年法庭并非具有必要性，有“跟风”的倾向。“跟风”之后的调整是必然的。（2）尽管少年法庭在我国存在了20年，但其审判方式的法律依据主要是最高人民法院的相关解释，刑事审判的两部主要法律——《刑法》和《刑事诉讼法》，并未对少年法庭和少年审判的内容做明确、详细规定。法律的缺失，直接影响到少年审判工作的进一步扩展和探索。①

为了扭转少年法庭改革的困境，1998年8月11日至14日在成都召开的“第四次少年法庭工作会议”，专门分析了当时少年法庭发展中遇到的困难，部署了今后一个时期少年法庭的基本任务。但“成都会议”并未改变少年法庭身处困境的局面，全国少年法庭继续撤销、合并。到2004年底，我国尚存的少年审判庭只有2400个，10年中减少了近三分之一，其中绝大多数还是合议庭。可以说，少年法庭在经历了10年繁荣发展后，在这段时期经历的是10年萎缩史。②

（五）新试点阶段：2006年2月以来

2006年2月9日，全国法院第五次少年法庭工作会议在广州召开。时任最高人民法院院长肖扬为大会作出重要批示，指出少年法庭的发展孕育了我国少年司法制度的未来。全国各地法院的少年法庭成立以来，机构设置不断完善，从合议庭到独立建制的审判庭，从单纯审理少年刑事案件到审理涉及未成年人的民事、行政案件。要求各级法院要善于把握机遇，勇于开拓创新，进一步改革和完善少年审判制度，充分发挥少年法庭的职能作用，把人民法院的少年法庭工作推上一个新的台阶，为构建社会主义和谐社会做出新

---

① 李郁：《少年法庭出现萎缩原因何在》，载《法制日报》2005年11月1日第5版。

② 李郁：《少年法庭出现萎缩原因何在》，载《法制日报》2005年11月1日第5版。

的贡献。

2006年7月20日至21日，最高人民法院在黑龙江省哈尔滨市组织召开了“全国部分中级人民法院设立未成年人案件（综合）审判庭试点工作会议”。会议确定北京市二中院、上海市一中院等18个中院为设立独立建制“未成年人案件综合审判庭”（简称“少年综合庭”）试点单位，将传统的仅受理少年刑事案件的少年法庭扩大为受理涉少年民事、行政案件和刑事案件为一体的综合性少年法庭。按照会议的要求，各试点单位基本在2006年底完成了独立少年综合庭的组织机构设置，并在2007年上半年开始正式运作。该会议拉开了全国范围内“少年综合庭”改革的序幕。

2009年3月10日，最高人民法院院长王胜俊在十一届全国人大二次会议上所作的《最高人民法院工作报告》中指出，坚持从国情出发，继续深化未成年人审判制度改革，是最高人民法院的坚定态度。

由于最高人民法院态度明朗，在全国范围内积极推进“少年综合庭”改革试点，我国有望再次迎来新一轮少年审判机构改革的曙光！

二、我国少年审判机构改革当前的问题与展望

（一）关于我国当前是否有必要设立少年法院的问题

回顾我国20多年少年法庭改革之路可见，少年法庭经历了一个由“单一型”向“综合型”的转变过程。即由开始的只受理刑事案件到现在受理涉少年民事、行政案件和刑事案件。理论和实践中，虽然不乏学者对“少年综合庭”持消极态度，但是，正如前文指出，自2006年7月，最高人民法院开始了“少年综合庭”新一轮的试点工作。因为有最高人民法院的强力支持，我们有理由相信，“少年综合庭”将会是未来若干年我国少年审判机关改革发展的方向。

在全国进行“少年综合庭”试点工作的同时，2008年7月1日，最高人民法院召开了“全国部分法院少年法庭工作座谈会”，

最高人民法院常务副院长沈德咏在会议上指出，“我国当前少年法庭的组织机构应当仍然坚持多元化发展的工作模式”，“对于少年案件高度集中、少年审判工作制度和配套工作机制比较健全完善的大中城市法院，应当积极思考在中心城市成立必要的少年法院的可行性和必要性等重大改革问题”。这是沉寂数年之后，我国建立少年法院的问题再次被正式提出。[①] 那么，当前和未来我国少年法庭改革的方向究竟是建立“少年综合法庭”，还是设立少年法院？该问题是我国从事司法制度研究理论界和实务界需要关注和思考的问题。

其实，关于在我国是否有必要设立少年法院的问题，已经是一个探讨多年的话题。理论界和实务界观点并不统一。

“肯定说”学者认为，在我国当前设立少年法院具有必要性和可行性。关于其必要性，归纳起来，主要是以下几点：（1）设立少年法院正是实施《北京规则》，履行《儿童权利公约》义务的具体体现。（2）现在的少年法庭审理的大多只是未成年人犯罪的刑事案件。但在司法实践中，以未成年人为侵害对象的案件，涉及变更监护人，追索抚养费、抚育费，探视权，侵权赔偿以及继承、婚姻案件中涉及未成年人权利等民事案件和治安行政、教育行政等行政案件也时有发生，都应纳入少年法院进行审理，以充分保护未成年人的合法权益，保护未成年人的健康成长。设立少年法院有利于全面保护未成年人的合法权益。[②]（3）建立少年法院是我国少年司法制度走向全面法制化的关键一步。[③] 持该意见的学者还认为，在我国设立少年法院具有可行性：（1）在法官队伍建设方面，20多

---

① 2003年全国人大常委会在检查《未成年人保护法》和《预防未成年人犯罪法》实施情况报告中，曾明确提出，在有条件的大中城市可以进行建立少年法院的试点工作。

② 周道鸾：《中国少年法庭制度的发展与完善——苏、沪少年法庭制度调查报告》，载《青少年犯罪问题》2007年第6期。

③ 徐建：《论我国建立少年法院的条件和必要性》，载《青少年犯罪问题》2001年第4期。

年来，我国培养了一大批热心少年审判工作，精通相关审判业务的法官，这是设立少年法院在组织上的重要保证。[①]（2）我国的少年法庭工作经过20多年的探索和发展，为设立少年法院探索并积累了许多有益的经验和制度。（3）目前，我国有军事、海事等专门法院，这些专门法院为审理某一行业或类型的案件做出了成功的探索，为少年法院的设置提供了可资借鉴的经验。（4）我国具有设立少年法院的法制条件、社会环境等。[②]

除了理论研究外，我国有些地方，如北京市高级人民法院还对北京市设立少年法院可行性问题进行了具体研究，形成了《关于北京市设立少年法院可行性研究的调查报告》。[③]

“否定说”学者认为：（1）外国也有少年法庭工作，但受理的都是少年刑事案件，没有涉少年民事和行政案件。在我国，建立少年法庭是必要的，但建立少年法院没有必要，且不便就地起诉、就地审理。[④]（2）在受案范围上，与“少年综合庭”一样，少年法院采取的是“宽幅型”受案，而“宽幅型”受案的指导思想与保护案件的界定之间存在着内在逻辑矛盾，不适合我国法院的现行机构体制，存在少年法庭同其他审判庭在案件管辖上的冲突，不是我国少年审判制度改革和完善的理想模式。[⑤]（3）“宽幅型”受案对审判人员的要求过高。（4）少年法院采纳与少年综合审判庭相同的受案范围，虽有根据当事人是否成年进行专门化分工的优点，但更偏重综合，从总体上讲是与审判组织专门化相背离的，因此是弊

① 周道鸾：《中国少年法庭制度的发展与完善——苏、沪少年法庭制度调查报告》，载《青少年犯罪问题》2007年第6期。

② 李璞荣、韩轩：《论我国建立少年法院的必要性和可行性》，载《青少年犯罪问题》2001年第5期。

③ 参见北京市高级人民法院课题组：《完善少年审判制度相关问题研究——关于北京市设立少年法院可行性研究的调查报告》，载《法律适用》2007年第8期。

④ 参见周道鸾：《中国少年法庭制度的发展与完善——苏、沪少年法庭制度调查报告》，载《青少年犯罪问题》2007年第6期。

⑤ 张正富：《上海市举行少年法庭工作交流研讨会》，载《青少年犯罪问题》1995年第1期。

大于利。(5) 设立少年法院的一个重要原因在于强调对未成年犯罪人的保护，但片面强调未成年犯罪人保护而不利于平等保护各方当事人的合法权益，削弱了对未成年人刑事案件的审理。[①]

(二) 关于我国少年审判机构发展方向的展望

对于我国少年审判机构未来的发展方向，我们整体上持积极支持态度。少年犯罪具有特殊性，少年司法也必须具有特殊性，只有建立符合少年人特点的少年司法制度，才能更好地保护少年，预防少年犯罪。具体讲：

1. 建立独立少年法院应该是我国未来少年审判机构改革追求和发展的方向。众所周知，在国际社会，无论是发达国家还是发展中国家，很多国家都设立了类似少年法院的专门独立审理未成年人犯罪案件的机构，如美国的少年法院、意大利的青少年法院、日本的家庭裁判所、泰国的儿童法院等。从这些国家（地区）少年审判机构的历史发展中我们清晰可见：从依附走向独立是少年审判机构进化发展的重要特点。现代少年司法制度源于美国，1899 年在美国伊利诺伊州建立的“少年法院”是世界上第一个“少年法院”，而事实上在成立之初，该“少年法院”仍是巡回法院的一个有特殊管辖范围的部门，其性质类似于我国的少年合议庭。在其后的少年法院运动中，才逐步发展成为具有独立性的少年法院。我国台湾地区少年法院的发展也是类似情形。早在 1955 年，台湾地区少年法草案就明确提出建立少年法院，但其后多次被否决，长期采取了在地方法院附设少年法庭的组织形式，但经过 40 余年的不懈努力，1997 年 10 月 2 日通过的新“少年事件处理法”终于有了设置少年法院的规定，少年法院在我国台湾地区得以成功建立。[②] 当然，国外或我国台湾地区的做法并非是我国建立少年法院的依据，

① 胡勇敏：《试论审判组织的专门化——兼论少年审判的组织形式》，载《法律适用》1996 年第 1 期。

② 姚建龙：《中国为什么需要少年法院：简单但却容易被忽视的理由》，载《青少年犯罪问题》2006 年第 5 期。

我们不否认我国少年法庭组织机构建设应当立足于我国国情，但国外（地区）在设立少年法院方面为何殊途同归，不能不引起我们的反思！

正如前文指出，我国20多年少年法庭改革之路是“单一少年刑庭”向“少年综合庭”转变之路。无论是现在我国试点的“少年综合庭”，还是将来的“少年法院”，在受案范围上并无本质不同，即都应当是“宽幅型”的受案范围，根本不同之处在于二者性质不同，“少年综合庭”是依附于当前的普通法院，只是属于普通法院中的一个“庭”，而少年法院则独立于普通法院。那么，现在的问题是，我们必须进一步回答，为何在有了“少年综合法庭”后，我国还要建立少年法院呢？该问题的实质在于解决为何要建立具有独立性质的少年审判机构？针对该问题，我国有学者以儿童医院的建立进行类比分析，该论者写道：“假如你的孩子病了，你会选择到什么地方去就诊？A. 普通医院的普通科室；B. 普通医院的专门儿科；C. 专门性的儿童医院。我想每一个真正，而不是‘口号’式的把孩子当成宝贝的成人，都会选择C——专门性的儿童医院。同样的道理，当一个地方，比如说上海，已经有条件、能力和水平建立专门性儿童医院的时候，我们为什么不建呢？为什么我们要满足于普通医院的专门儿科，而无视这种成人社会对待孩子的自然情感和普通百姓的热切期望呢？”① 我们认为，该论者的设例与回答应该是十分形象而又极具说服力的，也是真正坚持和贯彻少年司法理念和制度论者的必然回答。

2. 我国当前不宜大规模提倡建立“少年法院”，今后一个时期应当着力建立和完善“少年综合庭”。原因在于：（1）在体制方面，由于少年法院要独立于现有的法院体系，因此，少年法院的建立不再属于少年法院自身建设问题，而属于一个“牵一发而动全身”的问题，建立少年法院必将对我国现有的司法体系产生重要

---

① 姚建龙：《中国为什么需要少年法院：简单但却容易被忽视的理由》，载《青少年犯罪问题》2006年第5期。

影响。我国目前的刑事审判体制程序是，当案件发生后，先由公安机关负责侦查，再移交检察机关起诉，最后由法院审判。一般是一件案子由同一地区的同级公安机关、检察机关和法院以不同职责办理。公、检、法三家又在管理上分不同的条块，如果“涉少”案件都由少年法院审理，公、检、法三家如何运作，将是一个新问题。[①] 在全国范围内进行大规模法院体制改革，并不现实。（2）从当前司法改革的现状看，我国司法改革任务繁多，人民法院改革也面临许多问题。少年审判体制改革对于完善我国司法制度、保护未成年人合法权益具有重要意义，但相对于我国人民法院体制改革、工作机制改革、相对于我国当前正在进行的深化死刑核准制度、审判委员会工作机制改革等，在我国建立少年法院并非当务之急。在全国范围内或推行一定规模的少年法院试点将会转移最高人民法院的注意力，在我国当前同样不现实。（3）从未成年人犯罪现状看，我国不同地区极不平衡，在北京、上海等大中城市，人口集中，未成年人犯罪严重，未成年人犯罪案件数量也多，在这些地区建立少年法院具有必要性，而在我国广大农村和中西部地区，未成年人犯罪案件数量有限，为有限数量的未成年人犯罪案件而专门设立少年法院，将会导致法院资源浪费；若在这些地区采取指定管辖或集中审理的方式，则会极大增加当事人诉讼的成本，如前文“否定说”指出的那样，“不便于案件起诉、审理”。（4）从我国少年法庭改革的现状看，我们不否认，经过20多年来的改革和完善，少年法庭工作在我国有了很大发展。但同样不能回避的事实是：其中不乏相当数量的少年法庭的设立是属于“跟风上马”的，有相当数量从事少年审判的法官并非具有现代少年司法理念。少年法院在这些地区建立尚需时日！当然，设立少年法院毕竟是我国未来少年司法制度改革发展的目的和方向，在北京、上海等发达地区具备成立少年法院条件的，应当大胆探索！我们期待着我国少年法院的美好明天！

---

① 参见李郁：《少年法庭出现萎缩原因何在》，载《法制日报》2005年11月1日第5版。

未成年人犯罪量刑问题研究

康均心　王敏敏*

未成年人承载着社会的未来，未成年人犯罪所折射出的社会弊病，已成为社会健康有序发展所面临的一大严峻问题。针对时下未成年人犯罪所呈现的低龄化等新态势，各国都不遗余力地构建预防、治理未成年人犯罪的综合防控体系。刑罚是预防、治理犯罪的有力武器，如何在刑罚裁量方面凸显未成年人犯罪主体的特殊性，从而发挥刑罚的最大效用，一直是司法实务界关注的焦点。

一、未成年人犯罪量刑的基本原则

根据我国相关法律的规定，未成年人犯罪，是指已满 14 周岁未满 18 周岁的人，实施的具有严重社会危害性并触犯刑事法律，依法应当受到刑罚处罚的行为。[①] 未成年人犯罪量刑则主要是司法机关根据未成年人犯罪的性质与情节，依照法律的有关规定和相关原则，最终确定对未成年犯罪人应当判处的刑罚或免予刑事处罚。未成年人犯罪量刑过程中需要遵循的原则，大致可分为三个层次：

第一层次原则为刑法的基本原则。刑法的基本原则是贯穿刑法始终的准则，是指导全部刑事立法和刑事司法的准则。罪刑法定原则、适用刑法人人平等原则、罪责刑相适应原则对于未成年人犯罪

---

* 康均心，武汉大学法学院副院长，教授，博士生导师；王敏敏，武汉大学法学院刑法学博士研究生。

① 参见谢彤：《未成年犯罪的定罪与量刑》，人民法院出版社 2002 年版，第 11 页。

量刑这一刑事司法活动同样具有指导意义。

第二层次原则为量刑的一般原则。《刑法》第61条的规定即为量刑的一般原则，学界将其内容概括为“以犯罪事实为根据，以刑事法律为准绳”。未成年人犯罪量刑作为刑事量刑活动的一部分，同样需要在量刑一般原则的规制下进行。①

第三层次原则为未成年人犯罪量刑的特有原则。未成年人犯罪量刑由于其犯罪主体所承载价值的特殊性，存在着其运行的特殊原则。

鉴于本文的题旨，下文所要着重研究的是第三层次的原则，即针对主体特殊性而适用于未成年人犯罪量刑的特有原则。

（一）目的性原则

未成年人犯罪量刑的目的性原则是指对未成年人犯罪的刑罚裁量应当符合一定刑罚运用的目的。总体而言，我国刑罚的直接目的是预防犯罪，它包括特殊预防和一般预防。特殊预防是预防犯罪人重新犯罪，包含两方面内容：一是改造犯罪人弃恶从善，不再危害社会；二是淘汰犯罪人，换言之就是判处死刑，使之不再危害社会。一般预防在于预防社会上的不稳定分子实施犯罪。② 特殊预防与一般预防二者都不能忽视，但并不意味着二者在任何情况下都居于同等地位，在特殊情况下，二者可能存在主次之分，未成年人犯罪即为这一类特殊情况。

《联合国少年司法最低限度标准规则》（以下简称《北京规则》）提出，“少年司法制度应强调少年的幸福，并应确保对少年犯作出的任何反应均应与犯罪和违法行为情况相称。”我国与国际接轨，在《未成年人保护法》第38条规定：“对违法犯罪的未成年人，实行教育、感化、挽救的方针，坚持教育为主、惩罚为辅的原则。”据此，我们对未成年人犯罪量刑的目的性原则可作如下分析：

① 参见高格：《定罪与量刑》（上卷），中国方正出版社1999年版，第185页。

② 参见马克昌主编：《刑罚通论》，武汉大学出版社1999年版，第62—67页。

第一，就特殊预防中的淘汰方法而言，对未成年人犯罪是禁止使用的。未成年人年龄尚轻，生理、心理与成年人均有一定差距，辨认和控制自己行为的能力相对较弱，主观恶性相对较小；再有未成年人可塑性大，易于接受改造。出于对未成年人的保护，应当将其排除在死刑适用对象之外。我国《刑法》第49条明确规定："犯罪的时候不满18周岁的人，不适用死刑。"从而在刑事立法上明确否定了对未成年人适用死刑这一淘汰方法。

第二，就特殊预防中的教育方法而言，对未成年人犯罪是着重使用的。"教育、感化、挽救"和"教育为主、惩罚为辅"是我国未成年人犯罪量刑的方针政策。"教育"在于通过一系列方法矫正未成年犯罪人身上的消极因素；"感化"在于化消极因素为积极因素；"挽救"在于能够使未成年犯罪人重新成为社会的守法公民。"挽救"是目的；"教育"是方法；"感化"则是过程。"因此，对未成年人追究刑事责任之目的，既不是为了惩罚未成年人，也不是为了教育改造未成年人，而是通过教育和改造，最终达到挽救未成年人，使其成为对社会有用的新人，不再危害社会。"①

第三，就预防目的中的一般预防而言，对未成年人犯罪是兼顾考虑的。虽然特殊预防和一般预防均为刑罚目的，但二者在特殊情形下，具有一定的主次地位。对于未成年人犯罪，我们应当以特殊预防中的"教育、感化、挽救"作为量刑的主要依据。不能因为一段时期内未成年人犯罪率的上升，出于着重考虑一般预防，而加重对未成年犯罪人的刑罚。②

（二）从宽性原则

未成年人犯罪量刑的从宽性原则是指对未成年人犯罪裁量刑罚时，在犯罪性质和其他犯罪情节大体相同时，相对于成年人犯罪，

① 赵秉志：《未成年人犯罪的刑事责任问题研究（一）》，载《山东公安专科学校学报》2001年第2期。

② 参见谢彤：《未成年人犯罪的定罪与量刑》，人民法院出版社2002年版，第96页。

应当从轻或者减轻处罚。对未成年犯罪人从宽处罚，是充分贯彻"教育为主、惩罚为辅"指导思想的当然结果。这一原则在我国《刑法》第17条第3款有明文体现："已满14周岁不满18周岁的人犯罪，应当从轻或者减轻处罚。"最高人民法院《关于审理未成年人刑事案件具体应用法律若干问题的解释》（以下简称《解释》）也从对未成年犯罪人年龄的认定、若干犯罪情节的认定、适用的刑罚等多方面具体体现了这一原则。

对未成年人犯罪量刑的从宽性原则，可从以下三个方面理解：[①]

其一，刑法条文在对"从宽性原则"进行表述时，使用的是"应当"一词。也就意味着，司法机关在对未成年人犯罪裁量刑罚时，只要主体满足年龄条件，都必须从宽处罚。

其二，刑法第17条所规定的从宽处罚是因未成年人犯罪主体年龄的特殊性而设立的，此情节不具有排他性，可以和自首、立功等其他从宽情节并合适用。

其三，从宽性原则具有普适性，不受犯罪性质、刑种等因素的限制。也就是说，只要犯罪主体符合未成年人这一身份，不论实施的是严重刑事犯罪，还是普通刑事犯罪；不论被判处的是主刑，还是附加刑，均适用这一原则。

（三）相称性原则

未成年人犯罪量刑的相称性原则要求对未成年人犯罪裁量的刑罚应当与犯罪的社会危害性以及未成年犯罪人的具体情况相称。相称性原则主要由《北京规则》提出，对未成年人犯罪量刑，不仅要与违法行为的严重程度相称，也要与未成年罪犯个人的情况（如社会地位、家庭情况、罪行造成的危害或影响个人情况的其他因素）相称。

---

① 董启海：《论我国未成年人犯罪刑罚制度的完善——以贯彻"宽严相济"刑事政策为视角》，载中国知网（中国硕士学位论文全文数据库），苏州大学硕士学位论文，第12页。

这一原则的提出具有重要意义，不仅弥补了罪责刑相适应原则与未成年人犯罪量刑不相适应的一面，也体现了刑罚个别化的理念。罪责刑相适应原则要求刑罚的轻重与犯罪行为的社会危害性程度和犯罪分子应承担的刑事责任大小相适应，但这一原则与未成年人犯罪量刑的目的有所冲突。对未成年犯罪人适用刑罚，考虑到其生理、心理特点，出于对未成年人的保护，惩罚在量刑中的意义相比与成年人犯罪而言，大大减弱。对其适用刑罚的目的，在于通过教育、感化，使其重返社会。相称性原则在考虑未成年人犯罪罪行的同时，也兼顾未成年犯罪人的具体情况，恰当地体现了“教育为主、惩罚为辅”的指导思想，与我国未成年人犯罪量刑的一贯理念契合无间。①

（四）双向性原则

未成年人犯罪量刑的双向性原则是指对未成年人犯罪量刑时，应均衡考量对社会和未成年犯罪人的双向保护。《北京规则》就曾指出：“少年司法应视为有助于保护青少年和维护社会的安宁秩序。”保障社会是刑罚的一项重要职能，但鉴于未成年犯罪人生理、心理方面的特性，量刑同时也要考虑对未成年人的保护。《解释》第 11 条就规定：“对未成年罪犯适用刑罚，应当充分考虑是否有利于未成年罪犯的教育和矫正。”在未成年人犯罪量刑中对社会和未成年人予以双向保护，具体表现在：首先，对未成年人犯罪不能盲目宽容，未成年人犯罪同样也是犯罪行为，严重危害了社会利益，为了防卫社会，必须采取一定措施予以遏制；其次，考虑到未成年犯罪人年龄的特殊性，自我保护能力较弱，应重视对未成年人的保护，采取区别于成年人的司法措施，有助于将其教育、改造成为合格公民。②

---

① 赵秉志：《未成年人犯罪的刑事责任问题研究（二）》，载《山东公安专科学校学报》2001 年第 3 期。

② 杨颖：《对我国未成年人犯罪刑罚体系的思考》，载中国知网（中国硕士学位论文全文数据库），吉林大学硕士学位论文，第 5 页。

二、未成年人犯罪量刑的具体规则

对未成年人犯罪量刑，应当在“教育、感化、挽救”的目的下，在从宽处罚的基础上，综合考虑未成年人犯罪的社会危害性以及未成年犯罪人的具体情况，均衡对社会和未成年人双向保护的需要，才能保证量刑的适当。究竟如何在未成年人犯罪量刑中贯彻这些特有原则，成为需要在理论及实务上探讨的又一问题。

（一）自由刑适用的多方考量

1. 无期徒刑的废止适用

对于未成年犯罪人能否适用无期徒刑问题，我国刑法条文只明确规定对未成年人不得适用死刑，并未将无期徒刑排除在适用范围之外。《解释》第13条更是规定，“未成年人犯罪只有罪行极其严重的，才可以适用无期徒刑。”从而，保留了对未成年犯罪人适用无期徒刑的可能性。但笔者认为，多方考量各种因素，还是应当将无期徒刑排除在未成年人犯罪适用刑种之外，理由如下：

首先，从未成年人犯罪的相关立法精神而言，对未成年人适用无期徒刑有违教育理念。《预防未成年人犯罪法》第44条规定：“对犯罪的未成年人追究刑事责任，实行教育、感化、挽救方针，坚持教育为主、惩罚为辅的原则。”我国对于未成年人犯罪的相关立法，出于对未成年人身心的保护，无不重点强调刑罚的教育功能，其立法精神在于通过教育来感化犯罪的未成年人，使之重新成为社会的守法公民。然而，无期徒刑以剥夺人的终身自由为其特征，通过将犯罪人终身与社会隔离以剥夺其再犯能力，无疑与未成年人犯罪的相关立法精神相违背。

其次，从未成年人犯罪的相关刑法条文而言，对未成年人适用无期徒刑有违逻辑关系。我们这里所讨论的刑法条文逻辑关系，主要指的是刑法条文关于“对未成年人不适用死刑”和“对未成年人犯罪应当从轻或者减轻处罚”规定之间的并存关系。一方面，由于刑法条文明确禁止对未成年人适用死刑，在此意义上，对未成年人犯罪所判处的最高刑期只能为无期徒刑。另一方面，刑法条文同时规定对未成年人犯罪必须从轻或者减轻处罚。如果未成年人所犯罪行的最高刑期为无期徒刑，由于无期徒刑这一刑种没有幅度，对其适用无期徒刑，难以体现“从轻、减轻”，可行的选择在于，减轻处罚，判处有期徒刑。①

再次，从未成年人犯罪的相关国际公约而言，对未成年人适用无期徒刑有违国际准则。《联合国儿童权利公约》第37条明确规定：“对未满18岁的人所犯罪行不得判以死刑或无释放可能的无期徒刑。”尽管，有人认为我国刑法中的无期徒刑往往可以通过减刑、假释等途径，使犯罪人重返社会，不属于无释放可能的无期徒刑，但未成年人的认知能力往往有限，国际准则的理念在于保护未成年人，实现行刑轻缓化，对未成年人适用无期徒刑这一严刑无疑与国际准则相冲突。

2. 有期徒刑的从宽适用

有期徒刑是刑罚体系的中心，尤其在对未成年人犯罪排除死刑、无期徒刑适用后，有期徒刑的适用在自由刑中更是占主导地位。我国现行法律中，对未成年人犯罪适用有期徒刑的相关规定在于“应当从轻或减轻处罚”这一基本从宽原则，如何在有期徒刑的适用上具体体现对未成年犯罪人的“从轻或减轻处罚”，缺乏相关特殊规定。但我们在司法实践中可以注意的是②：

第一，在有期徒刑是唯一量刑幅度的情况下，如果没有其他法定从重处罚情节，对未成年犯罪人应当适用相对较短的刑期。具体操作规则，由实务部门提出，可以根据其年龄段，比照成年犯分别适用不同的轻处比例，具有一定借鉴意义。③

① 王虹：《论对未成年人犯罪的刑罚》，载《辽宁警专学报》2008年第3期。

② 张忠斌：《未成年人犯罪的刑事责任》，知识产权出版社2008年版，第150—151页。

③ 江苏省姜堰市法院在其《规范量刑指导意见》中提出：“犯《刑法》第十七条第二款规定之罪的，已满14周岁不满15周岁的，轻处60%；已满15周岁不满16周岁的，轻处50%；已满16周岁不满17周岁的，轻处30%；已满17周岁不满18周岁的，轻处20%。已满16周岁不满18周岁犯其他罪的，比照上款规定的比例再轻处20%。”

第二，在有期徒刑作为无期徒刑减轻处罚的结果情况下，由于是因为犯罪人未成年这一事实，对无期徒刑减轻处罚而适用有期徒刑，可以判处相对较长的刑期。

3. 拘役、管制的减少适用

拘役是短期剥夺人身自由的刑罚，主要适用于犯罪危害轻微，但仍需要关押的犯罪人。晚近以来，短期自由刑刑期短、缺乏威慑力等弊端，成为倡议废除者口诛笔伐的对象，其容易造成交叉感染这一缺陷在未成年犯罪人身上表现的尤为明显。因此，就未成年人犯罪量刑而言，应当尽量避免适用拘役，符合相关条件的，可以免予刑事处罚；对需要适用拘役的未成年犯罪人也可以考虑在判处拘役的同时宣告缓刑，以消除其弊端。

管制作为我国的一个独创，是一种对犯罪人不予以关押的限制自由刑。从避免交叉感染这一角度而言，管制应当是适宜于未成年人犯罪的一种刑罚。但现实在于，管制在很多情况下由于缺乏严格的监管环境，难以起到刑罚对于未成年犯罪人教育、感化、挽救的作用。另外，现行刑法中规定的管制适用对象也存在诸多问题，不仅管制与拘役的适用对象难以截然分开，管制与缓刑的适用对象也不易区分。[①] 由于管制的适用对象都为罪行轻微、不需要关押的犯罪人，出于对未成年人犯罪从宽处罚的考虑，管制完全可以以免予刑事处罚加以代替。即使需要适用，也应当在有条件监管的情况下适用。

(二) 资格刑适用的现实分析

在我国刑法中，资格刑主要指的是剥夺政治权利，而这一刑罚又可分为单独适用和附加适用两种方式。关于对未成年犯罪人适用剥夺政治权利问题，我们同样可以从这两种适用方式入手，分别进行讨论。

第一，就单独适用剥夺政治权利而言，对未成年人犯罪应当加以排除。首先，单独剥夺政治权利大多适用于危害程度一般但与滥

① 马克昌主编：《刑罚通论》，武汉大学出版社 1999 年版，第 167—187 页。

用政治权利相关的一些犯罪。未成年人实施这类犯罪，其思想意识与成年人存在较大差别，大多并非有意滥用，具有值得宽恕的一面。其次，在我国，法律对享有大多数政治权利都设置了年龄限制，如选举权与被选举权只有年满18周岁的公民才能享有。从实然角度而言，未成年人尚未取得相应的政治权利，判处此种刑罚不具有实际意义。另外，剥夺政治权利通过剥夺或限制犯罪人参与管理社会的能力，来防止其再犯，具有明显的否定评价作用，着重于惩罚功能。未成年人成年后，有享有政治权利的可能性，对其适用剥夺政治权利有违未成年人犯罪量刑的教育、感化、挽救目的。①

第二，就附加适用剥夺政治权利而言，对未成年人犯罪应当加以限制。《解释》第14条规定："除刑法规定'应当'附加剥夺政治权利外，对未成年罪犯一般不判处附加剥夺政治权利。"我国刑法条文中规定必须附加剥夺政治权利的有两种情况：一是实施危害国家安全犯罪的犯罪人，二是被判处死刑、无期徒刑的犯罪人。正如前文所述，死刑、无期徒刑应当被排除在未成年人犯罪的适用刑罚之外，故而，对未成年犯罪人附加适用剥夺政治权利只可能存在于实施危害国家安全犯罪中。《解释》第14条同时规定："如果对未成年罪犯判处附加剥夺政治权利的，应当依法从轻判处。"因此，即使在具体审判中，对未成年罪犯有附加剥夺政治权利需要的，在判处期限上也应当依法从宽。

（三）财产刑适用的理性反思

1. 没收财产刑的限制适用

刑罚效用的发挥首先建立在执行可能性上。在我国，大多数未成年人尚处于受教育阶段，没有收入来源，因此也没有个人财产可言。判处没收财产刑，往往会导致判决成为一纸空文，没有执行的可能性。另外，没收财产是一项严厉的刑罚措施，刑法分则大多规定判处无期徒刑、死刑的同时并处没收财产，这些情况未成年犯罪

① 赵秉志：《未成年人犯罪的刑事责任问题研究（三）》，载《山东公安专科学校学报》2001年第4期。

人一般难以涉及。[①] 从发挥刑罚的最大效用角度而言，没收财产刑在未成年人犯罪中应当限制适用。即使需要判处没收财产，也应当以未成年人拥有一定个人财产为前提，并且出于保护未成年人的需要，一般不宜判处没收全部财产。

2. 罚金刑的严格适用

对未成年罪犯是否可以适用罚金刑，一直是学界争论的焦点。持反对意见的人认为，大多数未成年犯罪人不拥有可以执行的财产，被判处的罚金大多由未成年罪犯的父母代为缴纳，有违罪责自负。笔者认为，罚金刑并非毫无效用，至少可以从以下几个方面体现对未成年犯罪人适用罚金刑的价值。

首先，由于未成年人好奇心重，接受新事物快，监禁刑对未成年人所造成的交叉感染等负面影响远胜于成年人。罚金刑不予以监禁的特性无疑是解决这一问题的最佳选择。

其次，针对贪利性质的财产型、经济型犯罪，罚金刑强制犯罪人缴纳一定数额金钱的特性能够罚当其罪。

再次，即使未成年犯罪人本身无财产可供执行，由其父母代为缴纳，也可以在一定程度上督促其加强对子女的监管。

因此，如何严格对未成年人犯罪适用罚金刑，从而使罚金刑发挥出最大效用才是讨论的重点。

（1）未成年人犯罪量刑中罚金刑的对象标准

尽管绝大多数未成年人不拥有个人财产，但也并非绝对。我国《民法通则》规定："16 周岁以上不满 18 周岁的公民，以自己的劳动收入作为主要生活来源的，视为完全民事行为能力人。"少数未成年人可能因劳动、继承、赠与等原因而拥有一定的个人财产。考虑到罚金刑实际执行的可能性，尽可能实现罪责自负，我们可结合《民法通则》的上述规定，将未成年人犯罪量刑中罚金刑的主要适用对象限定为 16 周岁以上的未成年犯罪人。

① 刘斌：《论未成年人犯罪刑罚适用的若干问题》，载《青少年犯罪问题》2008 年第 3 期。

（2）未成年人犯罪量刑中罚金刑的罪行标准

同适用罚金刑的一般理念相同，未成年人实施贪利性犯罪，尤其是拥有一定个人财产并将财产作为犯罪的资本时，可以根据案情适用罚金刑，从而罚当其罪。①

（3）未成年人犯罪量刑中罚金刑的数额标准

关于罚金的数额问题，我国《刑法》第52条规定，“判处罚金，应当根据犯罪情节决定罚金数额”。同时，最高人民法院《关于适用财产刑若干问题的规定》第2条第2款规定：“对未成年人犯罪应当从轻或者减轻判处罚金，但罚金的最低数额不能少于500元。”因此，对未成年犯罪人判处罚金，应当综合考虑其犯罪情节以及从宽情节，决定数额，但最低不能少于500元。本人暂时无力支付罚金，其亲属自愿垫付的，人民法院应当允许，并酌情给予从宽处罚。

（4）未成年人犯罪量刑中罚金刑的缴纳方式

我国的罚金缴纳存在一次缴纳和分期缴纳。鉴于未成年犯罪人的财产状况，建议一般避免采取一次缴纳的方式而选择分期缴纳。还有学者提出引入减免或暂缓制度，未成年罪犯缴纳罚金确有困难时，可以予以减免；或待未成年人有相当财产时再予以执行。②这样不仅能提高刑罚的执行力，也体现了刑罚的人文关怀，有一定可取之处。

（四）缓刑适用的探索完善

缓刑作为一种既判处一定刑罚，又暂不执行，但在一定期间内保留执行可能性的刑罚执行制度，不仅体现了刑罚轻缓化的思想，更是避免了短期自由刑的弊端，易于犯罪人重返社会。缓刑的这些特点，对于未成年人犯罪量刑而言，其优越性更是不言而喻的。首

---

① 谢彤：《未成年人犯罪的定罪与量刑》，人民法院出版社2002年版，第167—168页。

② 孙红卫：《我国未成年人犯罪刑罚设置问题研究》，载《青少年犯罪问题》2008年第6期。

先，未成年人处于成长期，接受新事物能力强，监禁刑容易导致交叉感染的弊端在未成年犯罪人身上体现得更为突出，缓刑在一定程度上避免了这一危害的出现。其次，未成年人犯罪的原因是多元化的，其身心发育往往受到周边社会的影响，对未成年犯罪人适用缓刑，可以最大限度地发挥社会资源优势，充分调动家庭、学校、社会加强监管，帮助未成年犯罪人重返社会。再者，轻刑化是未成年人犯罪量刑的一大国际趋势。在我国现实情况下，尚不具备对未成年人犯罪完全废止刑罚适用的可能性。那么，在此境遇下，适用缓刑这一刑罚执行方式，无疑是体现轻刑化趋势的最好选择。

但从我国刑事立法规定来看，在缓刑适用的关键条件上，对未成年人犯罪并未作出区别于成年人犯罪的特殊规定。只在《解释》第 16 条规定："对未成年罪犯符合刑法第 72 条第 1 款规定的，可以宣告缓刑。如果同时具有下列情形之一，对其适用缓刑确实不致再危害社会的，应当宣告缓刑：（一）初次犯罪；（二）积极退赃或赔偿被害人经济损失；（三）具备监护、帮教条件。"这一规定虽然放宽了对未成年罪犯适用缓刑，但仍然是在刑法第 72 条第 1 款的缓刑普遍适用条件下的放宽，诸多情形都必须在符合缓刑的一般条件下适用，没有最大限度发挥缓刑对于未成年犯罪人教育、感化、挽救的积极作用。因此有学者建议：降低对未成年罪犯适用缓刑的刑期条件，可将有期徒刑的刑期提高至五年，即被判处五年以下有期徒刑的未成年犯罪人可以有条件地适用缓刑。另外，对于一类犯罪，未成年犯罪人可以不受刑期限制，适用缓刑。如对于过失犯罪的未成年犯罪人一般考虑适用缓刑。[①]

可喜的是，在司法实践中，司法机关充分注意到了对未成年罪犯适用缓刑的必要性，对于符合刑法第 72 条的规定，且家庭、单位或者社区具备监护、帮教条件的未成年犯罪人，尽量适用缓刑，从而在一定程度上弥补了刑事立法的不足。

---

① 阴建峰、王玉涛：《未成年人犯罪量刑的基本问题——以"儿童最大利益原则"的贯彻为中心》，载《人民检察》2008 年第 16 期。

（五）免除处罚适用的具体掌握

随着未成年人犯罪量刑轻刑化成为一种国际准则，免予处罚的适用在各国未成年人犯罪量刑体系中的地位日益凸显。我国刑法对未成年人犯罪的量刑原则是“从宽处罚”，那么，免予处罚对于未成年人犯罪量刑是否同样具有优先适用性？答案是肯定的。我国《刑法》第37条规定，“对于犯罪情节轻微不需要判处刑罚的，可以免予刑事处罚。”但这一规定针对于所有犯罪人，并没有体现未成年犯罪人的特殊性。基于此，《解释》针对未成年人犯罪适用免除处罚做出特别规定，在第17条指出：“未成年罪犯根据其所犯罪行，可能被判处拘役、三年以下有期徒刑，如果悔罪表现好，并具有下列情形之一的，应当依照刑法第三十七条的规定免予刑事处罚：（一）系又聋又哑的人或者盲人；（二）防卫过当或者避险过当；（三）犯罪预备、中止或者未遂；（四）共同犯罪中从犯、胁从犯；（五）犯罪后自首或者有立功表现；（六）其他犯罪情节轻微不需要判处刑罚的。”这一规定对罪行较轻、悔罪表现好的未成年犯罪人优先适用免除处罚，彰显了我国刑法对于未成年人特殊保护、从宽处罚的精神。

外来未成年人犯罪的司法处遇

——面对“同龄不同罚”的尴尬

朱兴祥　张　峰*

一、前言

随着我国经济社会的转型发展，近1.5亿的流动人口主流已出现了代际分化，未成年人已经成为新一代流动人口的显著特征。由于城市规则与乡土秩序的冲突导致新一代流动人口化解生存危机的能力降低，正如学者所指出的，“外来人员难以在短期内适应城市生活方式，由于缺少城市生存的技能与城市生活的准备，极易同城市人、城市生活规范发生冲突，因此，引发的犯罪在城市化发展变化较快的地区变得很严重。”① 外来未成年人犯罪问题在经济发达地区已成为大众所关注的社会问题。

我们也注意到，基于这个群体天然的流动性、临时性等特殊因素，导致外来未成年人犯罪的司法处遇存在诸多问题，而基于政治、经济、社会及法律原因，我国对于未成年人犯罪的侦查、检察及审判制度存在诸多问题。特别是在对外来未成年人犯罪的处理问题上，观念陈旧、机制落后，严重影响了司法公正原则的实现。因

---

* 朱兴祥，浙江省嘉兴市检察院法律政策研究室主任，检察委员会委员，法律硕士；张峰，浙江省海盐县检察院助理检察员，法律硕士。

① 徐建：《青少年法学新视野》（上），中国人民公安大学出版社2005年版，第27页。

此，如何探讨完善未成年人犯罪的司法工作机制，正确履行司法职能，更好地办理外来未成年人犯罪刑事案件，是保障公正司法、和谐司法和科学司法的必然要求。

二、外来未成年人犯罪适用非羁押性强制措施及非监禁刑的司法现状

（一）外来未成年人犯罪强制措施的适用情况

我国刑法规定已满14周岁不满18周岁的人犯罪，应当从轻或者减轻处罚。从立法精神不难看出，区分成年人、未成年人的唯一标准是年龄，而非其他因素，也就是说，未成年人的司法处遇在法律上应当是平等的，无论是强制措施还是刑罚的适用。但是在司法实践中，则存在着外来未成年人犯罪后逮捕率相对较高，而取保候审率极低的通行现象。下面以浙江省海盐县的实证数据来说明这一司法现状。①

表一：未成年人犯罪适用羁押性强制措施情况

年份	2005	2006	2007	2008
外来未成年人犯罪案件数	37件67人	26件53人	35件66人	32件56人
逮捕案件数	36件62人	24件50人	33件61人	31件52人
本地未成年人犯罪案件数	32件64人	12件25人	7件15人	8件20人
逮捕案件数	17件32件	6件12人	3件7人	5件9人

从该表格的数据不难发现：2005年外来未成年人犯罪后适用逮捕率为92.54%，本地未成年人犯罪逮捕率则为50%；2006年外来未成年人犯罪适用逮捕率为94.34%，本地未成年人犯罪逮捕率则为48%；2007年外来未成年人犯罪逮捕率为92.42%，本地未成年人犯罪逮捕率则为46.67%；2008年外来未成年人犯罪适用逮捕率为92.86%，本地未成年人犯罪逮捕率则为45%。外来未成

① 区分本地未成年人与外来未成年人的标准是：是否具有本地级市户籍。

年人犯罪适用逮捕率均保持在90%以上，非羁押性强制措施不到10%，远远低于本地未成年人犯罪的非羁押率。同时，从犯罪总量来看，绝大部分未成年人犯罪系外来人员所为，① 如果对占绝大多数的外来未成年人犯罪不能实现轻罚、轻判，又何以体现对未成年人犯罪的轻刑和宽宥原则？

（二）外来未成年人犯罪刑罚的适用情况

外来未成年人犯罪的刑罚情况，我们还是以浙江省海盐县为例，因该县检察院历年来对未成年人犯罪案件未适用不起诉决定，故还是以法定刑在三年以下为基准。

表二：未成年人犯罪的刑罚情况

年份	2005	2006	2007	2008
外来未成年人判处法定刑在三年以下(含三年)的	32件56人	20件41人	28件53人	25件39人
外来未成年人判处缓刑、管制的	3件3人	4件5人	3件3人	4件10人
本地未成年人判处法定刑在三年以下的	15件28人	6件13人	5件8人	4件10人
本地未成年人判处缓刑、管制的	10件23人	5件10人	4件6人	3件9人

和表一类似，外来未成年人犯罪在非监禁刑的适用比例上也远远少于本地未成年人。具体数据为：2005年外来未成年人适用非监禁刑率为5.36%，本地未成年人适用非监禁刑率为82.14%；2006年，外来未成年人适用非监禁刑率为12.20%，本地未成年人适用非监禁刑率为76.92%；2007年，外来未成年人适用非监禁刑率为5.67%，本地未成年人适用非监禁刑率为75%；2008年，外来未成年人适用非监禁刑率为25.64%，本地未成年人适用非监禁

---

① 1999—2000年间，嘉兴市南湖区检察院共受理审查起诉未成年犯罪人60人，外地籍未成年人有28人，占此类犯罪的半数不到；2005—2006年间受理审查起诉未成年犯罪人共225人，外地籍未成年人共141人，占此类犯罪人数62%以上。

刑率为90%。

我国政府1985年批准的《少年司法最低限度标准规则》第171条规定：只有在经过审慎考虑以后才可以对少年的人身自由加以限制并应尽可能保持在最低限度；除非判决少年犯有涉及对他人使用暴力的严重行为，或屡犯其他严重罪行，并且不能对其采取其他合适的对策，否则不得剥夺其人身自由。而第191条的规定再次强调：把少年投入监狱机关始终是万不得已的处置办法，其期限应是最短的必要时间。[①]

由此可知，不分身份、户籍，未成年人犯罪适用非监禁刑只应作为迫不得已的例外原则。但是，在司法实践中，外来未成年人由于具有的流动性，极易出现监管的不到位，再加上缺乏适用监禁刑的制度性限制，非监禁刑的适用完全由法官自由斟酌了。

（三）“同龄同罚”原则与追求办案效率的利益博弈

“谁能破解外地人取保难题，谁就能获得中国法学的诺贝尔奖！”2007年9月21日，在兰州召开的中国刑事诉讼法年会上，中国人民大学法学院教授陈卫东语出惊人。外来未成年人犯罪羁押率过高，羁押成为原则，非羁押成为例外的现状，更多地被司法实务界解释为一种无奈的选择：相对于本地未成年人来讲，流动人口没有正当工作和固定住所，而且缺乏诚信，连真实的身份都无法予以确认，因此，为了保障诉讼程序，必须要逮捕。[②] 基于此，户籍无形中成了是否适用逮捕强制措施的主要标准，而伴随过高的羁押率，对外来未成年人适用非监禁刑也就成了“水中的月亮”。

外来未成年人犯罪羁押率过高的直接原因，还在于司法机关及司法人员对于犯罪嫌疑人脱保及无法交付审判的顾虑。北京师范大学刑事科学研究院教授宋英辉所在的取保候审课题组曾在浙江、河

① 转引自张远煌：《从未成年人犯罪的特点看现行刑罚制度的缺陷》，载《法学论坛》2008年第1期。

② 陈瑞华主编：《未决羁押制度的实证研究》，北京大学出版社2004年版，第440页。

北等地做过一项问卷调查，当被问及是否希望扩大取保候审的适用时，78.1%的办案人员表示不希望扩大适用范围，71.9%的办案人员将不希望扩大适用范围的原因归结于有脱保风险。[①] 有的办案人员甚至对外地人存在“可捕可不捕的逮捕，可保可不保的不保”的观念。

对外来未成年人犯罪的司法处遇进行本质分析，其焦点在于“同龄同罚”原则和顺利办案之间的利益博弈，使得司法人员左右为难、彷徨无计。而事实上，这种博弈和对抗是不平等的。实践中，加在办案人员头上的“目标考评机制”和“责任追究机制”两个沉重的砝码，让他们无奈地作出“多一事不如少一事，安安稳稳交付审判”的选择。但是，这种现实的选择却隐含了极深的有罪推定思维，把羁押性强制措施看做是一种先行的惩罚，惩罚本应在法院判决之后进行，但由于现实中被羁押的人在审判阶段都会被认定为有罪，所以，羁押就成了先行的惩罚，而羁押的期间最终会折抵刑期，羁押是“刑罚的预支”。从立法精神上来看，羁押性强制措施的实施是为了保障和便利诉讼采取的一种不得已的措施。而任何犯罪嫌疑人、被告人在法院判决前，都处于无罪的法律地位，也就是无罪推定原则。因此，羁押作为附条件的一项刑事强制措施，作为一种不得已的权力，应当成为例外，在针对未成年人犯罪时更应如此。

当然，办案人员的这一顾虑并非空穴来风，外来人员犯罪的羁押率高，但同时被取保候审后的脱保率也高得惊人。[②] 追根溯源，外来未成年人犯罪羁押率及适用监禁刑率过高的根本原因，还在于立法和司法体制、机制层面的问题。目前，至少存在以下三项司法体制与机制层面的问题：一是因缺乏独立的轻罪处理程序和司法制

① 《90%高羁押率，取保候审何时能不难为外地人》，载《检察日报》2007年10月10日。

② 北京市海淀区检察院对2004年刑事案件所作的一项调查似乎也能佐证这种担心：2004年，该院受理的公安机关移送审查起诉的刑事案件中，脱保人数占所有取保候审人数的8.1%，共72人，其中外地人占脱保总人数的95.8%。

度，轻罪案件与重罪案件基本以相同的程序和机制进行处理，以致产生对犯罪嫌疑人无论轻重、无论是否成年的羁押的普遍性和长期性；二是根据我国《刑事诉讼法》对是否适用逮捕强制措施的规定，社会危害性的高低以及非羁押性强制措施防止社会危险的有效程度是决定是否羁押的根本标准，然而法律却未对“社会危险性”作具体的规定或解释，实务操作性较差，这就需要办案人员自由裁量，但同时“目标考核机制”及“错案责任追究机制”又将“错捕”与“错不捕”作为重要的考核项目，[①] 严重束缚办案人员自由、理性地运用自由裁量。三是对外来未成年人取保候审后缺乏有效监管和监护机制。按照我国刑事诉讼法和公安机关的内部规定，取保候审的执行机关是公安机关，主要由被告人和犯罪嫌疑人居住地派出所负责执行。但实际上基层派出所承担着繁重的社会治安管理和刑事侦查工作，根本无力监管，出现“保而不管”的状态。未成年人亲属本身可能就是外来务工人员，保证不力、监护不足的问题无法回避。

无罪推定原则也好，宽严相济刑事政策也好，要在司法活动中全面贯彻、正确适用，并非仅仅依靠立法就可以一朝解决，需要执法理念的更新和工作机制的创新。笔者认为，在目前建立对外来未成年人适用非羁押性强制措施和非监禁刑可行性评估机制及非亲属委托监护机制不失为具有现实合理性的路径选择。

三、适用非羁押性强制措施及非监禁刑的可行性评估机制的构建

（一）建立可行性评估机制的法律准备

《少年司法最低限度标准规则》（北京规则）第 13 条规定：未

① 在考核标准中，一般将“错捕”界定为逮捕后被撤销案件或判决无罪，而捕后被判处缓刑、单处罚金甚至是定罪免刑非为错捕，最多考虑为逮捕案件质量不高；“错不捕”界定为无罪不捕后被追诉、追捕并被判决有罪；定罪不捕后被判处监禁刑或脱逃而致无法顺利交付审判。

成年人被羁押等待审判仅应作为万不得已的手段适用，并且时间尽可能地短，如有可能，应采取其他替代方法。[①] 2006年12月，最高人民检察院通过的《人民检察院办理未成年人刑事案件的规定》（以下简称《未成年规定》）第12条规定：人民检察院审查批准逮捕未成年犯罪嫌疑人，应当根据未成年犯罪嫌疑人涉嫌犯罪的事实、主观恶性、有无监护与社会帮教条件等，综合衡量其社会危险性，确定是否有逮捕必要，慎用逮捕措施，可捕可不捕的不捕。而第9条、第10条、第13条、第14条分别规定了应注意审查未成年人是否存在受胁迫、受教唆、是否有自首、立功表现以及监护和帮教情况，即使在社会危害性较大但不存在人身危险性的情况下，可以不予逮捕的情况。上述规定的各种因素需要办案人员进行自由裁量，而自由裁量需要以细致、完善的制度加以指引、规范和约束，以免落入恣意裁量的泥潭。适用非羁押性强制措施及非监禁刑的可行性评估，实际上就是围绕未成年人的罪情进行评估，通过对其罪情因素的综合评估，以最终确定强制措施和刑罚措施的正确与科学适用。

（二）非羁押性强制措施及非监禁刑可行性评估机制的具体设计

从法律适用来看，对于逮捕条件的把握，更多的是依靠检察人员的自由裁量，而这种自由裁量具有较大的主观性和随意性。主要表现为考虑因素不全面、不统一，不同的办案人员对于同一事实的判断标准不一，对社会危害性的认识程度不一，从而导致强制措施的适用结果不同。

非羁押性强制措施相对于逮捕，在保护未成年人身心健康发展方面有着独特的优势，避免了逮捕羁押带来的“染缸效应”，甚至

---

① 转引自门美子：《未成年人犯罪适用非羁押性强制措施可行性评估机制研究》，载《中国人民公安大学学报》（社会科学版）2007年第5期。

对有效矫治和预防未成年人犯罪也起着基础性的作用。[①] 依据《刑法》第60条的规定，逮捕的三个条件分别为证据条件、刑罚条件和必要性条件，而非羁押性强制措施的可行性与逮捕必要性是非此即彼的关系。实际上，对非羁押性强制措施的可行性研究同时也就完成了对逮捕必要性的考察。

1. 评估主要标准

依据《未成年规定》及逮捕条件的适用，我们认为，在审查批捕阶段，非羁押性强制措施的可行性评估机制应当主要包括人身危险性、社会危害性、帮教监护条件三个部分，围绕这三个部分进行评估，从而得出结果。具体设计如表三：

表三：外来未成年人适用非羁押性强制措施可行性评估表

评估依据	风险程度（低、中、高）
1. 人身危险性（总）	
（1）前科记录情况	
（2）悔罪表现及退赔情况	
（3）学习、工作情况	
（4）罪过形式	
2. 社会危害性（总）	
（1）犯罪起因	
（2）犯罪形态	
（3）犯罪作用	
（4）犯罪性质及情节	
（5）自首、立功情况	
3. 帮教监护条件（总）	
（1）法定代理人、亲属工作、定居情况	
（2）是否存在保证人的情况	
（3）非亲属参与保证和监护情况	
（4）是否存在毁灭证据、逃跑等妨碍诉讼程序的可能性	

① 宋英辉、舒遥芝、刘晓东、雷小政：《未成年人案件取保候审、酌定不起诉问题的实证研究》，北京大学出版社2005年版，第432页。

外来未成年人适用非羁押性强制措施可行性评估体系以风险性程度为指标，分别对上列要素进行评价，并得出相应每部分的总结果，然后再对三部分进行综合衡量是否可以适用非羁押性强制措施，但这绝非意味着每部分的作用比例相当。我们认为，人身危险性、社会危害性、帮教监护条件的作用比例应分别为10%、40%、50%。因为这首先是从未成年人特殊保护的原则出发的，而作为外来未成年人来讲，对于其监护帮教条件给予特别的重视和倾斜，更有着重要的现实意义。

那么，面对三个部分的风险评估结果，检察人员如何适用非羁押性强制措施呢？我们认为，应当存在以下情况：第一种情况是三个评估结果一致：（1）三个结果均为低等风险，那么总体风险就为低等，批捕部门就应作出“无逮捕必要”的决定，而适用非羁押性强制措施；（2）若三个结果均为中等风险，则批捕部门在决定是否逮捕时，应当遵循“可捕可不捕的，不捕”原则。但这绝非是简单的决定，还应当主动采取有效措施控制风险，降低风险，为适用非羁押性措施创造条件，这才是正确适用法律规定及解释的途径。“不能把可行性评估机制仅看做是给未成年人非羁押措施的条件，而是要在评估后把高风险的未成年人转化为中风险，把中风险的转化为低风险，其最终目的还是‘教育、感化、挽救’。”① 因此，对于三个结果均为高等风险的，也不能简单地予以批捕羁押，而是应当与相关监护人员沟通，使其树立正确的价值观，降低其相应的风险性，如果经工作后仍处于高等风险，才可以适用逮捕。

第二种情况是三个评估结果不一致，则应当适用“各要素不可等量齐观”原则，对于外来未成年人来讲，帮教监护条件作用最大，其次分别为社会危害性、人身危险性。

对于外来未成年人适用非监禁刑的可行性评估机制，其评估标准与非羁押性强制措施的评估标准基本一致，但应当在“帮教监

① 樊荣庆等：《未成年人刑事检察诉讼程序的改革与完善》，上海交通大学出版社2006年版，171页。

护条件”一栏中增加一项，即之前被羁押或被取保候审时的表现，并将其作为重要的评估指标。

2. 评估基本流程及相关配套机制

我们认为，为体现“同龄同罚”、平等保护原则，摒弃“同龄不同罚”与地域歧视的陋鄙，首先，风险评估机制应当在办理的所有未成年人犯罪案件中应用。无论外地、本地，对未成年人犯罪采取司法行为都应贯彻谨慎、细致、合理的自由裁量，而对所有未成年人犯罪案件适用强制措施和适用刑罚时进行尽量标准化的评估，其作出的结论显然更接近于公正、合理；其次，风险评估机制在批捕和审判阶段均应独立运用。即使在检察审查批捕阶段已经对未成年人适用强制措施进行过评估，但在审判阶段，一则评估标准变化，二则情势可能发生变化，也应重新进行评估，以确定是否对其适用非监禁刑。再次，为统一执法理念和执法尺度，严格办案工作流程和办案纪律，避免办案的随意性，应当建立与罪情评估机制配套的“交叉阅卷”、“合议”等办案机制，特别是在检察审查批捕及审查起诉阶段尤为重要。具体操作流程为：由承办人在案件审结时同时提交书面评估报告，提交科（处）室合议，必要时提交检委会或审委会合议或领导审批。为避免因承办人员个体差异，出现标准、认识不统一的问题，必要时可进行“交叉阅卷”，相互监督。最后，要加强对未成年人犯罪案件处理的监督。这种监督主要分为两块：一是对内监督，即对检察机关办案部门及人员的监督和对外的侦查监督和诉讼监督。在内部监督方面，除了严格执行上述程序性规定或办案机制外，可结合检察机关办案质量标准及体系管理，对案件加强抽查、评议及回头考察；在对外监督方面，实际上与对其他人员犯罪处理的监督没有大的差别，但监督重点在于侵犯未成年人利益的违法行为上，如对未成年人的违法讯问、违法羁押、虐待及法院适用刑罚过重等问题。

3. 发挥罪情评估的司法效能，正确提出非监禁刑的量刑建议

《未成年规定》第20条、第21条规定了对未成年人犯罪作出不起诉决定的条件。在审查起诉阶段，无论外来还是本地未成年人

只要符合该规定，检察机关一般都会作出不起诉决定，不存在户籍的问题，这也体现了对未成年人犯罪的保护主义处置原则。但正如上表所列，在司法实践中，不起诉率也经常被作为量化考核的标准，而且由于不起诉程序上的复杂性，因此，严重制约了基层检察机关的不起诉权的正确适用，很难做到可诉可不诉的不诉。这就需要检察机关健全、简化不起诉的工作机制，正确运用宽严相济的刑事司法政策，保护未成年人的特殊权益，有助于未成年人顺利回归社会。

对于移送公诉的未成年人犯罪案件，《未成年规定》第31条规定了人民检察院对犯罪的未成年人提出可以适用缓刑的量刑建议。量刑建议是检察机关在公诉过程中基于刑罚请求权，对案件的刑罚适用所提出的具体意见。作为公诉权的重要内容，量刑建议的提出有助于履行审判监督职能。《未成年规定》同时规定，人民检察院提出对未成年被告人适用缓刑建议的，应当将未成年被告人能够获得有效监护、帮教的书面材料一并于判决前移送人民法院。因此，为体现在检察阶段罪情评估的法律效果，检察机关应当将评估报告及未成年人在取保候审期间的表现等材料形成书面意见提交法庭，并据此提出有利于被告人的量刑意见。

四、健全对外来未成年人的监护机制，强化对未成年人的帮教和罪错矫正

新修订的《未成年人保护法》规定，“公安机关、人民检察院讯问未成年犯罪嫌疑人应当通知监护人到场。”监护人到场制度，对于身心尚未成熟的未成年人来讲，既有利于保护涉嫌犯罪的特殊“弱者”，也有益于防止或减少诉讼进程中可能的侵害，体现了国家在刑事诉讼过程中实现对未成年人的权益保护。司法实践中，外来未成年犯罪嫌疑人的监护人因不在案发地，或因通知时间过长，或出于经济成本过高，或自身法律知识欠缺等因素而放弃监护权的占了此类案件的绝大多数。因涉案的未成年嫌疑人不提供真实身份或家庭情况，无法通知监护人到场的也不在少数。因此，通过健全

对外来未成年人的监护机制，以强化对未成年人的帮教和罪错矫正十分必要。

（一）亲属的法定监护

一般而言，如果犯罪的外来未成年人的法定监护人经常居住于本地且有固定职业的，对被监护人采取非羁押性强制措施及非监禁刑的矛盾不是十分突出，脱保率也不高。未成年人的成长，需要有家人的关怀与家庭的保护。在办理外来未成年人犯罪案件时，办案人员的重要职责之一就是帮助寻找到法定代理人或其他监护人。法定代理人（监护人）在法庭上对犯了罪的未成年子女进行教育，并向法庭作出的管教承诺，是法官对外来未成年罪犯适用轻缓刑罚的前提与重要因素之一。无监护人到场的外来未成年罪犯，其对家庭和社会的憎恨感，是可以想象的；而经办案人员联系寻找到法定代理人或其他监护人后适用轻缓刑罚的外来未成年罪犯，其营造的家庭幸福与谅解的气氛，也是显而易见的。①

（二）社会组织及机构的委托监护

被立案侦查的外来未成年犯罪嫌疑人不愿提供监护人情况、联系方式，甚至谎报自己身份，或确实无法通知到场的，根据《未成年人保护法》规定“对孤儿、无法查明其父母或者其他监护人的以及其他生活无着的未成年人，由民政部门设立的儿童福利机构收留抚养”。当前，有许多学者提出通过各种非政府的社会机构及组织加强对流动人口管理的课题，② 因此通过委托各种涉及外来人员管理的紧凑型的协会组织、松散型的同乡组织、企业的工会组织、聚居地的互助组织、公益性的自愿组织、行业性的服务组织等公民组织与社会机构代行对外来未成年人在取保候审及非监禁刑刑

① 据统计，1999—2000年间，嘉兴市南湖区检察院受理的28名涉嫌犯罪的外地籍未成年人在侦查阶段，因无监护人到场，无一例外地均被执行逮捕。之后该院检察官注重改变办案方式，2001—2006年间，共为涉嫌犯罪的214名外地籍未成年罪犯寻找到法定代理人或监护人。

② 俞可平：《中国公民社会：概念分类与制度环境》，载《中国社会科学》2006年第1期。

罚执行期间的有效监护权，不失为有效途径。

（三）公益律师的委托监护

援助律师自介入始起，在各诉讼环节与司法机关配合做好考察、帮教工作。律师作为法律工作者，负有法律规定的对犯罪嫌疑人维权义务，律师在外来未成年犯罪嫌疑人接受讯问时到场，不仅能给予未成年犯罪嫌疑人法律帮助，监督司法机关依法办案，更由于其在刑事司法程序中有利犯罪嫌疑人（被告人）的地位与作用，有利且便于其依法向政府、社会及其他公益组织提出并取得对涉嫌犯罪的外来未成年人获得“代位监护人”或“有效监护条件”。公益律师的代理监护期间一般为外来未成年人被取保候审期间。

（四）对未成年罪犯的帮教与罪错矫正

我国《刑法》第72条规定：对于判处拘役、三年以下有期徒刑的犯罪分子，根据犯罪分子的犯罪情节和悔罪表现，适用缓刑确实不致再危害社会的，可以适用缓刑。但是缓刑毕竟是一种以社区为基础的矫正方式，也就是说，同样符合缓刑条件的外来未成年人，基于户籍的原因，客观上提高了社区矫正的成本，而负责机关也多不愿或尽力承担帮教责任。我们认为，是否对外来未成年人适用轻缓刑罚，可以参考表二中的关于矫正帮教风险评估，当然，除了调查矫正帮扶情况之外，还应当主动采取相关办法，努力为外来未成年人寻找适合的矫正场所，为适用缓刑创造条件。在向法庭提交的报告中应当包括成长情况、社区环境、监护人及合适成年人情况、个人主观心态等方面内容。社区矫正制度的完善与设计，需要组建统一的矫正机构，配备统一的矫正人员，检察机关应密切配合公安、司法部门的工作，应完善案后跟踪调查制度。定期回访考察，积极开展帮教活动，并与合适成年人、矫正部门一起着重了解外来未成年人的改造表现、工作学习情况、监护人管理情况等。

五、结语

在民事司法领域，基于立法的原因产生了“同命不同价”的司法尴尬，死亡赔偿的“城乡二元化”备受质疑；而在刑事司法领域，基于执法实践所带来的“同龄不同罚”同样是一个司法难题，未成年人面临刑事处罚轻重的“户籍二元化”也应当成为我们关注的焦点。当前，对于死亡赔偿的“城乡二元化”问题已经得到高层立法机关重视。死亡赔偿标准即将实现城乡统一、全国统一。① 而未成年人犯罪侧重于非监禁性矫治已经成为世界性的趋势，非羁押、非监禁、轻刑化已经成为国际社会对未成年人处置的主流手段。我们相信，随着经济社会的不断进步、司法和谐的不断发展，外来未成年人一定能够共享司法公正的灿烂阳光！

---

① 2010年6月27日，十一届全国人大常委会在人民大会堂举行第十讲专题讲座，作为主讲人的全国人大常委会法制工作委员会副主任王胜明向常委会全体组成人员和各专门委员会组成人员详细讲解了我国的侵权责任法律制度，其在会上提出了原则适用统一赔偿标准的观点。据法制网，http：//www. legaldaily. com. cn/2009zfzz/2009 - 06/30/content_ 1116253. htm。

我国少年犯罪之刑事政策探析

王宏玉*

少年是一个特殊的群体，其生理、心理特点决定少年法律问题具有特殊性。因此，世界上许多国家都制定单独的少年法并设置独立的少年司法组织机构来处理少年犯罪案件。通常，国际社会有“少年法”、“少年法院”之说，而在我国习惯用“未成年人”一说。根据我国法律规定，未成年人犯罪，是指14周岁以上18周岁以下的未成年人犯罪。具体包括两种情况：一是刑法规定的已满14周岁不满16周岁的人，犯故意杀人、故意伤害致人重伤或者死亡、强奸、抢劫、贩卖毒品、放火、爆炸、投毒罪的；二是已满16周岁不满18周岁的未成年人犯罪。

当前，少年犯罪日趋严重，已成为困扰各国的世界性社会难题，在世界范围内已被列为继吸毒贩毒、环境污染之后的第三大公害。我国少年犯罪形势也很严峻。针对少年犯罪，本着矫治与宽容的刑罚理念，各国普遍适用“轻轻”刑事政策。我国对未成年人犯罪的基本方针是“教育、感化、挽救”，与我国宽严相济刑事政策之“宽”的理念相同。但面对日益严重的少年犯罪问题，是应该“宽”还是“严”呢？就实证效果看，报应与矫治都未能有效遏制少年犯罪的严重化趋势。如何完善与发展少年犯罪之刑事政策，需要我们进一步探究。

---

* 中国人民公安大学犯罪学系副教授、法学博士。

一、国外少年犯罪之刑事政策简介

1899 年，美国伊利诺伊州颁布了《少年法庭法》，这是世界上最早的一部有关未成年人的专门刑事法，也是最早有关未成年人犯罪刑事政策的体现。其刑事政策宗旨是：1. 对于身心正处于发育中的青少年，应该改变过去那种只着眼于使用严厉处分的办法，而应该采取多种多样的保护和指导措施。2. 对于不同的青少年犯罪，应该采取灵活的、适合不同情况的改造和教育计划，以便使他们走上新生的道路，并为此规定了一系列具体措施。

截至目前，美国 50 个州和哥伦比亚特区都颁布了少年法院组织法。依据该组织法，共有 2700 个法院可以受理少年案件。美国各州审理少年案件的机构设置一般有四种：一是设立独立的少年法院；二是设立独立的家事法院；三是设立属于第一审法院的少年专门法庭，对外称少年法院。它有独立的院舍及工作人员；四是设立专人审理少年案件。

1905 年，英国也制定了少年法一类的法规，建立了少年法院。1908 年，德国也建立了少年法院，并在 1923 年制定了专门的少年刑法。法国、意大利等欧洲国家相继出台少年法，例如法国的《关于犯罪少年的命令》等。法国少年案件的管辖机关为少年法院和少年重罪法院，分别审理不满 18 周岁的少年轻罪案件及不满 18 周岁的少年重罪案件，同时，法院还有专门的少年法官，负责审理少年案件。

日本从 1923 年开始，陆续颁布了一系列专门的青少年法规。日本除 47 个都、道、府、县都制定有青少年保护条例外，在全国还制定专门的《少年法》和《少年审判规则》。现在，世界上大多数国家都有了自己的青少年法规。国际上关于少年司法制度方面的法律规定有：《联合国少年司法最低限度标准规则》（也称《北京规则》）、《联合国预防少年犯罪准则》、《联合国保护被剥夺自由少年规则》、《联合国儿童权利公约》等。

虽然各国少年犯罪的刑事司法不完全相同，但总的刑事政策价值取向是矫治，是从宽的“轻轻”政策。具体表现为：

第一，在刑罚上不适用死刑，量刑从宽，也有不少国家还限定了对未成年人适用有期徒刑的最高刑期，多适用缓刑并放宽假释条件；

第二，尽量采取非犯罪化、非刑罚化和非监禁化的刑罚方式，对少年犯进行矫正教育；

第三，对少年犯适用前科消灭制度，许多国家如美国、日本、德国都有前科消灭制度，主要有日本式和德国式两种方式。日本的方式是凡少年犯刑期执行完毕或者免予执行的，均视为未受过刑罚处分，德国的方式是通过判决来取消刑事污点；

第四，采取不定期刑。不定期刑，是一些国家处理未成年人犯罪的一种特殊的刑罚制度，即根据未成年人在执行刑罚时表现的好坏来决定其实际服刑期的长短，这也是青少年法的一个突出特点。有日本式、美国式、德国式三种形式。日本是对不定期存在较大争议但仍坚持使用的典型国家。正木博士在《刑法与刑事政策》一书中指出受不定期刑者出狱之后，有一半以上重新犯罪，这表明不定期刑同定期刑之间没有任何区别。他认为，“已经实施了40多年的不定期刑，在预防再犯方面并没有起到什么特别作用。”① 从美国等国家对少年犯罪的不定期刑实践来看，其效果也值得怀疑，特别是它容易带来以牺牲少年而防卫社会，或者在爱的名义下实际侵害少年权益的后果。② 德国《少年法院法》第19条曾经规定了不定期刑制度，但经过多年实践之后现已废除。③

从国外对少年犯罪适用不定期刑实践的角度，我国在现阶段针对未成年人犯罪并不适合引进不定期刑制度。

---

① 参见［日］森下忠：《犯罪者处遇》，白绿铉等译，中国纺织出版社1994年版，第70—75页。

② 陈敏：《减刑制度比较研究》，中国方正出版社2001年版，第19页。

③ 张明楷：《外国刑罚纲要》，清华大学出版社1999年版，第379—382页。

二、我国少年犯罪之刑事政策

我国学者赵琛早在20世纪30年代就在《少年犯罪之刑事政策》一书中说道：“少年犯罪者，应施以教育，陶冶其品性使其不致再犯，故刑之量定，颇费斟酌，如不应起诉而起诉，应缓刑而不缓刑，或刑期失之过重，皆宜引起反感，毫无实益。然刑期失之过轻，则又不能收矫正之效，此各国所以对于少年犯罪，大抵采不定期刑制度，使行刑者于其长期短期间，留一斟酌伸缩之余地也。”①

（一）我国未成年人犯罪刑事政策发展的几个阶段

从1979年至今，我国对未成年人犯罪的刑事政策经历了一个发展变化的过程。1979年至1990年，虽然后期萌生出以打击为主的综合治理措施，但还是以“严打”为主要特征。1990—1999年，以教育矫治为核心的未成年人刑事政策初步形成。21世纪后，尤其是2006年确立了宽严相济刑事政策，开启了未成年人犯罪处遇的新阶段。我国少年刑事政策发生改变，非刑罚化、非监禁化处遇的适用范围逐渐扩大。

（二）我国现行未成年人犯罪刑事政策

我国对违法犯罪的未成年人实行“教育、感化、挽救”的方针，坚持以“教育为主、惩罚为辅”的原则，另外，在青少年犯罪防控中，强调社会的“共同参与、综合治理”。②

德国当代著名刑法学家汉斯·海因里希·耶塞克曾经指出：通过对犯罪学的研究以及与此相联系的各种研究，现代刑事政策在怎样处理犯罪以及应该采取什么方法和手段来战胜犯罪方面，大致已经形成了以下三个共识：第一，立法者为了避免不必要地将某些行为规定为犯罪，同时也是为了在一般人的思想上维护刑罚的严肃性，必须将刑法所必须归罪的行为范围限制在维护公共秩序所必需

---

① 赵琛：《少年犯罪之刑事政策》，商务印书馆1939年版，第147页。

② 参见我国《未成年人保护法》第38条、《预防未成年人犯罪法》第3条的规定。

的最低范围之内。第二，因为大部分人都是正常发展的，所以，对于有轻微甚至中等程度犯罪行为的人，应当扩大在自由状态中进行考验的办法。犯罪暗数的研究不仅揭示了犯罪的普遍存在，而且发现，同导致人们陷入重罪的诱惑力相比，公民对法律的忠诚更强有力。只要人们对那些现实地威胁法律所保障的和平的严重犯罪还保有免疫力，就不应当认为公共安全受到了威胁。因此，对于有轻微甚至中等程度犯罪行为的人，应当扩大采取在自由状态中进行考验的办法。第三，应当使警察和司法机关的工作集中于较严重的犯罪，至于轻微的犯罪则委托给行政机关通过简易程序予以处理。[①]耶塞克教授的这一席论述实际上完整勾勒出了当代世界性刑罚改革运动的三大主题——非犯罪化、非刑罚化与非监禁化，这三大主题反映了刑罚轻缓化理念，尤其对少年犯罪，这三大主题正是各国对少年犯罪刑事政策的基本态度。

在我国司法实践中，根据对未成年人的基本刑事政策，公、检、法机关各有侧重，对未成年人犯罪适用非犯罪化、非刑罚化和非监禁化。公安机关在办理未成年人违法犯罪案件中，坚持预防为主、区别对待原则，依法减少刑事处理。检察院、法院专门设有未成年犯罪处（科、室）、少年法庭或合议庭，依法对未成年犯罪进行非犯罪化、非刑罚化和非监禁化处理。截至1999年底，我国3000多个检察院设有未成年犯罪检察处（科、室）。各级人民法院建立了专门审理未成年犯案件的少年法庭。全国法院已有3000多个少年法庭或专门合议庭，有1.5万多名法官专门从事未成年犯罪审判工作。部分中级法院和基层法院还建立了少年刑事案件审判庭、少年案件（综合）审判庭。[②]在实践中，检察院对轻微犯罪扩大适用相对不起诉、免予起诉或缓刑的比例逐步上升。目前在我

① ［德］汉斯·海因里希·耶塞克：《世界性刑法改革运动概要》，载《法学译丛》1988年第3期。

② 参见《教育·感化·挽救——关于未成年人犯罪及预防的思考》，载《人民日报》2000年9月22日。

国，对未成年人不起诉案件已经占检察机关受理起诉未成年人案件总数的10%，对未成年人适用缓刑的比率也有增大的趋势。[①]

在执法过程中，非监禁化的社区矫正试点实践积累了丰富的经验，取得了良好的效果。2001年1月，中央综治委成立了预防青少年违法犯罪工作领导小组，负责全国预防青少年违法犯罪工作的领导和协调，教育部、最高法、最高检、公安部等13个部门为成员单位，办公室设在共青团中央。2001年12月，河北省石家庄市长安区检察院向因盗窃而受到刑事追究的17岁的黎明发出了我国第一道“社区服务令”（Community Service），标志着对未成年人非刑罚化处遇措施在我国正式适用。[②]

2003年7月10日，最高人民法院、最高人民检察院、公安部、司法部四部门联合发布的《关于开展社区矫正试点工作的通知》中规定：社区矫正是与监狱矫正相对的行刑方式，是指将符合社区矫正条件的罪犯置于社区内，由专门的国家机关在相关社会团体和民间组织以及社会志愿者的协助下，在判决、裁定或决定确定的期限内，矫正其犯罪心理和行为恶习，并促进其顺利回归社会的非监禁性的执行刑罚活动。

此外，《关于开展社区矫正试点工作的通知》还明确规定了社区矫正的适用范围，是被判处管制、被宣告缓刑、被裁定假释、被暂予监外执行和被剥夺政治权利并在社会上服刑的5种罪犯。社区矫正的主要任务是按照有关法律法规，加强对社区服刑人员的管理和监督，确保刑罚的有效实施；通过多种形式，对社区服刑人员进行思想、法制和社会公德教育，矫正其不良心理和行为；帮助社区服刑人员解决再就业、生活等方面遇到的困难。

---

① 刘朝阳：《浅析中国未成年人犯罪刑事政策的发展脉络》，载马剑光主编：《和谐视野中的未成年人犯罪问题研究——中法检察官的努力与探索》，法律出版社2008年版，第29页。

② 刘朝阳：《浅析中国未成年人犯罪刑事政策的发展脉络》，载马剑光主编：《和谐视野中的未成年人犯罪问题研究——中法检察官的努力与探索》，法律出版社2008年版，第28—29页。

按照中央司法体制和工作机制改革的部署，2003年，社区矫正率先在北京、上海、天津、江苏、浙江、山东6省（市）进行试点，开始了社区矫正的全新探索。截至2006年底，经最高人民法院、最高人民检察院、公安部、司法部联合发文确定的北京、上海、天津、江苏、浙江、山东、河北、内蒙古、黑龙江、安徽、湖北、湖南、广东、广西、海南、四川、贵州、重庆18个社区矫正试点省（区、市）中，北京、上海、江苏已经在辖区内全面开展社区矫正工作。辽宁、吉林、云南、福建、江西、宁夏虽然不是试点地区，但在党委、政府的领导和支持下，积极筹备，也在一定范围内开始了试点探索。目前，试点工作已在全国24个省（区、市）的101个地市、423个县（区、市）、3663个街道（镇）展开，分别占全国省（区、市）、地市、县（市、区）、街道（镇）建设数的75%、30.3%、14.8%和14.3%，在全国较大范围内产生了积极影响。到2006年底，全国试点地区累计接收社区服刑人员89610人，解除矫正33765人，现有社区服刑人员55845人。社区服刑人员累计重新犯罪195人，重新犯罪率为0.22%。①

2006年11月27日至28日召开的全国政法工作会议提出了宽严相济的刑事司法政策。会议指出：严，就是要毫不动摇地坚持"严打"方针，集中力量依法严厉打击严重刑事犯罪。对危害国家安全犯罪、黑社会性质组织犯罪、严重暴力犯罪以及严重影响人民群众安全感的多发性犯罪必须从严打击，绝不手软。宽，就是要坚持区别对待，应依法从宽的就要从宽处理。对情节轻微、主观恶性不大的犯罪人员，尽可能给他们改过自新的机会，依法从轻、减轻处罚。2006年12月28日，最高人民检察院第十届检察委员会第68次会议通过《最高人民检察院关于在检察工作中贯彻宽严相济刑事司法政策的若干意见》（以下简称《若干意见》）第1条第2款规定："宽严相济是我们党和国家的重要刑事司法政策，是检察机关正确执行国家法律的重要指针。检察机关贯彻宽严相济的刑事

① 参见《法制日报》2007年3月26日。

司法政策，就是要根据社会治安形势和犯罪分子的不同情况，在依法履行法律监督职能中实行区别对待，注重宽与严的有机统一，该严则严，当宽则宽，宽严互补，宽严有度，对严重犯罪依法从严打击，对轻微犯罪依法从宽处理，对严重犯罪中的从宽情节和轻微犯罪中的从严情节也要依法分别予以宽严体现，对犯罪的实体处理和适用诉讼程序都要体现宽严相济的精神。”

宽严相济的重点还在于“宽”，“宽”是指宽大、宽缓和宽容，宽严相济基本刑事政策的提出，是我国基本刑事政策的丰富与发展，标志着我国刑事政策水平迈向了一个新台阶，为未成年人刑事司法提供了法律政策上的强力支持，开启了未成年人犯罪处遇的新阶段。

三、我国少年犯罪刑事政策的发展与完善

（一）美国少年刑事司法转型：惩罚的回归给我们的启示

20 世纪 60 年代以来，美国少年罪错案件呈持续增长之势，少年暴力型恶性犯罪突出，少年犯罪在整个刑事犯罪中比例较高。根据 FBI 的统计，2003 年美国执法机构大约逮捕了 220 万 18 岁以下的少年，占所有被捕人数的 16%。2003 年是自 20 世纪 80 年代以来少年占暴力犯罪而被捕者比率最低的一年，但其比率仍达到了 15%。[①] 20 世纪 80 年代以后，从政客、媒体到公众对传统少年司法提出了质疑，面对司法纵容的责难，美国少年司法政策不可避免地走向了严罚的道路。

自 20 世纪 80 年代以来，美国一些州开始以更严厉的措施来对待少年犯罪，这种渐趋严厉的趋势，被认为是敲响了国家亲权哲学“自新时代的丧钟”。1986 年，全美少年犯罪评议会提出名为《少年司法改革的分水岭》的报告，公开赞扬 20 世纪 70 年代末期起在各州渐趋明显的严罚倾向。在 20 世纪 90 年代中期少年暴力犯罪出

---

① Howard N. Snyder, Juvenile Arrests 2003, *OJJDP Juvenile Justice Bulletin*, August 2005.

现好转的情况下，少年司法仍然继续了严惩为主的政策。[①] 美国少年司法逐步撕下国家亲权哲学的福利“面纱”，直言少年控制和社会防卫，这样一种政策走势直到90年代末乃至今天仍为美国少年司法政策的主流。[②]

虽然美国20世纪80年代以来严惩主义成为美国少年刑事司法政策的主要特色，但严惩的矛头主要对准的是少年暴力犯罪、累犯和重罪，对其他少年犯罪仍发展了传统保护主义理念，可谓是“轻轻重重”刑事政策。

美国少年刑事司法的演变过程，对我国未成年人违法犯罪刑事政策的发展与完善有很好的借鉴作用和启示。目前，宽严相济刑事政策是我国的基本刑事政策，从美国少年犯罪刑事司法的变化以及成功与失败看，如何正确理解宽严相济，宽严相济刑事政策如何正确地适用于少年刑事司法，是我国少年犯罪刑事政策发展与完善的关键。

（二）我国少年犯罪刑事政策发展与完善的建议

我国目前也正处于未成年犯罪比较严重的阶段，但像美国那样对少年犯罪“严惩”的转变毕竟与国际社会少年犯罪刑事司法轻缓化理念相悖，也不符合以《儿童权利公约》为代表的国际性儿童保护公约。该公约的三大基本原则是18岁原则、无歧视原则和儿童利益最大化原则。可以说，这三大原则肯定的是福利型少年刑事司法理念，而非严惩。面对严峻的未成年人犯罪形势和传统少年刑事司法理念，如何完善和发展我国少年犯罪之刑事政策，笔者略提出一些建议。

1. 正确理解宽严相济刑事政策，对少年犯罪宽严相济，以宽为主

宽严相济刑事政策的提出，顺应了世界刑事政策的潮流。“宽

---

① Joan McCord, Cathy Spatz Widom and Nancy A. Crowdll, eds., *Juvenile Crime Justice*, National Academy Press, 2001, p. 13.

② 姚建龙：《超越刑事司法——美国少年司法史纲》，法律出版社2009年版，第165页。

严相济”与“轻轻重重”异曲同工，且对于轻重之间的协调和结合更为关注和强调。需要指出的是：在宽严相济刑事政策中，该宽则宽，该严则严，对于“宽”与“严”加以区分，这是基本前提。因此，宽严相济是以区别对待或者差别待遇为根本内容的。宽严相济，最为重要的还在于“济”。这里的“济”，是指救济、协调与结合之意。并且，宽严相济刑事政策首先意味着应当形成一种合理的刑罚结构，这是实现宽严相济刑事政策的基础。①

对于未成年人犯罪，我认为当“宽严相济，以宽为主”，坚持贯彻“教育、感化、挽救”的方针。我国对未成年人犯罪不适用死刑，这也正是宽严相济、严中有宽的体现。对未成年人轻罪和轻微罪，要坚持“宽”，尽量采用非犯罪化和非刑罚化的措施。针对未成年人严重暴力犯罪、累犯等，还是要“严”，但不是与成年犯一样的严，要本着挽救的态度，“严”中有“宽”。

2. 在未成年人犯罪案件中引入恢复性司法理念

恢复性司法是社会对犯罪的反应方式之一，它力求通过恢复性程序来达到被害人、犯罪人和社区复原的恢复性结果。

关于恢复性司法的定义，在国际上接受程度较广的是托尼·F. 马歇尔（Tony F. Marshall）在其《恢复性司法概要》一文中的界定：“恢复性司法是由犯罪人、被害人及他们所在的社区共同参与，并与法定的犯罪问题处理机构之间保持着一种积极关系的，一种处理犯罪相关问题的方式。”② 该定义强调的是为被害人及其家庭、社区这些与犯罪者之间有着重要关系的个体创造一个参与问题解决的空间。

恢复性司法克服了福利型少年司法和报应型少年司法各自的局限性，具有独特价值，在少年司法中，引入恢复性司法理念，具有重要价值。

---

① 陈兴良：《宽严相济刑事政策研究》，载《法学杂志》2006年第1期，第17页。

② 托尼·F. 马歇尔：《恢复性司法概要》，载王平主编：《恢复性司法论坛》2006年卷，群众出版社2006年版，第323页。

恢复性司法理念在我国的实际运用就是刑事和解制度，我国未成年人犯罪刑事和解制度，完全可以在侦查、起诉、审判以及执行等司法过程中适用。

在侦查阶段，对于符合自诉条件的轻微刑事案件，如果双方当事人达成和解，公安机关可以不予立案或撤销案件。但在侦查过程中，也应防止和解的滥用，对于非自诉的比较严重的刑事案件，还是应依法移送检察机关审查起诉。

在审查起诉阶段，检察机关对达成和解的轻微刑事案件，可以依法作出酌定不起诉的决定。对于其他比较严重的刑事案件，如果当事人达成和解，检察机关可以建议法院量刑时从轻考虑。

在审判阶段，对于达成和解的未成年犯罪案件，法院可以结合具体案情，对未成年犯罪人予以从轻、减轻、免除处罚，或依法适用缓刑。

在执行阶段，可将刑事和解作为对未成年犯罪人减刑或假释的依据之一。

在少年刑事司法中引入恢复性司法理念，适用刑事和解制度，通过加强被害人与社区的有效参与，为被害人与社区营造一个与犯罪人交流的空间。在交流中，被害人叙说犯罪行为对其本人及家庭造成的伤害，能使少年犯罪人更直观、更深刻地认识到自己的犯罪行为给他人造成的伤害，承认犯罪并深刻悔悟自己的犯罪行为，更有利于教育、感化、挽救未成年犯罪人。

3. 完善少年犯罪社区矫正制度

社区矫正是一种不使罪犯与社会隔离并利用社区资源教育改造罪犯的方法，是所有在社区环境中管理教育罪犯方式的总称。

对未成年人犯罪进行刑事司法保护是国际惯例。现代社会学的研究表明，许多未成年人之所以违法犯罪，很重要的原因是社会化过程的阻断或弱化造成社会适应能力的降低甚至消失。他们无法通过社会公众所认可的方式和途径维持其在社会中的正常生活。而传统的监禁矫正方式，更多地带有惩罚、威慑、与社会隔离的色彩，不利于未成年犯罪人的再社会化。当前，许多国家建立了少年刑事司法制度，加强对未成年犯罪人的保护。我国近20年来对未成年人司法保护的发展，尽管取得了十分显著的成绩，但尚存在着差距。为此，我国应关注国际社会对未成年人刑事司法的发展方向，借鉴其成功经验。对于未成年人犯罪，不应过分依赖刑事手段，监禁刑是迫不得已的处理办法。因此，针对未成年犯罪人的生理、心理特点，最好对其适用社区矫正。在我国，建立少年刑事司法制度，确立适合未成年人特点的社区矫正管理模式，对未成年犯罪人直接适用社区矫正刑，尤其是对那些罪行较轻的未成年初犯、偶犯应适用社区矫正，是我国少年司法发展的方向。

4. 有条件地建立前科消灭制度，对少年犯罪有条件地"洗牌"

未成年人由于其生理、心理以及犯罪原因的特殊性，并不适合监禁刑，社区矫正对于未成年人尤其是罪行较轻的未成年人来说，是比较适合的矫正方法。从北京社区矫正对象的适用范围来看，还比较窄。在上海社区矫正实践中，规定社区服刑人员主要适用社区矫正的范围是可能被判处三年以下有期徒刑、拘役的，包括初次犯罪且罪行较轻的；犯罪时未满18周岁的……[①]我国社区矫正实践对未成年犯社区矫正制度的建立也是一个有益的探索。除了扩大未成年人社区矫正的范围外，如何矫正未成年犯、消除未成年人心中的隐痛也是社区矫正工作面临的困惑之一。有条件地建立前科消灭制度，对罪行较轻的被判缓刑的少年犯罪有条件地进行"洗牌"，也是少年犯罪刑事政策应发展和完善的地方。

标签理论（Labeling theory，又称"标定理论"、"贴标签论"等），是一组试图说明人们在初次的越轨或犯罪行为之后，为什么会继续进行越轨或犯罪行为，从而形成犯罪生涯的理论观点。贝克尔是标签理论的主要代表人物，他指出："社会群体通过制定那些违背他们就会构成越轨行为的规则来创造越轨行为，并且将那些规则适用于特定的人，给他们贴上局外人（outsider）的标签。根据

① 参见上海高级法院〔2003〕209号文件：《上海法院参与社区矫正工作的若干意见》。

这种观点，越轨行为不是个人实施的行为的特性，而是别人将规则和制裁适用于‘犯罪人’的结果。越轨者是被成功地贴上标签的人；越轨行为是人们如此标定的行为。”①

该理论背离实证派犯罪学从犯罪人的角度研究犯罪原因，而是将研究的重点从犯罪人转向对犯罪人及其犯罪行为产生重要影响作用的重要他人，包括教师、警察、邻居、父母、朋友等，转向控制犯罪的机构，探讨这些控制犯罪的机构在促成犯罪方面的作用。标签理论家在进行理论研究的同时，也提出了改革控制犯罪的机构与制度的建议。同时，由于标签理论把传统犯罪学理论中认为是控制犯罪的力量的重要他人，看成是促成犯罪的力量之一，所以，这种理论在研究犯罪原因的着眼点上与传统的犯罪学理论有着较大的差异，因而被认为有激进色彩。

该理论对于实证派犯罪学所论述之犯罪原因，例如犯罪受“体质”及“环境”的影响不以为然，认为犯罪人乃是受刑事司法机关之标签所致。标签理论认为，一个人被贴上标签后，便会产生烙印效应，并自我修正为犯罪人形象，因而脱离社会加深其犯罪性，从而成为真正的犯罪者。例如一个人被逮捕、拘留后，将产生莫大的心理负担。若是被判有罪而在服刑中，对其家庭及个人将产生巨大打击。服刑归来后，对其回归社会也会产生不良影响。况且基于刑罚本质的限制，难免在服刑时感染一些不良恶习。因而，尽可能从刑罚之最后手段原则考虑，优先考虑不干涉之刑事政策，从而朝非犯罪化、非刑罚化以及非监禁化的宽松的刑事政策发展。

标签理论是以社会批判为主要内容的犯罪学理论，目前正遭受许多批评。例如标签理论不能解释为什么在同一时空下，有的人犯罪有的人不犯罪；更不能解释初级偏差行为的来源，而且有些犯罪本质上即为邪恶之行为。标签理论也无法解释犯罪率的变化，况且执法者常以犯罪之严重行为取缔标准，人口变化影响并不大且受自我形象影响亦相当小。也就是说，标签理论事实上并未获得实证

① 吴宗宪：《西方犯罪学》，法律出版社1999年版，第535页。

支持。

尽管如此，标签理论对于欧美法治国家的刑事司法仍有相当程度的影响。“它迫使近代法治国家刑罚权的发动更加谨慎，对于未受刑罚制裁之人，扩大运用转向处分”。[①] 因而，标签理论的提出，从某种意义上讲促进了现代宽松刑事政策的发展。

罪行较轻、被判缓刑的青少年虽然不被监禁而是在社区内执行，但其身份仍然是刑事犯罪人，带着曾经犯罪的“标签”，在这种“标签”作用下，这些青少年在升学、就业、交友等方面就可能会受到一些影响，其中一些人身危险性不是很大、在一时冲动下犯罪的少年有可能会产生消极的心理反应。建议对罪行较轻、被判缓刑、在社区内执行的少年犯罪人，如果矫治效果良好，可以适用前科消灭制度，对其案底可以有条件地“洗牌”，即消除其案底或在该少年的个人档案中不记录其曾刑事犯罪，但这种“洗牌”不是无条件的，其案底还应保留在司法机关，但无特殊情况必须严格保密，以使该类青少年在没有“标签”标定的情况下毫无“隐痛”地重返社会，成为社会合格一员。

少年是国家的未来，我国非常重视未成年人犯罪问题，和谐有效的刑事政策对预防与控制少年犯罪意义重大，希望本文对我国少年犯罪之刑事政策的粗浅研究，能起到一个抛砖引玉的作用。

---

① 林山田、林茂东：《犯罪学》，三民书局1984年版，第160页。

青少年性犯罪的刑罚谦抑化论争之辨析

毛建中*

前言

近年来，对未成年人性犯罪的认定和量刑上予以关怀和宽容的刑事政策与如何有效保护幼女始终是刑法学界关注的话题，但同时，预防和减少未成年人犯罪现行的法律和管理条例对未成年人犯罪实在太宽容的批评声音同时伴随，要求不但提高打击力度，并且提高对未成年人违法犯罪行为的惩罚力度的重刑社会压力集团呼声不断。司法理论界与实务界对青少年性立法的高度关注，引人深思，其在深度和广度上对我国刑罚立法价值取向和趋向影响深远，并且成为对废除死刑刑罚谦抑化与峻罚压制危害社会治安恶化趋势立法之间博弈胜负的风向标笔者借此文，辨析此法论争，抛砖引玉，以期在对未成年人性犯罪刑罚改革和发展的主流趋势论争中，对我国刑罚强化与弱化所呈现的不同价值取向，变化中所蕴涵的选择，获取令人一窥未来趋势的可能性。

一、未成年人性犯罪刑罚谦抑化论争沿革与背景

（一）未成年人性犯罪处置中传统论争渊源

由辽宁省高级法院向最高人民法院提出请示，最高人民法院专

* 浙江省杭州市人民检察院助理检察员，法学硕士。

门作出的《关于行为人不明知是不满 14 周岁的幼女双方自愿发生性关系是否构成强奸罪问题的批复》中规定："行为人明知是不满十四周岁的幼女而与其发生性关系，不论幼女是否自愿，均应依照刑法第 236 条第 2 款之规定，以强奸罪定罪处罚；行为人确实不知对方是不满十四周岁的幼女，双方自愿发生性关系，未造成严重后果，情节显著轻微的，不认为是犯罪"当时，北大法学院教授朱苏力分析了最高人民法院关于法定强奸之司法解释的法理和潜在实践后果，论证了这一解释有悖于法理、人情，违背了保护 14 岁以下幼女这一相对弱势群体的基本公共政策；从实践上看，这一解释有可能带来不可预知的社会后果，有利于某些特殊群体的犯罪非法行为；从中国当代国家机关的分权惯例和制度权能来看，这一解释有越权违法的嫌疑。论文的另一部分从这一司法解释的问题切入，提出了司法解释中的公共政策、理论背景及其限度的问题，并对通行的犯罪构成理论提出某种适度的质疑。①

刑法界学者和其他学者当时在基本肯定《批复》的同时，批评《批复》没有将正确观点贯彻始终，表现在后一部分内容（即"未造成严重后果，情节显著轻微的"）与前一部分（即"行为人'明知'和'确实不知'"）相矛盾，为严格责任留下可乘之机，因此前一部分是公正的，后一部分是不公正的。对此，甚至被评价其是"一个半公正的司法解释"。可能出于不同因素的不便和有意避嫌，在这场持续了三年多，既是理论问题更是司法实践问题的大辩论中，极少有司法实务界人士参与其中，而在此期间也未见任何

① 朱苏力：《一个不公正的司法解释》，引自法律思想网登载。

"官方"意见，特别是没有见到最高权力机关明确的裁决。[①]

（二）论争的宿因——严峻未成年人犯罪形势与分流和非监禁处理少年司法制度主流的矛盾

综观中国当前未成年人犯罪的变化和发展，形势严峻，未成年人犯罪的类型增多，犯罪的事实叫人触目惊心，这已经是一个不争的社会现实和社会共识[②]。而与此同时，我国少年司法制度主流却

---

① 但有学者反对该种观点，认为审判机关对未成年人性犯罪的立场长期保持明确一致。首先，2006 年 1 月 23 日起施行的《最高人民法院关于审理未成年人刑事案件具体应用法律若干问题的解释》，并不是一个全新的司法解释，而是对 1995 年 5 月 2 日颁布的《最高人民法院关于办理未成年人刑事案件适用法律的若干问题的解释》进行修改而成的。《最高人民法院关于办理未成年人刑事案件适用法律的若干问题的解释》中有关未成年人与幼女发生性行为如何定性是这样表述的："以下情形，可以不认为是犯罪：……3. 已满 14 岁不满 16 岁的人偶尔与幼女发生性行为，情节轻微、尚未造成严重后果的。"有关这一问题的较早的司法解释有 1984 年最高人民法院、最高人民检察院、公安部联合发布的《关于当前办理强奸案件中具体应用法律的若干问题的解答》："14 岁以上不满 16 岁的男少年，同不满 14 岁的幼女发生的性行为，情节显著轻微，危害不大的，依照刑法（指旧刑法——编者注）第十条的规定，不认为是奸淫幼女罪，责成家长和学校严加管教。"而新近的司法解释则有 2000 年 2 月 24 日最高人民法院《关于审理强奸案件有关问题的解释》："对于与幼女发生性关系，情节轻微、尚未造成严重后果的，不认为是犯罪。"从这一背景的交代中我们可以看出，对于"已满十四周岁不满十六周岁的人偶尔与幼女发生性行为，情节轻微、未造成严重后果的"这种情况如何处理，人民法院十多年来的态度都是一样的。

笔者认为，多次的司法解释不但没有使未成年人性犯罪立法定罪量刑问题得到拓清，反而愈加混乱，但从不同高法法令行文中，所使用词汇、程度轻重、是否为禁止性规定都是不能说完全统一的。

② 未成年人犯罪社会心理有因可寻，据广东省文明办2006 年 4 月的调查，部分未成年人的思想道德现状也实在让人担忧。一是人生价值取向发生偏离，二是对民族历史文化传统认同减弱，三是独立自主能力、心理承受能力、挫折承受能力较差，四是遵守社会规则和秩序的意识淡薄，五是偏差行为和违法犯罪增多。中小学阶段是未成年人人生发展和道德品质形成的关键时期，尤其是处在社会转型期的中小学生。社会转型期的快速经济增长在打破原有社会关系的同时也打破了原有的社会道德体系。这个时期，新的道德体系和旧的道德体系、传统的道德体系和现代的道德体系、本土的道德体系和舶来的道德体系，都使未成年人的精神世界经历着从未有过的混乱、迷惘、冲突与裂变。大多数未成年人罪犯的身份是小学或初中毕业后未能进一步求学的流失生、辍学生以及无业人员。他们整日无所事事、混迹于市井，极易误入歧途。未成年人犯罪呈现逐年增加的趋势，有着深层次的原因，其中包括家庭教育、社会环境等因素。专家介绍，家庭、学校片面追求升学率，忽视了对未成年人成长至关重要的道德及法制教育，致使许多未成年人道德素质低下、法律知识匮乏。他们将吃、喝、玩、乐当成人生目的，当超前的物质欲望和现实发生矛盾时，强烈的内在动力就会驱使他们铤而走险。

正在向分流制度和非监禁处理制度靠近，体现了与国际少年司法制度发展趋势相融，正慢慢接近于国外先进国家的做法的趋势。矛盾的是，面对未成年人违法犯罪行为高发的严峻形势，安全的迫切的需求，司法解释有放纵犯罪之嫌的声音不断出现。对青少年犯罪刑罚的刑事政策的运行论争不断，相互批驳之声异常激烈。2005 年底，最高人民法院出台的《关于审理未成年人刑事案件具体应用法律若干问题的解释》再次将未成年人与幼女发生性行为作细化规定的司法解释的出台，未成年人与幼女发生性关系是否构成犯罪的激烈争辩开始达到白热化。

（三）立法对未成年人性犯罪刑罚强弱博弈局面的确立

2005 年 12 月 12 日，最高人民法院《关于审理未成年人刑事案件具体应用法律若干问题的解释》①，再次将未成年人与幼女发生性行为作细化规定："已满十四周岁不满十六周岁的人偶尔与幼女发生性行为，情节轻微、未造成严重后果的，不认为是犯罪。"最高院的这条司法解释可以说是在综合了近十年来出台的所有针对未成年人的司法解释、批复基础上，对未成年人刑事案件在司法实践中的一些长期存在争议的问题作出了界定。

将未成年人与幼女发生性行为作细化规定，形成界定，引起社会各界的广泛关注，这一司法解释实施伊始即引起法律人士和普通百姓的广泛争论。应该承认，在早恋、性行为低龄化的趋势下，这样的司法解释出台有它的必然合理之处。但放宽对未成年人的法律约束究竟是对还是错？这一新规会否在无形中助长少年性行为蔓延的势头？而更深层次中凸显出的未成年人性犯罪刑罚谦抑化的信息，使原有的未成年人与幼女发生性关系刑罚强化与弱化立法价值取向相对和缓的碰撞更加激化，激烈争辩在司法实务界与学术界广泛展开。

---

① 《最高人民法院关于审理未成年人刑事案件具体应用法律若干问题的解释》已于2005 年 12 月 12 日由最高人民法院审判委员会第 1373 次会议通过，自 2006 年 1 月 23 日起施行。

论争：未成年人偶与幼女发生性行为不都算犯罪：

支持刑罚谦抑化、支持此立法界定的人，认为有利于保护另一方未成年人权益，在一定程度上有利于今后未成年人刑事案件的审理，并且在对未成年人犯罪的认定和量刑上予以关怀和宽容的刑事政策。

反对此界定的学者声称此举会助长未成年人犯罪，近期一些法律职业者在网上发表意见，提出不同观点。认为，此司法解释的出台，遭受伤害最大的就是幼女，幼女的权利得不到司法全面的保护，一些未成年人会利用法律打擦边球，在与幼女发生性行为后，逃脱法律的制裁。① 民众担心，该司法解释会助长未成年人犯罪，不利于社会稳定。

二、法律职业群体谦抑鼓吹与民众对纵容性犯罪的忧虑的对峙

（一）对立法权限的严重僭越的批判

这类思考从较为深度的程序制度理性层面出发，认为立法权属于全国人大及其常委会，而最近几年最高法院却频频突破法律规定搞解释，有的甚至与法律规定直接相悖，这是典型的司法权对立法权的侵犯！最高法院的司法解释规定：“……不认为是犯罪。”这样的司法解释是否合法？反对呼声中多指出《立法法》规定，关于犯罪和刑罚的立法权是专属于全国人大的，全国人大何时将这种权力委托给最高法院？如果有，这种委托又有何法律依据？《刑法》也已在总则中规定，“……情节显著轻微，危害不大的，不认为是犯罪。”那么这一司法解释又有何必要？支持这一未成年人性犯罪刑罚谦抑化的司法解释条令方辩解认为，这个问题是个普遍问题，认为国家立法权和司法权的混同确实比较严重，最典型的就是“两高”的司法解释中经常出现对于现有法律的超越性解释。从立

① 对奸淫幼女的资源优势型奸淫、身份优势型奸淫与年龄相仿型奸淫的区分，这三种类型的交织性存在随时可能，依此逃脱法律的制裁可能性的忧虑并非空穴来风。

法法的角度来说，这当然是违法的，但是主张考虑到这种状况的广泛性，如果将这些解释一概认定为无效，将导致更大的混乱。因此现阶段只能暂时认可它们的效力。①

另外，从国家机关的分权惯例和制度权能上来看，最高法院的这一解释有越权违法的嫌疑。自然，承认司法解释内容符合法理和实践合理性，不等于对这样的解释本身投了赞成票。

最高法院的这一司法解释，不过是对于司法实践中既有做法的一种具有法律约束力的总结，而非不顾现实的另起炉灶。但是问题在于，最高法院的这一“总结”，是否超越了自己的权限？对此，我们同意朱苏力教授的如下论断，即认为，“法官一定要接受立法机关的判断，而不是将自己凌驾于立法机关之上。②”但是迄今为止，我国刑法理论与司法实践对刑法适用解释尚未进行深入、系统的研究，对刑法适用解释的基本问题诸如解释目标、解释主体、解释方法、解释规则，尤其对于司法解释与立法解释的分工等尚未达成基本共识，这已经成为制约我国刑法研究进一步深化、影响刑法机制顺畅运行的一个重大理论与实践问题。③

（二）立法技术缺陷的不明批评

对“已满十四周岁不满十六周岁的人偶尔与幼女发生性行为，情节轻微、未造成严重后果的，不认为是犯罪”，反对者质疑该司法解释的立法文义水平，主张首先必须明确这里说的性行为是出于双方的自愿，没有强奸的成分。以避免文义模糊所引发的适用混乱，甚至产生前文朱苏力先生对此产生的悲观疑虑。

笔者认为，第一，在存在刑法第十七条之规定的情况下，本解释中所说的性行为当然属于自愿发生的性行为。第二，由于奸淫幼

① 对此，笔者认为司法解释应严格依定基本法法义施行，对于高法司法解释突破法律，有的甚至与法律规定直接相悖，支持该司法解释的主张无法在立法形式规范上占有立场。这也成为批驳该法令的仅有的最强有力立论根据。

② 朱苏力：《一个不公正的司法解释》，引自法律思想网登载。

③ 付立庆：《庇护的底限——简评朱苏力〈一个不公正的司法解释〉》，时间：2003-3-12 13：18：48，引自法律思想网登载。

女罪作为一个罪名已经不存在了，属于强奸罪的结果加重情节之一，由于2002年“两高”实际上取消了奸淫幼女罪，这相当于扩大了已满十四周岁不满十六周岁的未成年人应负的刑事责任的范围。所以说，该解释第6条相当于对这一问题的明确，因为“情节轻微”可以说是排除了第236条第3款第1项的情况，说明指的基本是第236条第2款的情况。而“未造成严重后果的”这一限定明确说明，不满16周岁的人，触犯第236条第2款也是要负刑事责任的，如果造成严重后果的话。①

司法解释毕竟是司法解释，不是创设法律规范，而是对原有的法律规范的适用进行解释界定，所以，虽然要尽量追求其用词的精确、严谨、科学，但是笔者认为，更重要的是对其中最高法院的法律适用的意图进行把握。法的精神不能只局限于单个条文的理解，要综合考虑。具体到“已满14周岁不满16周岁的人偶尔与幼女发生性行为，情节轻微、未造成严重后果的，不认为是犯罪”这一条，不单单是对《刑法》第236条第2款的解释，还综合了第13条的“情节显著轻微危害不大，不认为是犯罪”、第17条未成年人刑事责任的规定等等。其意图就是告诉法院在审判中，对于女孩虽然不满14岁，但是只要年纪相差不大、双方自愿，就实行非罪化处理；至于“偶尔”“情节轻微、未造成严重后果”这些还是应该由法官自由裁量的。现实生活多样性，没办法一一罗列，只能作一个原则性的解释，交给法官自己衡量。

另外，在法律适用时，“偶尔”及“未造成严重后果”的模糊叙述是符合立法常态的，认为语言模糊是成文法本身缺陷，主张造

① 支持方更为激进的建议，主张把“已满14周岁不满16周岁的人偶尔与幼女发生性行为，情节轻微、未造成严重后果的，不认为是犯罪”中的“情节轻微，未造成严重后果”给去掉。认为留下这个尾巴可能是为了起到安抚作用，但是实际效果适得其反，将来迟早还会需要对什么叫情节轻微，什么叫严重后果进行再解释之上的再解释，不如干脆去掉。如果情节确实严重，后果也确实严重，以至于触犯了其他刑法规定，那就直接按照其他的规定处罚。如果没有触犯其他规定，那同样不需要作出刑法范畴内的评价。

成误读与司法解释表述本身存在的缺陷也有一定的关系。但是，要求立法将行为细节列举备细，从而排除任何人为因素显然是不可能的。法律适用排除人为因素，无异于缘木求鱼。故法律本身不可能尽善尽美面面俱到。相反，它必须存在客观上可操作的空间。认为我国作为成文法国家，强调法的稳定和减少人为因素，这意味着判例被排除在法律再生资源之外。然而，法条本身不可能将每一个细节都描述清楚，这在技术上也不可能实现。可以说，该表述是成文法本身的缺陷所在。企图要求法律的所有用语都“毫不含糊”，法官只需“对号入座”似的机械适用法律，既是不可能的，也是不可欲的。第一，语言本身就具有模糊性、多义性，我们难以做到完全精准；第二，现实生活千姿百态，并且处于不断的变动中，而法律又必须保持一定的稳定性，不能“朝令夕改”，这样法律便不得不使用一些具有涵括力的词语以保持其活力；第三，如果我们要消除法律中所有带模糊性的用语，则必须使用大量的定语进行界定，这可能会使法条冗长得谁都不愿意去阅读。因此，司法解释中出现“轻微”、“偶尔”、“未造成严重后果”这些带有规范性因素的用语并不出奇。①

（三）民众对刑罚法律效用浮现的困惑

反对呼声主张，此界定与当前的社会现状根本就不符②。根据目前未成年人犯罪社会学调查，相当数量的未成年人性犯罪性质是极其严重的，手段的残忍也是成年人所始料不及的，性犯罪的成熟

---

① 但对该司法解释的文义性模糊的现实，存在第三种观点主张：对于司法解释中有些语言让人感觉模糊的问题要一分为二地来看待。如果一个司法人员，已经树立了以上司法理念，同时，按照“疑罪从无”的原则，对于这些处于边沿上的情形，完全可以行使其司法裁量权，按无罪处理，这样既体现了法律的理念，也符合刑事诉讼法的相关制度。不过，对于那些缺少现代司法理念，尚未把握刑事司法的规律与真谛的人来说，屈从一时间社会与舆论的压力而机械执法，确实产生困难。

② 笔者认为，民众的担忧还是值得忧虑与谨慎对待，司法解释是想到社会实际了吗？若有充分数据和社会基础，为何不由人大立法？甚至有批评意见有对此司法解释的质疑，甚至出现了其有为了讨好当前“和谐”时尚的一种做作之举动的怀疑。

程度是成年人难以想象的[①]，背离严峻的未成年性犯罪现实，未谨慎考量民众对该法令超出社会一般对年龄不足产生的认知薄弱缺陷[②]的宽容体谅程度的不明智之举的不满与抱怨。“人们不禁要问，这是在为什么人立法”；[③] “明眼人一看就知道，这个司法解释对犯罪有利，对不满十四周岁的幼女有害，对整个社会有弊无利……这一司法解释却在替犯罪开脱”[④]。有失谨慎的宽简，引发了部分民众甚至部分学者对法律效用失望情绪的质疑。[⑤]

在理解误区中的民众与法律职业群体认知间的对峙洞若观火，不同法律适用的主体，在这场激烈的性立法中的论争中，在对于民众对于司法解释将出现纵容性犯罪的忧心忡忡的斥骂声中，与法律职业群体谦抑认知的唱和声中，宽容与纵容，异于冰炭，法律的专业精密化与普通民众产生的理解距离感有如鸿沟在前，有学者主张司法解释直接面对的不是社会民众，而是适用法律的法官，首先要保证法官们能更好地运用法律，至于教育大众、增强社会法律意识，只是它衍生的一点。

综上所述，在对未成年人性犯罪刑罚强弱博弈中全面合法性论争中，显示了最高院在这个局部问题上进一步科学界定了刑法的功能以及刑罚的调整范围，映现了良好的立法意图，对未来司法实务

① 现在很多成年人社会老大都害怕未成年小地痞，一般不愿意和他们发生冲突，此例证可以佐证未成年人犯罪行为对社会秩序结构稳定性的破坏力。

② 当然现在也有观点认为刑事责任年龄应当降低的主张。

③ 寇庆民：《荒唐的司法解释》，载光明网，2003 年 1 月 26 日

④ 文志传：《是保护幼女，还是纵容犯罪》，载人民网，2003 年 2 月 2 日。

⑤ 抱怨立法效能的情绪产生，并非危言耸听。民众批评《劳动法》，现在的一裁二审制度，耗时长久，不能证据保全，不能财产保全，等打赢了劳动官司，被诉人早跑了，根本无法执行。《交通法》，鼓励“碰瓷”和自杀。《刑法》保护年轻“混混”。《国家赔偿法》，民事错判没有赔偿等等民众对法律效用失望情绪有所显露。

“尽管我相信导致这一批复之发生的那个案件绝不会是一个普通人的案件，我也相信在这个最终惊动了最高院审委会的案件也一定有许多法律人、法学家甚至法官上下其手，但我相信最高人民法院还不至于有这样的意图。但是，至少就其实际后果或可能的预期而言，我们就不能不承认——假如我上面的分析是有道理的话——这种质疑不是完全没有根据的”。朱苏力：《一个不公正的司法解释》，引自法律思想网登载。

中的效果产生了积极影响。但稚嫩缺陷的立法技术，犯罪刑罚立法权限的严重僭越的先天不足、普法宣传能力不足，加之民众理解法律的能力有待提高，合力导致了这场辩论。

三、具体法治与构建式推进——未成年人性犯罪刑罚强弱博弈中的路径选择

最高法院这个司法解释是对未成年人涉嫌犯罪的处理“非罪、轻刑”潮流的一个总结。司法解释最根本的问题还在于立法的价值取向的确定，我们的法律在保护什么、在维护什么，我们的法律又在倡导什么、鼓励什么。法律所具有的预测和指引功能以及最终的教育作用总是要在一个法律规则中体现出来。然而，在目前青少年犯罪高发而且手段日趋凶残的态势下，在各种青少年犯罪预防、矫正、挽救机制的有欠完善下，这样的司法解释引发激烈的论争无疑有这深层次的内因。

（一）法律的文明——性伦理维护与法律的功能分界

对于民众评论所体现的忧虑，司法解释将出现纵容性犯罪的后果，对性泛滥的道德忧虑情绪弥漫在社会文明的建构中。

没有法律就没有文明，即使在道德王国中。尽管道德与良法存在本质一致性，但两者在层次上不可同日而语。而用道德来衡量法律则无异于要求虫蛹如蝴蝶般飞舞。从这个角度来看待司法解释是否会纵容未成年人性行为，笔者认为，道德与法律的界定，是法律文明的基础内涵之一，涉及道德领域的问题应当由道德去解决。法律仅能针对社会利益进行权衡、选择和整合①。在此司法解释之

① 有观点认为，性立法问题关键来源于我们道德中的性的专一性和排他性，而这种道德的产生根据是家庭这一人类生存发展效率较大的形式和我们以前的血亲制度，目的是让家庭这一形式更好地保持。而当今性和生育被现代技术分割了，这样性对家庭和血亲的影响就降低了，也就是说性排他性的社会实际的基础可能没有了。这样我们不得不承认性排他性的约束力也变弱了。性的婚前、婚外发生变得常见了，而我们再用以前的道德观点去看待它，用道德的惯性去考虑问题就没有太多的预见性了，故此主张性伦理的新的变革是以世俗功利为取向的。

下，诸如采取暴力手段或非暴力（如诱骗）手段，造成幼女人身损害，显属情节严重，不在无罪之列。但未成年人两情相悦而发生性行为诚非法律所能干预，故也就不存在纵容的问题。问题最终回到如何防止未成年人犯罪，这已属老生常谈。

我国普法教育不可谓不力，但普及的均为刑法。重在教育其不可犯罪，很少帮助其形成法权观念。事实证明，青少年犯罪率并未因此而降低。国人惯于漠视自己的法律权利而对非法的利益则孜孜以求，这无疑并未常态。我个人认为，当前有必要加强青少年的权利意识塑造。不重视自身生命和权利者不可能重视他人的生命和权利。另外，对青少年“性”认识的合理引导亦属十分必要之举。国人对“性”至今讳莫如深，而青少年生理早熟之“势”已经对社会频频发起冲击。因“势”利导显然比一味禁止，甚至施以严刑峻罚威吓更为有效。

（二）普适性构建式推进——从理性主义出发的未成年人性犯罪刑罚谦抑化潮流

如何理解这个未成年人性犯罪刑罚谦抑化主流司法解释，理性主义的刑罚观分以下几个层次来认识论证此种制度建设的合理性。

1. “教育为主、惩罚为辅”与国际未成年人刑事司法潮流应和

从“儿童利益最大化”的角度来看，这样的司法解释体现了《儿童权利公约》中倡导的精神。

所谓儿童利益最大化，指的是凡涉及儿童的一切行为，必须首先考虑儿童的最大利益，尊重儿童基本权利的原则，所有儿童都享有生存和发展的权利，应最大限度地确保儿童的生存和发展。《公约》规定，“任何儿童不受酷刑或其他形式的残忍、不人道或有辱人格的待遇或处罚。对未满 18 岁的人所犯罪行不得判以死刑或无释放可能的无期徒刑。”“不得非法或任意剥夺任何儿童的自由。对儿童的逮捕、拘留或监禁应符合法律规定并仅应作为最后手段，期限应为最短的适当时间。”我国早在 1990 年就已成为该公约的签约国。因此，无论出台什么样的司法解释，都必须严格遵守上述基本原则。应该说，最高人民法院出台的这个司法解释在很大程度上

遵循了这一原则，值得称道。

2. 刑事罪责矫正弊大于利

当然，面对未成年人违法犯罪行为高发的严峻形势，有人认为这样的司法解释有放纵犯罪之嫌。我认为，这样的担心确实有一定的道理，不过，从理性出发，从长远与大局意识来看，从标本兼治的角度，这种担心是多虑了。因为，这种想法可能太看重刑罚的作用了，却忽视了出现这种趋势的原因是什么。事实上，只要摸清犯罪原因，对症下药，坚持“预防为主，惩罚为辅”的原则，就能够更有效地遏制这些犯罪行为的高发势头。

3. 该司法解释符合刑法谦抑性理念

刑法谦抑性要求刑罚的适用只能作为最后手段，只有当其他方法难以奏效时作为补充手段来适用，同时，还要求刑罚尽可能轻缓与宽和。我理解，在适用对象上，也只能对那些罪大恶极者、成年人罪犯优先考虑适用，而对轻微犯罪、未成年罪犯就应当或减或免。而事实上，对未成年人的轻微犯罪，完全可以通过刑罚以外的各种方式方法来应对与处理，而如果轻易地对未成年人适用刑罚，很难避免在狱中受到“交叉感染”。国外经验表明，对其贴上“犯罪人”的标签，将会对其一生产生影响。

4. 非刑罚预防体系选择的具备

合理而有效的组织对于奸淫幼女行为的反应，实践对于幼女权利的保护这一社会公共政策，应该系统为一个体系，而不应该局限于刑法和刑罚。概括说来，这种反应体系除了刑法保护之外，还应该包括其他法律的保护。除了法律保护外，还要包括其他非法律的规范保护。除了规范保护之外还应该包括非规范保护。就其他法律保护来说，比如俄罗斯婚姻法修改将结婚年龄降低为十四周岁，这样对于那些不慎怀孕的幼女来说，尽早结婚可以作为一种摆脱危机和困境的选择出路——尽管对于强调“计划生育”的我国来说，俄罗斯的做法未必具有直接的借鉴意义，但是这种为特殊情况的幼女、少女留有结婚的特殊通道的做法其实是相当人道的，至少在思维方式的层面上值得我们反思。美国的一些做法可能同样具有借鉴意义。据介绍，美国多数各州都颁布有《性犯罪登记与社会公告法》，规定性犯罪者在出狱之后要进行必要的登记与公告，以警示所在的街区提高警惕。尽管这样的做法是否违反了性犯罪者的宪法人权可以讨论，但是这也为我们开阔了思路。①

但上述主流的从未成年人性犯罪到刑罚谦抑化的支持观点和论证方法得到不同声音的反对，该学说对支持这一解释的公认的刑法理论的犯罪构成理论提出质疑，认为目前公认的犯罪构成理论只是在司法审理中分析判断特定的主要犯罪行为的一种便利的工具，是非常有用的，但是它并不是普遍正确的。一类行为是否犯罪是一个立法的判断，是基于多重考虑因素的一个判断，因此在司法审判中更重要的是要对事实和政策因素敏感，而不能把人们创造出来的理论本身当做事实本身，因而陷入理论的桎梏。

（三）具体法治运动中立法的悖论——背离法定强奸的司法解释隐含了社会不公正

北大法学院教授朱苏力在实践效果而非概念演绎的层面上考察和评价最高法院的司法解释可能的社会后果，反对这一类型的司法解释有悖于法理、人情，违背了保护14岁以下少女这一相对弱势群体的基本公共政策；从实践上看，这一解释有可能带来不可欲的社会后果，有利于某些特殊群体的犯罪非法行为；从这一司法解释的问题切入，提出了司法解释中的公共政策、理论背景及其限度的问题，并对通行的犯罪构成理论提出某种适度的质疑。

朱苏力教授尖锐指出，最高人民法院的这一解释，至少改变了

---

① 付立庆：《庇护的底限——简评朱苏力〈一个不公正的司法解释〉》，时间：2003-3-12 13：18：48，引自法律思想网登载。

在这一类型刑法条款的两点①，一是把严格责任的法定强奸②擅自改变为某种程度的过错责任，其次是把“自愿”这一同法定年龄相联系的立法推定③擅自改变为一个司法上的事实判断。这两者都僭越了立法权，并且通过把规则改变为标准，最高法院扩大了司法的裁量权，扩大了法官、律师发挥作用的范围。事实上有选择性地将社会最为唾弃且最无法容忍的一种同幼女的性关系豁免。而这种豁免客观上主要是因为一些男性在这个社会中具有的特殊的权势，

① 朱苏力：《一个不公正的司法解释》，引自法律思想网登载。

② 当然也有学者对我国是否具有严格责任的法定强奸的有关是否明知的犯罪构成提出截然反驳观点：

见付立庆：《庇护的底限——简评朱苏力〈一个不公正的司法解释〉》，时间：2003－3－12 13：18：48，引自法律思想网登载。

“对于严格责任的简单否定自然是十分肤浅的。尽管严格责任的产生不以行为人主观上有过错为条件，但也不能将严格责任机械地等同于结果责任或绝对责任，从而导致客观归罪的法律倒退现象。作为一种对传统的罪过责任原则的例外、限制或者背反，严格责任不过是英美法系的立法者与司法者基于实用主义与功利主义的法律思维，出于为了保护大众利益而要求行为人加强责任心，以及‘为保护大多数人的最大利益而不惜牺牲个别人的局部利益’的刑事政策考虑的结果。但是，且不说与我国刑法渊源甚深的大陆法系刑法原则上排斥严格刑事责任，而将类似英美刑法中的严格责任犯罪规定为行政不法，以行政处罚来代替刑事处罚，即便在英美法系仍然有限度地坚持严格责任的一些国家，其对于严格责任的理论认识和立法实践也经历了曲折的历程，如今较为一致的做法则是通过举证责任的转移弱化严格责任所可能带来的不公平”。

见付立庆：《庇护的底限——简评朱苏力〈一个不公正的司法解释〉》，时间：2003－3－12 13：18：48，引自法律思想网登载 。

③ 有学者坚决反对排斥明知是否具备严格责任下的法定强奸的立法理解，认为“如果将所有的与幼女发生性行为者不加选择地予以刑罚惩罚，在法律（而非事实）的意义上自然无人漏网，无疑是对奸淫幼女行为的一种‘有效’的反应方式。但是，如果确实不知对方是不满十四周岁的幼女却被作为犯罪处理，这种反应方式尽管有效却不合理，它突破了对于幼女权利保护的底线，践踏了欠缺主观罪过的行为人的基本人权。稍微展开一点说，对于犯罪反应方式的有效性与合理性之间的矛盾难以得到解决而又必须得到解决——在不同的犯罪态势面前会对合理性和有效性有所侧重，但是无论如何，合理性是有效性的正当限制，忽视合理性片面追求有效性的反应方式不但不科学，也可能不人道。”

见付立庆：《庇护的底限——简评朱苏力〈一个不公正的司法解释〉》，时间：2003－3－12 13：18：48，引自法律思想网登载。

他们可以以各种方式更容易诱使少女“自愿”，而且他们也更可能“确实不知”少女的年龄。而其他与幼女发生自愿性关系的人则由于其他原因无法豁免。特别应当注意到的是，在这里少男幼女之间，相对说来更为纯洁的双方自愿的性冲动，则由于他们肯定了解对方年龄，在这样的解释中，反倒有很大可能受到强奸罪的惩罚。而有些人由于有钱有势，实际上更有能力雇用好的、更多的律师为之辩护，也更可能有效地利用司法程序的保护。于是，我们可以判断，而且一定能够看到，这一看似一般性的法则的实际使用结果是有强大的选择性的。而这样的法律的适用效果至少是违反宪法和其他法律规定的法律面前人人平等原则的。

这个看上去一个纯技术的司法解释一旦使用起来，其实隐含了一种极端的社会不公正，不仅是违背了法治所允诺的法律面前人人平等，事实上更可能借助这一解释创造了一种法律上的不平等。如果真正作为法律坚持下去，很容易激发社会矛盾；如果迫于社会矛盾，对不同的人选择性适用这一解释，则可能破坏法治，失去法律的可预期性。①

弹性的标准则由于允许了裁量权的介入相对比较灵活。因此，律师一般都更倾向于更能发挥自身作用的标准。因此，这一解释就为某些特定类型刑事辩护律师提供了一个新的富矿，律师可以在“确实不知”或“确知”以及修改后的“自愿”等法律概念之证明或反驳上大做文章。不仅如此，这条规则的变动，也还可能为某些检察官选择性地在更早阶段不提起指控，为某些法官选择性地作出无罪判决创造了某些根据；因此有可能成为一个滥用检察和审判中不可避免的裁量权，乃至腐败的一些新的可能。

四、人本主义——未成年人性犯罪刑罚谦抑化的终级关怀

变革中的不同取向并非是舞台上孤独的旋律，和弦基调的要求

---

① 朱苏力：《一个不公正的司法解释》，引自法律思想网登载。

依然可寻，司法理论界与实务界这一罕有对青少年性立法的高度关注，引人深思，其在深度和广度上对我国刑罚立法价值取向和趋向影响深远，并且成为对废除死刑刑罚谦抑化与峻罚压制危害社会治安全恶化趋势立法之间博弈胜负的风向标。笔者借此文之机，辨析此法论争，抛砖引玉，以期从我国未成年人性犯罪刑罚改革和发展的主流趋势论争中，对我国刑罚强化与弱化、法定性和裁量权的博弈变化中所蕴涵的选择中，获取令人一窥未来趋势的可能性。但笔者始终认为，不论是在追求的在“具体法治”的运作之中考察法律和法治的发展，还是意识形态式的构建尊重人权、法治和公众利益为参照的刑罚文明化、科学化，无疑皆是旅途漫漫，困阻重重，但人本主义——未成年人性犯罪刑罚谦抑化的终极关怀的指路明灯，将照明未来迷雾的幽晦不明。

犯罪学与刑事司法的融合：少年司法研究30年

姚建龙*

少年法之理论，与传统之刑事法理论（包括刑法、刑事诉讼法及监狱法理论），虽多距离，然对旧日之刑事法，正有推陈出新之作用，刑事法之改正，将于少年法始肇其端。

——林纪东

中国的少年司法研究初萌于清朝末年，然其兴起则主要始于1978年之后。值此改革开放30周年之际，回顾和反思中国少年司法研究30年来的历程亦有着特别的纪念意义。

虽然学界对于少年司法含义的界定并不统一，但是少年司法以专门性少年审判机构的建立与运作为基本特征则为大多数学者所赞同，这种理解也符合司法的原始意义。基于对少年司法共性的这一理解，可以1984年11月上海市长宁区法院建立中国（大陆地区）第一个少年法庭为界，将中国少年司法研究发展的历程分为前少年法庭时代与后少年法庭时代两个时期。

一、前少年法庭时代的少年司法研究

近代中国少年司法理论与立法之滥觞，大体始于清末变法修律时期。例如，《大清新刑律》第11条规定："凡未满12岁人之行

---

* 华东政法大学副教授、法学博士，《青少年犯罪问题》杂志主编，上海市长宁区检察院副检察长。

为不为罪，但因其情节得施以感化教育。”沈家本在《大清新刑律》编辑宗旨的奏折中，阐述新刑律立法思想之时指出：“夫刑为最后之制裁，丁年以内，乃教育之主体，非刑罚之主体，如因犯罪而拘置于监狱，熏染囚人恶习，将来矫正匪易，如责付家族，恐生桀骜，又非父兄所能教育，且有家本贫寒，无力教习者，则惩治教育为不可缓也。”①

民国时期，具有先驱性的少年司法研究论著大部分内容都是对西方少年司法制度的译介及其移植的倡导。例如，赵琛著《少年犯罪之刑事政策》② 的大量篇幅是对日本少年司法制度的译介及其在中国移植的论证，陆人骥《感化教育》③ 一书实际也主要是关于西方国家感化教育制度中国化的研究。类似的以译介和主张制度移植为主要内容的成果还有许运翥的《美国之儿童法庭》④、谢光第的《美国少年裁判所》⑤、端木恺的《创设儿童法庭意见书》⑥、肖乏哲的《要求建设少年法庭》⑦ 等。此外，一些司法制度研究、犯罪学译著中也包含了部分译介英美日少年司法制度和主张予以移植的成果。例如，杨兆龙在《美国最近改革法院组织运动之略述》（1935）一文，专门对美国幼年人法院之推行进行了较为详细的译介，包括幼年人法院之基本观念、幼年人法院之组织、幼年人法院之管辖、幼年人法院之办案程序等内容。⑧ 董康在《民国十三年司法之回顾》（1928）中亦主张，“儿童裁判所及感化院，为改善不

---

① 谢振民编著：《中华民国立法史》，中国政法大学出版社 2000 年版，第 886 页。

② 商务印书馆 1939 年版。

③ 商务印书馆 1935 年版。

④ 载《法政半月刊》第 1 卷第 2 期（1934 年 11 月）。

⑤ 载《法评》第 183—184 期（1927 年 1 月 9 日）。

⑥ 载《法学季刊》第 4 卷第 3 期（1930 年 1 月 1）。

⑦ 载《是非公论》第 17 期（1936 年 9 月 11 日）。

⑧ 杨兆龙著，郝铁川、陆锦碧编：《杨兆龙法学文选》，中国政法大学出版社 2000 年版，第 304—310 页。

良少年必要之设备。英之成绩最佳，亟宜仿行。"[①]

总体来看，近代中国的少年司法研究尚处于初萌阶段，并未能发展成为犯罪学和刑事法学研究领域的独立议题。但是，这种以译介和倡导制度移植为主要内容的早期少年司法研究，仍然在促进中国少年司法制度的初步发育上发挥了十分难得的影响力。近代刑法所规定的刑事责任，起点年龄，从清末的12周岁逐步提升到14周岁、感化教育制度的初步建立、少年监狱的建立、《审理少年案件应行注意事项》的颁行等，无不深受其影响。

新中国成立之初，由于打破旧法统的思路，近代少年司法研究的成果与制度探索基本上均被抛弃。这一时期为数不多的少年司法研究成果具有回到原点的特点，即重新回到近代以刑事责任年龄该如何确定这一少年司法原点性问题的探讨之中，例如史言《刑事责任年龄》[②]、冯世名《处理未成年人犯罪案件中的几个问题》[③]等。这一时期还通过俄文文献转译了部分资本主义国家少年司法制度建设的最新进展情况。例如上海社科院教研处从苏联《国家与法》1959年第3期翻译的《国际社会保卫学会第五次会议》[④]一文，对于各国在少年司法建设中的一些新的做法作了较为精练的介绍。20世纪60年代至1978年期间，未见少年司法研究论著。

1979年8月17日，中共中央转发了中央宣传部等八单位《关于提请全党重视解决青少年违法犯罪问题的报告》（中央58号文），这一文件的发布促进了青少年犯罪研究的兴起，少年司法作为青少年犯罪对策论研究中的一个议题也逐步开始受到一些研究者的关注。但在70年代末至80年代中期，青少年犯罪研究的主流是现象论、原因论以及对策论中的青少年犯罪预防与综合治理，少年

---

① 董康著，何勤华、魏琼编：《董康法学文集》，中国政法大学出版社2005年版，第718页。

② 载《法学》1957年第1期。

③ 载《政法研究》1957年第2期。

④ 上海社会科学院教研处编译组：《国际社会保卫学会第五次会议》，载《国外社会科学文摘》1959年第11期。

司法研究基本上没有成为青少年犯罪研究领域的独立议题。为数不多与少年司法有关的文章大多是司法实践部门对办案经验的总结与介绍，尚不能称为严格的学术研究。例如，中国社科院青少年研究所编辑的《青少年犯罪研究资料汇编第二辑·论文选》较为系统地收集了1978年至1981年间所产生的青少年犯罪研究成果，但其所收录的论文中只有上海市少年犯管教所撰写的一篇介绍少年犯改造方法经验的总结性文章勉强可归入少年司法研究的范围。再如1983年9月由《青少年犯罪研究》编辑部编辑整理的《青少年犯罪研究文集》较为系统地收集了1983年9月以前所发表的青少年犯罪研究论文，该文集在“青少年犯罪与司法”的标题下所收录的15篇文章也基本上属于办案经验总结与处理青少年犯罪案件的感受。①

不过，20世纪70年代末至80年代中期的少年司法研究颇值称道之处，是对国外少年司法制度与少年司法理论开始了“大规模”的译介，国外主要国家的少年法典、少年司法制度基本情况以及一些重要的研究论文均在这一时期翻译成了中文。例如，北京大学法律系国外法学研究室编辑的《国外保护青少年法规与资料选编》②、《外国少年司法制度与日本保护青少年条例选编》③和李洪海编选的《国外青少年犯罪研究文集》④，较为系统地收集整理了在80年代中期以前所翻译的国外少年法典与少年司法制度研究论文，涉及日本、

① 这些论文的题目亦颇能印证上述判断：《略论对青少年罪犯的教育改造》、《如何处理青少年犯罪案件》、《正确处理青少年犯罪案件》、《大力开展文化技术教育 把罪犯改造成有用之才——山东省潍坊劳改支队经验介绍》、《谈谈未成年人犯罪的刑事责任》、《对青少年犯罪案件辩护的探讨》、《贵阳市是怎样摧毁刑事犯罪团伙的?》、《试谈“二进宫”犯人的犯罪原因、特点及其改造》、《对一个反改造团伙的分化和改造》、《对青少年惯窃犯形成过程的初步分析》、《对犯罪少年管教工作的几点认识》、《浅析犯罪少年改造期间的心理及其矫治》、《上海市工读学校四年来的成绩和问题》、《再接再厉办好工读学校》。

② 群众出版社1981年版。

③ 北京大学出版社1982年版。

④ 中国展望出版社1986年版。

美国、英国、西德等主要资本主义国家和苏联、罗马尼亚、匈牙利、东德、古巴等主要社会主义国家。这种较为系统的译介为少年司法制度的移植和少年司法研究的兴起奠定了良好的基础。

二、后少年法庭时代的少年司法研究

1984年11月，上海市长宁区法院建立了中国第一个少年法庭，这是中国少年司法“法庭模式”的开始，也意味着真正的“少年司法”在中国出现和现代少年司法制度在中国的起步。① 第一个少年法庭的诞生是长宁法院与华东政法学院青少年犯罪研究所对少年审判合作调研的结果，是理论部门与司法实务部门互动的产物。少年法庭诞生的这一特征也成为此后少年司法研究与少年司法实践紧密结合传统的渊源。

耐人寻味的是，少年法庭诞生后并未立即引起理论界和实务部门的关注，而是经历了22个月的静默期，直到1986年8月13日《中国法制报》一条有关少年法庭简短消息的发表。这一篇短小的报道在发表的次日即被《人民日报》及其海外版相继转发，并很快受到了最高法院领导的充分肯定，也由此引发了中国的“少年法庭运动”，中国少年司法制度建设很快进入迅速发展时期。与少年司法制度的迅速发育相适应，少年司法研究也逐步兴起。总体上看，可以把后少年法庭时代的少年司法研究划分为三个阶段：

第一阶段为1984年11月少年法庭建立至20世纪80年代末，这是少年司法研究的起步阶段。

这一时期的少年司法研究仍处于萌生时期，大体延续了70年代末至1984年少年法庭建立时期的特点，以对国外少年司法研究与少年司法制度的译介和对少年司法探索实践经验的总结为主。总的来看，少年司法研究尚处于附随性地位，一方面附随于刑法、刑事诉讼法等部门法的研究之中，另一方面则附随于青少年犯罪研究

---

① 姚建龙：《长大成人：少年司法制度的建构》，中国人民公安大学出版社2003年版，第65页。

之中，并未成为一个独立的议题，也未受到理论界与实务界的应有重视。

但在第一个少年法庭建立后所兴起的少年法庭运动的推动下，少年司法研究已经开始引起学术界和实践部门的一定关注。1986年，李成仁等发表的《试析“少年犯合议庭”的设立和审判》[①]首次对探索设置的中国第一个少年法庭近两年时间运作的成功经验进行了总结，这是后少年法庭时代初期关于少年司法研究的代表性论文。这篇论文也体现了这一时期少年司法的代表性研究范式，即仍然具有较为浓厚的经验总结材料的色彩，尚未能将少年司法实践经验上升到理论探讨的高度。这一时期也有少数学者试图将少年司法作为一个独立的议题，提出在中国建立少年司法制度的主张，并开始有意识地对中国的少年司法制度建设予以论证和设计，其代表性论文是夏吉先的《论我国少年司法体制的创建》[②]、戴燚云的《我国的少年司法制度初探》[③]等。

第二阶段为20世纪90年代，这是少年司法实践引导少年司法研究发展的阶段，也是少年司法研究开始成为犯罪学界独立议题的阶段。

90年代前期少年司法实践迅猛发展，其最显著的表现是少年法庭的数量很快发展到3300多个，少年司法两条龙体系也基本建立。但在90年代中后期，由于人民法院机构改革、刑事诉讼法的修改等原因，少年司法制度遭遇到了发展的寒流，又很快陷入低谷和衰弱的阶段。[④]这种从快速发展到迅速衰弱的更替过程，为少年司法研究提供了诸多的理论命题，也对这一时期的少年司法研究产生了重大的影响。

---

① 载《青少年犯罪问题》1986年第5期。

② 载《现代法学》1987年第2期。

③ 载《湖南社会科学》1989年第4期。

④ 1988年5月初步统计，全国有少年法庭约100个；1990年6月，全国少年法庭862个；1992年底的数量达到2700多个；1994年达到3369个；1998年8月统计迅速缩减到2504个。

对这一时期中国少年司法制度发育状况的典型理论概括是“发展中的少年司法制度”，这一概括非常恰当地体现了这一时期中国少年司法实践发展的特点。“发展中”一词既表明中国少年司法制度处在不断进步的阶段，也表明少年司法制度尚处于发育的初级阶段还很不完善，同时也蕴涵着少年司法制度建设所面临的困难是暂时的含义。遵循这样一种思路的代表性成果（也是90年代少年司法研究的代表性成果）是1997年肖建国主编的《发展中的少年司法制度》（上海社科院出版社）一书。这部著作的特点是对中国——尤其是上海少年司法制度建设十余年的探索与实践进行了较为系统的理论总结。

除了侧重于对少年司法实践总结与研究的成果外，这一时期还出现了几部主要在刑事诉讼法和刑法等成人法律框架下研究少年司法特殊性的论著，如林准主编《中国少年犯罪与司法》①、郭浩善主编《中国少年刑事司法制度与审判实务》②、范春明著的《少年犯罪刑罚论》③ 等。这些论著的作者大都来自司法实践部门，虽然他们均从不同角度对少年司法制度进行了专门的研究，但是并未改变将少年司法诸问题附随于成人法律体系框架下进行思考的特征。这样的研究范式，也是90年代少年司法研究的总体特征。

这一时期对国外少年司法制度的译介仍然较为活跃，其重要的译介性成果主要有康树华等著《中外少年司法制度》④、朱洪德主编《世界各国少年犯罪与司法制度概览》⑤ 和《亚太地区的少年罪犯与矫治》⑥ 等。其中《中外少年司法制度》一书较为系统地梳理了80年代以来译介国外少年司法制度的成果，并且将中国少年司法制度作为重要章节之一，体现了对比较少年司法研究的可贵探索。

---

① 世界知识出版社1993年版。

② 人民法院出版社1996年版。

③ 中国方正出版社1996年版。

④ 华东师范大学出版社1991年版。

⑤ 中国人民大学出版社1992年版。

⑥ 警官教育出版社1993年版。

第三阶段为2000年至今，这一时期的少年司法研究日益受到广泛的重视，逐步成为犯罪学研究中的热点议题，并呈现少年司法一体化的趋势与特色。

2000年以后，由于科层式学科体系的建立等原因，青少年犯罪研究趋于衰弱和边缘化，但是曾经作为青少年犯罪研究附随部分的少年司法研究在这一阶段却呈现出日益兴盛之势。2000年以后所出版的少年司法研究专著达十余部，远远超过前20年的总和。例如，谢彤著《未成年人犯罪的定罪与量刑》[①]、姚建龙著《长大成人：少年司法制度的建构》[②]、姚建龙著《少年刑法与刑法变革》[③]、张利兆主编《检察视野中的未成年人维权》[④]、郝银钟著《中国青少年法律与司法特别保护制度研究》[⑤]、贾洛川著《中国未成年违法犯罪人员矫正制度研究》[⑥]、邹川宁主编《少年刑事审判若干程序问题研究》[⑦]、张桂、宋立卿著《违法犯罪未成年人矫治制度研究》[⑧]、鞠青主编《中国工读教育研究报告》[⑨] 等。除了专著外，还出版了多部少年司法研讨会论文集，如徐建主编《英国保释制度与中国少年司法制度改革》[⑩]、狄小华、刘志伟主编《恢复性少年司法理论与实践》[⑪] 等。

据不完全统计，2000年至2007年间发表的以少年司法为主题的论文近千篇，硕士、博士学位论文的数量也明显增加，其中博士论文有近10篇，硕士论文则达140余篇。从研究成果的质量来看，

---

① 人民法院出版社2002年版。

② 中国人民公安大学出版社2003年版。

③ 中国人民公安大学出版社2005年版。

④ 中国检察出版社2004年版。

⑤ 群众出版社2005年版。

⑥ 中国人民公安大学出版社2006年版。

⑦ 法律出版社2007年版。

⑧ 群众出版社2007年版。

⑨ 中国人民公安大学出版社2007年版。

⑩ 中国方正出版社2005年版。

⑪ 群众出版社2007年版。

也有重大的发展。其中最为明显的体现，是有的学者开始对少年司法制度的基本理论问题进行了系统研究，并对少年司法实践进行了系统梳理。包括基本原理、组织规则、实体规则、程序规则、少年立法等内容在内的一体化少年司法理论体系逐步得以建立。少年刑法、少年刑事诉讼法、少年矫正制度等，逐步从刑法学、刑事诉讼法学、监狱学等主要以理性的成人为假设对象所建立的成人法学学科中分离出来，归入以犯罪学为理论基础的少年司法研究体系之中。此外，这一时期以少年司法为主题的全国性、国际性研讨会大量举办，广泛吸引了学术界、实务界和新闻媒体的关注。

这一时期的少年司法研究具有以下几个明显特点：一是对国外及港台地区少年司法制度的成功经验进行了更加有意识的移植性研究。例如观护制度、社会调查制度、非羁押措施风险评估制度、少年保释制度、合适成年人参与制度等均在2000年以后成为少年司法领域的重点研究对象，并且对少年司法实践产生了重大影响。二是开始注重少年司法的基础理论研究，少年司法附随于刑法、刑事诉讼法、监狱法等部门法学研究的情况开始改变，少年司法作为一个独立的议题基本形成。三是由于少年司法制度建设受到中央高层的重视，少年司法研究也日益受到广泛重视，开始更深入地与国家少年司法制度的建设规划联系在一起。

三、少年司法研究发展的基本特征

少年司法制度是对各国所共同面对的少年犯罪这一社会难题做出反应的结果，同时也是纠正以理性的成年人为假设对象的传统刑事司法制度适用于少年犯罪所产生的诸种弊端的结果。由于人类对待儿童自然情感的相通性，少年司法制度的基本理念、经验性具体做法在某种程度上具有超越国家形态、意识形态的特点，容易跨越历史、文化、国家形态等差别而为各国所普遍认同。例如20世纪的“少年法院运动”实为超越东西方的国际性运动，再如《联合国儿童权利公约》迄今为止仍是世界上签字国最多的国际公约。另外，国外少年司法制度有着悠久的发展历史，早在1899年美国伊利诺伊州芝加哥市库克郡就建立了世界上第一个少年法院，这为少年司法制度建设后进的国家提供了可资借鉴的样本。

中国的少年司法研究无论是在发育的早期，还是在其后的发展过程中，均非常注重译介国外少年司法制度和少年司法研究成果，并倡导移植国外少年司法制度。这种译介与移植的成效是明显的。在近代，当中国少年司法研究初步萌生的时候，对西方少年司法制度的译介及制度移植的倡导就成了当时为数不多的少年司法研究成果的主要内容。而在20世纪70年代末至80年代少年司法研究复生时期（也是青少年犯罪研究兴起的时期），对国外少年司法制度与研究成果的译介就已蔚然成风。代表性国家的主要少年法典、少年司法制度的历史与现状均在这一时期译介入中国。30年来，对国外少年司法制度与研究成果的译介始终是中国少年司法研究的重要组成方面。即便是研究性成果，也带有较多的译介、比较国外少年司法制度的色彩。这种译介对中国少年司法制度的发育发挥了重要的推动作用，它不仅悄然地促成了第一个少年法庭在中国的移植，而且直到今天仍然在为中国少年司法制度的发展和完善不断提供借鉴与参考。

30年来，中国的少年司法制度探索始终面临着摆脱成人刑事司法制度束缚的难题。少年司法实践的具体制度设计大都体现为对现行法律规定与制度习惯的“反动”，故而尤其需要理论研究为其提供合法化与合理化的依据。这样一种需求促进了30年来少年司法研究与少年司法实践良性互动传统的形成。中国第一个少年法庭——上海市长宁区人民法院少年法庭的诞生就是这种良性互动成果的典范，而在其后上海市少年司法的发展过程中，以华东政法学院青少年犯罪研究所为主体的少年司法理论界与上海市少年司法实务部门一直保持和延续了这种良性互动的传统。理论研究为少年司法实践的探索减少了盲目，分担了风险，而少年司法实践探索则为理论研究提供了宝贵的学术源泉。不过总体上来看，少年司法研究的先导性表现得并不明显，不能适应少年司法实践发展的需要。虽然少年司法理论研究对于少年司法实践探索的启发性强，但是理论论证和探索后的理论提升略显欠缺，常常不能为少年司法探索抵挡来自部门法学科背景学者和实践者的质疑。不过在2000年以后，随着少年司法研究的深入发展，这种状况开始发生改变，少年司法理论研究引导少年司法实践发展的局面正在逐步形成。

30年来，少年司法实务部门在少年司法理论研究中表现活跃，对于推动少年司法研究的发展发挥了重要的作用。由于少年司法理论研究总体上较为薄弱，常常难以为少年司法实践探索提供充分的理论支持。特别是纯部门法背景的学者基于传统成人法的立场常常对少年司法实践的诸多"例外性"做法难以理解而不时发出质疑之声。因此，少年司法实务部门往往不得不对少年司法实践所面临的诸多难题自行进行理论研究与论证。这种自行提供合法化与合理化依据的理论需求，使30年来的少年司法研究呈现并非纯粹学院派研究的特色，来自少年司法一线的法官、检察官等成为少年司法研究中不可忽视的重要力量。直到今天，少年司法实务部门不仅仅为学术界提供了持续不断的理论源泉，而且其理论研究的热情与水平常常使得学术界汗颜。这一特征也是少年司法研究侧重应用性研究，而基础理论研究相对薄弱的重要原因之一。

30年来，少年司法研究的发展还呈现出逐步从附随性研究发展为法学研究中独立议题的趋势。少年司法研究长期作为一个附随性研究领域，这种附随性主要表现为依附于刑法、刑事诉讼法、刑事执行法、治安管理处罚法、监狱法等部门法学，作为这些部门法研究中一个狭窄和边缘的领域。但自1984年第一个少年法庭建立以来，少年司法研究逐步向独立议题的方向发展，表现出不同于传统刑法、刑事诉讼法、治安管理处罚法、监狱法等部门法研究的特殊性。例如，2003年《长大成人：少年司法制度的建构》一书尝试将少年司法基础理论、少年司法实体规则、少年司法程序规则、少年司法组织规则、少年立法等统一于一体化少年司法理论框架下，倡导将其从传统部门法框架中分离出来，这种探索已经得到了日益广泛的认同。

值得注意的是，这样一种分离主要是由犯罪学背景的学者所倡导和实践的，少年司法研究也主要是作为犯罪学界的独立议题。30年来的少年司法研究和少年司法制度建设改变了刑事司法的运作以部门法为主要依据和指针的传统，体现了犯罪学渗透刑事司法制度、指导刑事司法运作、改革刑事司法制度的特点。少年犯罪人是非理性的人、少年犯罪原因的社会责任、少年犯罪的可矫正性、少年犯罪控制对国家预防和减少犯罪的特殊重要性等观点，均对刑事司法制度的改良和少年司法制度的建立产生了重大的影响。犯罪学界对少年司法研究给予特别的关注并非偶然，究其原因大体有三：一是犯罪学者是在法律条文之外审视刑事司法制度，容易发现成人法适用于少年犯罪的弊端，并能够跳出部门法窠臼的束缚。二是由于研究惯性的影响。对少年司法研究的关注是青少年犯罪研究自然延伸的结果，而犯罪学又首先兴起于对青少年犯罪的研究。三是犯罪学者从少年犯罪原因与控制的角度认识到少年司法制度建设对于国家预防和减少犯罪具有特殊的重要性，因此容易对少年司法研究给予特别的关注。

四、少年司法研究的未来与展望

在国际社会，少年司法制度被视为衡量一个国家法治文明程度和人权保障程度的重要标志，随着我国法治建设的发展和人权保障水平的提高，少年司法制度建设必将日益受到重视。事实上，这样的趋势已经在近些年有了较为明显的体现。例如，2004年底中央司法体制改革领导小组在《关于司法体制和工作机制改革的初步意见》（中央21号文）中正式提出了“改革和完善未成年人司法制度，人民法院逐步设立审理未成年人犯罪案件和涉及未成年人权益保护案件的机构”的意见。2005年10月最高人民法院出台的《人民法院第二个五年改革纲要》第50条中再次提出，要“完善审理未成年人刑事案件和涉及未成年人权益保护的民事、行政案件的组织机构，在具备条件的大城市开展设立少年法院的试点工作，以适应未成年人司法工作的特殊需要，推动建立和完善中国特色少年司法制度。”最高人民检察院在《关于进一步深化检察改革的三年实施意见》（2005年9月）中也规定，“在检察机关实行未成年人犯罪案件专人负责制，有条件的地方逐步设立办理未成年人犯罪案件工作机构。”而在2006年10月中共中央十六届六中全会通过的《中共中央关于构建社会主义和谐社会若干重大问题的决定》中，改革未成年人司法制度被视为构建和谐社会的重要举措。在少年司法制度建设日益受到重视的背景下，少年司法研究也受到日益广泛的关注。

国外刑事法学与刑事法制进步的路径表明，少年法学往往处于引领刑事法学发展的前沿。对于少年法学的这一独特贡献，台湾著名学者林纪东先生曾言：“少年法之理论，与传统之刑事法理论（包括刑法、刑事诉讼法及监狱法理论），虽多距离，然对旧日之刑事法，正有推陈出新之作用，刑事法之改正，将于少年法始肇其端”①，“今后刑事法改正之途径，均可于少年法之检讨，见其端倪。”② 从这个角度看，少年司法研究具有超越其本身研究的价值，也应当受到特别的关注。由于少年司法研究的综合性，除了刑事法之外，还涉及宪法、人权法、国际法、行政法、民法等领域，少年司法也可能成为这些领域研究的新热点。

进入而立之年的当代中国，犯罪学似乎正处于发展的困境之中，这种困境首先表现为应用功能的缺失和学科地位的微弱。30年来，犯罪学研究基本上是一种理论犯罪学的研究，哲理思辨色彩过浓而实用性欠缺。这种应有功能的缺失也是导致犯罪学学科地位式微的关键原因。要提升犯罪学的学科地位，必须突破实用功能缺失的不足，所谓“有用才有出路”。犯罪学界一直在强调犯罪学是一门有用的学科，甚至有不少论文专门去研究犯罪学的功能，试图通过对犯罪学功能的强调以为犯罪学学科地位的提升发挥作用。例如，储槐植认为，犯罪学有三项功能：认识功能——认识犯罪规

---

① 林纪东：《少年法概论》，国立编译馆1972年版，第15页。
② 林纪东：《少年法概论》，国立编译馆1972年版，第45页。

律、导向功能——指导刑事政策、促进功能——促进刑法发展。[1]刘广三认为，犯罪学的现实功能有四：公众生活的教科书、刑事立法的指南针、刑事司法的润滑剂、刑事政策的推行器。[2]需要注意的是，目前关于犯罪学功能的观点本身似乎亦过于哲理化，且主要是从犯罪学应有功能的角度所提出的观点，而对于中国犯罪学是否实际发挥了这些功能以及如何发挥这些功能尚欠缺必要的研究。有关犯罪学的功能观点的另一个不足是：这些“功能”往往不容易展现，也不容易被检验，因而难以得到圈外人的赞同。还需注意的是，犯罪学界对于犯罪学功能观点还存在另一个严重不足：由于犯罪学主要被视作法学的分支，犯罪学功能的检验需要遵循其他法学学科功能的发挥与检验模式，而这一点却为犯罪学界所忽视。近年来，犯罪学功能及其研究的上述不足，已经引起了犯罪学界的注意。有的学者强调犯罪学应当积极介入刑事司法[3]，正是基于这种认识的反映。

早在20世纪30年代，主张犯罪学应当与刑事司法融合并据此展现其功能的观点就已经为早期犯罪学家所强调。例如许鹏飞在其《犯罪学大纲》一书中指出：“无论哪种科学的任务，都很简单，它是在于对研究的对象获得正确的认识，犯罪学是科学之一，自然不会例外，也是在于它的对象——犯罪——获得认识。这种认识的功用是在于使刑事司法得基于它而走上合理化的道路。”[4]不过遗憾的是，关于犯罪学应当如何与刑事司法融合却长期缺乏应有的研究。30年来的少年司法研究默默地开辟了一条从理论犯罪学到应

---

① 储槐植：《犯罪学的特性与功用》，载《犯罪学论丛》（第一卷），第223—226页。

② 刘广三：《略论犯罪学的现实功用——兼评关于犯罪学的认识误区》，载《犯罪学论丛》（第一卷），第230—234页。

③ 参见《“中国犯罪学基础理论高峰论坛”实录》黄京平、姚建龙等人的发言，载陈兴良主编：《刑事法评论》（第21卷），北京大学出版社2007年版，第316—317、372页。

④ 许鹏飞：《犯罪学大纲》，大学书店1934年版，第20页。

用犯罪学的路径，为犯罪学研究如何成为有用的学科提供了有价值的尝试。这种尝试并不仅仅体现于犯罪学背景的学者始终在少年司法研究和推动少年司法制度建设中充当主导力量上，更体现于少年司法制度的探索与实践无不深受犯罪学理论的影响。例如，少年犯罪原因理论中关于少年犯罪人是不成熟的非理性人、少年犯罪人的可塑性、少年犯罪原因的外因性与社会责任性等观点促进了少年司法的“教育、感化、挽救”、“教育为主、惩罚为辅”等基本理念的形成。此外，建立独立的少年法庭等少年司法机构，探索分案起诉、社会调查、暂缓起诉、暂缓判决等，亦是对犯罪原因理论应用的表现。再如，标签理论的引入和直接应用则直接启发了少年司法领域的非监禁化、分流等相关探索。

除了启发少年司法改革和为少年司法实践提供理论支撑之外，犯罪学正日益成为少年司法人员所必须掌握的知识。从宏观上来说，犯罪学理论的掌握程度对于少年司法人员执行“教育、感化、挽救”的少年司法政策有着决定性的影响。例如，如果少年司法人员认为少年是理性的人，应当对其行为负责，则会侧重惩罚。反之，如果少年司法人员认为少年犯罪是社会环境的产物，少年犯罪人是非理性的、可以矫正的，则会注重教育、感化和挽救。从微观上说，少年司法实践也需要直接应用青少年犯罪与犯罪学理论。例如，犯罪预测通过少年犯罪嫌疑人非羁押性措施可行性评估、心理测试而成为少年司法中的重要程序；具体个案中的少年犯罪原因分析也已经成为少年司法的必经程序，并且体现于社会调查报告、判决书等法律文书之中。

不过，犯罪学与刑事司法通过少年司法实践的结合尚处于发展的初级阶段。这种结合一方面表现为少年司法人员缺乏犯罪学知识，另一方面则表现为犯罪学研究与少年司法实务的脱节。例如，在法庭教育词、判决书中需要对少年犯罪的原因进行分析，但是这些犯罪原因分析基本上千篇一律，窠臼化明显，缺乏深度和针对性。以下摘自少年司法文书中对犯罪原因的典型分析，较明显地体现了上述不足：

某判决书“法官诫勉语”对犯罪原因的分析：

一个好学生，一个好孩子，为什么会成为今天的罪人？从你的蜕变过程，我们不难看出这样一个恶性循环的人生轨迹：先是迷上游戏机，使你降低了对学习的兴趣，影响了学习状态，以致中考未能考好，使你意志消沉，继而你又深陷于赌博的泥淖之中，丧失进取心。由于支付不出玩乐的费用，你萌生了抢夺之念，最终走上了不该走的这条路。可以说，玩物丧志使你失去积极向上的信念和自信，法制观念淡薄使你走上了犯罪道路。

某法庭教育词对犯罪原因的分析：

或许，在你的潜意识当中，你把自己铸成大错走上犯罪道路的主要原因归罪于你那离异的家庭，你的父亲。诚然，我不否认，你父亲的不负责任，是你走上犯罪道路的客观原因之一。但是，我要提醒你的是：假若你真的悔悟的话，那么，你就要从自己主观上去找一找，想一想，对生活失去信心，沉溺于吃喝玩乐，不顾家庭实际情况，迷恋游戏机，热衷于高消费才是你走上歧途的真正原因。请你好好想一想，你的所作所为，和你的父亲又有什么两样呢？

某社会调查报告对犯罪原因的分析：

……对学校、里弄、家长再三教育不入耳，嫌父母啰唆，产生逆反心理，对本人没有要求，整天无所事事，聚合在一起打牌、调侃、踢球，以致走上盗窃机动车的犯罪道路。

这种情况一方面体现出少年司法人员犯罪学知识的贫乏，另一方面也反映出犯罪学理论研究脱离少年司法实践的不足。尽管近些年来，少年司法研究在消除上述弊端上做出了重要的努力和进步，但这显然仍是少年司法研究未来发展过程中需要着重深化的领域。

作为一种已经获得刑事法学界广泛认同的研究模式，刑事一体化主张打破刑事法学各个学科之间的隔阂，倡导对刑事法学各学科进行科际整合。这样一种研究思路对于深化和提升刑事法学研究的水平具有重大的价值。国内许多刑事法学者，特别是刑法学者正致力于推动和实践刑事一体化的研究模式。由于刑事法学的庞杂，以个人之力打通刑事法学之间的科际界限几乎不具有实现可能性，或者难以深入进行。但是以“少年”为支点的少年司法研究，却使刑事一体化从一种学术口号转化为一种个人可为的学术活动。这也正是少年司法研究吸引我的魅力之所在。

从总体上来看，少年司法研究自兴起之初就呈现了一体化的研究思路，并且在其后的发展过程中出现了从狭义少年司法研究（少年刑事司法研究），向关注少年罪错预防与处置制度的广义少年司法研究发展的趋势。或者说，少年司法不仅仅遵循了刑事一体化的思路，还逐步向违法犯罪一体化，乃至罪错研究一体化的方向发展。近些年来，随着少年综合庭改革的推行，“少年”司法还向“未成年人”司法演进，少年司法研究甚至出现了将与儿童相关的法律问题融合为一体的未成年人法（儿童法）一体化研究的趋势。可以说少年司法研究是刑事一体化研究范式的先行者，违法犯罪一体化研究的探索者，也是法学一体化研究的先驱者。由于少年司法研究需要广泛运用教育学、心理学、社会学、医学等多学科知识，西方国家的少年司法研究还体现了在“儿童”这一主体的统一下，整合社会科学研究，甚至整合社会科学与自然科学研究的趋势。真正意义上的科际整合通过“儿童”这一支撑点，正在从理想变为现实。

然而，我国少年司法的一体化研究仍然处于发展的初级阶段，未来的少年司法研究，应当将少年司法实体规则从刑法、治安管理处罚法研究中分离出来，将少年司法程序从刑事诉讼法、治安管理处罚程序中分离出来，将少年司法组织的研究从一般司法制度的研究中分离出来，均归入相对独立的少年司法研究之中。另外，基于少年犯罪的特殊性，还应进一步打破犯罪、违法与一般越轨“三重世界”这一人为的法律隔阂，统一对少年罪错行为的研究。另外，未来的少年司法研究还应注意到罪错一体化不仅仅是一种理论研究范式，还应当成为少年司法制度的实践，应当致力于推动一体化少年司法制度的建设。基于这样的认识，加强少年司法基础理论研究亦因此而有着特别的价值。

企业犯罪及其社会治理问题研究

我国公司犯罪的内部治理机制探析

丁英华*

公司犯罪内部治理机制是直接作用于公司内部机体的犯罪控制手段。公司犯罪内部治理主要通过董事会、薪酬结构和股权结构等公司的法人治理结构起作用，其发生作用的基础是股东大会、董事会、监事会和经理层以及其他内部组织。公司犯罪的内部治理机制是通过法人治理结构抑制犯罪的逆向功能，发挥公司内部组织的制约作用影响公司决策，避免其实施犯罪行为。

一、公司犯罪的内部治理结构

（一）公司内部治理问题的缘起

通常认为，公司内部治理问题产生于所有权与经营权的分离，而所有权与经营权的分离进而又产生了代理的问题。所有权与经营权的分离是现代企业制度的根本特征之一。如同亚当·斯密所言："在钱财的处理上，股份公司的董事为他人尽力，而私人合伙公司的合伙人，则纯为自己打算，所以要想股份公司的董事、监事视钱财用途，像私人合伙公司的合伙人那样用意周到，那是很难做到

* 国家检察官学院讲师，法学博士。

的，疏忽和浪费，常为股份公司经营上难免的弊端。”①

所有权与经营权分离的直接后果就是失去控制权的所有者如何促使拥有控制权的经营者实现其最大利益。“代理关系是指一位或一位以上的委托人（principal）雇用并授权给另一位代理人（agency）代其行使某特定的行动，彼此间所存在的契约关系。”② 公司的代理关系即管理者与股东间（权益代理成本）、股东与债权人间的关系（负债代理成本），因为所有权与管理权分离，致使彼此会有利益冲突存在，从而产生代理成本。而所谓公司治理结构，是从英文中的 Corporate Govermance 直译过来的，其与公司治理的含义基本是一致的，只不过公司治理结构的说法强调制度层面的设计与安排问题，而公司治理则更强调其整体性。“在经济学家看来，公司治理结构是一套制度安排，用于支配若干在企业中有重大利益关系的团体，包括投资者（股东和贷款人）、经理人、职工之间的关系，并从这种联盟中实现经济利益。公司治理结构包括：（i）如何配置和行使控制权；（ii）如何监督和评价董事会、经理人和职工；（iii）如何设计和实施激励机制。一般而言，良好的公司治理结构能够利用这些制度安排的互补性质，并选择一种结构来减低代理成本”③。从经济学的角度分析，在所有权与经营权分离情况下，相应出现了委托—代理关系。由于委托人和代理人具有各自不同的利益，在代理行为中，当代理人追求自己的利益时，就有可能造成对委托人利益的损害，这就是所谓的代理成本。因此，如何降低代理成本，是公司治理要解决的中心问题。即如何使代理人维护委托人利益的问题。公司治理本身即蕴涵了建立起有效的激励约束机制，促使经营者为所有者（股东）的利益最大化服务的内容。

---

① ［英］亚当·斯密：《国民财富的性质和原因的研究》，郭大力、王亚南译，商务印书馆 1974 年版，第 303 页。

② Jensen M., Meckling W. Theory of Firm: Managerial Behavior, Agency Costs and Ownship Structure. Journal of Financial Economics. 1976 (3): pp. 305 – 360.

③ ［日］青木昌彦、钱颖一：《转轨经济中的公司治理结构》，中国经济出版社 1995 年版，第 109 页。

在公司内部可以存在多种具体的机制，如“内部治理的激励机制、内部治理的决策机制、内部治理的监督机制、企业家选聘机制”[1] 等等，各种机制在不同的方面发挥着公司行为的影响作用，形成了影响公司行为的合力。

（二）公司内部结构的治理功能

现代公司内部结构的主体由股东大会、董事会、监事会和高层经理人员组成的执行机构等几部分组成。其中，股东（大）会成员由投资的股东组成，是对公司的整体规划进行部署的最高权力机构，体现了股东作为所有者掌握着最终的控制权。董事会是管理公司日常行政工作，并对股东（大）会的重大决策进行具体实施的部门，董事会由董事长进行召集管理。一般来说，董事长是由股东（大）会任命委托的。股东大会和董事会之间是信托托管关系，董事会一旦受托经营公司就成为公司的法定代表人，向股东会负责并报告工作。经理人员受聘于董事会，作为公司的指定代理人统管企业日常经营管理事务，主要在董事会的授权范围内，经理人员有权决策。董事会与公司经理人员是委托—代理关系。监事会对公司的运作起着监督的作用，负责权衡协调股东的利益，同时，股东为强化内部监督机制，任命监事会对高层经理人员、董事会执行公司职务时违反法律、法规或者公司章程的行为进行监督。

在我国的国有公司中，还存在着老三会[2]，即党委会、职代会、工会。老三会是国有企业改制以前的主要权力机构，在企业决策中发挥着重要的作用。自国企进行改革后，原有老二会的行政权力逐步向新三会转移，不再对企业的经营管理行为直接参与，但是鉴于老三会在国有企业中仍有其特殊地位，其仍然可以通过一定的方式发挥对企业决策的影响力量。

---

① 张德明：《基于多元利益主体的公司治理机制研究》，哈尔滨工程大学 2003 年管理学博士学位论文。

② 所谓的老三会是相对于现代公司制度中股东会、董事会、监事会而言的，后者又被称为新三会。

上述是我国公司内部结构的基本情况，随着我国上市公司问题的增多，国家又设立了独立董事制度。独立董事作为董事会成员监督制约公司的决策和行为，这实际上是出于强化对公司行为干预力量的考虑，符合公司治理的客观需求。其实，在国外的公司治理结构中，除了独立董事制度外，为加强对公司的行为的干预力量，还设立了包括审计委员会在内的若干委员会制度，对公司的行为进行监督。审计委员会制度的初衷是在董事会中寻求一支独立的财务治理力量，以强化注册会计师审计的独立性，加强公司财务报告信息的真实性和可靠性。我国于 2002 年颁布了《上市公司治理准则》，该准则第 52 条规定：上市公司董事会可以按照股东大会的有关决议设立审计委员会。这标志着我国已经在准立法层面将审计委员会制度予以确认。

二、公司犯罪治理内部参与方

采用不同的角度与分类方法，公司内部会有很多不同的主体，但基本上，无论在英美法系还是大陆法系，现代公司的主要内部机构是明确的，中国的情况也是如此。“中国是一个素以承袭大陆法传统的国家。1993 年的公司法确立了股东会、董事会和监事会三足鼎立的分权与制衡的法人治理结构。”①

从公司整体的角度分析，“出资者投资形成的资产与债权人的债权，以及公司运营过程中的财产增值和无形资产共同组成公司的法人财产，公司凭借法人的财产获得相对独立的法人财产权，由此得以成为人格化的永续的独立法人实体。显然公司行为的物质基础是法人财产，而不是股东的资产，其权利基础是法人财产权，而不是股权。因此，公司的目标只能是确保法人财产的保值和增值”。②但是公司毕竟是由各种内部机构组合而成的，而各种内部机构又分

① 张富强：《21 世纪经济法学前沿问题研究》，群众出版社 2002 年版，第 99 页。

② 杨瑞龙、周业安：《企业的利益相关者理论及其应用》，经济出版社 2000 年版，第 144 页。

别代表了不同的利益和价值取向，因此，公司内部组织对于公司行为的作用力在方向上是有差异的，外在的统一性是合力的最终表现。但在形成合力的过程中，不同组织的作用是不同的，有的甚至截然相反。不同力量的消长表现为从博弈到均衡也是一个动态过程。从公司犯罪治理的角度上看，其中既有积极作用力，也有消极作用力，有的还存在复杂的混合作用。

股东会与董事会在基本目标上是一致的，都追求公司利益的最大化，虽然在剩余财产的分配上可能会出现股东会与董事会间的矛盾[①]，但在总体上是一致的。追求利益最大化的内在动因使得股东会与董事会在衡量公司重大决策时基本上采用相同的评价标准，即主要从经济角度考虑，而不会过多地受公司社会责任的制约，这就蕴涵了公司犯罪的内在风险。因此，股东会与董事会基本上可以看做公司犯罪的诱发力量。经理层作为董事会的委托代理人，其目标与董事会一致，并且其重大决策还要经过董事会和股东会的同意。尽管我国新公司法进一步明确了董事、监事、高级管理人员的义务，如第148条规定：董事、监事、高级管理人员的义务应当遵守法律、行政法规和公司章程，对公司负有忠实义务和勤勉义务。董事、监事、高级管理人员不得利用职权收受贿赂或者其他非法收入，不得侵占公司的财产。第149条规定了董事、高级管理人员不得有8种行为，违反规定所得的收入应当归公司所有。第150条规定了董事、监事、高级管理人员执行公司职务时违反法律、行政法规或者公司章程的规定，给公司造成损失的，应当承担赔偿责任。但这些规定基本上是从维护公司自身利益的角度出发的，强调的是公司内部人损害公司利益之后的损失填补，而不是出于治理公司整体的违法行为的需要。

经理层的独特之处在于其考虑的角度侧重于个人报酬，对于个人利益的过分追求会演化为经理人侵犯公司整体利益的违法犯罪行为。因此，股东会与董事会要对经理层进行一定的激励与防范，公

① 股东更倾向于利润的分配，董事会可能更倾向于公积金的提取与留存。

司治理理论中的激励与约束机制主要就是从这个意义上说的。“为更好地实现对经理层的制约，保持董事会对经理层的业务执行权的适当干预是必需的”[①]。但目前经理层持股的做法又使上述问题变得更为复杂，尤其是当经理与董事的身份混同时，双重身份更加重了个人内在价值取向的冲突。从实践中看，经理层基本上更倾向于自身利益的追求，这也是符合理性经济人假说的。因此，公司经理层的作用力既有与股东会相同的方向，也有其具体的不同。必须指出的是：由于现行刑法两罚制的实行，使得公司经理层的个人责任更为突出，加重了其参与犯罪的成本。在利益衡平时，个人刑事责任的存在无疑又削弱了经理层的犯罪动因，使之具有了抑制犯罪的逆向作用。

监事会的地位相对比较特殊，其职责是对公司的违规行为进行监督。与董事会平行的设置方式，避免了监事会对董事会的依附，是监事会发挥效用的制度基础。问题在于，其效用如何能够得到有效发挥？因此，各国在赋予监事会监督职权的同时，监事也被要求一定的法律义务。“由于监事的地位基本与董事相同，他们的法律义务亦相类似。包括注意义务和忠实义务。”如日本《公司法》规定：“监事因疏忽大意没有尽到职责而给公司造成损害时，负有赔偿义务。”[②] 我国新公司法也赋予了监事对公司负有忠实和勤勉义务（第148条）。但如前所述，目前这种义务规定，基本上是从公司利益角度考虑的，考虑的是对公司自身的损害，而没有考虑到公司对于其他人的损害，对于治理公司犯罪意义并不明显。在大量的公司犯罪中，监事会的制约作用并没有充分发挥。因此，强化监事会对于公司违法犯罪的责任、避免由于其不作为而放任公司犯罪行为是公司立法值得思考的问题。尽管如此，监事会作为公司内部力量的独立一极，对于抑制公司犯罪具有重要的意义，尤其是我国职工参与监事会的立法例，联通了公司职工与监事会两种力量，有利

---

① 倪建林：《公司治理结构：法律与实践》，法律出版社2001年版，第209页。

② 卞耀武：《当代外国公司法》，法律出版社1996年版，第648页。

于形成对公司犯罪的治理合力。

独立董事与审计委员会是公司法人治理结构的两种重要机制，是在监事会缺位而董事会失控或出现问题时设计引进的一种治理机制，是对原有公司治理结构的补充和局部调整。独立董事与审计委员会承担着规制公司行为使之合法化的重要职能，对于维护利益相关人的合法权益极为重要。通常，组成审计委员会的大部分成员本身就是独立董事。这种相对较高的独立性为其提供了制度保障。可以说，这两种制度设立的初衷在很大程度上就是为了在公司行为中增添适当的制约力量，抑制董事会、经理层的权力滥用行为。因此，从公司犯罪治理的角度，其在总体上可以看做积极的力量。“审计委员会的主要职能为日常的财务监督与风险控制。审计委员会应将在行使职权过程中发现的问题及时通报给监事会，以使监事会能及时地采取措施。审计委员会也应建立与监事会定期沟通机制，以更好配合、履行各自的职责。审计委员会与监事会是一种配合关系。”① 目前的问题在于，这两种内部机构如何能避免其他公司内部机构的影响，尤其是大股东的影响，独立地发挥作用，这是关键问题所在。如我国的独立董事制度试行阶段，效果并不明显，独立董事不独立，成为大股东的利益代言人，放弃应有的职责，就是一个突出的现象。因此，确保其作用力的有效发挥，是关键因素。所以，这两种制度的问题不在于制度本身，而在于制度的保障上。

就利益相关者而言，其组成的复杂性决定了对于治理公司犯罪既可能意味着有利的一面，也可能存在着不利的因素。在利益相关者理论看来，企业中并不是只有股东才承担剩余风险，职工、债权人都可能是剩余风险的承担者，这些利益相关者有权利为维护自己的利益而参与到公司的治理中去。就债权人而论，其目标与公司的其他内部机构如股东会、董事会存在较大差别，其目标是自身利益导向的，关注的是自身债权的实现，而不是公司的利益。只有当公

① 倪建林：《公司治理结构：法律与实践》，法律出版社 2001 年版，第 209 页。

司的整体利益影响到其债权实现时，才会对公司的行为加以关注，但这种关注依然是局限于债权范围内的。至于公司采取何种具体行为实现既定的目标，利益相关者不会过分关注，其关注的是目标的实现，对结果的重视远高于对过程的重视。对于公司犯罪治理而言，债权人的意义在于，其从自身的角度关注公司的重大决策，当公司犯罪行为增加了实现债权的风险时，由自身利益出发，债权人会成为一种积极的制约力量。并且，由于债权人与公司内部机构不存在隶属关系，其行为的独立性是最强的，如能有效地加以引导，会成为抑制公司犯罪积极的力量。

就公司职工而言，既是利益相关者又是公司的组成部分。根据利益相关者理论，公司必须考虑到各种利益主体的要求，其目标应是多元的。公司应根据利益相关度大小，考虑利益主体的各自要求。同样，公司治理过程中也必须要为员工利益做切实的考量，尤其是我国的国有企业，此点更应明确。从世界各国公司管理的实践来看，对于员工的重视程度日益增强。作为公司职工，出于维护公司自身利益的考虑，渴望通过与管理层进行沟通、参与决策来表达其利益要求。公司职工的自身利益虽然也与公司的经济效益相关联，但其可得的利益与公司股东、董事、高级经理相去甚远，虽然公司职工也存在对于非法利益的追求，但自身的地位决定了可得利益的有限性，利益的推动力不会高于公司的股东、董事和高级经理人员。因此，加强对公司职工的引导，建立合理的奖励机制，会创造出有利于抑制犯罪的新生力量。实践中，很多公司犯罪都是由内部职工举报而得以侦破的。而现有的法律法规缺乏对举报人的奖励与保护措施，在很大程度上妨害了公司职工作为抑制公司犯罪力量的发挥。因此，加强公司犯罪内部举报人的保护，是公司刑事司法制度建设的当务之急。

公司的各种内部主体，在不同的方向与角度发挥对公司行为的影响力，上述各种力量综合的结果形成了公司行为的合力。从抑制公司犯罪的角度看，尽管存在着角度的差异，但各种制度安排形成的影响力，从总体方向上不外乎两种：一种是趋向于诱发公司犯罪的力量，属于诱导机制；另一种是趋向于抑制公司犯罪的力量，属于抑制机制。在追求经济利益的基本前提下，两种力量此起彼伏，不断变化，但都共同发挥着影响，每一种力量的消长都将影响到公司犯罪的潜在可能性。当诱发犯罪的力量强大到足以压制或抑制犯罪的力量时，公司将趋向于作出犯罪决策；反之，当抑制犯罪的力量足够强大时，公司将趋向于合法经营。具体而言，公司内部存在的激励机制会使得公司管理人对于公司利益享有一定的剩余索取权，而管理层持股的做法又会加重公司经营者对于公司利益的追求。公司的管理人是如此，公司的所有人更是如此，公司利益的大小与公司所有人的利益息息相关，追求利益正是其设立或投资公司的内在动因。从本质上讲，这种对利益的追求在天然上就有突破法律束缚的内在冲动，可以说，如果没有制约力量的存在，公司犯罪几乎是必然的。“资本害怕没有利润或利润太少，真像自然界害怕真空一样。一旦有适当的利润，资本就胆大起来。如果有百分之十的利润，它就保证到处被使用；有百分之二十的利润，它就活跃起来；有百分之五十的利润，它就铤而走险；为了百分之一百的利润，它就敢践踏一切人间法律；有百分之三百的利润，它就敢犯任何罪行，甚至冒绞首的危险。”① 而公司的监督机制则由于社会责任的内化，更注重从社会效益的角度理解公司的行为，会在一定程度上起到抑制公司犯罪的作用。二者之间在本质上可以看做两种力量之间的博弈，随着公司内部各种力量的变化，呈现出此消彼长的动态过程。

“公司治理机制是一个综合体系，存在于公司内外。公司的内部治理机制是指公司的出资者为保障投资收益，就控制权在由出资者、董事会和经理层组成的内部权力结构之间的分配所达成的制度安排，直接通过股东大会、董事会和经理层等公司内部决策和执行机制发生作用。公司的外部治理机制是指公司的出资者通过市场体系对经营者进行控制，以确保其权益的方式，主要通过经理市场的

① 《马克思恩格斯全集》（第23卷），人民出版社1972年版，第829页。

竞争、并购、控制权争夺和产品市场竞争等外部制约而发生作用。”①

三、公司犯罪内部治理机制的博弈关系

(一) 模型的建立

经过前述分析可知，公司内部结构的多种作用力量在总体方向上可以归结为两种：一种是正向的抑制犯罪的力量，另一种是逆向的促使犯罪的力量。就公司内部而言，公司犯罪行为的决策取决于两种力量的博弈结果。

当然，现实生活中，对于公司犯罪行为的制约不仅来自于公司内部，更主要的是来自于公司的外部，如国家的法律、政府的规制、市场的环境、伦理的约束等等，这些外部因素是公司决策的重要影响因素。但从公司决策的过程看，外部因素的影响必然要体现为内部各种机构的不同考虑之中，成为公司内部各机构作出决议的成本考虑因素，最终内化为公司决策的总体成本。因此，在建立模型时，本文尽量采用归纳的方法，将相关的复杂方向的作用力予以归类和简化，作尽可能的抽象处理。而实践中，社会生活的丰富性使得对于公司行为的影响因素来自于方方面面，过于抽象地处理难免会挂一漏万，这些都是为使模型简化以便讨论的代价所在，也是任何理论模型难以避免的局限性所在。

在促发犯罪与抑制犯罪的博弈中，本模型将博弈的参与人归纳为两方：促发方与抑制方。促发方对于抑制方抑制犯罪的可选择对策是合作或不合作；抑制方对于促发方的可选择对策是制止或不制止。

假定抑制方制止犯罪的成本是T，不制止犯罪的成本是0；促发方合作的成本是C，不合作的成本是D。那么存在四种情况：在促发方选择合作的条件下，抑制方发挥制止犯罪的收益是M，不制

① 任冷：《公司治理的内部机制和外部机制》，载《南开经济研究》1999年第3期。

止犯罪的收益是0；促发方选择不合作条件下，抑制方制止犯罪的收益是N，不制止犯罪的收益是0。假设不存在纯战略纳什均衡，抑制方发挥抑制效用的概率是q，促发方合作的概率是r。

以上指代参数意义见下表：

1	代表促发方合作和抑制方发挥作用的概率为100%
q	代表抑制方发挥抑制效用的概率
1－q	代表抑制方不发挥抑制效用的概率
r	代表促发方合作的概率
1－r	代表促发方不合作的概率
T	代表抑制方制止犯罪的投入成本
0	代表不制止犯罪的成本
C	代表促发方合作的成本
D	代表促发方不合作的成本
M	代表在促发方选择合作的条件下，抑制方制止犯罪的收益
0	代表在促发方选择合作的条件下，抑制方不制止犯罪的收益
N	代表在促发方选择不合作条件下，抑制方制止犯罪的收益
0	代表在促发方选择不合作条件下，抑制方不制止犯罪的收益

由上述模型分析可得如下得益矩阵：

		促发方 r	促发方 1-r
抑制方 R	q	M-T,M-C	N-T, N-D
抑制方	1-q	0 ,-C	0 ,0

（二）模型推演

模型演示一

给定r，抑制方完全发挥效用（q＝1），和完全不发挥效用（q＝0）的期望收益分别为：

U1(1,r) = 1(M - T)r + 1(N - T)(1 - r) = (M - N)r + (N - T)

U1(0,r) = 1 × 0 × r + 1 × 0 × (1 - r) = 0

当抑制方发挥与不发挥作用没有差别时，等式为：(M - N)r + (N - T) = 0 可以推出 r = T - N/M - N。

1. 条件说明

(1) 如果促发方合作的概率小于 r，即 r < T - N/M - N，即抑制方发挥效用的期望收益小于不发挥效用的期望收益，即 U1 (1, r) < U1 (0, r)，这时候抑制方将不能发挥效用；

(2) 如果促发方合作的概率大于 r，即 r > T - N/M - N，即意味着 U1 (1, r) > U1 (0, r)，即抑制方发挥效用的期望收益大于不发挥效用的期望收益。这时候抑制方将发挥效用。①

2. 推演图表

序号	公式表述	类型分析	说明
1	r < (T - N)/(M - N) U1(1,r) < U1(0,r)	如果促发方合作的概率小于 r，即 r < T - N/M - N，即抑制方发挥效用的期望收益小于不发挥效用的期望收益，即 U1 (1, r) < U1 (0, r)，这时候抑制方将不能发挥效用	抑制方能否发挥效用，既取决于 T、M、N 三个变量的相对比值关系，也取决于促发方合作的概率。等式两端的各个变量均会在一定程度上影响到公司内部犯罪治理的博弈进程
2	r > (T - N)/(M - N) U1(1,r) > U1(0,r)	如果促发方合作的概率大于 r 即 r > T - N/M - N，意味着 U1 (1, r) > U1 (0, r)，即抑制方发挥效用的期望收益大于不发挥效用的期望收益。这时候抑制方将发挥效用	

① 从博弈理论上看，当上述变量数值相等时，促发方与抑制方的行为将会处于随机选择的状态。

模型演示二

给定 q，经营者选择合作（r = 1），不合作（r = 0）的期望收益分别为：U0(q,1) = (M − C)q × 1 − − C(1 − q) × 1 = Mq − C

U0(q,0) = (N − D)q × 1 + 0(1 − q) × 1 = (N − D)q

当促发方合作与不合作作用没有差别时，等式为：

Mq − C = (N − D)q 可以推出 q = C/(M − N + D)。

1. 条件说明

(1) 如果抑制方充分发挥效用的概率小于 q[q < C/(M − N + D)]，促发方合作的期望收益小于不合作的期望收益。即 U0 (q, 1) < U0 (q, 0)，这将导致促发方不合作；

(2) 如果抑制方充分发挥效用的概率大于 q，即 [q > C/(M − N + D)]，即促发方合作的期望收益大于不合作的期望收益。即 U0 (r, 1) > U0 (r, 0) 这将导致促发方合作。

2. 推演图表

序	公式表述	类型分析	说明
1	q < C/(M − N + D)；U0(q,1) < U0(q,0)	如果抑制方充分发挥效用的概率小于 q，(q < C/(M − N + D))，促发方合作的期望收益小于不合作的期望收益。即 U0 (q, 1) < U0 (q, 0)，这将导致促发方不合作	促发方能否合作，既取决于 M、N、D 三个变量的相对比值关系，也取决于抑制方充分发挥效用的概率。等式两端的各个变量均会在一定程度上影响到公司内部犯罪治理的博弈进程
2	q > C/(M − N + D) U0(r,1) > U0(r,0)	如果抑制方充分发挥效用的概率大于 q 即 [q > C/(M − N + D)]，即促发方合作的期望收益大于不合作的期望收益。即 U0 (r, 1) > U0 (r, 0) 这将导致促发方合作	

(三) 模型分析

从上述博弈模型可知，混合策略纳什均衡是：r × = T − N/M −

N；q× = C/（M－N＋D）。即抑制方以 T－N/M－N 的概率实施制止，促发方以 C/（M－N＋D）的概率选择不合作。

该博弈的纳什均衡与抑制方充分发挥效用的成本 T 两种（合作、不合作）条件下预期收益的差额（M－N）以及促发方的策略成本（D，C）有关。

两种（合作、不合作）条件下预期收益的差额（M－N）越小，抑制方充分发挥效用的成本投入 T 越高，抑制方充分发挥效用的概率 r 就越大，同样，促发方合作的概率 q 也就越大。

对于促发方而言，其还受到 C 和 D 两种成本的影响，当合作的成本 C 越低，不合作的成本 D 越高，促发方合作的概率越高。

分析图表如下：

序	公式表述	类型分析	说明
1	（M－N）小	（M－N）越小，意味着在促发方选择合作的条件下，抑制方发挥制止犯罪的收益与在促发方选择不合作时抑制方发挥制止犯罪的收益差值越小	抑制方制止犯罪的收益差异趋向于稳定，在促发方合作与不合作的条件下，抑制方制止犯罪的收益差值越趋向于接近于零的定值，此时，抑制方越能发挥抑制犯罪的作用
2	（M－N）大	（M－N）越大，意味着在促发方选择合作的条件下，抑制方发挥制止犯罪的收益与在促发方选择不合作时抑制方发挥制止犯罪的收益差值越大	抑制方制止犯罪的收益差值趋向于稳定，在促发方合作与不合作的条件下，抑制方制止犯罪的收益差值越大，抑制方越难以发挥抑制犯罪的作用
3	T大	T越大，意味着抑制方制止犯罪的投入成本越多，则抑制方充分发挥效用的概率就越大	抑制方制止犯罪投入成本与其充分发挥效用的概率呈正相关性。因此，加大对抑制方的抑制犯罪的成本投入，可以促进其发挥作用的几率

续表

序	公式表述	类型分析	说明
4	T小	T越小，意味着抑制方制止犯罪的投入成本越少，则抑制方充分发挥效用的概率就越小	抑制方制止犯罪的投入成本与其充分发挥效用的概率呈正相关性。因此，对抑制方的抑制犯罪的成本投入不足，将会降低其发挥抑制作用的几率
5	C小	C越小，意味着促发方合作的成本越低，促发方合作的几率就会越高	促发方合作成本与其合作的概率呈负相关性。促发方合作的成本趋向于降低时，促发方更倾向于同抑制方进行合作，有利于抑制犯罪。促发方合作的成本趋向于升高时，促发方更倾向于同抑制方不进行合作，不利于抑制犯罪。因此，有效地降低促发方合作成本，是制止公司犯罪重要措施，是公司内部制度设计时应考量的因素
6	C大	C越大，意味着促发方合作的成本越高，促发方合作的概率就会越低	
7	D大	D越大，意味着促发方不合作的成本越高，促发方合作的几率就会越高	促发方不合作的成本与其合作的概率呈正相关性。促发方不合作的成本趋向于升高时，促发方更倾向于同抑制方进行合作，有利于抑制犯罪。促发方合作的成本趋向于降低时，促发方更倾向于同抑制方不进行合作，不利于抑制犯罪。因此，有效地增加促发方的合作成本，是制止公司犯罪重要措施，是公司内部制度设计时应该考量的因素
8	D小	D越小，意味着促发方不合作的成本越低，促发方合作的几率就会越低	

四、结论与对策

从上面模型分析可知，要形成公司犯罪的内部有效制衡，关键是抑制方是否有效发挥作用的问题。博弈的结果能否达到预期目标，与抑制方、促发方各自的支付成本和合作与不合作两种情况下预期收益的差额呈现出一定的相关性。在进行公司犯罪治理内部制度设计时，以上特点应成为重点考虑的因素。具体而言，应从以下方面着手：

1. 降低犯罪的收益差值。尽量降低在两种情况下抑制方制止犯罪的收益差值，并逐渐使之趋向于稳定，是一个切实可行的追求目标。在公司犯罪内部治理的过程中，对于制度设计，一方面应增强公司内部管理的透明度，强化抑制方的作用地位，使之能对公司行为产生有效的影响，确保抑制作用的有效实施；另一方面应尽量降低促发方对抑制行为的干扰，减少其不利影响。当促发方合作与不合作的情况下，抑制方都能稳定地发挥作用并且差异不大时，抑制犯罪的功效将得到很好的实现。因此，监事会、独立董事以及审计委员会等职能机构的地位和作用应进一步提升，其对公司的影响力应进一步加大，要以制度的方式确保其独立性，使其能够独立行使职责。应进一步完善股东会、董事会、经理层内部的信息披露机制和财务审计公开机制，以利于抑制方的监督。同时，要加大监事会对于公司内部违法动议的否决权力和力度，并适当地发挥公司职工对于违法违规行为的检举作用，形成监事会、审计委员会等机构与公司职工的信息沟通机制和通报机制等，从各方面确保抑制效果。

2. 增加对于抑制方的成本投入。抑制方成本投入的增加，可以起到提高其发挥作用几率的效果。第一，在公司内部规制上，对于公司现有的具有抑制作用的机关，如监事会、独立董事以及审计委员会等加大成本投入，在人员配置、监督支出、监督的软硬件环境上作妥善的安排，确保其能有效运作。第二，要增加制度成本的投入，强化公司内部监督部门的岗位责任，在公司章程和法律法规的设定上，明确其怠于履行职责的法律后果。第三，对于公司其他组成机构中存在的抑制作用要充分发掘和引导，使其发挥正面作用。如提升公司职工的参与意识，加强监督教育，并以适当的方式对公司职工的监督行为予以表彰等。第四，可根据公司犯罪的具体状况，考虑增设若干新的非常设监督机构，增强抑制犯罪的整体合力。

3. 降低促发方合作成本。在对促发方合作成本有正确认识的基础上，采取对应措施有效降低促发方合作的成本，可以提升促发方合作的几率。对于促发方而言，选择合作是需要付出成本的，包括前期投入与可能的机会成本以及可预期的收益损失等。如果上述代价过大的话，促发方将难以接受与抑制方的合作。对此，可以考虑从以下方面着手：第一，提高公司内部各机构的运转效率和配合程度，及时通报相关信息，避免董事会、经理层决策的前期投入过大。如果一项可能的决策最终因为促发方与抑制方合作而放弃，其前期投入将会成为“沉没成本”①，这将会被董事会、经理层归入为合作的成本。如果上述成本过高，将会在很大程度上削弱其合作倾向。第二，合理有效地规范市场行为，增强市场机会的公平度，减少公司机会成本的损失；同时，加大对市场秩序的治理力度，以符合经济规律的方式降低公司犯罪收益。譬如，如果正版的得益与盗版的得益相差不大时，公司盗版行为的犯罪收益将会大大降低。而加大对盗版的惩治力度也会使得盗版行为的成本增加，从而降低其可预期收益。当然，这些同时也有赖于公司的外部环境因素。

4. 提高促发方不合作成本。不合作的成本如果得到有效提高，可以在很大程度上增强促发方合作的几率。促发方不合作也需要付出成本，并且其成本与其合作概率呈负相关性。如果不合作的代价过大的话，将迫使促发方接受与抑制方的合作。通过强化监事会、独立董事对公司决策的影响力，迫使董事会、经理层在决策中充分考虑不合作的代价问题。如对董事会经理层的诚信评价指标的降低、可得的激励收益的丧失等，会成为其不合作的成本。再如对其人事任免的提名、任职资格的审查、工作报告的评价等心理成本也将内化为促发方的不合作成本。如果上述成本过高，促发方将不得不考虑与抑制方进行合作，从而使得合作成为其最优选择。

① 在经济学和商业决策制定过程中使用的沉没成本的概念，指的是已经付出且不可收回的成本。

企业应设立现代意义上的“安全管理总监”

陈　硕　陈　利*

随着力拓在华员工被拘和中国许多钢企高管卷入“间谍门”事件，中国外交部将这起泄密事件上升到“国家机密”之高度，透视出中国对力拓“间谍门”的愤怒层级绝不限于商业领域。如果说铁矿石谈判，我们只是失去了铁矿石贸易领域的话语权，当海外机构将寻租的重点放到关系我国国计民生企业的时候，危及的将是整个国家安危。就此而言，力拓“间谍门”的确触及了我们在经济安全方面的软肋。正如国家安全政策委员会副会长糜振玉中将指出的：“企业是国家经济的主体，企业安全是国家经济安全的重要组成部分。”怎样才能使企业安全地可持续发展，确保国家的经济安全，就成为当下中国企业亟待研究的重大课题。

我们在《安全管理总监》（群众出版社 2006 年 2 月出版）一书中创造性地提出，企业应在高级管理团队中增设安全管理总监职位（CSO），以协助 CEO 进行安全管理战略决策并负责组织实施，并以安全管理总监为主要领导，建立综合安全管理的组织体系。期望以此推进我国的企业安全管理。

---

* 作者单位：陈硕，国家安全政策委员会培训中心；陈利，江西省南昌市人民警察学校。

一、设立安全管理总监的背景

1. 时代发展的必然趋势

20世纪90年代国际上开始流行企业全面风险管理（Integrated Enterprise Risk Management），并在21世纪成为全球企业管理发展的新趋势。近年来，著名企业评级机构如标准普尔和穆迪已将企业全面风险管理（ERM）列为其对企业评级的基本评价因素，各国的审计标准已将审计的根本任务从审计内部控制逐渐转移到审计风险管理的职能上来。目前，英美德等国家对上市公司风险管理的披露要求也已上升到法律规则层面。最近的调查显示，80%西方投资者愿为有能力实施全面风险管理的企业支付溢价，越来越多的企业开始从风险管理的角度来考虑寻找商业合作伙伴，以保障自身的品牌、质量及发展的可持续性。

风险管理概念的产生源于学术界对风险应对及预控理论的研究探索，最早发展的体现风险管理理念的学科是保险学，之后与预控理论较早密切关联的研究领域当属20世纪盛行的安全管理。学术界广泛地对各类企业安全管理学科的研究为企业风险管理在21世纪最终走向全面系统风险管理奠定了基础。

我国在2006年6月20日才由国务院国有资产监督管理委员会发布了《中央企业全面风险管理指引》。全面风险管理对国内绝大多数企业来讲还是一个新鲜的概念。回顾中国近代发展的历史，国外任何先进的理论和经验，引进到中国都有一个如何适应本土的艰难的落地改造过程。否则一堆“洋”概念和“洋”模型不但不会带来好处，反而会因消化不良造成管理混乱。我们认为，目前国际上流行的企业全面风险管理（ERM）就像一种高级软件，它的运行需要有一个良好的基础操作平台，即需要诚信的市场经济环境和从业者良好的职业道德操守作为实施的基础。举例来讲，国外做风险测度分析时需要建不少数学模型，同时依赖大量统计数据，如果数据失真，分析结果就会误导决策者。而我国现阶段各类经济统计数据失真度之大，经常使诸多国内外大牌分析师出丑，也难怪国内老板们常常凭第六感觉拍脑袋决策，他们何尝不想科学决策?!

《中央企业全面风险管理指引》中所称的企业风险，是“指未来的不确定性对企业实现其经营目标的影响。企业风险一般可分为战略风险、财务风险、市场风险、运营风险、法律风险等；也可以能否为企业带来盈利等机会为标志，将风险分为纯粹风险（只有带来损失一种可能性）和机会风险（带来损失和盈利的可能性并存）。”防范纯粹风险在我国现阶段企业管理水平上虽然难度已算较大，但通过强力推行尚可较好实施。可面对风险性机会时，我们目前能把握的概率实在太小，经常是成一时输一世，因此管理机会风险的难度对于现阶段的我国企业来讲高得不宜轻易提倡。仅举一个方面的例子即可说明，比如中国人好赌闻名全球，在企业经营中也表现得淋漓尽致，从德龙帝国的崩溃、中航油新加坡公司为赚200万美元的利润而赌输掉5亿美元，到最近顺驰地产神话的破灭，都是这种好赌天性的灾难。由于现阶段职业道德操守的严重缺失，以及在社会剧烈转型的历史时期造成的全民心态“矿工化”，使得企业的各级员工即使在最良性的愿望下也容易出现为博风险性机会而致使企业受损，更何况私欲膨胀者很容易利用管理机会性风险的权力侵害企业利益，从此角度我们不难理解，为什么具有纯市场经济学背景的郎咸平教授会极力反对目前国企改制中管理者持股的市场化改革。这正应了一位西方哲人的话：“良好的愿望常常构筑的是通往地狱之路。”因此，现阶段我国企业主要应强调防范纯粹性风险。按照著名管理大师彼德·杜拉克所说：“企业的最重要责任是生存，其指导原则并非是最大利润，而是避免损失。”避免和减少损失等于创造效益正成为现代企业的重要理念，企业安全管理已成为管理科学体系中的重要学科。换句话说，企业安全管理（ESM）是企业全面风险管理（ERM）的初级阶段，随着内外条件的成熟，方能逐步实施全面风险管理。

2. 职业发展的必然规律

企业安全管理最早就是从简单的企业驻防的保安门卫角色，扩展为保护企业的资产的保卫工作，再由被动地执行保护转变成事先预估问题以防止损失，资产包括人力、财产、信息、形象。根据《企业事业单位内部治安保卫条例》规定，单位的内部治安保卫工作由单位的主要负责人负责，但董事长或总经理不可能具体管理相关事务。由于企业危机的发生，既可能来自外部环境，也有可能源自企业的内部环境。从企业内部来讲，企业的资本张力、销售能力、技术创新、经营成本、人力资源的流动等任何一个环节都会造成企业的不稳定因素，形成企业的安全隐患，它们分散在不同的职能部门归口管理，如治安管理归保卫部，生产安全归生产安全办公室，财务安全归财务部等，而各个职能部门又分别向各自的副总级的高管汇报，然后再汇总到 CEO，没有统一协调的权威以确保企业安全有序经营。CEO 对安全管理业务不一定十分在行，使安全管理的跨部门决策，缺乏系统性和科学性。因此，企业主要领导也应有安全管理的高级助手。

解决这些内部问题，可以从企业自身的内部控制入手，加强企业的制度建设，不断加以改进。如果在高管团队中增设安全管理总监，以既懂企业管理又懂安全管理的复合型人员管理企业的安全事务，对各职能部门分工负责的多方面的安全管理工作实施系统化的决策，统一、高效地指挥，一定会使企业的安全管理工作跃上新的台阶。

现代企业安全管理大不同于传统的企业保安工作，安全管理总监也不是传统企业中的保安部长的升级版，保安部长的工作只是安全管理总监工作中的一部分。在中国企业的现实环境中，企业保安部长基本上只是企业中层干部，这些部长主要负责企业的治安安全管理工作，诸如保安人员的招募、培训、考核，门卫安全巡逻检查，人防技防，厂区治安等工作，主要精力在于处理企业很细致、很琐碎的日常保安管理等方面事件，因此不可能有专门的时间和精力来投入企业的安全策略研究和优化、安全应急事件的预警和响应；很少能从全局、战略的角度阐述企业安全规划。形成这种情况的原因，与其级别有关：保安部长只是企业中层管理者，是企业安全管理决策的执行者，由于级别不够高，他的职位和权力特征决定了他的局限性，没有权力做宏观规划，最多只能提出一些建议，有限的权力不能承担巨大的责任，不足以协调企业内部的所有机构和部门。而企业内部的一些制度和规定，必须获得高层强有力的支持，并由高层管理者来制定才能得以施行。因此企业保安部长不在其位、不谋其政，也就不可能履行真正的整个企业的安全管理职责。

时至今日，企业安全管理已完全不是原始的单纯保安巡逻，而是羽化成体察企业人财物、产供销每个环节，担负整个企业发展安全的全能宏观战略决策。安全管理总监作为企业安全管理战略决策者，对企业安全拥有最高职位和最高职权，对企业安全的总体目标负责。其工作侧重企业的长远发展计划、战略目标和重大安全政策的制定，拥有资源的控制权，以决策为主要职能。

3. 安全管理总监名称的匡正

最早提出“安全管理总监”这个名称的是信息产业，出于对维护信息安全的需要，使得掌管核心数据和维护系统安全的人员组成了一个新兴而又特殊的职业——CSO（首席安全官，Chief Security Officer）。一些具有复杂网络的大型机构已经开始明确设立 CSO 职位，领导着专门的信息安全小组；而大部分规模稍小的企业，虽然没有设立专门的 CSO 职位，但一般指定了专门人员负责整个机构的信息安全，行使着 CSO 的职责。CSO 们对信息安全技术的把握，直接关系到企业核心资产的安全，他们对信息安全技术和产品的需求，牵引着信息安全产业的发展。

CSO 作为舶来语，创立之初仅特指管理信息技术安全方面事务的人员，其主要职责是处理组织内部与信息安全相关的事务，避免信息安全事故的出现；并在信息系统出现紧急事件中负责协调资源，将组织受到的损失降到最低点，直接向 CIO 汇报。准确的定义他们应该称为 CISO（首席信息安全官，Chief Information Security Officer）或者 ISO（信息安全官，Information Security Officer），这是有别于 CIO（首席信息官，Chief Information Officer）的。

但是，Chief Security Officer 作为中文意译的首席安全官，应该负责企业全部的安全事务，才是一个名副其实完整意义上的首席安全官。随着企业内的信息安全系统逐渐与物理安全的日渐融合，在国外越来越多的大企业中，CSO的内涵也在不断延伸，CSO不仅处理IT安全方面的事务，而且上升到关注企业的物理安全层次上，包括业务连续性、灾难备份以及门禁系统等，甚至上升到政策的制定层面，开始处理企业所有的安全问题，直接向CEO汇报工作。首席安全官必将发展到超越信息安全管理的范畴，成为一个宏观的安全概念。笔者更想与时俱进地顺应时代发展，超越IT行业狭义的CSO概念的禁锢，恢复CSO肩负着的企业整个安全管理的使命，从更宽广的视野范围匡正它在企业内的另一个中文名字——安全管理总监。

二、安全管理总监的专业职权

企业中管理者向谁负责，显示了他在企业中的地位。安全管理总监是企业安全管理的高级执行者，和企业的运营总监、财务总监、销售总监、企划总监等一样，他直接向最高管理者首席执行官进行工作汇报。同时，由于需要监督和协调全局各部门、各项安全管理措施的执行情况，并确定安全工作的标准和决策，安全管理总监应该处于大中型企业副总的职务，在中小型企业中可以以董事长助理或总经理助理的身份行使安全管理总监的权力。否则，安全管理总监职位低下的制约决定了他的权力有限，无法开展真正意义上的企业安全管理工作。

安全管理总监职权有三种类型，即直线职权、参谋职权、职能职权。

第一，直线职权是安全管理总监拥有的发号施令、安全决策方面的权力。直线职权以安全管理总监职位为基础，它直接对安全管理总监管理范围内的下属安全人员发挥作用，遵循着分级原则和职权等级原则。

第二，参谋职权是企业安全管理机构和安全管理总监所拥有的辅助性职权，包括咨询权、建议权等。参谋职权以安全管理总监的专业知识和技术智慧为基础，通过安全管理总监的智力优势完成企业所赋予的安全管理任务。

第三，职能职权是指安全管理总监或安全部门所拥有的那部分职务分工特点所必备的权力。安全管理总监的职能职权是由安全业务或安全部门来行使，安全部门一般都是由一些职能专家组成的。安全职能职权是企业组织职权的一个特例，它介于直线职权和参谋职权之间。

安全管理总监的职责不能完全依赖组织架构中自然放到某一个位置上去，而是需要通过自己的努力工作，获得成功案例后，推销给企业的高管，让他们真正认识到安全管理总监在整个企业里的巨大价值后，确定自己的地位。

三、安全管理总监的基本职责

作为一个现代企业的安全管理总监，他们的权力是很大的，可以给整个企业在安全方面提出自己的意见，对企业资源分配提出自己的想法。他的责任就是保护企业资产不受侵犯。其基本职责必须符合现代社会发展的客观要求，具体有如下几个方面：

1. 安全管理总监是安全保卫目标方向的提出者

一个企业的安全管理工作能否取得成效和成效的大小，关键是能否制定出本系统、本组织安全工作的总目标。科学的切合实际的安全工作总目标，对企业的发展具有战略意义，决定着安全管理活动的方向，体现安全管理总监和大多数成员的意志以及企业发展的要求。因此，安全管理总监要能够为企业制定一个切实可行，足以激发全体员工奋发向上的安全工作发展目标。

2. 安全管理总监是安全保卫的计划者

制定安全工作计划是安全管理总监的首要任务，也是安全管理总监指引组织发展、调动成员力量的重要手段。安全管理总监必须高度重视安全工作计划，并善于制定安全工作计划。法约尔说：“缺乏计划或一个不好的计划是领导人员无能的标志。”安全管理总监制定安全工作计划，要认真调查研究，广泛征求员工的意见，特别是安全专家的意见和建议；要从企业生产实际出发，实事求是，量力而行；要有严格的科学态度，采取科学的方法，力求符合客观事物的发展规律，从而保证安全工作计划的科学性。

3. 安全管理总监是安全保卫的组织者

组织是保证安全管理活动顺利进行的必不可少的条件，因而是安全管理总监的重要职责。组织，就是把企业安全管理活动的各个要素、各个环节、各个方面，从劳动的分工和协作上，从时间和空间的相互联结上，从上下左右的相互关系上，做较好的结合。因此，安全管理总监基本的职责是保持组织的统一、精干、高效。首先要根据安全管理的实际需要设置安全管理的组织机构，明确职责和分工，配备工作人员。其次是通过对外部环境和内部条件的分析和预测，及时调整组织结构，使组织不断适应客观条件的变化。

4. 安全管理总监是安全管理的指挥者

安全管理总监要不断地在安全管理过程中发布命令、下达指示，制定措施，以此来统一组织及其成员的安全工作意志和行为，所以，他又是一个安全工作的指挥者。指挥者的任务就是在严密组织的基础上，按照预定的安全工作计划，对所属组织和人员指明安全工作目标和计划，合理地分配任务或布置工作，并督促和检查执行情况，及时指导和处理安全管理中出现的问题。安全管理总监只有从系统的整体出发，综观全局，对安全管理过程实行统一指挥，才能达到安全目标，实现有效的管理。

5. 安全管理总监是安全保卫的协调者

安全管理要有成效，各要素、各功能之间必须保持高度的协调性。这种协调的实现，需要安全管理总监在安全管理活动中不断地进行统筹和调节，所以，安全管理总监又是一个协调者。作为一个安全工作的协调者，他的任务就是围绕企业安全目标，进行统一安排和调度，使其相互配合、紧密合作，既不产生重复，又不出现脱节，更不相互矛盾。安全工作的协调既包括纵向和横向协调、内部和外部协调，也包括对人财物的协调及各个部门、各个单位的协调等。

6. 安全管理总监是安全干部的选拔配备者

企业的安全管理总监要想使自己确定的安全目标、安全方向、决策得以正确贯彻执行和组织实施，必须有得力的干部。有了好的安全管理干部，即使是安全目标在决策制定时有欠缺，也能在执行过程中加以纠正和完善。因此，安全管理总监必须善于发现安全人才，能够把恰当的人安排在恰当的安全工作岗位上，使其充分发挥聪明才智，人尽其才。要具有知人善任的能力，对下属各部门、各单位的安全干部进行选拔和任用。

四、安全管理总监的资格要求

任何从事专业活动的人，在其进行工作之前，首先遇到的就是应建立一个怎样的知识与智能结构。目前，企业安全管理总监还是一种全新的行业，合格的从业人员极其稀缺，业务开展带有较强的探索性质，究竟具备什么样的知识与智能结构，才能或更适宜安全管理总监的工作要求？

企业安全管理是针对企业运行过程中可能出现的所有危机进行发生前的预测、防控和发生后的处置、救援等一切工作，它涉及企业日常经营管理的各个方面和环节，包括生产安全管理、财务安全管理、经营安全管理、信息安全管理、人力资源安全管理、内部治安安全管理、重要人员安全保卫等方面，避免和减少损失是其最大的指导原则。安全管理总监应该具备设计安全管理组织架构、生产安全管理方案、信息安全管理方案、治安保卫方案、人力资源安全管理方案、经营安全管理方案、财务安全管理方案、安防技术方案等的能力。

安全管理总监的内涵及其工作方法逐渐清晰，进而描绘出保护企业安全的整体框架。既然人们知道实现企业安全必须依靠管理和技术力量双管齐下，那么，企业安全保卫工作的职责，要求安全管理总监必须是一个既懂得管理又了解技术，既要熟悉企业关键业务又要了解单位整体状况以及单位风险控制目标，既要具备灵活的沟通技巧又要具备相关的法律知识的复合型人才。他不一定在每个技术领域都是专家，而且这也不可能。他要有一定的技术知识，但不一定要知道技术细节，重要的是他一定要懂风险控制。安全管理总监的定位在于，他应该对企业的整个系统的安全进行安全评估；在评估基础上分析风险以及风险将对企业造成什么损失，然后采取一些解决方案预防风险的发生；如果风险最终还是发生了，他应该采取相应的补救措施。

技术管理不同于纯技术，也不同于纯管理，管理技能的培养对安全管理总监具有重要的意义。管理不仅仅包括制定方案，首要的是从风险管理开始，知道自己目前的企业安全存在着什么样的风险，这些风险会给企业安全造成多大的危害；其次，针对这些风险，应该采取什么样的方法和手段；再次，制定什么样的政策，同时对员工进行培训；最后，一旦企业发生问题，如何应急、响应和处理。

安全管理总监除了应具备上述素质、知识、能力的要求外，还应具备丰富的人生经验和生活阅历，正如宪法对国家主席任职有年龄要求一样，安全管理总监不宜由初出茅庐的青年学生担纲，这不是年龄或经验积累问题，而是攸关一个企业生死存亡导向的问题。企业安全管理总监必须具有社会和生活的历练，这种沉淀不是靠多读几本专业书籍和多上几堂 EMBA 课就可以完成的，它必须具备丰富的企业管理工作经验和敏锐的安全管理实际操作能力。安全管理工作需要经常思考负面的问题，接触人性中恶的一面，由此十分容易给从事安全工作的人带来压抑和挫折的感觉，而抗挫折、抗压抑是青年人的弱项，同时安全管理工作在处置突发事件和危险事件时所要求的处变不惊、临危不乱的素质，也需要人生的历练才能铸就。如果说企业的首席执行官是“发动机”的话，那么首席安全官就应该是“刹车系统”，“发动机”可以年轻而有活力，但“刹车”却应该是灵敏、敦实可靠的，因此，安全管理总监最好由中年以上具有丰富经验和阅历的人来担任。这很像欧美国家的军队，军官可以由刚从军校毕业的学生担任，而军士长常常从身经百战的士兵中选拔，企业的经营管理和安全管理与战时的军队指挥有很多相似之处。企业董事长或总经理可以不兼任企业的安全管理总监，但他必须了解企业安全管理工作，在管理中只有这样，他才会全心全意支持安全管理总监的工作。

当然，企业安全管理能力的提升不是一蹴而就的。安全管理总监只是一个为企业保驾护航的守望者，它只能起到健康顾问和医生的作用，帮助企业提高免疫力和抗病承受能力，不是企业安全的救世主，企业安全管理的好坏最终有赖于全体员工的良好安全习惯和规范化行为的养成。企业安全管理总监面临着巨大的挑战，任重道远。我们坚信，随着中国企业改革的不断深化，企业安全管理工作的内涵不断延伸，安全管理总监们将逐渐成为掌握企业命脉的核心人物。这些成长的安全管理总监将肩负着一个共同的使命——保护自己所在企业能够更安全永续地健康发展。

论对国有企业高管人员经济犯罪的控制

韩　旭　邓陕峡*

一、国有企业高管人员经济犯罪的特点

国有企业在我国经济与社会发展中扮演着重要角色，它的发展与国民经济息息相关。在企业中有两个非常重要的关系，一是资产关系，它决定着企业治理结构和组织形式；一是人的关系，它决定着企业的运作方式。因为无论何种组织形式的企业都是由一定的人来操纵、执行的。所以，公司企业的治理必须从人入手，尤其是控制企业行为的人，即高级经营管理人员（以下简称企业高管人员）。企业高管人员在企业经营管理中起着非常重要的作用，其往往是“不确定性环境中的决策者”（奈特，1921）、“改革和革新生产方式的实践者”（熊彼特，1937）。① 所以，规范企业高管人员的行为，强化他们的责任意识，对保证企业规范运作具有关键作用。

然而，在现实生活中，企业高管人员的犯罪时有发生，尤其是国有企业高管犯罪日趋严重。在检察院查办的贪污贿赂案件中，国企人员的职务犯罪呈现出案件数量上升，企业“一把手”案件上

---

* 韩旭，中国社会科学院法学所博士后研究人员，贵州民族学院法学院研究员，中国法学会犯罪学研究会常务理事；邓陕峡，西北政法大学法学硕士，成都大学法学系讲师。

① 童卫华：《我国国有企业高管人员报酬：控制权激励观》，载《经济学家》2005年第6期，第53页。

升，超过百万元大案上升，犯罪造成的损失上升的“四升”趋势。[①] 在2005年底北京市丰台区法院的结案分析中，发现2002年以来国有企业领导干部和财务人员犯罪占被告人总数的76%，占涉案总额的91.8%。有媒体报道，中国外逃海外的贪官有4000余人，有相当比例的人为企业高管。[②] 金融行业相继落马的有：中国银行原副董事长、中银香港原副董事长、原总裁刘金宝，光大集团有限公司原董事长朱小华，中国建设银行行长王雪冰，中国建设银行原董事长张恩照，农发行两个原副行长胡楚寿、于大路，中国银行原副行长赵安歌等；烟草行业有：震惊全国的常德卷烟厂段远来案，云南红塔集团原董事长褚时健案；钢铁行业有轰动一时的北京钢铁公司原党委书记管志诚案。云南铜业（集团）有限公司原董事长兼总经理邹韶禄、原副总经理余卫平，云南铜业房地产开发有限公司原总经理汪建伟等人贪污、受贿腐败窝案在社会上引起极大反响。该案涉及违纪违法人员70多人，涉案金额高达20余亿元，邹韶禄等人的行为，给云铜集团的发展带来严重危机。其他行业的国有企业高管犯罪案例也是举不胜举。此外，上市公司高管违规抛售股票或者违规进行短线交易，本质上都是利用与其他投资者信息不对称的优势进行的非法获利行为，其中不能排除有进行内幕交易和市场操纵犯罪的可能性。

根据对国有企业高管人员犯罪的分析，可以看出这些犯罪具有以下特征：

第一，国有企业高管人员犯罪具有公职性质。

在我国，国有企业高管特别是老总的身份极为特殊，他们是国家作为委托方的相对人，是人民财产的实际控制与经营者，是手中直接掌管或控制大量公共财物的国家公职人员，属于法理上所谓的

① 李国忱：《国企高管是为所欲为 大老板高管与高官有何不同》，载《中国青年报》2006年11月29日（第3版）。

② 周新军：《法治：公司治理的新机制》，载《经济导刊》2005年第10期，第88—89页。

“准国家工作人员”或刑事法律中“以国家工作人员论”的企业领导干部。因此，国有企业高管人员的犯罪同其他企业管理人员犯罪相比，带有公务犯罪性质。一般来说，国有企业高管人员的犯罪主要包括：贪污犯罪，贿赂犯罪，同业经营犯罪，为亲友非法牟利罪，签订、履行合同失职被骗罪，国有公司人员失职罪、滥用职权罪等。

第二，国有企业高管人员犯罪具有严重的社会危害性。

从目前了解的高管人员犯罪可以看出，犯罪趋势是涉案金额越来越大，涉及人员向集团化发展、作案手法专业化、利益关系交织，错综复杂，这样的人员犯罪既可能自己腐败，也容易拉别人下水、使他人腐败（如为达到个人或单位目的用公款行贿），不仅给企业发展带来严重的危机，还给社会发展带来严重危害。

第三，国有企业高管人员犯罪具有与企业犯罪的混同性特征。

在刑法分论中，已经明确规定为国有企业高管人员个人犯罪比较容易判别，虽然有些企业犯罪似乎只是单位犯罪，与高管人员犯罪难以等同，但是，实质上这些企业犯罪同高管之间因为利益存在着密切的联系，往往存在借助企业集体行为达到个人目的的情况，其犯罪成本由企业支付，高管人员个人犯罪的本质被忽略，这一点需要在司法实践中认真甄别。

二、国有企业高管人员经济犯罪控制乏力的原因

在企业高管人员犯罪治理的探讨中，北京大学白建军教授在分析美国安然公司、意大利帕马拉特公司、美国世通公司许多知名公司高管犯罪现象后提出了防止企业高管人员犯罪的三道防线：第一道是高管们不想去犯罪，这要靠个人品质和良知；第二道是高管们想犯罪但不敢犯罪，这要靠对那些已经触犯刑律、违反制度的人做出处理，从而产生威慑力和警戒作用；第三道是高管们想犯罪也敢犯罪，但让其做不到，这要靠制度发挥作用，靠人事之间和岗位之

间的制约。如果这三道防线都突破了，就要面临法律的惩罚。[1]

这一分析也可以运用到国有企业高管人员犯罪治理的系统，包括三种控制手段，即道德控制、制度控制、法律控制。然而，古井集团腐败窝案、轻骑集团腐败窝案、北京城乡建设集团腐败窝案、云铜集团腐败窝案……近年来，国有企业高管大要案频发说明，我国国有企业高管犯罪没有得到有效的控制，我国国有企业高管犯罪控制系统还存在一定的缺陷。

首先，道德控制难以奏效。道德作为控制犯罪的第一道屏障，它提倡企业高管人员的自律，是一种成本相对较低的方式，当然这种成本是指社会成本，因为道德的遵守是需要个人付出代价的，这个代价的付出是个人自愿付出，是个人选择的结果，不需要任何人对其损失予以补偿，所以社会上看不见这种成本，成为无形的成本。当个人选择个人道德行为超出社会道德水平之上，那么个体的道德行为成本就会增加；反之，个人成本减少。一个社会内通行的道德标准会因每个成员行为的相互暗示的作用而加强或减弱。一个人道德观的建立会受到别人行为的暗示，同样道理，每个人的行为又不断地给周围人以暗示，影响着别人的道德观念的建立。[2] 所以，整个社会道德水平的升或降决定了个人道德行为高低的选择成本与收益的大小。当一个社会的道德水平降低，个体必然会选择道德水平相对较低的行为，当社会道德水平不断下降，不断选择道德水平较低的行为，当量的积累达到一定程度，就会对社会造成极大的危害，构成犯罪。

目前，我国正处于社会转型和经济转轨时期，在制度的强制性

---

① 周新军：《法治：公司治理的新机制》，载《经济导刊》2005 年第 10 期，第 88—89 页。

② 茅于轼：《中国人的道德前景》，暨南大学出版社 1997 年版，第 287 页。

变迁后，社会道德水平也会因为道德行为的供给发生变化。[①] 制度安排不利于社会道德的提升，也没有相应的补救制度安排，所以道德水平逐步下降，败德行为供给进一步增多，犯罪现象问题也进一步突出。国有企业高管，作为他人资产的控制者，在道德普遍沦丧的环境中，实施严重的败德行为的可能性增大。所以，目前社会道德对高管腐败犯罪控制的力度是非常薄弱的。

为了增强国有企业高管人员的廉洁性，2009 年，对 2004 年制定的《国有企业领导人员廉洁从业若干规定（试行）》进行修改，制定了《国有企业领导人员廉洁从业若干规定》，以规范形式强化国企高管人员道德自律。但实施效果如何，有待进一步观察。

第二，监督机制失灵。贝克尔关于犯罪与“最优监督”的理论分析已经成为今天研究腐败的经典文献之一。贝克尔在这篇文章里给出“腐败”作为均衡的行为模式的经济学解释：潜在犯罪分子的理性选择行为依赖于：（1）社会对犯罪的监督成本；（2）犯罪能够获得的超额利益；（3）犯罪分子预期的被抓获的风险及预期会受到的惩罚的强度。在这些约束条件下，存在对社会而言“最优的”惩罚强度。[②]

在犯罪决策中，罪犯比较的是预期收益和预期成本，而预期成本又以受到惩罚而产生的成本最重要，这个成本又不是实施犯罪行为后立刻得到的，而是延迟或长或短的一段时间后得到的。犯罪收益又是犯罪实施完成而获得的，如果简单对两者加以比较，那是不

① 在社会转型和经济转轨时期，在改革以前，道德行为的机会成本可以通过公有制经济转换为社会承担，降低了个人道德行为的成本，而在收益方面，由于当时的道德的政治化倾向，道德行为的收益通过制度被提高，因此，道德行为的供给量比较大，社会道德水平不断提高；而目前，由于社会转型，道德的政治化倾向相对减弱，道德收益下降，而又由于道德行为的机会成本通过公有制经济转化为社会承担的机会减少，所以道德行为的净收益减少，道德行为的供给减少，社会道德水平下降。对该观点的论证分析请参见黄维民：《国有企业高管人员犯罪控制实证研究》，西南交通大学博士学位论文，2005 年。

② Gary Becker, “Crime and Punishment: An Economic Approach,” The Journal of Political Economy 76, 2 (March - April): 169 - 217.

合理的。只有引入延迟时间变量，对预期刑罚贴现后进行比较，才使两者具有可比性，使研究更加贴近现实。① 我们要进行制度控制就必须通过监督、激励等制度规则体系建立，使得国企高管人员的犯罪的预期成本大于预期收益。

我国国有企业是全民所有，由国家代理经营，国家成立国有资产监管机构并委托其代替政府对国有企业进行监管，国有资产监管机构与企业高管形成了委托—代理关系。在多重委托—代理关系中，监督是最重要的工作。然而，无论是外部监督，还是内部监督，由于对监督机构缺乏额外的监督激励手段，监督效果不理想，从现实的情况看，企业高管违法犯罪很少有通过内部监督揭露出来的。外部监督效果也一样不明显，若高管和监督者存在共同的利益关系，就会出现合谋，监督效果难以达到预期。

第三，法律预防控制功能不足。通常讲法律控制，就会认为是事后控制，即发生了犯罪之后追究责任。这实际上是对法律控制的误解。法律控制不仅是犯罪发生后的救济，还包括事中控制。

一方面，我国在经济犯罪立法方面，虽制定了有关法律，虽然有专门的经济犯罪侦查机构，但法律操作性不强，经济犯罪的侦查与预防能力相当薄弱。另一方面，目前我国对于高管人员犯罪的法律责任主要指通过刑罚施加的刑罚控制，而事实上，法律责任的承担不应当仅仅只重视刑罚责任，还涉及民事法律责任与行政法律责任。例如，高管在证券市场中的犯罪，不仅会损害国家、企业利益，还会损害广大投资者的利益。当广大投资者利益因高管人员违法犯罪行为而受损时，投资者有权提起民事诉讼，要求赔偿。大量事实表明，民事责任具有比其他责任更重要的作用在于，它能使每个股东有积极性去监督高管的行为，也会因此使高管违规行为曝光，并使其将不法收入“吐出来”。不过我国证券民事诉讼起诉难、受理难，渠道并不畅通。中国社会科学院法学所兼职教授朱伟

① 黄维民：《国有企业高管人员犯罪控制实证研究》，西南交通大学博士学位论文，2005年，第53页。

一指出："没有诉讼就没有美国股市的发展，据统计，仅2004年一年时间，在美国证券市场上发生的集团诉讼就多达213起。"

三、完善制度、强化监督是国有企业高管犯罪治理的关键

在我国以往的研究中，一讨论高管违法犯罪问题就惯于用个人道德的颓废、沦丧来解释，并提出一定要以加强道德水平来做治病良药。然而，社会道德水平的提升是一个漫长的过程，在目前的社会道德水平整体下滑的情况下，道德自律在权力、利益面前显得苍白无力，期望国有企业高管人员自律是难以实现的。虽然我国制定了《国有企业领导人员廉洁从业若干规定》，可没有相应制度支撑，单凭这个规范是难以提高廉洁性，杜绝违法犯罪的。

笔者认为，国企高管人员犯罪的主要原因在于制度缺陷，对高管权力制衡的理念定位偏颇及相应的制度设计存在误区和不足，导致执行制度的效果就不会理想，甚至南辕北辙。故，控制国有企业高管人员的犯罪重点在于制度构建，在制度构建重视监督机制与激励机制中对犯罪治理因素考量，以制度的他律的方式来有效预防、治理犯罪。

（一）强化监督机制与激励机制中的违法犯罪控制

首先，明晰权力范围。由于在国有企业中往往存在"有任命没有明确任期，有职务没有严格考核，薪酬同业绩不挂钩"等问题，因此在我们对于制度的构建过程中，应当明确权力范围，采用奖励和惩罚两种机制对国有企业高管经营管理绩效进行评价，借此，在实施激励与惩戒机制的同时，客观上也明晰了权力行使的边界。

第二，通过赋予完善监督权的激励机制来促进监督权的有效运作。监督权的形式包括内部监督与外部监督两种。内部监督的好处是近距离、准确真实、及时全面，难点是容易形成利益同化或利益共谋现象，或发生分化收买、压制打击报复等问题；外部监督的监督主体多元、监督者价值中立，但时效性差、远隔间接性、控制成

本较高、存在“局外人不管他人事”心理等。要使这两种监督机制扬长避短，发挥应有作用，就必须通过赋予完善监督权的激励机制来促进监督权的有效运作。将企业高管违法的刑罚控制纳入公司治理的内、外部控制视野，使得产权所有者的监督、企业内部监督、企业外部监督都能发挥其应有的效用。当然，通过构建何种激励机制促进监督权的积极运行，还需要进一步探讨。

第三，通过制度完善使企业经营信息公开透明、企业重大交易事项决策民主，在公司制企业决策权与执行权和监督权的分工制衡、权力运行程序方面创新制度。

总之，通过制度构建，加大高管人员犯罪的预期成本，增强监督者监督职能的履行，形成良性的监督机制，以保障对高管人员违法犯罪的事前、事中的控制。

（二）有效的司法介入预防体系与多元化的法律责任体系构建

首先，强化司法权介入，提高对国企高管人员违法犯罪的事前、事中控制。加强对国企高管人员犯罪预防与侦查的基础业务。经济犯罪侦查对我国的犯罪侦查机构而言是一个新课题，经济犯罪侦查的基础业务比较落后。所以，我们要加强利用电脑网络系统，快速、便捷地实施调查的能力，使得收集情报资料健全，信息容量大；加强队伍建设，建立一支高水准的、专家型的专业队伍。在侦查人员的选任和调用上，应有一定的资格和条件限制，应有专业要求，首先资格除具备一般侦查人员的素质外，还要突出经济、贸易、财会专业和英语水平以及计算机水平，并根据各类案件人力的需要，适时依靠一定的专业机构或职业人员，以获得会计鉴定、查账、评估、防伪鉴证等方面的支援，增强和扩大经济犯罪侦查的能力；强化与相应的机构和部门的联动，加大经侦部门与企业、金融机构等部门协作，制定有效的防御、预报、侦查策略，就能增强法律对国企高管人员犯罪的有效控制。在这一点上香港商业罪案调查科的罪案预防就值得借鉴。香港商业罪案调查科最为重要的职责之一是防止罪案的发生，它同金融管理局、政府资讯科技总监办公室、香港电脑保安事故协调中心、香港银行公会（银行公会）及业界建立协作机制，从防御、预报及侦查三方面厘定有效的策略。通过银行公会属下的电子银行工作小组，各机构可共同分享良好的保安模式，做好防御工作。建立的 E - ALERT 沟通渠道，为银行业界提供最新的罪案消息，务求在最短时间内将最新的罪案趋势及犯罪手法通知业内人士。

其次，健全企业高管人员违反犯罪的法律责任体系，除了进一步加强刑罚的控制力度，还应当使违法犯罪的法律责任多元化，疏通民事救济渠道，完善证券诉讼的法律制度，借助社会成员的力量，形成法律威慑，并对犯罪造成的损失予以赔偿，进行事后的救济。

涉企非国家工作人员受贿犯罪实证研究

朱祖洋 *

受贿犯罪①是当前最严重、最典型的职务犯罪，也是近年来犯罪形式变化最快、群众反映最大、司法机关查处最难、定性争议最多的一类犯罪，但是，由于立法等原因所致，预防和惩治这类犯罪仍存在诸多问题，其中，对受贿犯罪主体身份的界定问题已经成为公安司法机关立案查处此类犯罪首要的难题之一，而各类公司、企业中工作人员的主体身份界定是当前查处受贿犯罪案件中最突出的问题。如何迅速准确界定受贿犯罪主体身份，既是有效预防和惩处此类犯罪的现实需要，更是保障人权、促进社会主义市场经济健康发展的需要，并为研究其他职务犯罪提供参考。本文试以诸暨市检察院受理查处的实际案例为基础，从公司企业②中非国家工作人员受贿犯罪的发案状况、存在问题着手，剖析争议的原因及立法之缺陷，提出完善建议。

---

* 朱祖洋，浙江省诸暨市检察院副检察长。

① 因很多收受贿赂的犯罪案件定性存在争议，在立案、起诉、判决的不同诉讼阶段会有不同定性，所以本文以“受贿犯罪”统称，以示与“受贿罪”相区别。

② 现行刑法中，“公司”与“企业”是两个并列的概念，相互不包含。但从一般文义上而言，“企业”应该包括“公司”在内，本文为叙述方便，以“涉企”统称之，除特别注明外，所称的企业包括公司在内。

一、问题的提出——当前涉企非国家工作人员受贿犯罪现状

根据现行刑法的规定，收受贿赂型犯罪分为受贿罪、单位受贿罪和非国家工作人员受贿罪三个具体罪名，分别规定在刑法第385条、第388条、第387条、第163条（包括刑法修正案的相关规定）等条文中。受贿罪的主体是国家工作人员，单位受贿罪的主体是国家机关、国有公司、企业、事业单位、人民团体，非国家工作人员受贿罪的主体是非国有公司、企业或者其他单位的工作人员①。从刑法条文字面上理解，此三个罪的犯罪主体很容易区分，应该不会混淆，但是在司法实践中，很多案件往往因为对犯罪主体存在争议，影响案件定性，从而造成公安与检察及法院之间在立案管辖、证据采信、定罪量刑等方面的诸多分歧。

据统计，自1997年新刑法实施以来至2008年底止，诸暨市检察院共办理收受贿赂类犯罪案件137件138人，其中检察机关直接立案查处135件136人，公安机关立案查处后移送审查起诉仅2件2人。在检察机关以受贿罪立案查处的136人中，在提起公诉时有13人改为非国家工作人员受贿罪（包括商业受贿罪，公司、企业人员受贿罪，下同），经法院审理后，有27人被认定为非国家工作人员受贿罪，并判决生效，占立案人数的19.9%。在上述改变定性的27人中，除5人为村支书或村主任、1人为农村信用合作社主任、1人为邮电系统仓库保管员外，其余20人均为公司企业人员，占74.1%，涉及电力系统10人，粮食系统5人，国有控股或参股企业5人；职务涉及公司企业的经理、副经理、财务、供销、运输等部门负责人、业务员等。公安机关立案查处2人，案发时间分别为1999年和2002年初。另外，有5名国有企业的主管人员的定性没有改变，以受贿罪被判处。

---

① 朱建华：《论公司、企业人员受贿犯罪主体的立法完善》，载《现代法学》第27卷第6期（2005年11月）。

从上述统计数据可以看出：

1. 受贿犯罪案件，定性存在争议的占有较大比例，从立案到最终判决有近五分之一的案件被改变定性，而同期普通刑事案件被改变定性的比例不到5%，受贿犯罪案件立案后被改变定性的比例远远高于普通刑事案件的比例；而在定性存在争议的受贿犯罪案件中，主要是由公司企业人员的身份争议引起的，占了3/4，其次是农村基层自治组织的主职干部。

2. 受贿犯罪案件中被改变定性的都是由受贿罪改为非国家工作人员受贿罪，即都是由重罪名改为轻罪名。因为根据现行刑事诉讼法规定，受贿罪、非国家工作人员受贿罪分别属于检察机关和公安机关管辖，因此，如果认可法院最终判决是正确的——有些案件定性至今仍有争议，则说明或是检察机关过多地管辖了本来应由公安机关立案管辖的案件，或是一些本该由公安机关管辖的案件公安机关怠于管辖。

3. 在被改变定性的案件中，或者所在企业与国家机关、国有企事业单位存在历史渊源、业务联系，或者个人身份与国家机关、国有企事业单位存在千丝万缕的联系，没有一件是纯粹意义上的定性错误。其中与国有公司、企业有关系的占极大多数。

4. 与受贿犯罪案件总体数量保持平稳、民营企业数量、规模快速增长的趋势不同，纯民营企业中被查处的受贿犯罪案件却呈现下降现象，在2002年下半年以后至2008年长达六年多时间内，公安机关未立案查处一件公司企业人员受贿犯罪案件。这与众多涉企非国家工作人员受贿案件被判处形成巨大的反差。

如此多的受贿犯罪案件存在定性争议，有争议的受贿案件为什么多与公司企业有关，为什么纯民营企业中受贿犯罪案件很少等，值得理论界和实务界关注。

二、原因分析——现行法律制度体系存在的缺陷

在有争议的涉企非国家工作人员受贿案件中，主要分歧有以下几种：

1. 关于国有企业的界定之争。在上述众多的争议案件中，如何界定国有企业是最普遍的问题，正确界定国有企业，是正确认定受贿犯罪的基础。其主要问题是，国家控股、参股、含有其他经济成分的企业能否认定为国有企业？对此，有“否定说”、“肯定说”、“折中说”三种不同观点。“折中说”又对国有资产应占多大比例有不同认识：通常主张以51%为标准①；也有人认为，只要国有资产或者持股份额在一个企业中达到一定比例，使国家或者另一国有企业对该企业具有控制权，如政府参股只在25%以上，但其他股东均为小股东的持股企业，就属于国有控股企业，应视为国有企业②。根据最高人民法院《关于在国有资本控股、参股的股份有限公司中从事管理工作的人员利用职务便利非法占有本公司财物如何定罪问题的批复》（法释〔2001〕17号）内容，最高人民法院以司法解释的形式明确主张“否定说”。该批复对于及时平息此类案件定性争议确实发挥了实际作用，但是在法理上则没有很好解释——为什么只有100%国有资产的企业才是国有企业，90%国有资产的企业就不是国有企业了？现实中，有很多国有控股企业的工作人员利用职务便利为亲友谋取利益而损害本企业的利益，对这类行为不能定罪处罚，不利于保护企业的合法权益。

2. 关于委派的手续之争。例如陈某收受贿赂案。陈某系诸暨某国有企业委派到下属控股的电气公司任副经理，后该电气公司又与上海某民营企业各出资50%合资成立科技公司，陈某任该科技公司总经理。在任总经理期间，收受业务单位给予的贿赂。检察机关以受贿罪立案、起诉，法院最终以非国家工作人员受贿罪判决。在该案中，既有对科技公司的性质之争，又有是否属于国有企业委派之争。电气公司由国有企业控股，陈某受国有企业委派在电气公

---

① 周洪波：《妨害税收、公司（企业）管理犯罪司法适用》，法律出版社2006年版，第412—413页。

② 韩武卫：《国有公司、企业和事业单位中从事公务人员的犯罪主体研究》，载《法学杂志》2009年第2期。

司中任职，属于国家工作人员，不存争议；但是科技公司并非国有企业直接控股，电气公司也仅占50%股份，陈某到科技公司任职显然是由电气公司直接委派，但又是得到原国有企业同意的，毕竟科技公司中仍有国有股份，而陈某的原身份是国有企业的工作人员，这个身份并没有因为第二次委派而改变（原国有公司随时可以将陈某调回本单位工作），如果没有国有企业的第一次委派，陈某是不可能到科技公司任职的。这里，陈某既是电气公司的代表，也可以认为是科技公司中国有股份的代表，所以产生了争议。根据相关理论，“刑法第93条第2款中的‘委派’人员，是指由国家机关、国有公司、企业、事业单位（国有单位）委任或派遣，作为国有单位的派出者，并代表该国有单位在非国有单位中从事公务的人员。接受委派的人负有保全非国有单位中的国有资产的职责。”① 即“委派”的对象首先必须是本单位的人员（包括本单位临时聘用的人员），这样，不管在国有控股、参股企业中从事工作是否一样，只以行为人自身“出身”来定性，与原先的“身份说”可以说是殊途同归。也有学者认为，“不论被委派的人身份如何，只要是接受国家机关、国有公司、企业、事业单位委派，代表国家机关、国有公司、企业、事业单位到国有控股、参股公司中从事公务的人员，都应当以国家工作人员论；国有公司、企业改制为股份有限公司后，原国有公司、企业的工作人员和股份有限公司新任命的人员，除代表国有投资主体行使监督、管理职权的人以外，不以国家工作人员论。”② 但是对于间接委派、委派的手续要求并没有明确定论。

3. 关于兼职的身份之争。在查处的案件中，有一类案件的主体身份比较特殊，就是具有双重身份的犯罪主体。例如，周某收受

---

① 参见浙江省高级人民法院刑二庭《关于印发〈全省法院经济犯罪疑难问题研讨会纪要〉的通知》（浙高法刑二〔2005〕1号）第25条。

② 李宇先、伍小鹏：《国有控股、参股公司国家工作人员的司法认定》，载《时代法学》2009年第2期。

贿赂犯罪案。周某是供电局的副局长，分管供电局的多种经营（三产），同时又是B集团公司的总裁。B集团公司原是供电局的三产企业，后来企业转制与供电局“脱钩”后，成为供电局职工个人集资注册设立的民营企业，供电局的职工就是B集团公司的股东，供电局的班子成员经B集团公司股东大会选举产生成为B集团公司的理事、董事。在法律关系上，供电局与B集团公司是完全独立的两个法人，一个是国家机关，一个是没有任何国有资产的纯民营企业。正常情况下，周某是不可能到B集团任职的，但是由于上述原因，周某在供电局没有具体的工作——多种经营与供电局脱钩后，已经不存在该项工作，而周某在B集团公司任总裁是由B集团公司理事会、董事会确定，与供电局无关。所以，从形式看，供电局并没有委派周某到B集团公司任职，而且由于B集团公司并没有国有股份，供电局也无权委派人员到B集团公司任职。但是，实质上，周某确实是因为任供电局副局长才去担任B集团公司总裁的，存在事实上的委派关系。周某在此期间，利用职务之便收受业务单位的贿赂，数额巨大，案发后，检察机关以受贿罪立案并起诉，法院以非国家工作人员受贿罪判决。需要说明的是，B集团公司经营的业务中有部分是供电局的电网建设工程等。

4. 关于不同身份主体共同受贿定性之争。与上述情形相关联，由于企业中国家工作人员与非国家工作人员共存，不同身份主体共同受贿犯罪的定性就产生了争议。理论上有“主犯定性说”和“职务犯罪定性说”两种观点，最高人民法院的司法解释赞同后一种观点，即认为共犯中的一般主体随身份犯的行为定性[①]。但是在实际案例中，往往出现国家工作人员与非国家工作人员共同受贿犯罪的情形，例如，上述供电局的招投标中心与B集团公司招标中心是“两块牌子一套班子”，人员既有供电局的正式职工，也有B集团公司聘用的合同工，在招投标业务中共同收受贿赂被查处。这

① 周洪波：《妨害税收、公司（企业）管理犯罪司法适用》，法律出版社2006年版，第402—404页。

里，供电局正式职工与B集团公司合同工在招投标业务中的职责没有主次之分，并且只要有一方反对，另一方就不能为投标人谋取非法利益，而其标的既与供电局有关，又与B集团公司有关，所以很难区分是利用了哪一方的职务之便，检察机关均以受贿罪立案、起诉，最后法院均就低以非国家工作人员受贿罪判处。

分析上述争议产生的原因，主要有以下几个方面：

1. 立法本身存在缺陷：

（1）主体身份边界模糊，造成认定困难。“国有企业”是从“企业”总概念中分离出来的属概念，现行刑法却把两者设计成相互并列、相互对立的两个概念，“企业”的实际内涵变成了“非国有的企业”，简单地用“是”与“非”两个完全对立关系的判断来划分一个企业的性质，非此即彼，没有其他选择项。但是，实际上，一个企业的国有成分可以是一个从0到100%的任何数值：国有成分为0，说明该企业是完全的民营企业；国有成分为50%，表明企业性质一半属国有企业、一半属民营企业；国有成分为100%，则是国有独资企业。由于刑法本身没有对“国有企业”进行明确界定，导致“非国有的企业”也边界不清；同时，国有企业中的工作人员并非都是国家工作人员，有一些是非国家工作人员，而非国有公司企业的工作人员也有一些属于国家工作人员。这样，当一个案件发生时，要在立案时区分案件的定性就比较困难，既不能从企业的工商登记性质作出判断，也不能从行为人的资格身份加以判断，从而造成管辖上的矛盾。在实践中，一个企业中发生了工作人员收受贿赂的行为，主管人员不知道应该向公安机关还是向检察机关报案，公安机关或检察机关在接到报案后，也难以确定案件是否应该由自己管辖，这样的制度设计确实不利于及时打击犯罪，也不利于形成打击合力。

（2）不同身份定罪不一，导致罪刑失衡。现行刑法在贪污侵占、收受贿赂、渎职侵权犯罪中把自然人犯罪主体划分为三类：国家工作人员、国家机关工作人员、非国家工作人员，国有企业中从事公务的人员属于国家工作人员。“就刑法所规定的犯罪主体来说，国有公司企业人员与国家机关工作人员形成天壤之别的对比：国有公司企业工作人员利用职务之便利的犯罪仅仅被框定在非法经营同类营业罪、为亲友非法牟利罪、国有公司企业单位人员失职罪、国有公司企业单位人员滥用职权罪、签订履行合同失职被骗罪、私分国有资产罪、贪污罪、受贿罪、挪用公款罪等九大罪名之中，而国家机关工作人员职务犯罪竟达60项左右。”① 而对于非国有企业的工作人员渎职造成企业重大损失的行为，如非法经营同类营业、为亲友非法牟利等，现行刑法却没有规定为犯罪②，不能以犯罪加以追究。相差如此悬殊，导致一些社会危害性同样严重的行为得不到应有的惩罚或者罪刑严重失衡。而这样设置的依据是什么？为什么国有企业的工作人员渎职就构成犯罪，私营企业的工作人员渎职不必处罚？没有合理的解释。

2. 政企分开滞后，国企改革、政府职能转变均不彻底。“在我国有些公司企业既承担着生产经营业务，又由于它的特有的公益性，又不得不承担一定的行政管理职能，通常习惯称之为行政性公司，如电信公司、电力公司、移动公司、铁路运输公司等，它们一方面为客户提供服务，另一方面对客户的违法行为予以监督乃至进行一系列的行政处罚，这些公司在履行行政职能时与国家机关的地位相同，只是没有披上国家机关的外衣。”③ 同时，党政机关在服务经济的思想指导下直接参与企业经营决策屡见不鲜，政府机关应有的监管职能却没有很好落实。在这样的情况下，出现公务员在私营企业兼职、国有企事业单位与私营企业“一套班子两块牌子”等现象也就不足为奇了，现实与法律的冲突也就自然产生。

① 伍建辉：《国有公司企业人员中国家工作人员职务犯罪诱因》，载《法制与社会》2008年12月下。

② 据网上资料反映，全国每年查处的非法经营同类营业罪、为亲友非法牟利罪案件极少。参见 http：//live. jcrb. com/html/2009/342. htm。

③ 伍建辉：《国有公司企业人员中国家工作人员职务犯罪诱因》，载《法制与社会》2008年12月下。

3. 管理机制不同导致发案数量差异。一方面，在民营企业中，工作人员的“职权”行使能够受到企业主的有效监督，工作人员责权利明确，奖罚分明，收受贿赂诱因动机削弱，导致收受贿赂现象确实较国有企业少；另一方面，非国有企业在发现工作人员有收受贿赂行为后，出于各方面原因，如企业怕报案后对企业有负面影响，不愿报案，群众也不屑举报，同时，民营企业更多关心利润，工作人员只要为企业谋取了预期利润，或者没有对企业造成损失，是否收受了贿赂，并不十分注重，也是成案较少的原因。

4. 整体反腐败立法及措施不够完善。目前，我国反腐败力度不断加大，但是完整的反腐败立法体系尚未形成，整体合力还不强，公权力的滥用还得不到有效遏制，传统意识文化仍影响着市场经济秩序的建立，“过去很多人把权力和市场看成是截然对立的东西，现在看到这两个东西在中国结合起来了……过去认为权力在市场情况下会受到限制，现在恰恰是市场的出现使得权力有了更大的行使机会和场所”①。在这样的情况下，企业中工作人员发生职务犯罪的概率还很高，但公安司法机关基于人力、物力和观念的限制，查处非国有企业，尤其是查处民营企业工作人员受贿犯罪的积极性却不高，导致案件偏少。

三、对策建议——立法模式的选择与完善

综上所述，笔者认为，关于涉企非国家工作人员受贿犯罪的立法完善，首先需要以宪法为依据，立足现实，借鉴国外立法经验，并符合时代发展的趋势。具体应体现：（1）宪法的平等保护原则。宪法规定私营经济是我国经济的重要组成部分，给予民营企业与国有企业平等的法律地位，因此，对于国有企业、民营企业的保护应当一视同仁，不可偏爱。（2）促进市场经济健康发展原则。国有企业不同于国家机关，“不从事公共事务，不具有公权属性和强制性，尽管代表国家的财产利益，但其依照公司法和企业法从事经

① 参见 http：//www. stnn. cc/ed_ china/200906/t20090622_ 1050474_ 5. html。

营、管理国有资产活动，完全是以平等市场主体身份出现的，是与其他民事主体一样具有私权利属性的。此时它既是国家公共权力的调整对象，也必须受市场经济法律法规的规范”①。而且，我国加入 WTO 后，以贸易为内容的市场活动更为活跃，国有企业的对外交易也更为普遍，“如果我国法律继续以国家工作人员职务犯罪对与国有主体相关的市场关系进行抑制的话，将不利于贸易的扩大和国有主体自身的发展，并可能成为中国执行 WTO 法的制度（法律）障碍或贸易上的间接壁垒”②。（3）有利于全面推进反腐败工作原则。我国业已加入《联合国反腐败公约》，公约第 15、16、18 条和第 21 条等条款对贿赂犯罪在实体构成上提出了具体的要求：“在犯罪主体方面，对本国公职人员、外国公职人员或者国际公共组织官员、私营部门内领导该私营部门实体或者为该实体工作的任何人行贿和上述这些人受贿均构成犯罪。”③ 可见，反腐败不仅是对公职部门、公职人员的事，在私营部门中也同样需要反腐败。

考察涉企国家工作人员、非国家工作人员收受贿赂行为的立法模式，从理论上讲，可以有以下三种：第一种模式是统一定罪模式，即不区分企业性质，只要是企业中的工作人员，除了国家机关委派的人员之外，不管是国有企业还是非国有企业，都一视同仁，统一只定一个罪；第二种模式是区别定罪模式，即现行立法模式，区分国有企业与非国有企业，将不同的犯罪主体分别定罪，对国家工作人员犯罪定较重的罪，对非国家工作人员犯罪定较轻的罪；第三种模式是择重定罪模式，即区分国有企业与非国有企业，只对国有企业中的工作人员犯罪定罪，对非国有企业中的工作人员有收受贿赂行为的，不定罪。

如前所述，在实践中，通过划分国有企业与非国有企业来界定

① 刘洪秋：《论国有公司、企业人员的市场行为不成立国家工作人员职务犯罪——对刑法第 93 条的一点质疑》，载《东北财经大学学报》2006 年第 1 期。

② 同上。

③ 田心则：《〈联合国反腐败公约〉与我国对商业贿赂犯罪的治理》，载《中国检察官》2009 年第 2 期。

企业工作人员的主体身份，既不合理，也难操作，因此，上述第二种、第三种模式不应作为立法的路径选择，第一种模式符合政企分开、平等保护的发展方向，但是根据本国国情，在具体细节上需要完善，并需要其他配套措施的支持。具体可作如下设计：

1. 统一定罪。即刑法在规定犯罪主体时，不再区分国有企业与非国有企业，除了国家机关委派的工作人员之外，所有企业的工作人员均是非国家工作人员，其利用职权便利收受贿赂的行为，统一都以非国家工作人员受贿罪定性。

2. 处罚原则。除数额与通常的情节外，在量刑时，国有股份比例的多少不是量刑考虑的直接因素，量刑轻重主要考虑以下两个因素：一是企业经营业务与国计民生的关联度或垄断程度，关联度越高，量刑越重，如供水、供电、供气、通讯、交通等企业；二是受贿行为给企业造成的损失大小，损失越大，量刑越重。

3. 配套措施。严格按照政企分开的要求，贯彻对国家公职人员职务犯罪从重处罚的原则，明确界定个人的主体身份：（1）国家机关工作人员必须经国家机关委派才可以到企业任职，在企业任职期间，其国家工作人员主体身份不变；（2）国家机关的工作人员在停职、辞职、退休前，未经国家机关委派，不管在什么企业任职，其国家工作人员的主体身份不变；（3）国家机关的工作人员在企业任职期间应定期公示，接受派出机关和社会公众的监督。

论非法吸收公众存款犯罪的治理

张　芸　杨少萍*

非法吸收公众存款犯罪是一种常见的企业犯罪，不仅破坏国家金融管理秩序，而且侵犯公民的财产权益，容易引起群体性事件，影响社会稳定。由于金融危机的爆发，民营企业中小企业资金周转问题凸显，本罪随之成为频发的金融犯罪。我院自2008年底受理第一例非法吸收公众存款犯罪案件以来，短短半年时间，共受理提请批准逮捕涉嫌本罪的案件4件7人，越城区法院已对其中的1件1人依法作出有罪判决。本文拟对非法吸收公众存款犯罪作一初步探析，提出治理建议。

一、非法吸收公众存款犯罪概述

1979年刑法并没有规定非法吸收公众存款罪，进入20世纪90年代以后，金融犯罪日渐猖獗，我国的法律开始规范非法吸收公众存款行为，1995年全国人大常委会通过了《关于惩治破坏金融犯罪的决定》，对原来刑法中有关金融犯罪的规定作出了补充和修改，增设了许多新的罪名，其中第7条就规定了对非法吸收公众存款或者变相吸收公众存款行为的处罚。1997年《刑法》基本上吸收了《关于惩治破坏金融犯罪的决定》的相关规定，其第176条规定：非法吸收公众存款罪，是指非法吸收公众存款或者变相吸收公众存款，扰乱金融秩序的行为。1998年国务院制定了《非法金

* 作者单位：浙江省绍兴市越城区检察院。

融机构和非法金融业务活动取缔办法》(以下简称《取缔办法》)。其第4条规定，非法吸收公众存款，是指未经中国人民银行批准，向社会不特定对象吸收资金，出具凭证，承诺在一定期限内还本付息的活动；变相吸收公众存款，是指未经中国人民银行批准，不以吸收公众存款的名义，向社会不特定对象吸收资金，但承诺履行的义务与吸收公众存款性质相同的活动。

当前，随着市场经济的发展以及宏观经济政策、存款利率浮动的影响，以高息为诱饵，运用多种非法手段吸收公众存款的犯罪活动越来越多，成为典型的金融犯罪之一，主要呈现出以下特点：

1. 犯罪手段的多样性。本罪的手段多种多样，其中非法吸收公众存款一般是采取提高利率或者虚构入股分红、项目利润高、前景好等诱惑，与银行争资金。变相吸收公众存款则是指行为人并非以直接支付利息的方式而是许以其他形式的高额回报向公众吸收资金，如以签订借款合同或者提供担保的形式，以开发项目或投资、集资入股为名，以到期支付某种实物或提供某种服务的方式，以代人理财、期货、股票代理等手段，或以招工就业收取就业培训、收取风险抵押金等非法吸收公众存款。例如，我院办理的4起非法吸收公众存款犯罪的案件，均以月息3分到1角2分不等的高利率向社会公众吸收存款。

2. 犯罪行为的隐蔽性。非法吸收公众存款的犯罪活动大多以单位的形式进行，包括真正意义上的企业和一些为犯罪设立的单位，他们在获得资金后，有的确实将钱投入到扩大企业生产经营中去，如果资金链不断，犯罪活动将不会浮出水面，现有的金融监管体制难以对其进行有效控制。即使是一些企业将钱投入到一些非法经营活动或者房地产、股票等高风险项目，由于犯罪嫌疑人的非法吸存行为迎合了社会上大多数人贪利的心理，而且在初始阶段，高额利息往往能顺利到手，这就使出资者丧失警惕、忘却风险，有的甚至会投入更多的资金，也使得犯罪嫌疑人得以维持“拆东墙补西墙”的状态，犯罪活动可以长时间不被曝光。例如，本院受理的犯罪嫌疑人裘某某等三人涉嫌非法吸收公众存款案，裘某某向其中一名被害人何某某吸收408万元人民币的犯罪事实即发生在2003年至2005年之间，而公安机关直到2008年12月1日才对其立案侦查。若非因公司经营不善及借款利率过高，造成恶性循环导致高额借款无法归还，裘某某逃离绍兴而案发，本案在一定时间内是无法被发现的。

3. 犯罪影响的广泛性。由于本罪具有较大的隐蔽性，一旦等到案件公开暴露，受害群众已经是少则数十人，多达上万人，使得本罪的涉案金额大、受害对象广。例如本院办理的案件中，被害人最少的，是被告人赵某某非法吸收公众存款案，涉案9名被害人，向社会公众吸收存款合计人民币6140万元，最后以现金形式归还被害人的是人民币680万元，其余资金均无力归还。犯罪嫌疑人裘某某等三人涉嫌非法吸收公众存款案中的被害人多达67名，涉案金额为人民币13亿多元，根据现有证据，直至案发尚有4亿多元无法归还。本罪导致大部分出资者的资金无法收回，造成的社会影响极大。

4. 案件处理的复杂性。①定性难。根据《刑法》第176条规定，非法吸收公众存款罪，是指非法吸收公众存款或者变相吸收公众存款，扰乱金融秩序的行为。但在实践中处理本罪往往存在着一定的复杂性：一是区分罪与非罪难。现实生活中，民间借贷是非常普遍的，不仅有公民之间相互借贷，也有企业及其他组织与公民之间的借贷，而且从相关法律法规、司法解释也可以看出，国家允许民间借贷。但因现行法律只是笼统规定了公民与非金融企业之间的借贷属于民间借贷，而未对借贷的主体数量作出规定，从而导致民间借贷与非法吸收公众存款犯罪之间界限模糊。二是区分此罪与彼罪难。同为金融犯罪的集资诈骗罪与本罪都是以高利率、高回报为诱饵，吸收公众投资，比较容易混淆。三是具体适用存在疑难。例如司法实践中，对于公众的理解基本都是“社会不特定的对象”①，

① 国务院1998年7月13日颁布的《非法金融机构和非法金融业务活动取缔办法》第4条即为此种表述。

但如何正确界定“社会不特定的对象”，却是一个比较容易混淆的问题。2004 年至 2007 年，浙江省检察机关公诉部门受理移送审查起诉的非法吸收公众存款案件，有 30% 因对“向社会不特定对象吸收资金”把握不一而改变定性。① 又如，本罪中的“存款”的界定，仅仅指资金，或者是包括可以变成资金的实物，也是实践中争议的一个问题。②善后难。本罪的第三个特点，即犯罪影响的广泛性，是导致本罪善后处理难的一个因素。由于本罪牵涉到人民群众的切身利益，特别是部分投资者为退休人员、下岗职工等社会困难群体，他们承受损失的能力比较弱，部分群众为了引起重视、尽快解决问题，以极端方式上访请愿，以过激行为制造影响，以违法形式表达诉求，甚至有一些别有用心的人利用互联网、手机短信等散布虚假消息，恶意进行炒作，进一步激化矛盾从而引发群体性事件，危害社会稳定。因此本罪的善后工作和维稳工作难度很大，在办案的同时务必最大限度地减少投资者损失，维护人民群众利益。

二、非法吸收公众存款犯罪的成因分析

非法吸收公众存款犯罪作为一种比较复杂的社会现象，其出现有特定的社会背景和基础，也与一个国家的经济制度有着千丝万缕的关系，笔者认为现阶段非法吸收公众存款犯罪的频发主要有以下原因：

1. 中小企业融资难。近十几年来我国经济快速发展，各行业尤其是中小企业有着强劲的增长势头，目前我国中小企业已超过 4000 万户，占全国企业总数的 99.6%，尽管 2005 年 7 月，银监会出台了《银行开展小企业贷款业务指导意见》，要求对中小企业信贷增长速度要高于其他信贷增长速度，总量要高于其他项目贷款增量，但这些措施并未完全得到落实——创造了 30% GDP 的国有企业获得了 70% 的银行贷款，而创造了 70% GDP 的非国有企业却只

① 乐绍光、邓楚开、曹晓静：《论办理非法集资类犯罪案件中的法律适用问题》，载《法治研究》2008 年第 5 期，第 39 页。

获得了30%的银行贷款。公开数据显示，今年一季度，金融机构对中小企业发放贷款中，全国有的省份贷款余额增加为零，有的增加额是负数。在深圳，今年一季度发放贷款300亿元，500万元以下小企业贷款占全部贷款只有2%多一点。在我国，中小企业融资难，已是不争的事实。

中小企业融资难除了我国金融体制改革相对滞后的原因之外，与企业自身因素也息息相关，例如中小企业资信方面的信息不够透明，使得银行在向中小企业融资时显得比较“吝啬”，而且，中小企业之间资信度参差不齐，企业在黑暗中浑水摸鱼的现象时有发生。中国银监会浙江监管局局长杨小苹在2009年6月2日央视2套经济半小时《破解中小企业融资难》的专题栏目中谈道：广东省中小企业的不良贷款率为17.49%，天津为20.53%，全国是11.61%，[①] 而整个银行业不良贷款的平均水平只有2%左右。如此看来，中小企业贷款风险明显偏高，也成为银行在对中小企业融资时会显得更加犹豫的原因。

此外，我国的资本市场不够健全，股票市场中的中小企业板块门槛较高，债券市场发行企业债券则受到发行主体和发行规模的限制，以上情况都使得绝大多数中小企业仍然缺乏直接融资的渠道，迫使他们转向依靠其他资金来源渠道，由此导致部分企业铤而走险，选择非法吸收公众存款、变相吸收公众存款的方式获取资金支持。例如我院办理的犯罪嫌疑人裘某某等三人涉嫌非法吸收公众存款案，裘某某原系浙江嘉源公司执行董事，2007年底，银行将对该公司的贷款额度由原先的4亿元调整至2亿元，为了填补资金漏洞，维持正常经营活动，裘某某以高于银行的利率向社会公众吸收存款，后因无法归还被害人的出资而案发。可以说，非法吸收公众存款犯罪是在我国金融体系尚不完善导致资金供求错位的条件下存在并得以发展的。

---

① http：//space. tv. cctv. com/act/article. jsp? articleId = ARTI1243989619449988&nowpage =2，《破解中小企业融资难（二）》，载《金融创新》（2009年6月2日）。

2. 社会上闲散资金缺乏合适的投资渠道。银行利率频频下调，股市行情跌宕不止，使得社会上积蓄了不少闲散资金，资金所有人希望通过适当的投资途径获得增值回报，同时由于客观上缺乏合适的投资渠道，主观上缺乏风险意识和金融理念，他们中的一些人甚至存在着“急富”心理和“赌一把”的心态，出资人往往比较乐意地就将手中的钱交给犯罪嫌疑人以期获取丰厚的利润。例如我院办理的赵某某非法吸收公众存款案中，2008 年 8—10 月，赵某某以月 7.5 分的利率先后向单某某吸收存款合计人民币 1850 万元，按照当时的银行利率，单某某若将上述 1850 万元以储蓄方式在银行存款一年，其收益为 76.59 万元[①]，而单某某将钱交给赵某某的年收益则高达 1665 万元，后者收益是前者的近 22 倍，高额的回报足以使一些人忘却风险，争相冒险。企业对资金的需求与闲散资金对增值的追求一旦对接，也就使得非法吸收公众存款犯罪能有机会长期存在。

3. 企业盲目扩张，风险预警机制缺乏。不少企业不断扩大企业规模，但一方面由于中小企业存在着财务制度不健全等内部因素，缺乏应有的风险预警机制，另一方面受到金融危机的影响市场需求明显不足，原材料价格、劳动力成本的大幅上升，这些都可导致中小企业因盲目高速扩张而引发资金链断裂，也是本罪浮出水面的一个最大因素。例如本院办理的裘某某等人涉嫌非法吸收公众存款罪一案，其实际控股的浙江嘉源控股集团有限公司成立于 2006 年 2 月，通过不断扩大公司规模，至 2008 年 11 月 13 日裘失踪，浙江嘉源公司旗下已拥有 15 家关联企业。2008 年受到金融危机的影响以及新劳动法的实施，导致员工工资支出等管理成本增加，而销售额和利润却没有同步扩大，企业赢利能力逐步下降，同时银行对嘉源公司的贷款额也进行了“缩水”，而裘某某此时考虑的不是

① 根据央行网站，2007 年 12 月 21 日起，一年期年利率为 4.14%；2008 年 10 月 9 日起，一年期年利率为 3.87%；2008 年 10 月 30 日起，一年期年利率为 3.60%。此处的年收益，笔者按照三者中的最高年利率，即 4.14% 进行计算。

缩小公司的经营规模，而是继续保持原先的经营规模，通过向公众支付高息吸收资金的方式，一方面维持企业经营，一方面向银行还贷，如此恶性循环势必导致公司失去发展前途，而本案的最终案发，也正是印证了笔者的上述推论。

又如本院办理的李某某涉嫌非法吸收公众存款案中，李某某原系绍兴德马汽车有限公司董事长，其为扩大经营规模，获得另两家汽车品牌的销售经营权，以远远高于银行的利率向社会上不特定人员吸收资金达800多万元，后受到各种因素的影响，导致企业经营出问题，资不抵债，无法归还被害人的出资而逃离绍兴，公安机关将其抓获后对其立案侦查。

三、非法吸收公众存款犯罪防控对策的构建

非法吸收公众存款犯罪的防控对策，是指预防与控制本罪的策略。非法吸收公众存款犯罪的产生、发展与社会的经济、政治等多种因素存在着紧密的联系，因此防控对策不能是单一的，而应当是多元的。笔者认为，可在坚持三项原则的基础上，在制度构建与刑法惩治两个领域对非法吸收公众存款犯罪的防控对策进行构建，“软硬兼施、双管齐下”，从而抑制和减少非法吸收公众存款犯罪的发生。

（一）治理非法吸收公众存款罪的原则

1. 以公共利益维护为基础，将社会稳定放在首位。非法吸收公众存款犯罪，确实对国家金融秩序乃至整体经济利益或者说公共利益造成了侵害，然而如不能妥善处理非法吸收公众存款犯罪后的相关问题，则对公共利益的侵害势必更为严重。故笔者认为，治理非法吸收公众存款犯罪，务必将维护社会稳定放在首位，果断采取一切行之有效的措施，控制事态、缓解矛盾、稳定局势，防止酿成群体性事件。要克服就事论事，办理案件要追求法律效果、社会效果、政治效果的统一，将公正执法和维护稳定有机结合。

2. 坚持集中领导、统一部署原则。非法吸收公众存款问题涉及面广、对社会稳定的危害性大，处理难度也大。因此，要在地方

党委、政府的领导下，犯罪企业的主管部门或审批部门、银行、工商、房地产管理、公安等各部门形成合力，检察机关提前介入，全面研究案件情况，做好受害群众的教育疏导工作，研究实施工作方案，维护社会的稳定。还可以设立专门的办公地点，认真接待群众，落实维稳工作。

3. 运用多种手段进行治理原则。国务院办公厅国办发〔1998〕126号文件《整顿乱集资乱批设金融机构和乱办金融业务实施方案》规定，整顿金融“三乱”的原则是：“谁主管，谁整顿；谁批准，谁负责；谁用钱，谁还债；谁担保，谁负相应责任。”因非法吸收存款引起的纠纷，一般运用行政或者民事的手段处理，上述手段无法解决的，再考虑采取刑事制裁。一旦进入刑事程序，办案机关应当及时立案，迅速查封、冻结犯罪嫌疑人的财产，防止其隐匿、转移或者流失，最大限度地追回财产，减少损失。

（二）制度构建层面的规范对策

预防与控制非法吸收公众存款犯罪，构建一定的制度，注重企业内部和外部环境的相互结合，加强监管，调整金融体系，理顺各种社会关系，铲除犯罪的土壤。

1. 企业内部的微观防控

（1）加强自身经营管理水平，努力提高中小企业的实力。中小企业要不断提升自身的经营管理水平，健全企业治理结构，建立能正确反映企业财务状况的制度，增加企业财务透明度。努力进行产品创新，提高产品市场竞争力，增强企业实力。

（2）建立一套关于中小企业的资信评级体系。应当根据我国中小企业的自身特点和实际国情，建立一套适合我国中小企业的资信评级体系。在建立和完善针对中小企业的资信评级体系的同时，要鼓励并切实地促进信用评估业的发展，可以出台相关政策鼓励和要求中小企业进行资信评估，从而使中小企业的相关信息真正透明，信息能真正在市场中传递畅通无阻。

（3）构建中小企业的诚信观念。市场经济的代名词就是信用经济，没有“信用”的企业很难在市场经济环境下生存，更谈不上发展壮大，中小企业信用的缺失会直接造成融资难。诚信经营、严守信用是中小企业缓解融资难的根本途径，必须牢固树立借债必还的思想，增强自身的信用观念。

2. 全社会的宏观防控

（1）健全金融体系，解决中小企业融资难问题。首先，可以增加正规金融供给，减少企业因资金不足而非法吸收存款的隐患，可通过放宽企业发行债券的限制，扩大企业直接融资渠道，还可通过吸引社会闲散资金到正规的金融体系，扩大企业融资途径。其次，可以建立健全包括县域、农村在内的多层次低端市场金融机构体系，发挥农村信用社的主力军作用。再次，鼓励和引导非正规金融并加强其与正式融资的交易合作，提高整个市场的金融交易水平。

此外，笔者认为，进行一定的金融创新也是解决中小企业融资难的一个途径。例如阿里巴巴公司正在尝试的一项网络联保的贷款方式，网络联保是指阿里巴巴的三家会员企业，以互相担保的方式，共同向银行申请贷款。阿里巴巴向银行提供客户网上交易数据，银行筛选后发放贷款。中国建设银行网络银行副总经理钟爱军认为，这种方式降低了银行为中小企业贷款所带来的高成本与高风险。又如，浙江台州泰隆银行通过推行的“三品三表”获得中小企业的经营与生产情况，据此为中小企业提供融资。所谓三品：一看人品，小企业老板人品要诚实、守信；二看产品是否在市场上有竞争力；三看押品，比如说汽车、房子等抵押品。同时，由于大多数小企业没有完整的财务报表，泰隆银行就看企业的另外三表：水表、电表和海关的报表，了解企业的生产。[①]

（2）丰富投资渠道，加强对社会公众的风险教育。随着收入水平的提高，社会公众对投资渠道多样化的需求也日益增加，可通过创新，提供期限不同、风险不同、收益不同的投资渠道，这样社

---

① http：//space. tv. cctv. com/act/article. jsp？ articleId = ARTI1243989619449988&nowpage = 1，《破解中小企业融资难（二）》载《金融创新》（2009年6月2日）。

会上闲散资金投向非法吸收公众存款犯罪的资金也会相应减少。

应当加强政策宣传力度，提高群众对投资风险以及对非法吸收公众存款犯罪的辨别能力，增强对“高收益”诱惑的免疫力。此外，可以建立非法吸收公众存款行为的举报奖励制度，充分发挥社会力量进行监督，压缩非法吸收公众存款活动的空间。

(3) 发挥政府职能，为中小企业的可持续发展营造良好的外部环境。中小企业融资难问题作为一个复杂的经济现象，政府是有责任和义务来干预并引导企业来化解这一难题的，为企业的可持续发展提供保障。借鉴国外政府解决中小企业融资难问题的经验，可以从多方面对中小企业提供资金援助，主要有财政补贴、税收优惠、风险投资、贷款援助等。

财政补贴是为使中小企业在国民经济及社会某些方面充分发挥作用而给予的财政援助。西方国家运用财政补贴主要是为了鼓励中小企业吸纳就业，促进中小企业科技进步和鼓励中小企业出口等。目前，我国各级政府在对中小企业财政补贴的过程中，主要对中小企业科技创新和出口生产补贴两方面力度较大，但没有启动对中小企业吸纳就业方面的补贴。近年来，我国财政收入每年大幅增长，政府完全有能力在对中小企业财政补贴方面进行新的尝试。应以鼓励大学生到中小企业就业并对接纳大学生就业的中小企业给予一定的财政补贴作为突破口，逐步将此项政策推广成为一种普惠政策，从而促进我国经济持续快速增长。

中小企业在同一市场环境下同大企业竞争时处于劣势，是市场的弱者，给予中小企业税收优惠有利于其资金积累和快速成长。国外在针对中小企业税收优惠方面的政策主要有：降低税率、税收减免、提高起征点和提高固定资产折旧等。税收优惠作为一种普惠政策，有利于中小企业因少交税而增加企业自有资金，提高企业负债能力，增强企业持续发展的能力并提高投资人创办企业的积极性。

政府直接设立风险投资基金，是指政府直接投资的专项投资基金，旨在对高新技术企业提供具有高风险和高回报率的资金。我国目前各地政府设立了一些政府风险基金，但限于我国中小企业证券市场的不发达而活力略显不足，对高科技企业的支持力度不够。因此，加大政府风险投资基金规模应与中小企业板块证券市场统筹来构建。只有建立发达的中小企业证券市场，才可能出现规模较大的政府风险投资基金，以促进高科技中小企业快速成长，并以此作为拉动宏观经济增长的助推器。

政府帮助中小企业获得贷款的主要方式有：贷款担保、贷款贴息、政府直接的优惠贷款等。在各国政府提供对中小企业贷款中，有些是提供期限较长的贷款，如美国政府贷款的偿还期达 25 年；有些是提供低息贷款，如日本对中小企业提供低于市场利息 2—3 个百分点的长期优惠贷款。通过政府的直接帮助，使中小企业渡过初创、技改等难关。此外，对于条件较好的、符合中小企业板块上市条件的，政府应通过鼓励政策，让中小企业直接到资本市场融资。

此外，银监会、公安局、工商、税务等各个职能部门应加强风险监测，建立健全对非正常金融行为的安全预警机制及事后的危机处理机制。

（三）非法吸收公众存款犯罪打击中需要把握的要点

刑法作为最后一道防线，用以惩治非法吸收公众存款犯罪是非常必要的，因为刑罚不仅是金融法律的后盾，也在犯罪一般预防方面起到较大的作用。准确适用法律、正确运用刑事司法政策，是对非法吸收公众存款犯罪进行刑法惩治的关键。

1. 实体上应体现宽严相济刑事政策

处理本罪，应当在有效、重点打击危害严重的非法金融活动的同时，实现刑事司法的法律效果和社会效果的有机统一。2008 年 11 月，我省公检法机关根据法律和司法解释，结合本省经济发展的实际情况，切实贯彻宽严相济的刑事司法政策，对办理非法吸收公众存款犯罪案件的法律适用问题达成共识，形成了《关于当前办理集资类刑事案件适用法律若干问题的会议纪要》（以下简称《会议纪要》），对于司法实务部门办理非法吸收公众存款犯罪案件具有一定的规范作用。

第一，该严则严，明确案件定罪标准。《会议纪要》列举了犯罪手段，指出，“未经依法批准，以承诺还本分红或者付息的方法，向社会不特定对象吸收资金，用于发放贷款、办理结算、票据贴现、资金拆借、信托投资、金融租赁、融资担保、外汇买卖、证券期货等非法营利活动的，应当依法按照非法吸收公众存款定性处理”。

第二，当宽则宽，不同情况区别对待。非法吸收公众存款罪的犯罪嫌疑人主观上一般具有为放资或为解决企业自身发展需要两类目的，《会议纪要》在具体适用上体现了区别，规定了一些社会危害性不大、主观恶性较小的情况，可以不认定为犯罪，例如，“为生产经营所需，以承诺还本分红或者付息的方法，向相对固定的人员（一定范围内的人员如职工、亲友等）筹集资金，主要用于合法的生产经营活动，因经营亏损或者资金周转困难而未能及时兑付本息引发纠纷的，应当作为民间借贷纠纷处理。对此类案件，不能仅仅因为借款人或借款单位负责人出走，就认定为非法吸收公众存款犯罪或者集资诈骗犯罪”。

2. 程序上应协调民事、刑事程序的衔接

刑民交叉案件所涉及的民事法律关系是基于案件行为人的民事行为和经济活动形成，在非法吸收公众存款犯罪中，行为人很多是通过订立借款合同或者担保合同的手段吸收公众存款，这就使得本罪涉及刑事和民事两大领域的情况较多。在司法实务中，如何妥善处理刑民交叉案件的程序和实体问题，有必要进行探讨。

按照现行法律规定，处理刑民交叉案件的基本原则是“先刑后民”。先刑后民，是指在同一案件中，当刑事法律关系与民事法律关系可能发生竞合，刑事诉讼程序与民事诉讼程序可能发生交叉、冲突时，刑事诉讼在适用的位阶和位序上均应优先于民事诉讼。[①] 该原则包含三重含义：刑事诉讼程序启动上的优先、刑事法

① 万毅：《“先刑后民”原则的实践困境及其理论突破》，载《上海交通大学学报》（哲学社会科学版）2007 年第 2 期，第 20 页。

律事实认定上的优先以及刑事判决效力的优先。无论是事实认定上的优先还是判决效力的优先，都不能离开刑事诉讼程序的优先启动。

在具体处理案件过程中，刑事优先原则不能绝对化，尤其是在处理如非法吸收公众存款犯罪这类涉案面广、受害者多的金融犯罪案件的。笔者认为，办理本罪，应当从有利于证据收集与保全出发，最大限度地保护当事人的合法权益，不能僵硬地套用先刑后民，而应根据不同情况区别对待：第一，如刑事案件的审理和判决结果直接影响到民事责任的承担，必须遵循先刑后民的原则，先审理刑事案件，民事案件暂缓审理，正在审理的，应终止审理，等待刑事案件的审理结果，但必须采取一定措施保护被害人的合法权益，例如可以采取查封、扣押、冻结犯罪嫌疑人的财产，不使其有转移、隐匿财产的机会。第二，如刑事案件是否定罪，不影响民事案件的裁判结果，两者不仅可以同时审理，笔者认为可以先民后刑。例如，非法吸收存款的行为人在案发后逃跑，司法机关正在通缉行为人，但是其所在的固定资产等物并未转移，同时符合刑事案件是否定罪不影响民事裁判的结果，此时，应先就案件的民事部分进行审理。第三，如同一法律事实牵涉到刑民两种法律关系，且刑事案件的审理有赖于民事法律关系的认定，则可以先民后刑。刑民并行或者先民后刑，不仅对各债权人的利益在形式上提供了公平保护的机会，还有利于缓解被害人的对立情绪，使他们感受到权利受到了多种途径的保护，能够在一定程度上避免矛盾的激化。

规范案件移送程序，对于解决本罪中刑民交叉问题有所裨益。在司法实践中，对于一些标的额较小的案件，存在着公安、司法机关互相推卸、扯皮的情况；而一些标的额较大的案件受地方保护主义或其他利益驱动，在甲地已作为经济犯罪立案侦查，而乙地司法机关又作为经济纠纷立案审理。笔者认为，在办理案件过程中，应严格遵守最高人民法院《关于在审理经济纠纷案件中涉及经济犯罪嫌疑若干问题的规定》（以下称《若干问题的规定》）中确定的移送规则，并在此基础上，明确若干具体规定。例如，《若干问题的规定》第 11 条规定："人民法院作为经济纠纷受理的案件，经审理认为不属于经济纠纷案件而有经济犯罪嫌疑的，应当裁定驳回起诉，将有关材料移送公安机关或检察机关。"那么实践中如果遇到侦查机关作出撤销案件决定，或检察机关作出不起诉决定，或人民法院最终判决无罪的，在这样的情况下，应当继续审理经济纠纷；反之，则裁定终止审理。因此笔者认为，可将《若干问题的规定》中"裁定驳回起诉"改为"裁定终止审理"比较妥当。再如，《若干问题的规定》第 12 条只规定了："人民法院已立案、审理的经济纠纷案件，公安机关或检察机关认为有经济犯罪嫌疑，并说明理由附有关材料函告受理该案的人民法院的，有关人民法院应当认真审查。"对于审查的程序及期限却未作出规定，这可能使当事人的合法权益无法得到及时保护，还可能贻误侦破刑事犯罪的最佳时机，笔者认为，应规定一个合理期限及相应的程序。

试论逃避纳税犯罪的特点及预防

——从治理企业账外账谈起

韩豫宛　唐若愚*

根据有关部门统计，我国税务部门每年税务稽查查补收入都在360亿元以上，即每天为国家挽回1亿元以上的税款流失。换言之，平均每天的涉税犯罪数额至少1亿元。由此可见，逃避缴纳税款犯罪的严重程度。

一、利用账外账逃避缴纳税款的特点

涉税犯罪的具体表现形式多种多样，其中设立账外账是主要形式。所谓账外账，是指企业违反《中华人民共和国会计法》及国家有关规定，未真实记录并全面反映其经营活动和财务状况，在法定账册外另设一套账用于违法活动的行为，用于逃避政府执法部门的监管。其具体手法很多，例如：一真一假法，即一套账是对企业经营过程的真实反映，另一套账是对企业经营过程的虚假反映，从表面上看天衣无缝，但原始凭证往往只有企业自制的虚假内容的费用报销单据；半真半假法，即两套账都是核算企业真实经营情况的一部分，对企业有利的，在真账中反映，不利的则在假账中反映，一般采取抽单做账或者部分现金收入分离；人机分算法，即除建立一套计算机账外，另建一套人工操作账，两套账在不同企业中因管理方法的不同而有所区别，有的企业计算机账反映的是真实情况，

---

* 河南省高级人民法院法官。

有的企业人工账是真实账；机内分流法，即有的企业完全取消了手工做账，全面推行计算机核算，在机内设立两套应用程序，将收入部分，特别是大量现金交易而不易被税务机关监管的收入，直接从机内分流。这种犯罪的主要特点如下：

1. 利用账外账逃避缴纳税款的主体主要发生在股份制和私营企业中。这些企业为了个人或小集体的利益，不惜铤而走险，将不需开具发票的收入全部记入账外账，同时在核算上采取倒轧账，倒算销售成本及生产成本，使税务机关形成错觉，逃避检查，达到逃避缴纳税款目的。

2. 账外账的设置隐蔽性极强。一是用来向税务机关申报纳税的假账，随时都可拿出来应付税务机关的检查，但账外账往往掌握在企业业主或其亲信、家人手中，随时都有销毁的可能，所以在检查过程中难以发觉、不易查证。二是账外账知情范围小。为了减少逃避缴纳税款风险，一般只有单位主要领导及主办财务人员知晓内幕，其他人并不知晓。这些企业在主办财务人员的选择上要求较严，因而一般都聘用自己的亲朋好友来担任。三是账外账由手工记账转向电脑记账，呈现智能化的特点。企业购买安装财务软件后设置密码，使检查人员无法获取资料。

3. 利用账外账逃避缴纳税款行为危害大。从税收来看，企业做账外账，通过现金交易、体外循环形式，隐瞒应税收入，把应该交给国家的税款占为己有，变成企业的利润，坑了国家，肥了自己。在存在账外账的企事业单位中，纳税人不需供货方提供发票，故可压低成本；而纳税人在销售时不开具发票，也直接导致国家税款的流失。同时，这种逃避缴纳税款行为也极易引发全行业、配套企业逃避缴纳税款的连锁反应，会严重扰乱正常的税收秩序。从大局来看，近年来，一些公司为了获取上市资格，大做假账，上市之后，继续公布虚假的财务状况，极大地损害了投资者的利益。假账的大量存在，使我国的一些统计信息及经济指标误差很大，这不仅严重影响了政府的决策，而且也动摇了诚信这块市场经济的基石。

因此，账外账对国家危害很大，应成为打击、预防和治理的重点。

二、利用账外账逃避缴纳税款成因分析

1. 追逐高额非法利益是“账外账”逃税行为存在的根本原因。近几年来，随着经济体制改革的不断深化，一些集体企业相应转制为私营独资企业或股份制企业等，这种转制后的企业私有性质，往往导致纳税人从自身利益出发，采取偷逃国家税收的方式来完善资本的原始积累。为追逐个人经济利益最大化，这些企业能不缴税就不缴税，能少缴税就少缴税，而最简单的方法就是设置账外账，这就是导致账外账逃税现象屡见不鲜的根本原因。

2. 金融结算方式存在漏洞为不法分子提供了便利。从国家宏观体制来看，当前国家金融结算管理、行业行为管理等制度上的不规范性，也为账外经营创造了一定的外部环境。在经济活动中大量存在现金交易行为，由于现金交易隐蔽性强，交易记录难以跟踪监控，为设两套账和做假账偷逃税提供了极大便利，尤其是面向终端消费者的饮食娱乐业、批发、零售、中介服务、建筑装修等行业。各金融机构竞争激烈，为了拉客户、争储蓄，对纳税人的多头开户、资金使用睁一只眼闭一只眼，致使现金巨额流通及资金体外循环等现象普遍。同时，各种信用卡的出现，也为企业进行账外经营提供了方便。

3. 信息不对称给账外账逃避缴纳税款者有机可乘。随着纳税主体的多元化，其隐匿纳税基本信息的手段也越来越隐蔽复杂。尽管我国的税务干部队伍也在不断发展壮大，征管力量不断加强，但税务机关搜集、掌握经济税源信息的能力仍然落后于经济的发展形势，与纳税主体的多元化趋势不相适应。而受利益的驱使，纳税人绝不可能将自己掌握的税源信息向税务机关和盘托出，政府各部门有关纳税人生产经营收入信息未实现联网共享，税务机关无法掌握真实的纳税信息，导致在确定纳税人的应纳税额时，不得不迁就纳税人，很大程度上依据纳税人自己提供的扭曲了的税源信息来核定。

4. 对账外账逃避缴纳税款行为惩处不力从某种意义上讲，鼓励纵容了逃避缴纳行为。

首先，政府税务部门对涉税违法行为的查处率及处罚率较低，案件处理的弹性大。一是由于税务稽查选取稽查对象欠准确，检查面较小，人员查账技能参差不齐，办案手段有限，一般只能查出一些账面记录，难以发现深藏不露的账外账；二是由于账外账行为比较隐蔽，多与现金交易、销货不要开发票的营业收入不入账有关，事后税务稽查取证界定难，要查证他们的逃避缴纳税款行为难度很大；三是由于税务稽查部门没有搜查权，对藏在暗处的账外账，一般要依靠群众举报提供线索及公安部门协助，才能取得内账等违法证据，有限的执法手段阻碍了账外账的有效查处；四是不少税务部门也存在不愿行政复议、诉讼，担心行政复议更改原先处理决定、行政诉讼败诉，导致执法刚性不强；五是由于移送涉嫌犯罪案件程序要求严格、烦琐，而且工作量及风险较大，因此有些税务机关宁愿采取息事宁人的态度，尽量避免涉税案件的移送，导致对不法分子难以起到应有的震慑效应。

其次，司法部门查处打击的力度非常不够。一是大多数具体的司法单位对税收行业不熟悉，案件主要靠税务部门移送，而税务部门因上述原因能不移送的就不移送，导致很多逃税案件进入不了司法机关。例如某市高新区系企业密集区，但是五年来，在审理的数千起刑事案件中，仅有一起涉税案件。二是案件即使进入了司法程序也普遍处罚较轻，对涉案人员基本上处以缓刑。出现这种情况，既有对涉税案件的危害性认识不足的原因，也存在司法人员办关系案、人情案的问题。这种惩罚力度，在社会信用体系没有完全建立的今天，对逃避纳税犯罪行为基本上没有威慑力。

最后，刑法条文的某些设置也不利于打击、预防此类犯罪。2009 年 2 月 28 日，第十一届全国人大常委会第七次会议审议通过了《刑法修正案（七）》。该修正案规定，“纳税人采取欺骗、隐瞒手段进行虚假纳税申报或者不申报，逃避缴纳税款数额较大并且占应纳税额百分之十以上的，处三年以下有期徒刑或者拘役，并处罚金；数额巨大并且占应纳税额百分之三十以上的，处三年以上七年以下有期徒刑，并处罚金。”“……有第一款行为，经税务机关依法下达追缴通知后，补缴应纳税款，缴纳滞纳金，已受行政处罚的，不予追究刑事责任；但是，五年内因逃避缴纳税款受过刑事处罚或者被税务机关给予二次以上行政处罚的除外。”从该条可以看出，在具备某种条件下，行为人的行为即使构成犯罪，只要补缴并接受行政处罚，就可以免除牢狱之灾。这无疑会诱使纳税人抱着“查到了是你的，查不到是我的”、“即使情节严重，也不一定会坐牢”的侥幸心理，容易形成“账外账”逃避缴纳税款长期存在的局面。

三、对利用“账外账”逃税的治理对策

账外账违法行为的大量存在，造成了国家税款的大量流失，破坏了市场经济公平竞争的原则，必须采取有效措施予以打击和预防。

1. 要加强教育，使纳税人树立依法治税和诚信纳税的意识，使财会人员牢记“不做假账”。纳税人是纳税的主体，只有他们的认识提高了，才能从根本上杜绝逃税行为的发生。要大力宣传依法纳税的先进典型，切实提高遵纪守法纳税人的社会地位；要从道德评价上制约纳税人，形成依法纳税者光荣、逃税者为贼的意识；要建立社会信用体系，造就不依法纳税者受损的氛围。财会人员在企业逃避缴纳税款的过程中，往往起着生力军的作用。对参与采取虚转成本和选用年度结转时弄虚作假的方式进行逃避缴纳税款的财会人员，要加强对他们依法诚信经营的正反面宣传，让其重视会计职业道德建设，恪守独立、客观、公正的原则，不屈从和迎合任何压力与不合理要求，不以职务之便谋取一己私利，不提供虚假会计信息，从源头上遏制“账外账”违法行为的发生。当然，除了教育外，还需要一整套有效的管理和惩处措施来规范企业的建账建制工作，规范财会人员的会计行为。

2. 要完善金融法律法规，构建协税护税信息化系统。首先，要建立纳税人纳税号码识别制度，在金融账户和交易实名制的基础

上，借鉴一些市场经济发达国家的经验，尽快建立全国统一的纳税人纳税号码制度；其次，要完善现有金融法律法规，加强银行账户管理，无论单位或个人均需凭全国统一纳税识别号码开立账户，杜绝匿名账户、假名账户，严防多头开户，控制现金交易，禁止账外交易；再次，各政府部门与纳税人取得收入有关的所有活动均必须使用纳税识别号码，政府各部门、金融机构、机关团体等方面系统信息通过计算机联网汇集到税务部门，税务机关运用计算机进行集中处理，便可准确掌握纳税人的各项收入情况。同时积极推广货币资金支付电子化，限制和减少大量的现金交易，税银电脑系统实现联网，加大对纳税人资金流动实现全方位、全过程的管理和监控。

3. 税务部门要加强日常税务管理。一要完善、健全建账建制工作。对于一些财务制度比较混乱，财会人员业务水平比较差的企业，税务机关要与有关部门协调加强对他们的业务辅导、培训和监督，促进和规范企业建账建制工作。二要加强对企业发票监控管理。要严格执行发票管理制度，加强检查监督，防止出现利用虚开代开发票以及接受虚开代开发票来实现企业账外销售偷逃税款行为的发生。三要加强纳税评估力度。调查掌握本地区不同产业、行业税收负担状况，对企业税收情况进行纵向、横向比对，及早发现纳税人存在的异常现象，让纳税评估真正成为预防税收犯罪的“前哨”。四要提高税务人员素质，切实加大对税收法制知识、业务知识和稽查技能等方面的教育培训力度，积极营造热爱学习、自觉学习、终身学习的氛围，把检查人员培养成熟悉行业运作的“行家里手”。

4. 积极鼓励公民举报，调动群众协税护税积极性。由于“账外账”逃避缴纳税款行为隐蔽性强，对账外经营的逃避缴纳税款情况，往往是企业内部知情人员、有关业务单位比较清楚。从近几年举报逃避缴纳税款情况看，绝大多数是一些企业法人和企业内部人员、业务单位在发生利害冲突时，才将企业的账外经营逃避缴纳税款行为暴露出来。为此，税务稽查部门、司法机关一要鼓励公民积极举报，积极拓宽案件线索来源；二要在查处举报案件中严格遵守保密制度，防止举报人遭到打击报复；三要兑现举报奖励工作，保护举报人的合法权益。通过设立举报箱、公开举报电话、建立举报管理信息系统等有效手段，建立一套由全社会参与的协税护税网络机制，使账外经营逃避缴纳税款者无藏身之地。

5. 加强部门协作，合力遏制"账外账"涉税违法活动。"账外账"是不法分子逃避缴纳税款的惯用伎俩，由于其牵涉面广、隐蔽性强，因此必须通过各部门综合治理，才能有效遏制偷逃税行为的发生。一是要加强财政、国税、地税、银行、公安等部门交流和合作，采用科技手段，尽快建立信息通报系统，实行相关信息的共享，形成合力打击"账外账"涉税违法行为的长效机制。尤其是我国的税收查处工作不像有些国家那样，有专门的税警。因而依法查处涉税犯罪案件比较困难。在目前状况下，税务机关在查处重大逃避缴纳税款案件时，要及时提请公安机关介入，充分运用公安部门办案手段及时保全涉税违法证据、财产及抓捕犯罪嫌疑人，最大限度地挽回国家税收损失。二是税务部门要进一步加强与司法机关的配合，提高对账外账逃避缴纳税款案件的查处力度。对已查实企业有意利用现金交易、账外账逃避缴纳税款违法行为的，要严格按照税收征管法有关规定，给予从重处罚；对逃避缴纳税款数额达到移送标准的，要坚决移送公安部门追究刑事责任。司法机关要提高对涉税犯罪危害性的认识，切实加大打击力度。尤其是在最后的处理结果上，对该类罪犯尽量少采取减免缓的刑罚措施，并且加大财产刑的执行力度。三是要充分发挥社会舆论作用，加大对"账外账"逃避缴纳税款行为的曝光力度，形成做假账就会受到社会谴责的局面。四是要建立健全全社会的信用体系，使有逃税记录的企业和人员，在今后的养老保障、银行贷款等方面受到有效的制约。总之，要通过增加企业逃避缴纳税款的成本，来震慑涉税违法犯罪分子。

6. 纪检监察、检察部门要加大对税务部门和司法机关工作人员违法违纪的查处力度。涉税犯罪案件的主体在社会上一般都是有身份的，而且有一定的经济实力。一旦案发，他们会采取各种手段，尤其是贿赂的方法来逃避打击。税务部门和司法机关工作人员自然是他们腐蚀的对象。而事实上，也确实有许多意志薄弱者被腐蚀了。因此，纪检监察、检察部门只有清除这些腐败分子，才能保证对涉税犯罪的有效打击，进而对试图逃税的人起到一定的威慑教育作用。

群体事件研究

论群体性事件的原因

于　萌　张艳龙*

继“瓮安事件”、“府谷事件”、“惠州事件”之后，2008 年 7 月 20 日，云南省普洱市又爆发胶农与警察暴力冲突血案，短短 1 个月内群体性事件如此频发，不仅严重刺激着国人的神经，也给转型中国的现代化之路提出严峻的考验。面对这么严重的社会问题，人们不禁要问：当下中国为何频发群体性事件？笔者以犯罪学为视野，主要运用犯罪社会学的研究方法对这一问题进行研究，以期对此问题能够作出解答，从而为今后如何预防群体性事件提供对策依据。

一、群体性事件的概念

群体性事件在我国还不是一个法律上的或者有着严格规范学意义上的概念，而且无论是理论界还是实务界对这个概念并没有统一的认识。一般来说，由于研究视角的不同，有以下几种定义：

1. 行为说

主要是从群体性事件的表现来看，认为群体性事件是一种行为或活动，代表观点如“公开、自发、聚众、共同实施的违反国家

---

* 于萌，北京市朝阳区检察院侦查监督处处长；张艳龙，中国政法大学硕士研究生。

法律、法规、规章，扰乱社会秩序，危害公共安全，侵犯公民人身安全和财产安全的行为”。

2. 事件说

该说的主要着眼点在于群体性事件的后果和社会影响，因此将其界定为一种社会事件，代表性观点如“具有某些共同利益的群体，为了实现某一目的，采取静坐、冲击、游行、集会等方式向国家机关施加压力，破坏公私财物、危害人身安全、扰乱社会秩序的事件”。

3. 矛盾说

该说主要是从群体性事件的性质界定这一概念，突出其性质属性，认为它是一种特殊形式的人民内部矛盾。如“群体性事件是在我国改革开放，加快社会主义现代化建设进程中，出现的一种行为激烈、后果严重、影响较大的人民内部矛盾”。①

虽然定义角度不同，但一般来说对其本质的认识有共同的一面，“(1) 由特定或不特定的多数人参加；(2) 参与人具有较为一致的动机、目的；(3) 活动过程中出现严重违法行为，破坏社会治安秩序，危害他人公共安全；(4) 处置过程中警方与当事人易形成对立”。② 笔者基于这一共同认识，主要采用事件说，并参照公安部制定的《公安机关处置群体性治安事件规定》，将群体性事件定义为：临时由多数人组成的偶合群体所实施的，没有正当法律依据的规模性群众聚集活动，侵犯国家或个人利益，并对社会秩序造成严重影响的各种事件。根据这一概念，首先可以将正常群体性行为排除在群体性事件之外，比如经过批准的游行、示威活动，以及没有社会危害性的群体性活动，如近年来颇为流行的“快闪行动”；其次一些武装性骚乱甚至暴乱，不能被界定为群体性事件，

① 参见周宝刚：《社会转型期群体性事件预防、处置工作方略》，中国人民公安大学出版社 2008 年版，第 29—38 页。

② 参见范明：《中外“群体性事件”问题比较研究》，载《中国人民公安大学学报》2003 年第 1 期，第 59—65 页。

这种行为以诉诸武力为前提条件，组织严密、分工明确、行为目的清晰，应视为刑法上的共同犯罪中的犯罪集团或黑社会性质的组织犯罪，不属于群体性事件的范畴。

二、群体性事件的原因

（一）宏观层面：社会结构

关于社会结构的研究始终是社会学的核心议题，一般来说，社会结构是“一个群体或一个社会中的各要素相互关联的方式”。社会结构是社会系统内部诸要素相互作用的相对稳定的社会整体。[①] 在社会结构的多重特性中，偏重于关系性结构的阶层结构对社会的稳定有巨大的意义，有学者认为，当前中国已经出现现代化社会阶层结构雏形，但是结构并不合理，存在着引发社会危机的结构性因素。[②] 对社会阶层结构的研究是我们研究群体性事件起因的宏观视角。

阶层是指社会成员依据一定的标准划分为等级不同的群体，划分标准主要是身份和地位，而这种身份和地位的不同一般是由社会成员所占有的社会资源所决定的（包括经济资源、文化资源、组织资源等）。一个社会内部各阶层之间的比例关系则构成这个社会的阶层结构。从历史上来看，人类社会主要有以下几种社会阶层结构：

金字塔型　　断裂型　　葫芦型　　橄榄型

（1）金字塔型社会结构。

这种结构主要存在于奴隶社会和封建社会，位于塔尖的是帝王或君主，具有绝对的统治权并名义上占有所有的社会资源，位于中

① 参见颜烨：《安全社会学》，中国社会出版社2007年版，第13页。

② 参见陆学艺主编：《当代中国社会阶层研究报告》，社会科学文献出版社2002年版。

部的是社会精英阶层，即占有一定的社会资源并协助统治者统治社会大众的阶层。占人口绝大多数并在社会最底层的则是广大的劳动人民，他们用自己的劳动维持最基本的生活，并将绝大多数劳动成果用于供养社会的中上层。这种社会阶层结构具有一定的稳定性，社会冲突主要源自中层，中层对下层的过度压榨会导致社会的动乱，最后或者是由最高统治者治理中层平息冲突，或者是由下层动乱推翻中层取代上层，重新分配利益，有时中层也会联合下层共同对抗上层造成社会动乱，但整个社会的阶层结构并没有改变，这在封建社会表现得尤其明显。从经济结构上来看，在农业社会以及工业社会初期，整个社会结构形态呈金字塔形状。

（2）断裂型社会分层结构。

这是最不稳定的一种社会结构类型，社会直接分化为对抗的阶层，比如马克思所说的资本主义社会初期社会直接分化为资产阶级与无产阶级两大对立阶层，社会极易产生对抗、动乱。这种社会结构也出现在一些种族主义社会，如非洲一些局部的集权部落社会，社会直接分化为掌握绝对资源的上层和任人宰割的下层，社会动荡异常。

（3）葫芦型社会分层结构。

这种社会类型一般出现在社会急剧转型的时期，是一种带有过渡性质的未定型的社会结构。由于社会的急剧转型，社会阶层开始发生结构性的改变，各种制度尚未成型，各种利益、资源的分配出现混乱，社会矛盾突出，社会重整的过程中容易出现小规模的动乱或因为利益分配不均所带来的社会各阶层之间的冲突。这种社会结构一般出现在农业社会向工业社会的转变时期，当前中国就处于这个阶段。

（4）橄榄型社会分层结构。

这种社会结构的类型可以简单地概括为“中间小，两头大”，即占有社会较多资源的高等阶层和没有资源的下等阶层在社会中都占少数，而社会的绝大多数成员则拥有一定的社会资源，属于这个社会的中间阶层。这种社会结构主要存在于当前一些发达资本主义国家，20世纪以来，发达国家先后进入后工业社会，工、农业阶层减少，而中间阶层成为社会成员的绝大多数，他们成为社会中最稳定的力量，并且可以缓解上层和下层的冲突，起到缓冲带的作用。这种社会结构一般具有较大的稳定性，至少从理论上来说，中国社会转型基本上要趋向于这种社会结构。①

当前中国处于过渡阶段，是一个急剧由农业社会向工业社会转型的时代，改革开放以来的发展，使我国的社会正在经历结构性的转变，原来的社会阶层开始分化，新的阶层开始形成，并且经过市场化的重新梳理，资源被重新分配，各个阶层的地位发生转变，阶层之间的差距也开始拉大，各阶层之间的社会、经济、生活方式及利益认同的差异也日益明晰化，有学者将我国现阶段划分为十大阶层，② 而占人口绝大多数的阶层却处于社会的最低阶层（分别是产业工人阶层，农业劳动者阶层，城乡无业、失业、半失业者阶层），该扩大的阶层（中间阶层）没有扩大，而该缩小的阶层（农业劳动者阶层）没有缩小，并且阶层之间的差异逐渐定型化，阶层之间的边界和“类”的内部认同感开始形成，阶层之间的流动开始减少，“门槛”开始显现，社会分层结构呈现一种再生产趋势，即阶层身份的“继承”，有学者甚至认为中国已经开始呈现出“断裂的社会”，上层阶级化、寡头化，下层碎片化。③ 这种阶层结构的不合理，存在着引发社会危机的机构性因素，随之而来的主要是因利益分配不均而不满的阶层对社会的宣泄、对抗也就不足为怪了。这是当前群体性事件频发的一个深层次的结构上的原因。

---

① 颜烨：《安全社会学》，中国社会出版社2007年版，第107—109页。

② 关于十大阶层的划分及具体理论，详见陆学艺主编：《当代中国社会阶层研究报告》，社会科学文献出版社2002年版。

③ 此观点系笔者根据孙立平教授于2008年在中国政法大学研究生院所做的《从贫富差距到社会结构》的讲座内容整理而成。

（二）中观层面之一：社会紧张

紧张理论（strain theory）[①]，或译作压力理论，是国外社会学家近些年来用社会结构的研究方法研究社会的主要理论成果，默顿的社会结构与价值崩溃论继承了迪尔凯姆的社会学理论，特别是价值崩溃论，成为这一理论流派中最典型和最著名的紧张理论。该理论认为，一般地，“所有社会文化都为社会成员确立了作为普遍欲求的社会价值目标，如获得金钱、权力或赢得良好的社会声誉，同时也向社会成员明确指出了实现这些社会价值目标的合法途径或被这个社会所认可的手段。”[②] 如果社会成员利用这些手段能够达到其目标，就不会产生紧张和越轨行为，但如果两者之间存在较大差距，就会促使社会结构的瓦解，即价值崩溃（失范）。如果这种状态一直持续下去，就会削弱控制性规范，导致处于紧张状态的那些人可能通过违法犯罪来缓解紧张感。具体到个人，如果一个人用合法的手段不能达到自己的目标，过多的挫折会给他带来挫败感、愤怒感等紧张情绪，陷入一种无法达到目标的价值崩溃的紧张状态。在这种状态下，遵法意识强烈衰退，为了摆脱这种紧张状态，就会有人即使使用犯罪手段也希望达到目标。并且默顿详细划分了在价值崩溃状态，处于紧张状态的人缓解压力、紧张的五种行为适应模式。如下表所示：[③]

---

① 这里的紧张并非在生理学意义上所言，而是指人们的一种社会性的反应，具体指在一定的社会压力下，人们遭受挫折，对社会不满，产生挫败感、愤怒感等，社会学将这种状态称为“紧张”。详见周东平：《犯罪学新论》（二版），厦门大学出版社 2004 年版，第 168 页。

② 姚云旺：《社会学视野中的腐败型犯罪原因及控制——犯罪原因多维性的叛逆》，http：//sfj. gongshu. gov. cn/shownews. asp？id = 108，2008 年 6 月 28 日。

③ 周东平：《犯罪学新论》（二版），厦门大学出版社 2004 年版，第 168—172 页。

适应模式	内容	文化目标	制度性手段
协调（遵从）	采用制度性手段达成文化目标	+	+
礼仪（形式）主义	放弃文化目标，克制自己的欲望（紧张状态）以谨守合法的手段	–	+
革（创）新	不采用合法的手段达成文化目标	+	–
逃避（退却）	既放弃文化目标，也不遵从合法的手段，是两者的同时放弃	–	–
反抗（造反）	放弃文化目标与合法手段，但却用新的目标代替旧的目标，并用新的方法去达到新的目标	– +	– +

从上表可以看出，采取协调模式的人，一般都能通过制度性手段达成目标，他们一般都是社会的上层即资源的占有者，是制度的受益人；采取礼仪主义的人，以守法为第一要务，即使放弃目标也不会去犯罪，这种人一般都是普通大众、社会下层官僚等群体；而革新阶层则为了达到目的不择手段，他们或者利用制度的不健全，通过违法手段达成目标（如利用经济转轨渔利者，或贪污腐败者），或者成为犯罪者（如抢劫、盗窃者）；而退却模式既放弃目标也放弃手段，成为社会的遗忘者，只能维持最基本的生活，既不奋斗进取，但也不违法犯罪；最后一种是反抗模式，这种阶层已经不再相信社会原来通行的文化目标，而且也不再固守制度性手段，当然他们并不必然导致犯罪，但只要有一定的诱因，这种群体就会将自己对社会不满、紧张的状态，通过非法手段释放出来。群体性事件在很大程度上就是紧张人群在具体事件的诱惑下，将长期的紧张状态通过非法手段予以释放，下面就以瓮安事件个案为例，予以分析。

从瓮安县政府官方网站的介绍来看，瓮安县位于贵州省中部，总面积 1973.8 平方千米，总人口 47 万人，全县农业人口占总人口的 84%，第一产业比重占 GDP 的 45%。也就是说，该县的农业人口占到了绝大多数，而如上文分析所说，这一阶层在我国的阶层结构中处于较低阶层，占有较少的社会资源。而在官网的介绍中，瓮安的主要优势有以下几点：首先是区位优势明显，所以政府大规模修建基础设施，包括大型的水电站；其次就是物质资源丰富，尤其是矿产资源丰富（这可是巨大的物质利益），在瓮安县人民政府县长王海平2008年3月5日在县十五届人民代表大会第二次会议上向瓮安县人民政府作的政府工作报告中，对本县的工业发展给予了极大的肯定，认为工业发展实现了新突破，并且列举了一系列数据："……瓮安煤矿年产60万吨煤焦化综合利用项目、诚黔公司年产10万吨铁铝酸钙及30万吨机焦项目、宏福公司瓮福黄磷厂微晶玻璃和超细微粉项目、安信公司20万吨磷选矿项目等一批循环经济项目建设进展顺利，为我县工业质和量的飞跃注入了新活力。电力工业稳步推进。投资1200万元的三支岩35千伏安变电站建设项目即将竣工；投资3500万元的江界河110千伏安变电站建设项目完成选址……"[①] 而这辉煌的数据背后隐藏的是什么呢？让我们来看看中共贵州省委7月3日在贵阳召开瓮安"6·28"事件阶段性处置情况汇报会上贵州省委书记石宗源在汇报会上的讲话："这次事件，表面的、直接的导火索是女中学生的死因争议，但背后深层次原因是当地在矿产资源开发、移民安置、建筑拆迁等工作中，侵犯群众利益的事情屡有发生。"瓮安的资源优势不但没有惠及大众，反而经常发生侵犯利益的行为，这种利益的侵犯，最容易导致普遍民众的极大不满，已经埋下了冲突的隐患。"而在处置这些矛盾纠纷和群体事件过程中，一些干部作风粗暴、工作方法简单，甚至随意动用警力。"并且" 一些干部工作不作为、不到位，一出事，就把公安机关推上第一线，群众意见很大，不但导致干群关系紧张，而且促使警民关系紧张，"再"加之有的领导干部和公安民警长期以来失职渎职，对黑恶势力及严重刑事犯罪、群众反映的治

① 关于本部分的详细资料，请参考瓮安县政府官方网站"政务公开"板块，瓮安县人民政府工作报告（2008）主题。

安热点问题重视不够、打击不力，刑事发案率高、破案率低，导致当地社会治安不好，群众对此反映十分强烈。”最终“冰冻三尺，非一日之寒，这起事件看似偶然，实属必然，是迟早都会发生的。”[①] 经济利益的被侵犯使人们对社会极度不满，而近些年来积累下来的贫富分化严重、社会治安环境恶化、财富及权力不平等分配等问题造成普遍的欲求不满、对社会的愤怒感，使人们处于一种“紧张状态”，遵法意识大大减弱，而这时又没有制度性的手段去缓解这种状态，因此根据中国新闻周刊记者的调查，[②] 我们看到的事实是，“自此，河边已经不仅仅是个看热闹的案发点，而是一个失意者的阵营，县城里真正的市民广场。这些年瓮安发展引发的一系列问题，在小河边，在那两天，得以万花筒式地呈现。”“那些矿权纠纷中吃亏的乡民、那些移民拆迁中失意的流离者、那些为治安忧心忡忡的市民，再就是那些狂热的年轻人。他们在河边找到了共鸣”，无法通过合法的制度性的手段释放的紧张状态开始释放，并且是以积聚的、非法的、破坏性的方式释放——瓮安事件。

（三）中观层面之二：社会控制

控制理论（control theory）是近年来在对犯罪学传统理论的反思中提出的一种新理论，控制理论不再将重点集中在犯罪人上，而是认为正是由于社会控制的松弛导致了犯罪，“集群行为最后是否产生，还要取决于社会控制的成败。一旦控制失败，集群行为便在所难免。”并且在增强社会控制能力的同时，还相应提出了社会减压阀理论：“社会应当有自己的减缓结构性压力的机制，以疏导社会成员中的一些不满情绪，避免其向现实行为的转化。”[③] 一个国

① 参见《贵州新闻办举行发布会公布瓮安“6·28”》，7月1日19：35—20：00，载 http：//www. chinanews. com. cn/shipin/2008 - 07 - 01/news4157. html，以及新华网贵阳7月3日电（记者何云江、施雨岑）。

② 《瓮安事件调查 刑事案件如何演变成群体性事件》，载 http：//www. sina. com. cn 2008年7月9日3：48，中国新闻周刊。

③ 周忠伟：《群体性事件及处置》，江西人民出版社2006年版，第370页。

家对社会的控制方式，或者治理模式一般有以下几种：[1]

治理模式 / 基本内容	传统社会主义时代的国家治理	综合治理	现代国家的治理模式
治理中介	组织	组织 + 制度	制度 + 组织
治理方式	人治	人治 + 法治	法治
治理手段	组织网络渗透 意识形态动员 各种政治运动	组织化调控为主 制度化调控萌生	制度化控制为主 组织化控制为辅

现代发达资本主义国家以制度和法治控制作为社会控制的基本手段，制度的稳定性以及法治的可预测性等特性都为这种社会控制带来先天的优越性，而当代中国社会控制的软弱主要源于制度资源和法治资源的匮乏。当然，这种资源的匮乏与我国的传统有着莫大的关系，长久的人治模式带来法治手段的先天运用不足，况且法治不仅仅是一种治理手段，其发挥作用还需要倚仗整个国家上至统治者，下至普通民众对法律坚定的信仰，这种信仰在中国并不是在短时间内仅靠移植国外法就能培育起来的，而中国的政治建设充斥着各种“人杰”的魅力以及无规则的政治运动，制度建设一直都不是政治的主题。所以在中国特定的场景下，短时间内，指望法治和制度来实现对社会的控制是不太现实的。实际上，一直以来，中国的社会控制都是以人治模式，主要通过组织网络和意识控制来实现的。在传统帝制中国，对社会的控制主要通过官僚阶层，以及灌输一种稳定的忠父、忠君、天命等思想来实现对民众反抗的控制，还有一股不可忽视的力量就是“乡绅”阶层、“士”阶层，这些人“居庙堂之高则忧其民，处江湖之远则忧其君。”

他们游走于国家及民众之间，上达天听、下知民苦，起到了很好的社会缓冲带的作用，在国家与民众之间建立了一种纽带联系，

---

① 唐皇凤：《社会转型与组织化调控：中国社会治安综合治理组织网络研究》，武汉大学出版社 2008 年版，第 10 页。

使二者有所沟通，对社会矛盾的缓和和化解起到积极的作用。经过社会大动乱后建立起来的新中国，在初期也主要是依靠这两种手段，虽然社会主义新意识形态的灌输对控制社会起到了重要作用，但最基本的手段是组织控制，而起到最关键作用的就是“单位”。单位不仅仅是一个团体的概念，它代表的是一种社会控制手段，是一个结构完整、功能齐全的系统，“这一系统包括单位制度、户籍制度和档案制度”，“对于犯罪的社会惩处形式是许多包括参军、入党、提干、升学、晋职等社会机会的丧失，犯罪成本相对较高，保持了中国长时期较低的犯罪率”。[①] 而且如上文对古代中国的分析，单位也能起到一个社会缓冲带的作用，国家资源的分配及政策的推行，先到单位再到民众，在城市有事找单位领导，农村有事找大队，通过单位的力量有效实现了对社会的控制。而在当代中国，法治及制度依旧先天不足，而过去一直倚仗的两种治理手段也不再有效，意识形态动员在思想大解放以及道德多元化的今天显得苍白无力，而既忧国又忧民的“士”、“乡绅”阶层早已成为历史，单位制度也被市场经济所带来的国有企业改组、大批职工下岗、流动人口增加冲击得七零八落。新的控制手段（法治、制度）尚未发挥作用，而旧的控制手段（意识、组织）已经明显力不从心，社会控制能力的衰退导致大规模的群体性事件频发。而且社会控制一个很大的主题就是如何为社会打开“压力阀”或形象地称为“出气口”。事实上，国外的观点认为，沟通、表达意见的渠道不畅通是群体性事件频发的根本原因。[②] 如上文分析，无论是“士”、“乡绅”还是“单位”同时还能起到一个社会缓冲带的作用，能够将民众的观点、意见通过一定渠道反映给国家，并且在有社会冲突危险的时候，能够成为一个中介，打开一个“出气口”，而现在这个

① 唐皇凤：《社会转型与组织化调控：中国社会治安综合治理组织网络研究》，武汉大学出版社 2008 年版，第 237—238 页。

② 范明：《中外“群体性事件”问题比较研究》，载《中国人民公安大学学报》2003 年第 1 期，第 59—65 页。

缓冲带已不再存在，基层自治组织建设尚未完善，替代性纠纷解决机制 ADR（Alternative Dispute Resolution）由于种种原因始终不能发挥应有的作用[①]，而选举、会议、示威、游行等渠道在表达民意方面基本上只具有纸面上的意义，因此当民众有不满，处于“紧张”状态时，没有有效的合法的表达渠道和能够缓解矛盾的中间组织，国家和个人赤裸裸地对抗，在具体的事件面前，一旦国家的处理方式不能让民众满意，则积累已久的怨气就会以非制度性的渠道排泄，酿成群体性事件。

（四）微观层面：情境因素

情境，即事物在具体场合中所呈现的样态。情境因素不仅构成个体社会活动的背景条件，而且也参与着作为个体行为内驱力的动机的形成过程，情境因素在具体犯罪的发展过程中具有一定的促进或阻碍作用，因此对犯罪人所处的具体情境的控制对预防犯罪也就有了重要的意义，简单来说这种理论即“情境犯罪预防理论”（situational crime prevention）。这种理论认为对影响犯罪的一般性因素的控制，比如社会原因，面积广、周期长，但如果着眼犯罪行为实施的微观环境，通过对影响犯罪的条件的限制性控制措施，可以起到立竿见影的作用，有效控制和减少犯罪，从而将犯罪预防的重点由强调正式或者非正式的社会控制转移到同时注重对犯罪行为发生过程的控制，不仅使得犯罪预防措施更具有操作性、现实性而且还能降低犯罪预防的成本。[②]

事实上，并不是每一起群体性事件都具有强烈的即发性，一般因为利益问题引起的群体性事件都有一个发展阶段，有学者将其概括为萌芽、显露、发展、激化四个阶段，在萌芽阶段矛盾开始形成，表现为各种不满情绪的表露，群体心态的失衡；显露阶段则演

① 主要原因有两点：一是中国缺乏发育良好的民间调解组织；二是中国缺乏健全的制度体系来保障 ADR 组织的发展与成长。详见彭勃、陶丹萍：《替代性纠纷解决机制本土化问题初探》，载《政治与法律》2007 年第 4 期。

② 张远煌主编：《犯罪学》，中国人民大学出版社 2007 年版，第 337、380 页。

化为人们开始发表各种不满、愤怒言论，甚至进行小规模的串联活动；及至发展阶段，就会表现为非正常的群体性上访活动，大规模串联，集体上访、阻工、对峙等；最后如果进入激化阶段就会产生大规模的群体性事件，采取一定违法性、对抗性和破坏性的手段，产生极其消极的影响。[①] 在事件的发展过程中，如果能够控制得力、疏导得当，是完全有可能使事件迅速萎缩，甚至消失的，至少可以控制在一定规模内在一定时间不会发作。瓮安事件起初由6月22日发生的一起刑事案件最后演化为6月28日的严重群体性事件，在这将近一周的时间内，我们没有看到有关部门卓有成效的疏导、控制工作，最后见到的却是惊慌失措的大批干警聚集在楼顶的尴尬场面和伤痕累累的公安局大楼。[②] 其实，国内关于群体性事件的具体控制已有一定的经验，具体理论及方法的研究探讨也有一定的理论成果，尤其是一些实务部门根据经验总结出的工作方法也有一定的借鉴意义。[③] 而有关部门在处理群体性事件的过程中，缺乏认识，在前期处置工作中，不能掌握信息、及时预警，查明原因、化解矛盾；在中期处置中又不能拦截疏导、控制现场，不仅没有起到"灭火器"的作用甚至起到反作用，最后只能是对事件失去控制，造成严重的后果。

① 周宝刚：《社会转型期群体性事件预防、处置工作方略》，中国人民公安大学出版社2008年版，第98页。

② 图片内容详见中国新闻周刊，http：//www.sina.com.cn，2008年7月9日4：01。

③ 应培礼：《群体性矛盾激化事件研究》，载《犯罪研究》2000年第2期；范本上、关屹：《浅谈动迁中的群体性突发事件及其处置》，载《犯罪研究》1996年第1期。

论网络舆论对群体性事件的影响及对策

廖　斌　廖天虎*

一、网络舆论对群体性事件的影响

在具有标尺意义的2008年的贵州“瓮安事件”后，2009年四五月份以来，我国涉及多方面的群体性事件屡有发生，令人关注。比如在互联网上，人们集中关注的包括女服务员邓玉娇刺死官员事件、罗彩霞事件、杭州飙车撞人事件等，最近又曝出湖北石首群体性事件，根据湖北省石首市政府网站消息称，湖北荆州石首市一家酒店厨师日前被发现陈尸门前，由于对警方的初步调查结果表示质疑，当地街头发生了群众设置路障围观起哄事件。在媒体技术发达的今天，这起被当地政府称为“围观起哄”的事件得到了快速传播。在当天的很多贴吧、论坛和博客等网络空间里充斥着有关该事件的各种不同版本的传言。但由于当地官方权威信息的缺失、官民互动渠道的匮乏，通过网络传播的流言飞语和小道消息泥沙俱下、真假难分，在网络空间和民众中形成了一种质疑、焦虑和还社会公平的舆论倾向。最后这起单个案件经过一两天网络的“翻炒”，引起一连串的“多米诺骨牌效应”，最终引发了一场群众与警察对峙的群体性事件。从这些事件可以看出，网络舆论在目前的群体性事

---

* 廖斌，西南科技大学法学院院长、法学博士、教授；廖天虎：西南科技大学法学院讲师，法学硕士。

件中发挥着“催化剂”作用，加速了群体性事件的发生并促使其向更复杂的方向发展。

在当今网络媒体时代，网络舆论传播的主要形式包括短信、博客、BBS和QQ等聊天工具，网络媒体从诞生开始在短短的几年时间内，超越了传统媒体形态，[①] 影响着我们的社会生活。中国社会科学院在发布的2008年中国社会蓝皮书中首次增加了中国互联网舆情分析报告，报告中认为互联网正成为舆论形成的新型重要大众媒介，也成为民意表达的新的重要平台。报告认为，中国互联网的舆论平台已经十分发达，几乎每个门户网站都设有BBS论坛，中国目前约拥有130万个BBS论坛，数量为全球第一。此外，即时通讯工具、手机短信、博客等小众媒介也通过网络发挥着重要的舆情传播作用。报告在肯定网络舆论对一些热点问题的解决起到积极推动作用的同时，也指出网民的意见也带有强烈的个人感情色彩。年轻网民情绪容易走极端，导致“网络暴力”的频繁出现，甚至转化为现实中的暴力。此外，在网络传播中，一些资深网友充当了“意见领袖”的角色，在一些复杂的辩论中，他们的观点往往能够左右网民的判断并最终引导网络舆论的走向。[②] 因此，我们现在对于网络舆论应该积极关注和认真研究，总结、分析和评价网络关注的焦点，将社会矛盾及时化解在萌芽状态，以维护社会的稳定。

二、引起群体性事件中的网络舆论因素分析

（一）网络舆论地位凸显，社会影响广泛

我国目前已拥有3亿多网民，其年龄结构日益与社会整体年龄结构相重合，网络主体与社会主体高度重合，因此网络民意表达正在接近乃至等同于社会公众的意见表达，网民关注的议题也正向社

① 以前的传统媒体形态普及大众化的过程一般都比较长，比如近代报纸用了上百年的时间，广播用了大概50年的时间，电视则大概用了30年的时间变成大众化的媒体。

② 资料来源：http：//www. tfol. com/10026/10032/2008/1/4/10490692. shtml，访问时间：2009年6月25日。

会和政治议题快速转化，网络意见呈现出主流化、政治化和现实化。从中国人民大学舆论研究所等共同发布的2009年《月度舆情报告》来看，自2008年12月以来，我国网络舆论热点持续增加，总体呈上升态势，从每月13件增长到17件。进入2009年5月，网络舆论热点更高达31件，几乎达到4月的一倍，其中"百万级点击率"的网络舆论事件屡见不鲜。最新的统计表明，2009年6月的网络舆论热点仍保持在25件的高集中度态势，排名前五位的网络焦点事件，分别是"罗京去世"、"湖北29岁市长"、"绿坝软件"、"湖北石首事件"、"郑州官员质问记者替谁说话"等。[①] 从近年来发展的网络舆论事件来看，网络舆论越来越表现出走出虚拟世界、影响现实世界的趋势。比如前不久发生在湖北恩施的"邓玉娇案"，法律界的律师们从网上声势庞大的各种后援团中走出来，参与案件侦破。他们对案件的亲身体验，感染、吸引着网民对这一事件倾注更多的情感关注。数量迅速增加的网络舆论事件，在一定程度上映射出社会紧张度正在上升，同时网络舆论的辐射面和社会影响力也在不断扩大。

（二）公众表达民意的方式不能满足其需求，寄予网络表达心声

当前我国由于社会阶层分化，理想和现实的差距极易造成民众不公平感，引发情绪淤积，此时尤其需要畅通的民意表达渠道。我国目前传统意义上的民意表达渠道大致分为四种方式。一种是人大代表、政协委员通过采集民意形成提案、议案，对有关部门进行咨询、质询等方式来传达群众的民意。二是通过写信、上访、领导干部下访接访等形式，反映民众对某些具体问题的呼声。三是通过各种形式的听证会，就某一事务听取利益相关方的意见。四是各种传媒载体，如广播电视也是表达老百姓心声愿望的重要孔道之一。然而由于现实条件和各种因素的限制，以上几种反映民意的方式不能

① 资料来源：http：//news. xinhuanet. com/legal/2009－07/06/content_ 11660620. htm，访问时间：2009年7月10日。

完全满足民众的需求。因此在常规的体现政府公信力的民意表达渠道出现阻塞的情况下，民意表达就会被排挤到法律和制度约束相对薄弱的网络世界中，从而将社会生活中的焦点问题以网络舆论事件的形式表现和释放出来。

根据中国人民大学舆论研究所所长喻国明教授的分析，一个事件能引起网民的高度关注，聚集网络舆情焦点，主要是该事件刺激了网民乃至社会公众“最紧绷的那根神经”。这体现在八个方面：1. 是政府官员违法乱纪行为；2. 涉及代表强制国家机器的政法系统、城管队伍；3. 涉及代表特权和垄断的政府部门和中央企业；4. 衣食住行等全国性的民生问题；5. 是社会分配不合理、贫富分化；6. 涉及国家利益、民族自豪感；7. 重要或敏感国家、地区的突发性事件；8. 影响力较大的热点明星的火爆事件。这八方面的问题反映出现实社会中公众对于腐败、贫富差距、公权力滥用、民生等问题日趋敏感，自然成为当前的社会焦点问题。如果这些堆积在网络上的负面情绪在得不到释放的情况下，经过一段时间的积累，极易由很小的事件引发网民的情感聚集，形成网络焦点，进而引起群体性事件的发生。

（三）基层缺乏舆论事件处理机制，应急能力缺乏

中国人民大学舆论研究所等共同发布的《月度舆情报告》中，曾对2009年第一季度公安部门的所有新闻报道进行了媒介分类分析，发现大量矛盾冲突未能在基层很好化解。比如对公安机关2009年1—3月的近6万条报道交叉分析后发现，批评公安机关效率低下的，省级、市级公安机关占14.3%，县级占57.1%，派出所占14.3%；批评其违法乱纪的，县级、派出所各占37.5%，省级、市级各占12.5%，表明网络等媒体反映的问题集中在县、乡两级。[①] 根据以上发生的案例分析，大多数网络舆论事件的发源地都在基层，但解决路径却依赖着高层；对于事件的处理，网民大都

① 资料来源：http：//www. chinanews. com. cn/gn/news/2009/07 －06/1762003. shtml，访问时间：2009年7月10日。

对党政高层存在较高期待，对基层则持失望和不信任的态度，希望越级解决问题的心态在网络舆论事件中非常明显，再加上权威部门的信息不及时公开，导致谣言满天飞。很多地方在群体性事件发生初期并没有及时通过当地电视台等有效渠道及时公布有关信息，而当网上出现种种猜测后，又没有及时予以解答，导致不少群众相信了网上说法，错过了改变舆情意见流向和正负态势的良好时机，造成网民的情绪淤积，促使矛盾进一步升级，如发生在云南的“躲猫猫事件”，7天后才有相关部门予以干预。从以往发生的群体性事件来看，虽然越级干涉的效果比较明显，但是它不可能成为常规的解决方式，而且也会刺激此类事件越来越多，如果不建立健全各级政府解决群体性事件的相关机制，而是一味掩盖矛盾或是将矛盾上交，很有可能引发更大范围和影响的群体性事件。

三、规范和引导网络舆论，减少和预防群体性事件

（一）建立网络舆论汇集与分析机制，及时进行回应与疏导

在网络时代，每个人都可能成为信息渠道，都可能成为意见表达的主体。面对突发事件，政府和主流新闻媒体仅仅发布信息还不够，还必须迅速了解和把握网上各种新型信息载体的脉搏，迅速回应公众疑问，这需要政府尤其是相关部门具有快捷准确的舆情搜集和研判能力。例如湖北石首案件的起因是一起非正常死亡案件，面对诸多疑问，警方的解释未能成功说服死者家属和公众。在长达约80个小时内，一方面是政府的新闻发布语焉不详；一方面是网友借助非正式媒体发布信息、探寻真相。据不完全统计，在这段时间里，体现政府立场的新闻稿只有3篇；而一网站的贴吧中就出现了近500个相关主帖，在一些播客（视频分享）网站，出现了不止一段网友用手机拍摄的视频。

网络虽然庞杂，但对社会热点问题却关注得比较集中，因此舆论所形成的压力十分强大，其影响力不可低估，各级政府应对互联网舆情建立汇集与分析机制，及时回应与疏导。应积极健全网络管理新机制，创新舆论引导模式，形成网络舆论引导新格局。例如云

南已建立各级政府部门的网络发言人制度，政府部门实名回帖，回复网民质疑，及时化解网络民怨情绪，正如贵州省委书记石宗源在总结“瓮安事件”的教训和经验时认为，处理突发事件必须坚持信息透明，即第一时间把真实准确的信息全面地让媒体知道；同时要启动舆论监督系统，及时了解民众的诉求。

（二）建立疏通民意表达的多元化渠道

群体性事件的实质是群众在一种不明朗的环境和感到压抑的局势下，试图以群体力量改变自己处境的一种努力。[①] 建立疏通民意表达的多元化渠道，是应对网络舆论事件的最紧迫要求。湖北石首案件也再次提醒有关政府部门和领导干部，如何妥善应对当今社会信息传播和意见表达多渠道、互动性的新局面。在互联网、移动通信支撑的社会多元表达平台上，政府的舆论引导能力比过去提出了更高的要求。正如很多人总结的那样，我国2008年在汶川大地震紧急救援时期，政府每天都有一场甚至好几场新闻发布会，主流媒体、互联网、手机、无线电、卫星通信等新技术传播媒介也充分发挥各自功能，保障了灾情和救灾工作的高度透明。汶川地震期间的高度信息开放的结果极大地振奋了民族精神，增强了社会凝聚力，也提高了政府的威望，加深了政府和人民的血肉联系。因此，在当前中国社会转型期，面对错综复杂的利益调整，各级政府理应发挥作用，促进社会各阶层意见和利益的均衡表达与顺畅沟通，随时注意倾听民意、化解矛盾，维护社会稳定和健康发展。面对网络舆论的焦点事件，各级政府和相关部门应及时召开有针对性的新闻发布会，并通过主流媒体、互联网、手机、无线电和卫星通信等新技术传播媒介充分发挥传播功能，保障民众关心的焦点事件的真相能得到及时准确的传播。

（三）明确政府职责，启动问责机制

社会稳定，是指社会生活的有序和可控状态，即在国家政权和

① 杨和德主编：《群体性事件研究》，中国人民公安大学出版社2002年版，第43页。

社会根本制度不变的前提下的动态平衡。[①] 政府具有维护社会稳定的重要职责，理应让社会成员认同并遵循各种社会规范，使社会的冲突得到有效的控制和调节。而在现代社会背景下，我们的政府部门的管理人员还缺乏危机管理意识和技能，在执政能力上还存在缺陷。一些地方的基层干部对群众的合理诉求不能真正理解，对群体性事件没有做到前瞻性处置，一些基层干部对网络谣言经常冷漠忽视，既不及时公布真相，也不加以引导，以致事态扩大。新华社高级记者刘子富通过对“瓮安事件”深入调研，提出了“新群体事件观”，其中就谈到发生群体性事件，地方政府负责人第一时间到达现场和做工作；不对群体事件作“过度政治化”解读，不轻率地将群体事件定性为“敌我矛盾”，且有针对性地关注和解决群众的经济、民生利益诉求，及时公布真实信息，并对政府相关部门和人员进行问责；主流媒体以“速报事实、慎报原因”等办法，争取主动权，抢占话语权，抢占道德制高点，主动设置话题。[②] 这无疑为今后各级政府处理突发性事件指明了方向。2009 年 7 月 12 日，中共中央办公厅、国务院办公厅印发了《关于实行党政领导干部问责的暂行规定》，对群体性、突发性事件处置失当，导致事态恶化，造成恶劣影响的，将对党政领导干部实行问责。该规定使党政领导干部处理突发性事件的问责制度化，将有助于今后减少和预防突发性事件的发生。

---

① 陶德麟：《社会稳定论》，山东人民出版社 1999 年版，第 3 页。

② 刘子富：《新群体事件观——贵州瓮安“6·28”事件的启示》，新华出版社 2009 年版。

历史的记忆

创建中国犯罪学研究会大事纪实

康树华*

中国犯罪学研究会从1987年开始筹建，到1992年4月27日在庄严的人民大会堂宣告成立，经历了五年的漫长岁月。它凝聚了犯罪学研究相关领导和部门、各界热心人士及犯罪学研究众多同志的心血。它的成立标志着中国犯罪学研究进入了一个崭新的历史发展阶段，更有许多值得回忆的美好往事。如今重温这段历史，依然倍感亲切。

一、创建中国犯罪学研究会的历史背景

（一）犯罪急剧增加，特别是青少年犯罪尤为突出

20世纪70年代末80年代初，随着“文化大革命”的十年浩劫终结、改革开放政策的推行，我国政治、经济、社会等各方面都发生了一系列重大的变革。在新旧体制交替的社会大变革、大前进中，必然伴随着社会的大震荡。由于新的体制、新的管理措施、新的价值观念正在建立和形成的过程之中，法律法规不完备，制度不健全，必然会出现这样或那样的问题，必然会出现这样或那样的空隙和漏洞，给犯罪分子以可乘之机。据统计，1977年我国犯罪总数为54万起，1979年为63.6万起，1980年全国发生的各种刑事

---

* 中国法学会犯罪学研究会名誉会长，北京大学法学院教授。

犯罪案件总数为75万件，1981年全国发生的各种刑事犯罪案件为89万件。1981年全国人口总数为10亿，按当时人口平均发案率为8.9‰。这是新中国成立以来第三次犯罪高峰。1982年全国发生的各种刑事犯罪案件总数74万件，其中大案64000起。1983年头几个月案件继续猛烈上升。犯罪现象的恶化首先反映在青少年犯罪案件急剧增多和在部分大中城市中出现。例如，1979年8月至10月，仅北京、天津、上海三个直辖市就发生凶杀案99起，强奸案141起，抢劫案616起。青少年团伙犯罪尤其突出，同年9月9日，上海控江路几十个流氓白天在大街上把一个女青年的衣服扒光，凌辱摧残，居然横行无阻。9月11日白天，天津市40多个流氓分子成群结伙，手持凶器，窜扰32条街巷，封锁道路，拦截行人、车辆，见人就打，见东西就抢，打伤、砍伤群众14人，砸坏许多路灯和公私财物。10月10日，北京市有6名犯罪分子结伙抢劫，叫嚷从东城杀向西城，一个晚上连续抢劫了3次。这些人目无国法，经常在光天化日之下结伙起哄，寻衅闹事，聚众斗殴，掠夺财物，打家劫舍，追逐调戏女青年，胆大妄为，无恶不作，严重扰乱社会正常的工作秩序，威胁人民群众的生命财产安全。从当时抓获的作案人员看，14—25岁的青少年案犯高达70%—80%。

面对如此严重的犯罪情况，1980年至1982年，在党中央的领导下，依照刑法、刑事诉讼法，连续开展了打击刑事犯罪活动的斗争。1983年8月党中央高瞻远瞩，果断地作出了《严厉打击严重刑事犯罪活动的决定》。同年9月，全国人大常委会作出了《关于严惩严重危害社会治安的犯罪分子的决定》。此次“严打”斗争，对于稳定社会治安秩序、保障改革开放和经济建设的顺利进行都具有重大的意义。但是，到了1985年5月以后，我国的犯罪案件又开始缓慢上升，在一些地区特别是某些重大案件发案趋势很不稳定，同时青少年犯罪仍然十分突出，在社会犯罪各年龄组中，所占比重呈上升趋势。据有关部门统计，1985年全国刑事案件共542005起，发案率为5.1‰；1986年共547115万起，发案率为5.1‰；1987年共570439起，发案率为5.2‰；1988年共827594

起，发案率为7.5‰；1989年由于公安机关大力改正立案不实情况，是年立案197万起，发案率为18‰，比1988年增长138.2%，比1981年的89万起增加1.2倍。1990年全国发生的各种犯罪案件增至221.7万起，比1989年增长12.7%。1991年全国发生各种犯罪为236万起，比1990年增长了6.7%，发案率为20‰，出现了我国第四次犯罪高峰。其中，青少年犯罪不仅居高不下，而且明显增多。据有关部门统计，当时我国青少年犯罪占查获的全部刑事案犯总数的比例是：1985年占71.3%，1986年占72.5%，1987年占74.3%，1988年占75.6%。①

应该着重指出的是：1978年以前我国刑事案件年发案数一般是在20万起至40万起之间浮动，最高的年度为1977年的54万起，最低的年度为1956年的18万起。改革开放以来，我国刑事案件年发案总数一改常态，1979年突破了60万起（当年为63.6万起）；十年之后的1989年又突破了百万大关，达到197万件；1991年更突破了200万大关，达到236万件。1991年3月2日，全国人大常委会作出《关于加强社会治安综合治理的决定》。一年来，全国政法部门认真贯彻执行这个决定，以此为武器，积极参与社会治安综合治理，充分发挥职能作用，做出了很大成绩。

总而言之，改革开放以来，我国犯罪归纳起来说，最为显著特点有三：

（1）犯罪数量明显上升。改革开放以来所出现的第四次犯罪高峰，是以1991年全国发生各种犯罪236万起作为顶峰的，发案率为20‰。这个数字与世界上其他许多国家相比是不高的，英国每千人当中有60.2个犯罪分子，美国是每百个人中就有28.8个是受害者。和英美这些国家相比，我国犯罪显然少得多（当然，这其中还有一个统计标准的问题）。但是与我国前些年相比，却有较大幅度增加，比如我国第一次犯罪高峰1950年的发案率为9.3‰，

① 参见《中国青少年犯罪研究年鉴》，1987年首卷第42页和司法部劳改局研究室提供的资料。

第二次高峰的1961年的发案率为6.4‰，第三次高峰的1981年的发案率为8.9‰，第四次高峰为20‰。从中可以看出：第一，基本上是每隔十年左右出现一次犯罪高峰；改革开放前所出现的两次犯罪高峰，按人口平均，都没有超过10‰，改革开放后出现的第四次犯罪高峰，猛增至20‰，犯罪发展数量明显上升，实属罕见，已成为严重的社会问题。

（2）犯罪质量日趋严重。改革开放以来，我国发生的各种刑事案件，不仅数量上发生了巨大变化，而且质量上也日趋严重，呈现出许多新的特征。从公安部门统计的19类案件看，盗窃、诈骗、抢劫、伤害、强奸、杀人六类犯罪案件合计占全部案件的95%上下。其中盗窃数量最多，占全部案件的80%上下，左右着全部案件数量的变化，在抢劫、入室盗窃、强奸等犯罪活动中，犯罪分子动辄将受害人置于死地。从公安部门统计看，杀人案件在80年代初（1980—1983年）平均每年以2.6%的速度递增，而1984年之后（至1990年间），竟以15.32%的速度递增。最能说明这种严重情况的莫过于“双抢”犯罪的存在。在光天化日之下竟然明目张胆地抢劫和抢夺财物，使政府不得不集中力量打“战役”，犯罪的嚣张气焰可见一斑。至于令人胆战心惊的杀人事件，层出不穷，甚至一人连年杀人达18人之多，实在令人发指。这些触目惊心的犯罪现象，使人充分地感到，中国，在抓好经济建设的同时，必须认真对待犯罪的问题了。

（3）从犯罪主体看，绝大部分是青少年。这是新中国成立以来犯罪一个最为显著的特点。从当时抓获的作案成员看，14岁至25岁的青少年案犯高达70%至80%。这些人目无国法，经常在光天化日之下结伙起哄，寻衅闹事，聚众斗殴，掠夺财物，打家劫舍，追逐调戏女青年，强奸轮奸妇女，胆大妄为，无恶不作，严重扰乱社会正常的工作秩序和生活秩序，威胁人民群众的生命财产安全。

（二）治理犯罪的学科纷纷建立，特别是制定了保护青少年的法律

党的十一届三中全会以来，我们的国家进入了新的发展时期。但是，由于“十年浩劫”造成的政治、经济、思想、道德、文化的严重破坏与创伤，特别是对人们心灵上造成的“内伤”，难以在短期内得到恢复，社会生活中积累的问题非常多。十一届三中全会以后，我们的党和国家为了加速我国社会主义现代化建设，实行了对外开放和对内搞活经济的政策，它把我国从封闭型的社会转变为开放型的社会，特别是由于开展有步骤地解决新中国成立以来许多历史遗留问题、调整“文化大革命”中受到严重扰乱的各种社会关系，澄清一些重大的理论是非问题，平反冤假错案，以及开始试行农业改革等一系列工作，使得我国在政治体制、经济体制、科技体制、教育体制等领域里，发生了一系列深刻而又全面的改革，增强了整个社会的活力，极大地解放了生产力，有力地促进了社会的发展和进步。这是这一时期的主导方面。但是，随着我国改革开放，境内外人财物的大量流动，制度不健全，法律不完善，社会控制力相应减弱，为犯罪的发生、发展与变化提供了条件；另一方面，各类传统型的刑事犯罪在外部打击力量的强势压力下，虽处在看似分化和衰变的状态，但却发生着适应性的变化，因而一些犯罪，在社会控制力与犯罪反控制力此消彼长的互动过程中，处于一种滋生、发育和壮大的状态。

犯罪现象的恶化，如上所述，首先反映在青少年犯罪案件急剧增多和在部分大中城市中出现，从当时抓获的作案人员看，14—25岁的青少年案犯高达70%—80%，乃成为新中国成立以来犯罪一个最为明显的特点。为此，1979年6月19日，中宣部、教育部、文化部、公安部、国家劳动总局、全国总工会、团中央、全国妇联等八个单位联合向中共中央上书——《关于提请全党重视解决青少年违法犯罪问题的报告》，中共中央接到这一报告后，对该问题给予了高度重视。同年8月17日，中共中央以第58号文件形式向全党转发了上述报告的《通知》。

《通知》中要求："提请全党高度重视解决青少年违法犯罪问题，高度重视青少年教育问题，要求全党把对青少年的教育培养当作关系到我们党和国家的前途，关系到民族兴衰的大事来抓，要求各级党委都要把加强对青少年的教育培养包括解决其中极少数人的违法犯罪问题，放到重要议事日程上来，要求在党委领导下，把宣传、教育、劳动、公安、文化等部门及工会、共青团、妇联等各方面的力量统一组织起来，通力合作，着眼于预防、教育、挽救和改造，积极解决青少年违法犯罪的问题。"同时也指出："对极少数严重刑事犯罪分子必须依法予以惩办。"

由此可见，中共中央第58号文件，不仅是预防青少年违法犯罪工作的纲领性文件，而且成为动员全社会，特别是从事有关法学研究的专家、学者和实际工作者的动员令。从此，治理青少年犯罪问题学科纷纷建立。例如，青少年犯罪学、青少年法学、犯罪心理学、犯罪社会学、青少年犯罪综合治理学等等，并且早在1982年就成立了中国青少年犯罪研究会。

1983年全国开展严厉打击严重刑事犯罪活动以来，青少年犯罪率曾有明显下降，但从1985年开始又逐渐回升，并出现了犯罪低龄化、犯罪手段成人化、犯罪性质严重化的趋势。在这种情况下，1985年党中央又以第20号文件的形式，向全党发布了《加强青少年教育，预防青少年违法犯罪》的通知，其中第十项措施明文规定："抓紧制定保护青少年有关法律，切实保障青少年的合法权益。"

中共中央第20号文件的精神，为青少年立法工作注入了新的动力。从此，全国各地积极开展研讨、制定地方青少年保护法的工作。1985年底到1988年成为我国地方青少年立法的昌盛时期，并取得较大进展。

地方上青少年立法工作走在最前面的是上海。1987年10月1日《上海市青少年保护条例》的实施，是我国第一部保护青少年的地方性专门法规，是青少年地方立法一次成功的探索。它的问世，在全国产生了极大反响。继上海之后，湖南、福建、北京等地的青少年立法工作也纷纷展开，有关青少年保护的地方性法规相继出台。上海等17个省、自治区、直辖市地方未成年人保护法规的制定、颁布和实施，不仅对本地青少年的健康成长发挥了重要作用，也为制定全国性保护青少年的法律奠定了基础，积累了宝贵经验。

全国性青少年立法工作，是在团中央推动下进行的。团中央依据中共中央第20号文件关于“加紧制定保护青少年的有关法律，用法律手段来保障青少年的合法权利不受侵犯，防止资本主义、封建主义腐朽思想对青少年的引诱和腐蚀，保护青少年的健康成长”的指示精神，拟定了《关于建议制定青少年法律的报告》，获得了全国人大法制工作委员会、中央政法委和中央办公厅的批准，受到了有关部门和一些专家、学者的赞同。于是，按照中共中央和全国人大有关部门的批复精神，团中央牵头组织青少年立法工作联席会议、青少年立法顾问组，并正式开始了《中华人民共和国未成年人保护法（草案）》的起草工作。经过广泛、深入的调查研究、多方面征求意见和反复修改，终于在1991年9月4日第七届全国人大常委会第二十次会议上通过了《中华人民共和国未成年人保护法》，并于1992年1月1日起正式施行。这部法律的施行，不仅填补了我国青少年立法的空白，而且为我国青少年保护工作提供了重要法律依据，为未成年人健康成长奠定了坚实的法律保障。

二、严峻的犯罪现实需要犯罪学与往事回忆

（一）犯罪学理论随着实践不断更新与发展

回顾新中国成立后60多年的历史，不可否认，我国犯罪学研究走过了一段曲折的道路。众所周知，20世纪50年代初期和中期，我国在打击犯罪和预防犯罪方面所取得的成绩是非常显著的。由于新中国是在国民党的破烂摊子基础上成立起来的，因而1950年犯罪案件高达51万多起，形成我国第一次犯罪高峰。然而，仅仅经过7年治理，犯罪下降到18万件，创造了人间的奇迹。据此，人们得出一条错误的结论，认为社会主义制度优越性，犯罪将会越

来越少，所以在高等政法院校没有必要设置犯罪学课程。加之，新中国成立之初，受到原苏联对犯罪学、社会学等学科所采取的否定、取消主义的影响，我国也就不设置了。在十年“文化大革命”期间，砸烂“公检法”已成为当时的“革命”口号，不仅犯罪学被列为禁区，就是整个法学也都遭到了完全否定，使得我国在新中国成立后的30年内，没有建立一个对犯罪问题专门研究的机构，人为地阻碍了这一在国际上已有一百多年历史的学科在我国的发展。“文化大革命”后，我国犯罪问题的严重性引起了人们普遍关注。我们说严峻的犯罪现实需要犯罪学，犯罪学理论也需要在犯罪现实中随着实践不断更新与发展。1979年党中央发布第58号文件，号召全党重视解决青少年犯罪问题。从此，犯罪学在我国走上复苏的道路。尽管起步较晚，但发展很快。以北京大学法律系为例，可见我国犯罪学在实践中不断更新与发展的一般概况。北京大学法律系在党中央号召之下，首先在创办的《国外法学》（现改为《中外法学》）双月刊杂志上开辟了专栏，发表国外青少年犯罪和治理的文章，并刊载了大量的国外青少年法规。据统计，从1979年至1989年之间共发表有关青少年犯罪及其治理的文章120余篇，刊载国外青少年法规20多部。为研究国外青少年犯罪及其对策提供了珍贵的资料。在此基础上，北京大学法律系于1983年为本科生开设了《国外少年司法制度》，1984年创建了《青少年法学》崭新学科。这是一门研究青少年犯罪、治理青少年犯罪以及青少年立法等问题的犯罪学分支学科。原高教部确认有条件的高等政法院校皆开此课。从1984年开始，北京大学法律系招收了专门研究青少年法学的硕士研究生，受到了青年学子热烈欢迎，报考人数之多，成绩之好，都是我们始料不及的。1987年，北京大学成立了犯罪问题研究中心与犯罪学教研室，同年法律系开设了《犯罪学》课程，并招收了硕士研究生，从1991年开始更招收了全国第一位犯罪学的博士研究生。与此同时，1981年国外法学研究室主编的《国外青少年犯罪与资料选编》由群众出版社出版，1985年由北京大学出版社出版了我与赵可合著的《国外青少年犯罪及其对策》，

1986年由北京大学出版社出版了我撰写的《青少年法学》专著，同年我与郭翔同志主编的《青少年法学概论》在中国政法大学出版社出版，作为两校开设《青少年法学》的试用教材。

由此可见，我国犯罪学研究的复苏与发展是从研究青少年犯罪开始的，其进一步发展才拓展到研究犯罪学的诸多方面问题。我国的犯罪学研究，在党中央1979年第58号文件号召下，到1992年中国犯罪学研究会的成立，在这短短的十几年里所取得的为犯罪学发展奠基性理论研究成果，是非常可喜的，更是令人鼓舞的。这是我国犯罪学研究者呕心沥血、共同奋斗的结果。

（二）“以文会友”，共同撰写《犯罪学通论》

如上所述，中国犯罪学研究会从1987年开始筹建，到1992年4月27日在庄严的人民大会堂宣告成立，经历了五年的漫长岁月，在这五年的时间里，有许多值得回忆的往事。例如，“骑自行车”创建学会、创建学会“以文会友”的方式、创建学会与雷老的“妙笔回春”等等。创建学会我们走的是中国共产党优良传统，艰苦奋斗路线，没有叫过一次出租车，没有在外边聚过一次餐，硬是骑着自行车，到在京的各政法院校协商与座谈，到中央各政法部门和国家教委汇报与申请等等。关于这段往事，现任中国犯罪学学会副会长赵国玲教授曾在《预防犯罪导刊》上发表的《老教授们发起筹备中国犯罪学研究会》文章中说：“记得19年前一天的上午，年近七旬的北京大学法学院康树华教授、周密教授约我共同骑自行车来到中国政法大学，早已等候在那里的郭翔教授将我们迎进一间不大的办公室内，就是在这间简陋的办公室内，决定了在中国犯罪学研究史上具有里程碑意义的一系列重要事项，如：决定成立中国犯罪学研究会，挂靠在北京大学，由国家教委主管；决定中国犯罪学研究会的发起单位和发起人；拟定中国犯罪学研究会的章程；筹备召开中国犯罪学研究会成立大会暨第一届学术研讨会”，以及“到民政部填表与登记等等。而所有这一切，都是老教授们骑着自行车完成的。”

创建学会时，我们采取的是理论先行，选择了“以文会友”

的方式，共同努力合作撰写了一部既是学术专著也是一部法学教材的《犯罪学通论》。1987年，北京大学法律系开设《犯罪学》课程之后，我在和法学界朋友的交往接触中，都深感迫切需要创建一个全国性的犯罪学研究群众性的学术团体——中国犯罪学研究会，以加强犯罪问题的研究和进行国内外学术交流。为了筹建这个学会，我们经过反复研讨，选择了“以文会友”的方式，通力合作，首先共同撰写《犯罪学通论》一书。该书由我任主编，周密、郭翔、刘灿璞、赵可同志任副主编。

1989年秋以后，我为编写《犯罪学通论》向朋友们发出了邀请。令人高兴和振奋的是，在短短二十几天的时间里，编辑班子竟是一蹴而就。三十多位同志鼎力合作。他们是：北京大学周密、储槐植、赵国玲，北京大学分校徐卓世，中国政法大学郭翔、皮艺军、白岚、吴宗宪，中国人民大学阴家宝、黄京平、姜伟，公安部公共安全研究所赵可，中国人民公安大学孙铣、李玫瑾、郝宏奎，吉林大学王牧，华东政法学院夏吉先，杭州大学张宝昌、李华，烟台大学杨殿升，中央政法管理干部学院茅彭年，山东省公安专科学校庞兴华，上海市政法干部管理学院司法研究所刘灿璞、张滋生，中国社会科学院王晓燕，新疆司法厅王伟凡，湖南省高级人民法院戴燚云，中国法学会张玲元、甘功仁，法制日报社李玉伟、徐士琏，共青团中央黄新华以及在日本一桥大学法学部攻读博士学位的王云海等。作者中，有长期从事教学工作的，有从事科学研究的，有从事编辑工作的，有从事政法实际工作的，还有从事青年工作的。他们大部分是教授、副教授、研究员、副研究员，担任校、系、教研室、研究所（中心）的领导职务，有的还担任其他各种领导工作。他们有着较高的理论修养和丰富的教学、科研以及实践经验，在百忙中耗费了很大精力，按照约定时间完成了自己承担的写作任务。

《犯罪学通论》全书除序、前言之外，分5篇，共45章。第1篇导论。主要内容是：犯罪学研究的对象及任务；犯罪学研究的理论基础与方法；犯罪学与相邻学科的关系；犯罪学的思想渊源、创立和发展；犯罪学研究的最新发展。第2篇犯罪现象论。主要内容是：犯罪现象；犯罪人；犯罪动机；犯罪统计。第3篇犯罪类型论。主要内容是：犯罪类型论；青少年犯罪；团伙犯罪；法人犯罪；重新犯罪；女性犯罪；老年人犯罪与被害；暴力犯罪；经济犯罪；性犯罪；计算机犯罪；其他类型的犯罪（交通肇事罪、拐卖人口罪、赌博罪与制造、贩卖、运输毒品罪）。第4篇犯罪原因论。主要内容是：犯罪原因；社会主义初级阶段存在犯罪的原因；外国学者关于犯罪原因的理论；社会环境与犯罪；经济与犯罪；文化与犯罪；社会道德与犯罪；学校教育与犯罪；家庭教育与犯罪；恋爱、婚姻与犯罪；个人生理特征与犯罪；个人心理特征与犯罪；变态心理与犯罪；自然环境与犯罪；被害人。第5篇犯罪防治论。主要内容是：犯罪预测；犯罪预防；犯罪防治的决策；社会治安综合治理；犯罪预防的主体；人民调解；社会帮教、工读教育和劳动教养；对罪犯的教育和改造；国外预防犯罪理论与实践的最新发展。书中既介绍了青少年犯罪、暴力犯罪等重点类型，又介绍了计算机犯罪等新的类型，同时也反映了老年人犯罪、性犯罪的变化趋向及对未来犯罪的预测。正如原全国人大常委会副委员长雷洁琼教授在为该书所写序中所说："《犯罪学通论》参考国内外有关犯罪学的理论和研究成果，内容丰富、资料翔实、观点鲜明，比较全面系统地论述了我国现实的犯罪问题。它是我国近十年来犯罪学研究的可喜成果，也是集体智慧的结晶。"全书理论与实践并重，理论性强，应用价值高，兼有教材与学术专著的特点。

《犯罪学通论》于1991年由北京大学出版社出版，当时全国开设犯罪学课程的政法院校虽不能说寥若晨星，但也是屈指可数。该书出版之后，对犯罪学的教学和研究起到了积极的促进作用，对司法实践提供了有价值的参考。它促使犯罪学研究在治理犯罪中的地位与作用逐渐深入人心。加强犯罪问题研究，搞好犯罪预防的重要性，已成为人们的共识。其突出的表现是：几乎所有政法院校均开设了犯罪学课程，研究犯罪问题的著作随之日益增多。不少高等政法院校都将《犯罪学通论》作为教材或者作为指定的参考书，其中有些理论观点和资料，被一些犯罪学研究工作者广为引用，在社会上产生了很大影响。因而，该书连续重印与再版。它不仅适应了有志研究犯罪的人的需要，也使犯罪学这门学科在我国获得了新的巨大发展，特别是为中国犯罪学研究会的创建起了极大的推动作用。

（三）创建学会与雷老的“妙笔回春”

在共同撰写《犯罪学通论》的33位作者基础之上，又进一步成立了26人筹建学会的班子。他们是：北京大学犯罪问题研究中心的康树华、周密、赵国玲，北京大学分校法律系的徐卓世，中国政法大学法社会学与青少年犯罪研究所的郭翔，中国人民大学法律系的阴家宝，吉林大学法学院的王牧，武汉大学法学院的莫洪宪，中国人民公安大学的孙铣，上海市政法干部管理学院司法研究所的刘灿璞，以及司法部预防犯罪与劳动改造研究所的冯树梁，公安部公共安全研究所的王岱、赵可等有关单位从事犯罪学教学与研究的教授、副教授和研究员、副研究员等26人，他们共同发起，申请成立中国犯罪学研究会，并成立了中国犯罪学研究会筹备委员会，起草了中国犯罪学研究会章程（草案）及其他有关文件。在京的康树华、周密、郭翔、赵可、徐卓士、赵国玲等携带这些文件骑着自行车开始冒着严寒冬雪和酷暑夏日，不辞辛劳地走访了许多政法部门的领导和有关单位。其中，仅仅到教委的社科司都已记不得有多少次了，只是清楚地记得该司的司长是来自于北京大学的校友，接待我们异常亲切、关怀，尽管提了许多宝贵的建议，但仍然是解决不了我们的实际问题。正当我们一筹莫展之际，突然有人提议，不要一条路跑到黑，我们应该换一个思路，给国家领导人写报告，可能是一条可行的办法。于是我们又连续多次召开座谈会协商，共同出主意想办法。最后，决定拜访原全国人大常委会副委员长雷洁琼教授，原因是她曾任北京政法大学教务长和教授，其已故的爱人严景耀先生“文革”之后，曾任北京大学政治系教授，早年著有《中国的犯罪问题与社会变迁的关系》，可以说是中国犯罪学首创者。有这么多缘由，使我们鼓足了勇气。1998年夏天一个闷热的上午，康树华、周密、郭翔、赵可等人到北京饭店后面雷老的住处，雷老住在高楼的四层，电梯较小，一次只能乘坐两三个人。房间里的会客室也是书房，摆满了书籍，阳光很是充足，阳台上摆了许多珍贵花草。雷老身体很健康，微笑着和我们一一握手。我们不愿意多占用雷老的宝贵时间，于是由我汇报了筹建中国犯罪学研究会的必要性和遇到的问题，并提出我们的请求。雷老毫不犹豫地向秘书要了一支笔，在我们的申请书上批示："成立此学会很有必要。"我们几个人鼓掌并表示感谢，并说学会成立之后，请雷老担任名誉会长，她也很高兴地允诺下来。我们每个人都喜出望外，又进一步要求与雷老一同合影留念，雷老欣然接受。

得到雷老的批示，我们欢呼雀跃，如虎添翼，如获至宝，更像打了"强心剂"，骑上自行车，马不停蹄地跑了起来。雷老的批示如同一方通行大印，真是"妙笔回春"，北京大学校领导研究同意，并于1990年11月24日上报国家教委审批。国家教委在征求公安部、司法部等有关部门意见后，于1991年7月31日以教办〔1991〕481号文件批复"同意成立中国犯罪学研究会，研究会挂靠在北京大学"。我们按照社团登记管理条例的规定，组成研究会领导班子、备齐所需材料到民政部办理登记。经审查认为，中国犯罪学研究会符合中华人民共和国社会团体登记的有关规定，于1991年12月26日以社证字第0851号准予注册登记为全国性学术团体。

从这段愉快、幸福往事的回忆里，应该得出如下结论，如果没有雷老的批示，往好里讲，学会还要拖延一段时间成立；往坏里说，学会的筹建也许会被扼杀在摇篮里了。所以，雷老的批示，真是"妙笔回春"，成为挽救学会生命的一大法宝。至今忆起，尽管已走过了将近20年，仍然心存万分感激之情。中华民族的优良品德之一，就是知恩图报，我们继承了滴水之恩当涌泉相报的传统美德，从此，每年国庆节和春节，学会在京的领导成员都一定约好结队到雷老家中探望，少则四五人，多时达八九位，大家都争先恐后，乐于前往。由于每年都是如此，到雷老家已约定俗成，毫无拘束，由我汇报学会工作，前往拜访的其他同志，如有新著必然送上留念，最后是大家集体留影，或分别与雷老留影。雷老对于我们的拜会，看得出来是异常高兴的。由此，学会与雷老建立起深厚友谊，学会遇有大事必请雷老参加，雷老也是逢请必到。例如，学会成立大会雷老不仅到会，还发表了热情洋溢的致词，并和与会代表在人民大会堂合影留念；学会编纂的《犯罪学大辞书》出版前，雷老亲笔题写："学习犯罪学，加强犯罪预防工作"，祝贺《犯罪学大辞书》出版，并亲自出席在公安部会议大厅召开的首发仪式；学会每年必召开的一次学术研讨会，只要是在京召开，雷老必亲自赴会，还要讲话。在外地召开的，她都写有贺词，在大会上宣读后，使得与会代表们深受鼓舞。比如，1997 年 5 月 26 日至 28 日，中国犯罪学研究会在中国人民大学举行了全国会员代表大会暨第六届学术研讨会。在 5 月 26 日上午的开幕式上，全国人大常委会副委员长、本会名誉会长雷洁琼教授不顾九十多岁高龄，莅临会议，并作了重要讲话，与会代表深受鼓舞。她说："中国犯罪学研究会已经走过了五年的学术研究历程。在这五年中，由于研究会领导和全体会员的努力，研究会在犯罪学理论研究中取得了丰硕的研究成果，发表和出版了很多研究论文、著作，犯罪学研究在我国有了很大的发展。我们的研究成果不仅对党和国家制定刑事政策、法律法规及打击和预防犯罪提供了很多可供参考的和有一定价值的理论观点，而且也为犯罪学的学科建设和发展作出了重大贡献。""面对严峻的犯罪现实，面对各种新出现的犯罪和犯罪的国际化趋势，党和国家对如何打击犯罪和预防犯罪的问题非常重视。""作为犯罪学理论研究工作者，任重而道远。""我衷心地希望研究会的全体会员：面对现实，放眼未来，深入实际，调查研究，多出成果，出好成果，更好地为我国预防犯罪的社会实践服务，为社会主义经济建设服务。"这段珍贵的讲话，既对学会成立之后五年多来所取得的成就进行了充分肯定，又对学会今后的工作提出了情深意切的期望。成为我们做好学会工作的指针与方向。如今雷老已 105 岁了，好人长寿，让我们衷心祝愿她身体永远健康，雷老为中国犯罪学研究会的成立与推动中国犯罪学研究事业的发展，功不可没，是我们永远不会忘怀的，更希望后来者也永远记住这段珍贵的历史。伟大导师列宁说得好，忘记历史，就是背叛。

三、中国犯罪学研究会成立大会暨第一届学术研讨会

（一）中国犯罪学研究会成立大会的隆重盛况

中国犯罪学研究会沐浴着改革开放的春风，在庄严的人民大会堂于 1992 年 4 月 27 日宣告成立。大会开得十分隆重，到会的领导、实际工作者、教授与研究人员共 177 人。其中有全国人大常委会副委员长雷洁琼名誉会长、最高人民法院副院长林准、公安部副部长俞雷、中央政法委副秘书长束怀德、中国法学会秘书长宋树涛、中国青少年犯罪研究会会长张黎群、北京大学副校长梁柱、中国犯罪学研究会咨询委员会主任杨春洗教授等等。

会上有很多讲话很是令人鼓舞，至今难忘。例如，名誉会长雷洁琼副委员长在讲话中说：“在全国从事犯罪学教学和研究的专家与学者的积极推动下，在国家教委、各高等政法院校和公检法司等实际部门的支持下，经过筹备组五年来的筹备工作，中国犯罪学研究会今天在北京正式成立了。我向大会表示热烈祝贺。”“研究会的成立，标志着我国的犯罪学理论研究进入了一个新的发展阶段，说明犯罪学研究已受到社会的承认和重视。”“随着改革开放和社会主义经济的发展，犯罪问题日趋严重，尤其是近几年来，严重刑事犯罪、经济犯罪以及各种社会丑恶现象，已构成破坏社会安定的主要因素，有组织犯罪正在我国发展，并有严重化的趋势。面对这种现状，组织和动员全国的犯罪学研究力量，深入社会，进行调查研究，从实际出发研究预防和遏制犯罪的对策，是当前犯罪学研究的主要任务。”“中国犯罪学研究会的成立，为国内学术研究和学术交流创造了条件，也为国际犯罪学学术交流提供了前提。通过国内和国际的学术研讨和交流，进一步提高我们的理论研究水平，使我们的学术研究成果更好地为实践服务。”“我希望大家齐心协力，在犯罪学理论研究中取得更丰硕的成果。”最高人民法院副院长林

准在讲话中说："首先，我代表最高人民法院向中国犯罪学研究会的成立表示祝贺。犯罪问题确实是我国目前较为严重的社会问题，以法院为例，我们的很大一部分工作是刑事审判工作，它虽属于刑法学的研究范围，但首先与犯罪学的研究是一个不可分割的整体。没有犯罪问题也就谈不上刑法学。"公安部副部长俞雷在讲话中说："今天我参加这个会，感到非常高兴。""这次研讨会的召开，必然会取得丰硕的成果，我们从事同犯罪作斗争的公安部、中国人民警察，对此表示非常关切。"中央政法委副秘书长束怀德在讲话中说："犯罪问题是一个世界性的焦点问题，在我国，当前也同样面临着一个犯罪增加、需要加强同犯罪作斗争的新形势。""迫切希望我们的研究会以今天研究会的成立暨第一届学术研讨会的召开为起点，为我国加强同犯罪作斗争提供丰硕的成果。"中国法学会秘书长宋树涛、中国青少年犯罪研究会会长张黎群、北京大学副校长梁柱、中国犯罪学研究会咨询委员会主任杨春洗教授等，都先后在大会上进行了热情洋溢的讲话，一致盛赞中国犯罪学研究会的成立，是一件可喜可庆的大事情。中国犯罪学研究会的成立一定会为我国社会主义经济的繁荣和昌盛、国泰民安、为改革开放做出新的更大的贡献。大会的群众代表潘国和同志在祝词中说："盼望已久的中国犯罪学研究会，在雷老的亲切关怀下，经过康树华教授等专家五年来坚韧不拔、满腔热情的努力和筹备下，今天，终于迎来了它的成立。我谨以与会代表的名义向中国犯罪学研究会的成立致以最衷心、最美好的祝贺！研究会的成立是我国犯罪学研究史上的一件大事，也是全国从事犯罪学教学与研究，从事公、检、法实际工作的同志们心中的一件喜事。它向我们展示了一个生动的前景，我国社会主义犯罪学的研究，开始进入了一个崭新的发展阶段。当前，我们都在深入地学习邓小平同志的重要讲话，深深地体会到，要把我国的经济建设搞上去，就必须加快改革的步伐。这无疑对我国的社会风气和精神文明建设提出了更高的要求。在这样的形势下，中国犯罪学研究会应运而生。这是稳定社会秩序、预防和控制犯罪的需要，是我国社会主义现代化建设的需要，意义是重大的。

我们相信，随着研究会各项研究活动的开展，必将越来越显示它的积极作用。……我们每一位与会的代表，从全国各地汇集而来参加这个盛会，心情是无比激动的。我们既感到光荣和自豪，又深深地认识到肩负的重任。今天，我们是来庆贺研究会的成立；明天，我们一定会实实在在地支持研究会，开展各项研究活动。让我们衷心祝愿来之不易的中国犯罪学研究会这一朵含苞待放的鲜花，开放得更加鲜艳、更加灿烂！”

大会通过了中国犯罪学研究会章程——中国犯罪学研究会是全国性的群众性学术团体。其宗旨是：在马列主义和毛泽东思想指导下，联络、组织全国犯罪学研究人员，从我国实际出发，全面、深入探讨社会主义初级阶段犯罪产生的原因、发展和防治对策，创建具有中国特色的社会主义犯罪学理论体系，为社会治安综合治理、社会主义物质文明建设和社会主义精神文明建设服务。任务是：为开展调查研究，进行理论探讨，撰写学术专著，翻译介绍国外犯罪学研究成果；召开学术讨论会、报告会、座谈会，及时交流学术研究成果和经验；组织和参与国际学术交流活动；承担国家或有关部门的研究课题，向有关部门提供有关犯罪学咨询服务；编辑出版犯罪学刊物《犯罪研究》；建立、健全组织和发展会员，以及会员的权利和义务。另外，根据工作需要设立若干分支研究机构，等等。

大会还通报了中国犯罪学研究会名誉会长、顾问、会长、副会长、秘书长、副秘书长、常务理事、理事以及咨询委员会主任和委员名单：

名誉会长：雷洁琼、张黎群；

顾问：林准、梁国庆、俞雷、金鉴、束怀德；

会长：康树华；

第一副会长：郭翔；

副会长：周密（兼秘书长）、刘灿璞、王岱、冯树梁、阴家宝、孙铣、王牧；

秘书长：赵可；

副秘书长：徐卓世（常务）、赵国玲、皮艺军。

常务理事29人、理事52人，以及中国犯罪学研究会咨询委员会委员名单：主任杨春洗；委员甘雨沛、高铭暄、杨春洗、马克昌、王作富、邓又天、曹子丹、方强、武汉、曾宪信。

大会还宣读了国际犯罪学协会学术委员会主席汉斯·尤尔根·卡尔纳教授以及日本一桥大学法学部部长竹下守夫等的贺信、贺词。

最后，由我代表学会，向对研究会的筹备和成立给予极大关怀的雷洁琼副委员长表示衷心的感谢；对关心支持研究会成立的有关单位领导和参与筹备工作的其他同志表示诚挚的谢意；同时，对应邀参加成立大会的所有同志和日本学者村井敏邦、福田雅章教授以及瑞典学者莱尔逊和中国留日博士毕业生王云海先生等光临表示衷心感谢，并说："我们研究会一定不辜负同志们和朋友们对我们的期待与支持，我们将兢兢业业，勤勤恳恳，组织和动员各种研究力量，团结一致，共同奋斗，面对现实，深入实际，进一步加强犯罪学理论研究，为建立具有中国特色的社会主义犯罪学理论体系，为国家预防和控制犯罪的实际工作服务，为综合治理我国社会治安做出应有的贡献！"

回忆成立大会热情高涨的情景，迄今仍然历历在目，那种精诚团结、白手起家，充分反映了只要合乎民意，符合时代发展潮流，人的潜力确实是无限的。我们只凭几位白发苍苍的老教授和一些年轻的学者们与北京大学犯罪问题研究中心十多位在校的研究生，完成了所有大会一切接待和会务工作，尽管有的人嗓子累得沙哑，带病仍是日夜坚守岗位，如今想起这些仍是令人备受鼓舞，心潮澎湃。联系到中国犯罪学研究会成立以后辉煌发展的历程，不仅每年均召开一次全国性学术研讨会，成立了六个专业委员会，发展会员2000多位，大力开展了国内外学术交流，还出版了《犯罪学大辞书》和《犯罪学》等等一系列学术著作，极大地推动了犯罪学发展的业绩，倍感欣慰。应该说，中国犯罪学研究会在大家齐心努力之下，在犯罪学教学和理论研究中取得了累累丰硕的成果，是没有辜负大家期望的。

(二) 反映代表热情和积极性与开创研究新局面的第一届学术研讨会

1. 反映代表热情和积极性的第一届学术研讨会

刘灿璞副会长受学会委托在第一届学术研讨会上作了总结讲话。他说："由于学会的财力有限，给诸位代表带来了不应有的不便，但各位代表还是始终充满热情，积极参与所有活动，尤其让我们感动的是有的同志千里迢迢自费赴会，有的同志没有收到通知主动而来，我们有这样一支积极主动的队伍，在今后的研究活动中一定会硕果累累。"

参加第一届学术研讨会的专家、学者、教授有177位，来自祖国各地，具体为：（按报到的先后次序排列）吉林省、贵州省、江西省、上海市、黑龙江省、福建省、山西省、湖南省、天津市、浙江省、山东省、辽宁省、河北省、江苏省、陕西省、湖北省、甘肃省、新疆维吾尔自治区、北京市等19个省、市、自治区，还有来自日本与瑞典的学者。

第一次学术研讨会的中心议题是：《进一步加强犯罪学理论研究》，提交研讨会的论文共46篇。其中有：社会治安综合治理的论文，例如，《论积极预防和综合治理》；专门研究不同类型犯罪的论文，例如，《论盗窃犯罪与对策》；研究犯罪现象和犯罪原因的论文，例如，《当前产生卖淫的原因及对策初探》；控制与预防犯罪的论文，例如，《论预防犯罪的手段》，以及改造教育罪犯的论文等等。由此可见，论文涉及犯罪学大部分领域，这是从广度上看。从深度上讲，论文突破了过去历次有关会议提交论文的老模式，基本上没有一般情况、原因、特点及对策这种体系的文章。副会长刘灿璞在总结时更进一步指出："从大会发言的几位同志的论文来讲，都有某种程度的提高之处，或者说有新意，当然有些观点可能还没有取得共识，或者还存在彼此针锋相对的看法，我看这是正常现象，是好事。没有不同观点，那才是不正常现象。不同观点的讨论研究，才符合'双百'方针，正确的结论是在争论中得出来的。例如，王牧教授的论文，认为犯罪学的主要研究对象，应该是从宏观上对犯罪现象的研究，这就不同于过去认为犯罪学主要是犯罪原因学的论点。这种大胆的探索是可贵的。又如冯树梁教授有关犯罪预防的论文，不仅有其独到之处，并紧紧与实践相结合。浙江省青年代表蒋国长同志有关商品经济与犯罪的关系的文章，提出不同意犯罪与改革开放同步增长和犯罪率的增加是改革开放必然要付出的代价的观点，并从商品经济发展的历史论述了商品经济与犯罪现象之间并无本质的联系，我们认为这是一篇很有新意的文章。我比较详细地看了其他青年专家的论文，从题目到内容都比较新颖，这真是可喜的现象，确实是后生可畏。这是向我们这些老头子们发出的信号，我们必须快马加鞭，否则就有掉队的危险。另外，不少论文从社会学、伦理学、心理学和人类学不同角度研究犯罪问题，给我们一种印象，论文的作者们对马克思主义理论都有较深的造诣。从方法论上除运用唯物辩证法外，还大量运用信息论、系统论和控制论这些新的研究方法。因此，可以说，本次提交大会的论文不仅有一定的广度还有一定的深度。如果说犯罪学研究会的成立是我国犯罪学研究史上的里程碑，而这次提交第一届学术讨论会的论文则标志着犯罪学研究的新起点，是一个好的开端。当然，无论从论文的理论意义和实践价值，还与形势对我们的要求相差很远。因此，需要在座的诸位和未能参加本次会议的同行们，携起手来，并肩战斗，深入实践，刻苦钻研，撰写出理论水平高、实践价值大的论文和专著，为决策机关制定方针、政策和具体措施，为遏制犯罪提供科学的方案和理论依据做出我们应有的贡献，为改革开放服务，为实现党和国家的总任务服务。”

2. 努力开创犯罪学理论研究的新局面

在第一届学术研讨会上，我代表学会作了题为《发扬实干精神，努力开创犯罪学理论研究的新局面》的报告。现将其摘要如下：

我国的犯罪学研究起步较晚，但发展速度很快。在短短的十年左右，已取得可喜的研究成果，并初步形成了具有中国特色的犯罪学理论体系。这是我们犯罪学研究者呕心沥血、共同奋斗的结果。

当前，我国的犯罪，经过多年的“严打”和综合治理，虽然其大幅度上升的势头已得到了初步遏制，但是，还未从根本上解决问题，某些犯罪日趋严重化，新的犯罪还在产生，团伙犯罪和有组织犯罪还有发展的趋势，各种社会丑恶现象尚未得到有效的控制。面对这种形势，我们的犯罪学理论研究所担负的社会责任重大。因此，组织和动员各种研究力量，面对现实，深入实际，进一步加强犯罪学理论研究，为领导决策提供科学依据，为我国预防和控制犯罪的实践服务，这是我们理论工作者义不容辞的义务。下面我就犯罪学研究现状作一概要的回顾，并谈谈今后如何进行犯罪学研究的一些初步意见。

第一，我国犯罪学研究现状。近十年来，犯罪研究以马克思主义的基本理论为指导，从我国的实际出发，坚持理论与实际相结合的原则，综合地利用了哲学、法学和其他相邻学科的知识，对犯罪动态、结构、原因和治理对策等进行了较为系统的研究，取得了丰硕的成果。主要表现在：

（1）犯罪学研究队伍不断壮大；

（2）建立了相应的机构；

（3）各政法院校普遍开设了犯罪学课程和组织了犯罪学讲座；

（4）一些政法院校开始招收研究生，培养犯罪学教学与研究的专门人才；

（5）创办了各种有关犯罪学研究的理论刊物，如《青少年犯罪研究》、《青少年犯罪问题》、《青少年与法》、《犯罪与改造研究》、《犯罪与对策》等。同时，各类法学、社会学及各种社会科学杂志，也开辟了犯罪问题研究专栏；

（6）出版和发表了一大批犯罪学专著和论文；

（7）翻译出版和发表了一些犯罪学专著和大批研究论文，介绍了国外犯罪学研究状况；

（8）近几年来，我国犯罪学界加强了与国外犯罪学界的学术交流、访问与合作；我国学者多次出国考察和参加国际学术交流会，增强了同各国犯罪学界的相互了解，并进行了重大课题的合作研究。

总之，短短十年来，我们犯罪学界在党的领导和政府关怀下，共同努力，做了大量工作，办了许多实事，取得了明显的成果。但是，这些成果与飞速发展的形势相比，我们还有不少差距，特别是有组织地开展犯罪问题研究不够，列入国家科研规划中的犯罪问题研究项目寥寥无几，高质量的研究成果还不多。这些问题主要表现在：

(1) 我国的犯罪学仍处于初创阶段，理论研究的深度不够，还没有形成较为完整的犯罪理论体系。

(2) 基本理论研究还比较薄弱，特别是如何将我们的实践经验上升为理论，找出其规律性，再为实践服务，更显得不足。

(3) 深入地开展重要学术理论研讨才刚刚起步，许多基本理论问题的讨论还很不够，还有待于进一步开展研究。例如，关于社会主义初级阶段犯罪原因的理论、预防犯罪的理论等，如何随着我国政治、经济形势的发展深入探讨综合治理的问题，使之制度化、法律化等等，还需要作出坚持不懈的努力。

(4) 理论研究的成果还不能很快为决策部门和实际工作部门服务。主要是渠道不畅，与决策部门和实际工作部门缺乏紧密的联系。

(5) 研究力量分散，缺乏组织和学科研究的科学规划，研究工作中存在着随意性、盲目性和重复性，等等。

当然，理论研究要靠理论工作者和实际工作者的共同努力。许多重大的理论问题也不可能通过几次学术研讨会就能获得解决。我国犯罪学研究会，应当成为团结各方面力量的纽带与桥梁，以便共同努力，推动上述问题的解决。由此可见，我们的任务还是相当繁重和艰巨的。

第二，对今后犯罪学理论研究的几点意见如下：

(1) 进一步加强犯罪学基础理论研究，提倡多读书、多调查；

(2) 广泛开展应用理论研究，为与犯罪作斗争的实践服务；

(3) 深入开展犯罪被害者的研究；

(4) 进一步加强国内外学术交流与合作；

(5) 组织重点课题的研究和学术研讨会。

上述意见，是否妥当，请大家提出意见。希望在讨论中就今后我们研究会如何更好地发展，提出宝贵的意见。

四、注重学术研究，动员全会力量大力推动犯罪学发展

（一）中国犯罪学研究会成立后立即制定学术研究规划

尽管犯罪学在国际上已有一百多年的历史，但在我国尚属新兴学科。犯罪学学科的性质、理论体系、范畴，乃至概念、定义都还存在不少歧义。因此，统一的犯罪学名词、用语和概念皆需要结合我国实际情况进行探索。所以，中国犯罪学研究会成立之前与以后的岁月，我们皆异常注重犯罪学理论研究。成立之前，我们采取了“以文会友”的方式，团结一批有志于犯罪研究的同志，共同撰写了《犯罪学通论》。中国犯罪学研究会成立之后的第一届学术研讨会的中心议题就是：《进一步加强犯罪学理论研究》，并在1992年6月10日召开的中国犯罪学研究会第一届常务理事会第一次会议上，讨论通过了《中国犯罪学研究会“八五”期间犯罪学研究选题规划》，供全国犯罪学研究同志参考。该研究选题规划第一部分为指导思想与任务。

1. 指导思想是：(1) 坚持以马列主义毛泽东思想为指针，贯彻“双百”方针，解放思想，勇于探索，实事求是，大胆实践，发掘中国古代文化遗产，借鉴和吸取国外先进经验，努力做到“古为今用”和“洋为中用”，使犯罪学研究建立在人类社会创造的一切文明成果的基础之上。(2) 坚持四项基本原则，为党和国家“一个中心和两个基本点”的总路线服务，为社会治安综合治理的战略方针服务，以建设具有中国特色的社会主义犯罪学理论体系。(3) 坚持运用辩证唯物主义和历史唯物主义的世界观和方法论，深入实际，调查研究，在理论与实际相结合的基础上，把犯罪学的理论研究自觉纳入综合治理社会治安的社会系统工程中。

(4) 犯罪学研究，要面向实际，着重研究和解决社会上出现的实际问题，重在探索具体落实综合治理社会治安的有效对策，为社会安定和国家的长治久安做贡献。(5) 坚持信息论、系统论和控制论的科学方法，掌握犯罪动态，剖析犯罪原因，抓住规律，研究对策，使犯罪学这门新学科在基本理论研究上和指导社会实践上登上一个新台阶。

总之，犯罪学的基础理论研究与应用研究要密切地结合起来，理论研究要为社会实践服务，应用研究要以基本理论为指导，相辅相成，相得益彰。

2. 研究任务是：由于经济犯罪、职务犯罪和有组织犯罪，是我国当前犯罪现象中的突出问题。能否及时、有效地控制住这几类犯罪的蔓延，是关系到党和国家基本路线贯彻、落实的大问题，必须组织力量，联合攻关，尽快解决。为此，在研究任务中首先提出：在中国犯罪学研究会统一规划下，组织全国各政法院校和各研究所以及实际工作部门从事犯罪学研究的有关人员，形成合力，集中研究犯罪产生的根源、原因和条件，特别是社会主义社会产生犯罪现象的原因，必须在理论与实际相结合的基础上，搞深搞透，以制定有针对性的“防”、“治”、“改”措施，把我国犯罪现象尽快压低到最低限度，以保护和促进社会生产力的蓬勃发展和进一步提高。

第二部分为“八五”期间犯罪学研究的选题，共提出八个方面（例如，预测和预防犯罪、惩治和改造罪犯、社会治安综合治理、犯罪类型与犯罪被害人研究，以及犯罪学的研究方法等）62个选题进行研究。最后在专项研究中，提出本会将动员全会力量，研究推动《犯罪学大辞书》的编撰工作；争取社会资助和兄弟学会的合作，拟在3—5年内编辑出版一部规模200万字和内容“全”、“新”、“准”、“系”的犯罪学大百科。

（二）编写《犯罪学大辞书》，推动犯罪学研究发展

继1992年6月10日讨论通过《中国犯罪学研究会“八五”期间犯罪学研究选题规划》之后，我们马不停蹄，立即就讨论编

写《犯罪学大辞书》事宜，与有关部门协商，于6月23日又制定了中国犯罪学研究会关于编写《犯罪学大辞书》的规划。该规划开宗明义，编写《犯罪学大辞书》是一项集体合作科研任务，是一项庞大的系统工程，采取中国犯罪学研究会、中国警察学会、司法部预防犯罪与劳改研究所合作形式，并争取获得全社会的支持和广泛的共识。具体规划如下：

1. 名称：定名为《犯罪学大辞书》，其理由是：（1）之所以称为大辞书，是因为犯罪学辞典或涉及犯罪学的辞书已有几部，迫切需要一部覆盖面广，词条齐全，解释全面、系统，应用性较强的大辞书；（2）称犯罪学大辞书，还属首创，可提高其包容量、知名度和权威性，显示其特色，更具有吸引力。

2. 规划：关于本辞书的规模，根据中国犯罪学研究会和中国警察学会的编撰力量，用两年撰写词条，一年出版，共三年完成5000词条左右，字数200万—250万字的巨型犯罪学大辞书。具体要求是：(1) 体系齐全，结构完整，词条量大，覆盖面广；(2) 释文精练、简明，避免词条之间的重复；(3) 词条类型大、中、小结合，以中型为主，划分标准：500字以下为小型，500—1000字为中型，1000—1500字为大型，个别综述性词条多达5000字；(4) 选条和释文兼顾学术性、史料性、实用性和知识性，以便拓宽读者面，适应不同读者的需要；(5) 检索手段齐全，分设学科体系目录索引、笔画或汉拼索引、外文索引。按常规，索引一般占全书字数的10%左右；（6）本辞书应配有插图，以收图文并茂之效。此外，还规定编撰工作体制、步骤、经费等等。

编写《犯罪学大辞书》的宗旨：（1）探索犯罪学范畴，统一犯罪学名词、用语和概念。(2) 提供研究工具，推动犯罪学研究的发展。(3) 团结各方面力量，共同合作，建立和完善犯罪学学科的体系。我在该书前言中说，之所以将探索犯罪学范畴，统一犯罪学名词、用语和概念，作为写作该辞书的首要目的，是因为统一而科学的用语是理论研究工作的前提和基础，是构筑一门学科大厦的基石。鉴于当时我国犯罪学研究欣欣向荣，百花齐放，诸多学者对该学科的一些基础理论进行了较全面、深入的研究，大家各抒己见。但由于犯罪学在我国是一门新兴的学科，对一些基本概念、术语及相关理论没有统一科学的用语，致使大量理论研究由于对一些概念理解不一致，争论不休，在同样的问题上兜圈子，阻碍了研究的深入和学科的发展。该辞书在总结和吸收近年来理论研究成果的基础之上，以各位参与写作的专家、学者敏锐的思考、分析和深厚的理论功底，在集体研究和博采众说的前提下，提出对每一条目科学准确的释义，为今后的理论研究提供统一而标准的用语和理论规范，从而使理论研究工作者和实际工作者集中精力致力于犯罪学理论深层问题的研究，致力于向预防和治理犯罪工作的深层次发展，尽快使我国犯罪学的研究和发展再上一个新台阶。

《犯罪学大辞书》的撰写工作，是从 1992 年 6 月末开始进行的。它经历了聘请顾问、组织编写队伍、研究写作要求，以及提词条、写作和分科主编定稿的三个阶段，再由 16 人组成的编辑部分别进行编辑加工，最后由主编审稿、修改、定稿，用了近三年时间，于 1995 年 4 月由甘肃人民出版社出版。

《犯罪学大辞书》（以下简称《大辞书》）360 万字，共分 22 个大的栏目，收入词条 5498 个。该书除由康树华和冯树梁、王岱任主编外，还有 22 位分科主编和由 70 人组成的编委会。

纵观全书，具有如下几个特点：

1. 写作队伍与构篇宏大。这部鸿篇巨制，首先表现在作者队伍的宏大。《大辞书》除三名主编外，还有 22 位分科主编和由 70 人组成的编委会，以及一支由 247 人组成的写作队伍。其中有不少是在国际、国内颇有声望的犯罪学的专家，可以说全国绝大多数的犯罪学研究工作者和实际工作者都参加了本书的写作。其次，《大辞书》结构完整、宏大。它包容了犯罪学总论、犯罪学思想和刑罚制度史、犯罪学研究方法、犯罪现象、犯罪人、被害人、犯罪原因、社会治安综合治理、犯罪预测、犯罪预防、少年保护、劳动教养、罪犯惩罚与改造、设施外处遇、法规、著作、刊物、人物、组织、会议、事件案例、犯罪学教育等 22 个大的栏目，足以表现出其构篇的宏大。再次，信息量大。《大辞书》共收入词条5498个。不仅全面系统地介绍了我国犯罪学研究的理论学说，还介绍了西方国家犯罪学流派和学说；不仅把犯罪学研究的最近、最新成果收录进来，还把犯罪学史作为一个部分进行了介绍；词条中不仅包括我国在犯罪预防、预测领域的一些成功经验，还较全面地介绍了西方国家，尤其是发达国家在预防犯罪方面的最新经验和成果。更为重要的是，《大辞书》突破了一般辞书的框架，把各国犯罪学教育、著作、刊物、人物等作为该书的有机组成部分，对西方国家的犯罪学教育状况进行了深入的介绍，对犯罪学研究中的一些较著名的著作进行了介绍与剖析。可以说，关于犯罪学的发展史，以及这门学科研究状况与相关的理论问题，都在这部《大辞书》中得到了较为全面的反映。在一部辞书里能把古今中外的有关理论和成果融于一体，不能不令人赞叹不已。因此，将《大辞书》列为犯罪学研究史上的一大杰出著作来说明它的学术价值，应该是恰如其分的。

2. 结构完备，涵盖面广，内容充实。主要表现在《大辞书》结构完备，涵盖面广泛、完整和系统。《大辞书》不仅涵盖面广泛，词条齐全，释义全面系统，而且对词条不只是局限于词义的解释，更注意的是充实其内容的含量，反映犯罪学的研究历史与现状，汇集各学派尤其是不同流派的理论观点和学说。实事求是地评价各国预防与治理犯罪的成功经验与失败的教训，以增强其理论性、知识性和实用性。《大辞书》作为反映学术研究成果和指导理论研究的工具书，要保持它对理论研究永恒的指导意义和收藏价值，就应保持其自身与未来研究的同步性，《大辞书》较好地解决了这一问题，在其有关部分，对未来研究中可能出现的新问题，诸如环境犯罪、计算机犯罪、证券犯罪等相关理论，不仅作为词条收录进来，而且进行了准确的释义，这也是这部《大辞书》有别于一般辞书的闪光点之一。有了它，可以使未来犯罪学的研究少走弯路，多出成果，更好地服务于实践。

3. 准确释义，为犯罪学研究提供了统一而科学的用语。统一而科学的用语是理论研究工作的前提和基础，是构筑一门学科大厦的基石。如上所述，由于犯罪学在我国是一门新兴的学科，对一些基本概念、术语及相关理论还没有统一科学的用语，致使大量理论研究由于对一些概念理解不一致争论不休，阻碍了研究的深入和学科的发展。《大辞书》在总结吸收近年来理论研究成果的基础上，以各专家、学者敏锐的思考、分析和深厚的理论功底，在集体研究和博采众说的前提下，得出了对每一条目科学准确的释义，为以后的理论研究提供了统一而标准的用语和理论规范，从而可以使理论研究工作者和实际工作者集中精力致力于犯罪理论深层问题的研究，致力于向预防与治理犯罪工作的深层开展，尽快使我国犯罪学的研究和发展再上一个新台阶。

4. 既深入、细致和全面、系统释义，更兼顾其学术性、史料性、实用性和知识性。其突出表现是在于对具有一定的理论深度和对古今中外犯罪学的历史、现状和未来及发展，均有较深入、细致和全面、系统的阐释，并十分注意了其内容的学术性、史料性、实用性和知识性。故《大辞书》既不像词典那样空泛，也不像百科全书那样冗长，而是在体现理论深度的基础上，吸收词典和百科全书各自的优势，尤其集中体现了资料的翔实性和理论的深刻性的有机结合。可见，作者们用心之良苦。

5. 既注重理论性更强调实践性。首先体现在对词条释义准确。其次是词条的内容充实。它不仅对理论研究具有参考价值，而且其中许多犯罪对策和防范理论更可以直接转化为实际工作部门所应用，尤其是对于研究目前我国市场经济条件下犯罪的变化规律和特点，以及据此制定切实可行的有效对策，具有重要的借鉴意义和实际应用价值。最后，《大辞书》从客观实际出发，全面反映和介绍了中外犯罪学研究的新领域、新问题。理论研究的宗旨在于服务于实践，着眼于未来。随着社会的变迁和经济结构的变化，犯罪问题将随时而异，这就决定了犯罪学研究和理论也将伴随着社会现实和犯罪情况的“晴雨表”而发生变化。《大辞书》比较好地做到了上述两个方面的有机统一。例如，《大辞书》每一条词条的撰写不仅有科学而准确的释义，而且特别强调运用犯罪学的基础理论，对犯罪现象、原因与对策研究的重要性，同时，还论证了犯罪学与相邻学科的关系，系统而详细地介绍了各理论流派的观点和产生发展过程，在强调理论性的同时，又着眼于实践。《大辞书》从预防犯罪的着眼点出发，对中外成功的一些惩治、防止犯罪的实践经验进行了介绍，更收录了一些典型的案例进行剖析，以更好地服务于实践。

6. 写作队伍规格与理论水平高。首先，从参与编写的单位看，都是我国政法实际工作单位的首脑部门和颇具权威的研究机构以及一些国内外知名的高等学府；从参加编写的人员看，许多作者都是在全国犯罪学界颇有声望的专家和教授，尤其是德高望重的原全国人大常委会副委员长雷洁琼教授自始至终关心着该书的编写和出版工作，并为该书题词。其次，理论水平高。《大辞书》是由 247 位专家、学者，经过近三年时间写作、修改、定稿、审稿，在充分发挥集体力量的基础上，最后通过在该领域里耕耘了多年的几位著名犯罪学家的最后加工、提炼、升华写作而成。因此，《大辞书》不少理论观点和阐释颇具权威性，也有许多是我国和世界著名犯罪学研究者的高质量、高水平的科研成果。这些极其宝贵的科研成果和文化遗产充分体现了我国乃至世界的最新犯罪学理论与现状，从一定意义上讲，该《大辞书》具有国内外领先的学术水平。

最后，还应提及的是《犯罪学大辞书》出版的质量高。该书是通过竞争投标而落于甘肃人民出版社之手的，从该书的编辑、装订、装帧设计等，均可以看出出版者的独具匠心。该书给人一种严肃而不死板、华丽而不失素雅的直观印象。

总而言之，《犯罪学大辞书》是一部难得的好书。可以说它不仅是我国，甚至是当今世界犯罪学研究的集大成者。它不仅具有权威性，而且具有独创性。它已达到了探索犯罪学范畴，统一犯罪学名词、用语和概念的写作宗旨。它所确定的“绪论”（犯罪学概念、研究方法等）、“犯罪现象论”、“犯罪原因论”、“犯罪对策论”的四论理论体系，在许多犯罪学专著和教材里被采用，得到了全国绝大多数犯罪学者的赞同，许多词条被广泛引用。因此，

《犯罪学大辞书》的出版，推动了我国乃至世界的犯罪学研究发展。应该说《犯罪学大辞书》的出版，在中国犯罪学发展史上是具有里程碑重大意义的。正因如此，《犯罪学大辞书》出版之后，立即获得广泛赞誉。例如，李晓明教授写文章称赞《犯罪学大辞书》是“当代犯罪学研究的辉煌巨作”，向泽选博士写文章称赞《犯罪学大辞书》是“司法实践的指南，理论研究的必备”。《犯罪学大辞书》1996 年 8 月荣获甘肃省第三届特别优秀图书奖，1996 年 12 月荣获第十届中国图书奖。

预防犯罪的中国之路

——为纪念改革开放30周年而作

冯树梁*

中国的犯罪学是伴随着国家改革开放的步伐而展开的，2008年是改革开放30周年，中国的犯罪学研究也大体是这个年龄。当前各条战线、各个方面都在总结回顾30年走过的历程。我作为一个长期主攻预防犯罪研究的犯罪学研究人员，仅将个人在研究过程中的一些认识和心得体会归纳为八个方面的问题，以资纪念改革开放30周年并求证于专家学者、业内人士和广大读者。

这八个方面的问题涉及预防犯罪实践中的热点问题和理论上的重点问题，并从一个侧面反映了中国预防犯罪事业的主要特色和大体走向，是一条科学发展之路，故名之曰《预防犯罪的中国之路》。

一、中国预防犯罪的“三大理论支点”

什么是中国预防犯罪的理论支点？这是个有待探讨的问题。我个人认为，在改革开放30年过程中所形成的关于犯罪增长与经济增长关系的理论，关于犯罪是各种社会矛盾和消极因素的综合反映的理论，关于社会治安必须走综合治理之路的理论，应是中国预防犯罪的三大理论支点。为什么？因为在中国改革开放之初的若干年内（大约是10年左右，主要是从20世纪80年代初到90年代初）

* 中国法学会犯罪学研究会高级顾问，司法部预防犯罪研究所研究员。

刑事犯罪呈大幅度上升趋势，一时间，国内外犯罪学理论大都归因于经济的增长，特别是美国犯罪学家路易丝·谢利关于犯罪与经济同步增长的理论和法国社会学家 E. 迪尔凯姆关于犯罪是社会为了可能的进步而付出的代价的观点等更有着广泛的影响。此事引起党和国家最高领导层的关注，1994 年，江泽民同志曾批示政法部门就“经济的发展和刑事犯罪案件的上升到底应该是一种什么关系?”问题展开调查。各种调查结果，特别是江苏省公安厅对苏南地区和福建省公安厅对福建沿海经济发达地区的调查结果显示，经济增长与犯罪增长之间有密切的相关关系，但不是必然的因果关系，并不是经济发展犯罪必然增长。[①] 此外，有资料显示，联合国召开的历届预防犯罪和罪犯待遇大会，经过多年讨论、争论也有一个较为一致的看法：不能简单地把犯罪的增加归结为经济发展和现代化。[②]

经过这些调查和争论使犯罪增长与经济增长关系的理论有了一个主导性认识（但不是唯一认识），不再停留在“同步论”、“代价论”的认识位点上。这件事提示我们：国外的犯罪学理论对我们具有重要的参考借鉴意义，但必须经过符合本土实际的调查研究，才能较为准确地解释发生在本土的犯罪现象。

那么，犯罪大幅度上升是由什么因素决定的呢？不管是官方调查还是犯罪学研究较为一致的意见是：犯罪增长是由各种社会矛盾和消极因素的综合反映决定的。这些社会矛盾和消极因素有的与犯罪构成因果关系，有的是促使犯罪动机和目的变为犯罪行为的条件，有的是容易滋生犯罪的相关因素（如失业、失学、社会保障不到位等），构成一个多层次、多结构的犯罪成因体系。也就是说，犯罪增长是由诸多元素决定的，而不是由经济增长这个单一元

---

① 江苏省公安厅对苏南地区的调查和福建省公安厅对沿海经济发达地区的调查，参见《公安研究》1994 年第 4 期和 1997 年第 3 期，《中国人民公安大学学报》1997 年第 1 期。

② 郭翔：《国际社会预防和控制犯罪战略措施概述》，载《青少年犯罪研究》1995 年第 3/4 期合刊。

素决定的。

社会矛盾的多样性决定了综合治理的必然性。既然犯罪是由诸多社会矛盾和消极因素的综合反映决定的，因此，采取打击、防范、教育、管理、建设、改造等多种手段进行综合治理，便是顺理成章之事了。综合治理的基本思想是1979年8月中央批转的为解决青少年违法犯罪问题的一个报告中提出来的（但当时还没有使用“综合治理”这个词），1981年5月中央批转的5大城市治安座谈会纪要中第一次正式提出“社会治安综合治理”方针。嗣后，经过10年的基本经验总结，1991年二三月间党中央、国务院，全国人大常委会先后颁布了《关于加强社会治安综合治理的决定》（简称两个决定），以法律的形式将社会治安综合治理的方针固定下来，并于当年3月成立了中央综治委。1997年9月党的十五大进一步指出：“加强社会治安综合治理，打防结合，预防为主……”明确了打和防的关系，结束了一段时期内打防关系上的徘徊状态。这表明，社会治安必须走综合治理之路，综合治理必须走“打防结合，预防为主”之路。这样，一个从理论到实践、从成因论到对策论的预防犯罪体系即社会治安综合治理体系就在中国的土地上形成了。“春风拂槛露华浓”①，这是改革开放的春风吹拂的结果。

在这里需要说明的一点是，关于犯罪是多种因素决定的观点，关于对社会治安应采取综合治理的办法的观点，在国外的一些犯罪学论著中也有类似的观点，但是它们未能从理论转化为预防犯罪实践。例如，波兰犯罪学家布鲁伦·霍维斯特认为，犯罪是由“各种因素系列的综合体”决定的。② 在前苏联的犯罪学理论中也有关于要对犯罪进行政治的、经济的、思想的、法律的、组织的综合治

① 李白：《清平调》三首，其一：“云想衣裳花想容，春风拂槛露华浓……”“露华浓”，形容牡丹花的鲜艳。

② ［波］布鲁伦·霍维斯特：《犯罪学的基本问题》，冯树梁等译，国际文化出版公司1989年版，第78页。

理的理论。[①] 我在1986年曾写过一篇短文介绍此事，登在当时的中国人民公安大学学报上，时过境迁，此文已难查找。苏联解体后，即不再见有"综合治理"的提法。

二、预防犯罪中"三级预防"的汉语诠释

预防犯罪是一个由"隐"到"显"的过程，一圈圈地逐渐缩小范围，可称之为"三级预防"或"三圈预防"。对三级预防的诠释却是"和而不同"[②] 的，即在基本一致的前提下各有不同特点。例如美国将预防犯罪分为三个层次：第一个层次是以公众参与为主的一般预防；第二个层次是以正规的刑事司法系统为主的针对表现出明显的越轨行为之潜在危险的个人和环境，主要涉及青少年；第三个层次是矫正，以减少和防止重新犯罪。[③] 前苏联将预防犯罪分为两个基本的水平——全社会预防和专门预防，四个范围——全社会范围、某些社会群体（如未成年人）、具有否定行为的人、特定的犯罪人。[④] 但概括起来也是三个层次，即一般预防、针对具有潜在危险性的人和环境的预防、特殊预防（打击和改造犯罪人）。我国犯罪学界对于"三级预防"并无统一的界定。我个人认为，预防犯罪的全过程，用我国简洁的语言来表达，无非是在"三个层次"上做文章：防患于未然，防患于将然，防患于已然。防患于未然，就是防止犯罪的发生，是严格意义上的预防；防患于将然，就是将危险性苗头解决在萌芽状态或将突发性事件处置在始发阶段，化险为夷，转危为安。这个层次常常是一种临战状态的犯罪预防，对于挽救即将失足者，对于保护人民生命财产的安全，对于维

① ［苏］B. K. 茨维尔布利等主编：《犯罪学》，曾庆敏等译，群众出版社1986年版，第130页。《同危害社会治安行为作斗争》，巴库，1983年，俄文版。

② 《论语·子路》。

③ ［美］史蒂文·拉布：《美国犯罪预防的理论实践与评价》，郭建安等译校，中国人民公安大学出版社1993年版，第199—203页。

④ ［苏］B. K. 茨维尔布利等主编：《犯罪学》，曾庆敏等译，群众出版社1986年版，第135—137页。

护社会稳定和地区安宁，极具有重要意义；防患于已然，就是打击惩罚已经发生的犯罪，震慑犯罪，以刑去刑，改造矫治犯罪者，预防重新犯罪。三个层次上的预防是相互联系、互为条件的，三个层次上的预防都处理得好，构成完整意义上的预防犯罪概念。①

“三级预防”对于预防青少年违法犯罪问题具有特别重要的意义。通过综合治理最大限度地将青少年违法犯罪问题阻止在防患于未然和防患于将然两个层次上是预防青少年违法犯罪问题的理想目标、核心内容和中心环节。《预防未成年人犯罪法》设“不良行为”和“严重不良行为”两道坎，其意义亦在于此。所以我把防患于未然、防患于将然、防患于已然称为预防青少年犯罪的三条战略防线。②在改革开放的春风吹拂下，我国的犯罪学研究首先是从青少年犯罪研究起步的，并取得了长足的进展。

治罪理同治病。近些年来医学界也提出了“三级预防”的概念：一级预防亦称病因预防；二级预防是临床前期预防；三级预防即临床预防，及时治疗，防止发展。2008 年 11 月在杭州举行的“治未病”高峰论坛上又提出，“治未病”分三个层次：未病先防着眼于未雨绸缪；既病防变着力于防止疾病进一步发展；瘥（chài，病愈）后防复，防止疾病复发。③ 观其实质，也是防患于未然、防患于将然、防患于已然三个层次。如同“治未病”是医学上的最高理念一样，“治未罪”也应成为犯罪学上的最高理念。

三、预防犯罪“三大领域”构想

根据改革开放30年来犯罪的发展变化情况，我认为，犯罪应

① 冯树梁：《中外预防犯罪比较研究》，中国人民公安大学出版社 2003 年版，第 37 页；《论预防犯罪》，法律出版社 2008 年版，第 45 页、第 49—54 页。

② 冯树梁：《试论预防青少年犯罪的战略防线》，载《论预防犯罪》，法律出版社 2008 年版，第 49—54 页。

③ 《光明日报》2008 年 1 月 28 日第 11 版关于“疾病未到，预防先行”的报道，记者田雅婷；《光明日报》2008 年 12 月 1 日第 2 版“古老命题焕发新活力”的报道，通讯员董齐、记者叶辉。

划分为“三大领域”，即“常规犯罪”（或曰“传统犯罪”，属于传统安全的范畴）、“超常规犯罪”（或曰“非传统犯罪”，属于非传统安全的范畴）、“生态犯罪”。三者既有区别又是相互联系和转化的。这种划分有利于分别立法和采取有针对性的防治措施。

所谓“常规犯罪”（“传统犯罪”）是指一般刑事案件，也就是通常所说的多发性犯罪。多发性犯罪的种类和排序因犯罪情况的变化而变化。从历史上看，1991 年公安部将 8 类犯罪列为多发犯罪，依次为：盗窃、抢劫、诈骗、伤害、强奸、拐卖人口、杀人、流氓。1997 年刑法第 17 条所指出的故意杀人、故意伤害致人重伤或者死亡、强奸、抢劫、贩卖毒品、放火、爆炸、投毒等 8 种罪行属于严重刑事犯罪，但仍然是常规犯罪。

所谓“超常规犯罪”（“非传统犯罪”）是指反映当代犯罪突出特点的有组织犯罪、恐怖主义、邪教、分裂势力等犯罪，它们的突出特点不仅在于“犯罪”更在于“有组织”。这几种犯罪相互有区别而又混合交叉，有组织犯罪、邪教、分裂势力都是可以造成大量人员伤亡的恐怖主义活动，而恐怖主义活动也必然是有组织的。正因为它们都是有组织的，是一个系统，所以它们与政府和人民之间的对抗我称之为“系统间的抗衡”，抗衡的手段是准军事的，可比喻为“和平时期的战争”。①

所谓“生态犯罪”是一种新型犯罪，是指人类自工业文明以来新出现的“生态危机”中所表现出来的种种犯罪行为，大量是尚未称之为犯罪的犯罪。危害对象是生态平衡，是人类赖以生存的地球家园，归根结底，是人类自己及地球上的一切生命。它破坏的是人与大自然的关系，但最终还是反映了人与人、人与社会的关系。生态犯罪具有当事人的多元性和交叉性，犯罪后果的潜伏性和不可逆性，举证犯罪事实的困难性和技术性，犯罪危害的叠加性和累进性等特点。以往犯罪学主要研究人与人、人与社会关系上的犯罪，我认为，这只是犯罪学的一半，而另一半则是危害更为严重、

---

① 冯树梁：《论预防犯罪》，法律出版社 2008 年版，第 104—105 页。

关乎人类及一切生命之存亡的生态犯罪。例如震惊全国的以生态为名而疯狂破坏森林生态的“贵州生态园”案件，犯罪分子被判了同类罪名中的最高刑期，然而被砍伐的大片珍稀而古老的植物和被破坏了的土壤结构却难以修复。[①] 生态犯罪的这种不可逆性，更说明将它单列出来加强早期预防的特殊重要意义。2005 年我写了《生态犯罪学论纲》一文表明了我的观点。[②]

关于预防犯罪的三大领域的划分，虽只是一种学术研究的构想，但同时又是客观存在的，并在方针政策措施上已经显现出区别对待的种种迹象和日益强烈的单独立法的呼声（如呼吁专立《反有组织犯罪法》等）。实际上，我国从一开始就对黑恶势力、黑社会性质的犯罪组织采取“露头就打，不留后患”的正确方针，近几年又紧锣密鼓地采取了种种保护生态环境的政策措施。在改革开放的大背景下，三大领域的犯罪学研究都将会焕发出新的活力。

四、预防犯罪中“三律预防”的作用

“三律”是指法律、纪律、约律。法律既是惩罚犯罪的工具也是预防犯罪的手段。我国实行“依法治国”方略，对于法律、法规的作用大家是熟悉的。对于纪律、约律在预防犯罪中的作用则较为生疏，研究得也不够。实际上，对许多以身试法的人来说，纪律是预防犯罪的第一道闸门，尤其是公职人员从腐败到犯罪大都是从违纪开始的。例如广西壮族自治区从 1999 年以来有四位自治区政府主席、副主席“落马”犯罪，都是从严重违纪开始的。党有党纪，政有政纪，军有军纪，严把纪律关，提高遵纪意识，减少犯罪机遇，已证明是预防犯罪特别是预防职务犯罪的有效手段。约律，也就是乡规民约，在历史上曾发挥过重要作用。汉刘邦与民约法三章，就是一种官与民的约律形式。约律具有通俗易懂、简单明了、便于操作执行等优点，是一种值得重视的传统手段，一些地方在社

---

① 见 2008 年 11 月 22 日中央电视台《焦点访谈》。

② 冯树梁：《论预防犯罪》，法律出版社 2008 年版，第 245—257 页。

会治安综合治理中已在试行约律的作用。所以，研究“三律”在预防犯罪中的作用，是研究有中国特色的预防犯罪事业的一个重要课题。

五、预防犯罪中“三化”的作用

笔者将矛盾转化、环境净化、打防控一体化概括为“三化”。其核心是化解矛盾，这是中国预防犯罪之路的又一大特色，也是中国传统文化的一大特点。

（一）矛盾转化

在中国传统文化中充满了事物可转化的思想。在“群经之首”、“大道之源”的《周易》中说：“观乎人文，以化成天下”，“德博而化”。意思是说，文化的作用就是通过教育感化成就天下，德育普及了就能感化人。《庄子·逍遥游》中说：“北冥有鱼，其名为鲲。化而为鸟，其名为鹏。”《山海经》中说“夸父与日逐走，道渴而死。弃其杖，化为邓林。”前者是形态的转化，由鱼变成了鸟，生物学已证实，一部分鱼的确演化成了鸟，后者是由“死机”转化为“生机”。毛泽东同志在《矛盾论》中说：“神话中的许多变化，例如《山海经》中所说的‘夸父追日’……乃是无数复杂的现实矛盾的相互变化……的主观幻想的变化。”按我国的文化传统，即使当矛盾发展到动武的激烈程度时，也主张化干戈为玉帛，以“排难解纷”为传统美德。20 世纪 60 年代，毛泽东同志曾在与公安部负责人的谈话中提到战国时期有个叫鲁仲连的人为赵国排难解纷的故事。当时领导指定我将《史记·鲁仲连列传》加以注释在公安系统内部发行参阅。1963 年 11 月毛泽东同志批示推广学习浙江省诸暨县（现为市）的“枫桥经验”“作为教育干部的材料”。“枫桥经验”的要旨就是就地化解矛盾，做到了“小事不出村，大事不出镇，矛盾不上交”，把大量矛盾纠纷解决在基层，解决在萌芽状态。2008 年是“枫桥经验”45 周年，中央政治局常委、中央政法委书记周永康同志在纪念毛泽东同志批示“枫桥经验”45 周年纪念大会上指出：“认真学习运用‘枫桥经验’，坚持抓源头、抓苗头、抓基层、抓基础，把矛盾化解在基层、把问题解决在当地、把隐患消除在萌芽状态，为经济社会又好又快发展创造和谐稳定的环境。"[①] "枫桥经验"和被誉为"东方经验"的人民调解工作都是颇具中国特色的预防犯罪经验。近几年中央提出要严格贯彻宽严相济的刑事政策，其目的亦在于最大限度地化解矛盾、减少对抗、促进和谐，最大限度地遏制、预防和减少犯罪，维护社会稳定。

（二）环境净化

矛盾是产生在一定的空间里面的，环境就是矛盾的空间。环境如何，对于矛盾是生成还是化解，有至关重要的作用。以"枫桥经验"为例，就是重在净化环境，净化心灵，以净化促"化解"。在当今世界，从心灵环境到自然环境，"净化"与"污染"已成为两个截然对立的概念，最终决定着人类生存与发展的两种命运、两种前途。净化生存环境，反对形形色色的污染，对于保护人类生存环境、减少滋生犯罪的土壤和条件都有重要意义。

（三）打、防、控一体化

同前面"两化"比较起来，这是一个比较专业的术语。然而它从预防犯罪的角度看，同前面两化是紧密相联系的，是相辅相成、互为条件的。打防控一体化是在"打防结合，预防为主"战略方针指引下所逐渐形成的一个较为完整的工作体系，其特点是把几个方面的功能结合起来，达到既能因鱼张网，适时打击犯罪，又能张网以待，有效地防止和控制犯罪的目的。各地在实际操作中，有不同的具体形式和做法，大体上是由阵地控制网络、群防群治网络、治安管理网络三个网络构成的。其具体运作模式，我在《中外预防犯罪比较研究》一书中做了一些归纳，可供参考。[②]

---

① 《光明日报》2008年11月25日第3版。

② 冯树梁：《中外预防犯罪比较研究》，中国人民公安大学出版社2003年版，第329—332页。

六、预防犯罪中“三基”建设的意义

这里说的“三基”建设是指基层组织建设、基层基础工作建设、基层治安防范网络建设。中国革命的成功就是建立在扎根基层、依靠基层、巩固基层的基础之上的，从而实现了“农村包围城市”的革命成功之路。新时期，中国预防犯罪之路的一大特色仍在于夯实基础，确保稳定。21世纪初，中共中央、国务院下发了《关于进一步加强社会治安综合治理的意见》，明确要求“加强基层建设，把社会治安综合治理各项措施落实到基层。”同时，各地继续开展基层创安活动。基层基础建设是整个社会稳定的基础，是社会治安综合治理的第一道防线。基层治则天下安，基础牢则大局稳。“枫桥经验”成功的秘诀之一就是牢牢抓住了基层这个最广袤的矛盾空间和基层这个人数最多的矛盾载体层，排查隐患，超前工作，把大量矛盾纠纷解决在了基层。

基层是个完整的概念。它包括基层的各种组织建设，基层的群众工作和各项业务工作建设，基层的治安网络化建设——其实质就是基层的打防控一体化建设。改革开放后，借助于外来的“社区”一词，极大地丰富了基层基础建设的内容，诸如“社区警务”、“社区矫治”、“社区预防”、“社区控制”等。

最近据媒体报道，近期在一些地方发生的突发性群体事件，如贵州瓮安发生的严重打砸抢事件，湖南张家界某街道办事处发生的爆炸案等，都和这些地方的基层组织状况和基层基础工作状况有关，主要是未能正视和正确而及时地处理矛盾、化解矛盾，因而提出了“基层危机”的概念。“知屋漏者在宇下，知政失者在草野”。基层建设问题着实应当引起高度重视。[①] 这也是改革开放中的一个永恒的主题。

---

① 毛晓刚：《重视突发事件背后的“基层危机”》，载《北京日报》2008年7月13日第8版。

七、预防犯罪中的"三大规律"探索

我这里说的"三大规律"，是指犯罪发生和发展的规律、指导预防犯罪的规律以及其他犯罪规律。

什么是规律？经典的解释是："规律就是关系……本质的关系或本质之间的关系。"[①] 为什么要研究犯罪规律？经典的回答是："一定的原因按照特殊的规律性在产生一定的犯罪行为。"[②] 所以，马克思主义认为，科学研究的任务就是要揭示客观事物的规律性并用于指导人们的实践活动。我们党倡导研究犯罪规律："对发生的各类案件特别是典型案件，对治安工作面临的突出问题，必须注意分析，善于举一反三，以取得规律性认识，更好地实现标本兼治。"[③]

规律，按其内容分为自然规律、社会规律、思维规律；按其作用范围分为普遍规律和特殊规律。[④] 犯罪规律应属于社会规律中的特殊规律。

改革开放以来对于犯罪规律的研究有了突破性进展，其主要标志是：在此之前的犯罪学论著中只见有关于犯罪的时日、季节性规律的研究，而自国家"七五"规划期间（1986—1990 年）由公安部牵头完成的国家重点社科研究项目《中国现阶段犯罪问题研究》提出了关于犯罪发生和发展的四大规律（简称刑事犯罪规律）后，出现了新的局面，在相继问世的一些犯罪学论著中又提出了指导预防犯罪的规律和其他一些犯罪规律。

（一）关于犯罪发生、发展的四大规律（刑事犯罪规律）。这是《中国现阶段犯罪问题研究》课题根据大量的调查研究资料对新中国成立以来犯罪状况进行全面总结而提出来的，填补了我国犯

---

① 《列宁全集》（第 38 卷），人民出版社 1957 年版，第 161 页。

② 《马克思恩格斯全集》（第 1 卷），人民出版社 1956 年版，第 623 页。

③ 江泽民在全国社会治安工作会议上的讲话（2001 年 4 月 3 日），《人民日报》2001 年 4 月 3 日第 1 版。

④ 刘延勃等主编：《哲学辞典》，吉林人民出版社 1983 年版，第 387 页。

罪学研究上的一个空白。1995年出版的由康树华、王岱、冯树梁主编的《犯罪学大辞书》给予充分肯定并分四个条目全部加以引用。这四大规律从宏观上反映了犯罪现象是怎样发生和发展的：犯罪的消长律，说明犯罪是在社会消极因素和积极因素的消或长的过程中产生和升降的；犯罪的因果律，说明在犯罪的发生和发展过程中，只有一部分消极因素与犯罪构成必然的因果性关系；犯罪的辐射律，说明产生犯罪的消极因素并不只限于当地，而有些是从别的地方传播感染而来的；犯罪的起伏律，说明犯罪的发展并不是呈直线状，而是时起时伏波浪式发展变化的，所以形成了新中国成立以来的五次犯罪高峰（新中国成立初期一次，20世纪60年代三年经济困难时期一次，10年动乱时期一次，改革开放初期一次，20世纪90年代初一次。也有学者认为，"文革"10年的犯罪增长具有很大的政治性，不算一次刑事犯罪高峰）。每个规律都有其内在结构和特点。①《中国现阶段犯罪问题研究》课题还对犯罪时日、季节规律作了进一步研究，这样，关于犯罪的发生和发展的规律一共是五大规律。

（二）关于指导预防犯罪的五大规律。有的学者提出，犯罪发生和发展的规律同指导预防犯罪的规律是有区别的。军事理论证实，有战争发生和发展的规律，也有指导战争的规律，同刑事犯罪作斗争道理是相通的，因而在总结实际经验的基础上提出了指导预防犯罪的五大规律：矛盾律、人本律、基础律、综治律、兼治律。其基本原理是：犯罪是各种社会矛盾的综合反映，因而预防犯罪必须牢牢把握住"矛盾"这个核心环节；人，是各种矛盾的载体和解决矛盾的动力，因而预防犯罪必须围绕着人，作矛盾的良性转化工作；矛盾及其载体均集中于基层这个空间，因此预防犯罪必须着眼于基层，在基层基础建设上下工夫；矛盾及其载体的多样性决定了综合治理的必然性，因此预防犯罪必须走综合治理之路；综合治

---

① 俞雷等主编：《中国现阶段犯罪问题研究》（总卷），中国人民公安大学出版社1993年版，第181—187页："我国犯罪现象的几个规律"，冯树梁执笔。

理的核心是一打二防，以防为主，因此预防犯罪必须既靠法的威慑力，又靠德的感化力，即德法兼治。所以这五大规律是一个相互衔接的链条。[①] 当然这只是一家之言，既源于实际经验，又源于思考，是“经验规律”与“思维规律”相结合的产物。

（三）其他犯罪规律。近些年在一些犯罪学论著中还提出了一些有别于上述刑事犯罪规律和指导预防犯罪的规律的规律，这说明关于犯罪规律的研究在不断向前发展。例如，周路教授主编的《当代实证犯罪学新编——犯罪规律研究》一书中提出了：犯罪人构成规律、犯罪动机规律、犯罪行为规律、犯罪类型规律、重新犯罪规律、犯罪预防规律等。[②] 是建立在对天津市的犯罪调查的基础上的，是以实证为依据的，实际上也是“经验规律”与“思维规律”相结合的产物，是非常有意义的。是否具有普适性则有待实践检验。当然任何规律都是与时俱进的而不是一成不变的。

在国外，也有关于犯罪规律研究的报道。例如，1992 年 6 月 24 日，俄罗斯犯罪学家、俄罗斯内务部研究所所长列兹维赫来华访问，在公安部礼堂做关于“预防和控制犯罪问题”的学术报告中曾提到一个规律：失业上升 10%，犯罪上升 3.4%。[③]

八、预防犯罪中的“三战”研究值得重视

所谓“三战”研究是指战略、战役、战术研究。这本来是军事术语，现逐渐广泛应用于其他许多领域。同刑事犯罪作斗争实质上是一个准军事领域，特别是同有组织犯罪、恐怖主义的斗争愈来愈具有明显的军事斗争性质。因而对于“三战”的研究也越来越显示出其必要性，这是其一。其次，预防犯罪本身就是一个从战略到战役、战术的完整链条，也就是说，既要研究预防犯罪的全局性

---

① 冯树梁：《中外预防犯罪比较研究》，中国人民公安大学出版社 2003 年版，第 133—173 页。

② 周路主编：《当代实证犯罪学新编——犯罪规律研究》，人民法院出版社 2004 年版。

③ 此说仅凭笔者的记录，未查到正式出版的书刊记载，仅供参考。

战略性问题，也要研究其中的战役性和战术性问题，例如，“严打”和各种形式的专项斗争、专项治理就是战役问题。战术，它是战略问题的具体化。例如，“打防结合，预防为主”的战略方针必须具体化为战术性措施和行动方可贯彻执行，所以战术研究也是必不可少的。其三，对于战略问题必须从全局的宏观的战略高度去认识和理解，才能把握其本质，如果从局部的战役、战术的角度去认识和理解战略问题则会失之偏颇；反之，如果把战役、战术问题拔高到战略问题去认识，也会产生偏差，造成认识上的误区。本文所归纳的上述八点均属战略性问题。中央一再强调各条战线、各个领域都要加强对战略问题的研究，这对于犯罪学研究是同样适用的。

《孙子兵法》是最早提出战略问题的军事名著。其基本原理也可用于研究预防犯罪的战略问题及相应的战役、战术问题。在1998年由孙子兵法研究会举办的第四届孙子兵法国际研讨会上，军事科学院军制部研究员季德源同志代表军制部小组明确表示：“将社会治安和预防犯罪列入孙子兵法在军事以外领域应用研究的一个内容、一个领域。”也就是说，纳入孙子兵法学科体系。换言之，就是管户口的同意上户口了。这也是我将孙子兵法运用于预防犯罪研究所争取到的一个结果，盼有来者为之继。

结束语

刑罚的目的在于预防。犯罪学研究的核心是预防犯罪。然而预防犯罪研究却举步维艰，迄今为止关于预防犯罪的专著和学人依然寥若晨星。这是为什么？通过一个《扁鹊见蔡桓公》的历史故事似可窥其一斑。故事的梗概是：

战国时期的名医扁鹊拜见蔡桓公，站了好一会儿，说：“您有病在皮肉之间，如果不医治，恐怕将要严重起来。”桓公回答说：“我没有疾病。”扁鹊退出后，桓公说：“医生喜欢治疗没有病的人，想借这个来表功！”过了十天，扁鹊又拜见蔡桓公，说：“您的病已经到了肌肉里面，如果不医治，将要更加严重。”桓公不理睬，扁鹊退出，桓公不大高兴。又过了十天，扁鹊再次拜见桓公，说：“您的病已经发展到肠胃里了，如果不医治，将要更加严重。”桓公还是不理睬。扁鹊退出后，桓公不高兴。

过了十天，扁鹊望见了桓公转身就往回走。桓公特地派人去问他，扁鹊说：“病在皮肉之间，用药湿敷或热敷，药力是能够达到的；在肌肉里面，是针灸的力量能够达到的；在肠胃里面，是火齐（jì）汤的力量能够达到的；在骨髓里面，那是主管生死命运的神决定的，没有办法医治。现在病已在骨髓里面，我因此不请求给他治疗了。”

过了五天，桓公周身疼痛，派人到处寻找扁鹊，他已经逃到秦国去了。桓公就这样死去了。①

医学中的“治未病”和犯罪学中的“治未罪”有相通的道理：都具有事先看不见、摸不着、不易检验和衡量的“隐性”特征和“老虎吃天，无从下口”的“泛性”特征，都需要有一个被认识、被接受、被重视的过程。然而“治未病”和“治未罪”作为一种发展潮流却是确定不移的。世界卫生组织在《迎接21世纪的挑战》的报告中指出：“21世纪的医学，不应继续以疾病为主要研究对象，而应以人类健康作为医学研究的主要方向。”② 中国医学中“上工治未病”的理念正越来越受到世界医学界的关注。同样道理，可以预料，犯罪学中的“治未罪”从21世纪开始也必将逐渐成为主流研究目标，在改革开放的春风吹拂下，预防犯罪之路将越走越宽。

---

① 故事见《韩非子·喻老篇》暨《史记·扁鹊仓公列传》。

② 《大众健康报》，2008年5月9日第1版。

我的《犯罪学》出炉的前前后后

刘灿璞*

新中国诞生后，废除了蒋家王朝的伪法统和《六法全书》以及依附其上的法律教育和诸法学学科。随后陆续颁布了服务于社会主义社会的法律、法规，形成了崭新的司法制度。与之协调、适应的法学教育也应运而生，各法学学科相继出现在各法律院校的课堂内，却唯独没有与治理、遏制犯罪有直接关联的《犯罪学》这一主要学科。就当时而言，究其原因：一是，据有关统计表明新中国成立之初全国的发案数50万件左右，经过“镇反”、“社会改革”对反动政权遗留下来的残渣余孽的涤荡，至1952年初，发案率下降到24万件左右，该事实说明，只要对违法犯罪分子依法用刑法惩罚，就能遏制和减少犯罪的发生，无须更多地研究犯罪现象、犯罪发生的诸原因以及制定相关的战略和策略。一句话，惩治犯罪的社会实践说明，以预防犯罪为主的犯罪学尚无迫切需要。二是，新中国成立初期，我们的法律教育可以说是完全照搬前苏联的法学教育模式。他们没有独立的犯罪学科，有关犯罪学的相关内容归属刑法学中，我国自然也照此办理。就是到了20世纪80年代初，司法部主持的由高铭暄、马克昌教授任主编的新中国第一部统编《刑法教程》，依然把犯罪学的核心内容——犯罪现象、犯罪原因作为该书的一章，就是恰当的佐证。顺便再讲一点，20世纪90年代初，基于我国犯罪发生的态势，法律学界和政法机关的同仁们，涌

---

* 中国法学会犯罪学研究会高级顾问，上海政法大学教授。

现出研究犯罪的庞大群体，有志于献身这一事业的专家学者、教授，为使这个群体更能在治理犯罪中发展较大作用，研究决定，拟成立类似刑法学会的在中国法学会旗下的二级学会。经上报请示中国法学会，却遭到当时法学会有关领导的断然拒绝，理由很简单，已有刑法学会了，没有再成立犯罪学会的必要。可见，陈旧观念和新事物的交替在有些人的意识中是多么不容易。

“四人帮”被粉碎，拨乱反正，国家进入改革开放的新时朝，但由于“文革”余毒尚存，犯罪率居高不下，尤其是青少年犯罪更有持续上升之势，这引起了国家的广泛关注。1979 年，中央有关部门在北戴河召开了专门治理青少年违法犯罪的会议，制定了相关政策。随后在中国社会科学院成立了青少年研究所，简称“青少所”。其主要任务是研究并治理青少年犯罪。经过该所的紧张筹备，在该所主要领导主持下，1982 年在广西南宁召开了中国青少年犯罪研究学会成立大会暨第一次学术研究会。我有幸被邀与会。会议期间聆听了来自祖国各地的刑事法学家、教授和政法战线的实践家们对有关青少年犯罪发生的原因、治理等深刻论述和诸多远见卓识，使我大有顿开茅塞之感，加深了我对犯罪学的理解、丰富了犯罪学的知识，更重要的是坚定了我投身犯罪问题研究的决心。

返回工作岗位，除完成教学任务外，可以说我是全身心地、日以继夜地投身犯罪问题的学习和研究。翻阅报刊阅读收集有关犯罪数据和资料。由于没有系统地完整地论述犯罪的专著，再加学生时代学的那点外语，早就随饮食消耗殆尽，无能力翻阅外文书籍。因而这个过程就显得特别费时费力。在思考时，我给自己提示了必须首先解决的一个方向性问题——是仅就青少年犯罪而论，还是包括现在社会发生的所有犯罪。我最终决定就所有犯罪作为研究对象，否则青少年犯罪的特点规律、治理手段也很难凸显出来。经过一段时间的忙碌，要撰写的《犯罪学》在头脑中有了个雏形，设想全书分四大块，第一部分为绪论，主要内容包括犯罪概念、犯罪学研究对象、任务和方法、犯罪现象、犯罪分类等；第二部分是犯罪原因，它占的篇幅较大，也是我心目中的重点。这是受《法国大百科全书》中所述犯罪学就是犯罪原因学的影响所致；第三部分是犯罪各论，主要针对当时社会多发的若干种犯罪；第四部分是防治犯罪的内容。框架确定后，在具体撰写中进行了较大量的调研，走访求教公安政法机关，尤其是成了浙江省监狱局的常客。该省的监狱劳改劳教场、少管所、工读学校都有我的足迹，无一遗漏。其间我收集整理了较丰富的说服力很强的素材资料。这该属于实证研究吧，它也是我这本犯罪学成书的关键所在，仅举一例。为撰写精神疾病与犯罪这一章，我多次走访了精神疾病研究所，参与对患病者的鉴定。学到了从未接触过的精神疾病的基础知识，特别是与犯罪有着密切关联的变态人格、性变态，有了较深刻的认识，这就为顺利撰写精神疾病与犯罪提供了相应的理论和丰富的实例。我还与该所专家们结下了深厚的友谊，我调沪后还请该所所长来我所在的单位讲学。

经过这一段的努力，到 1983 年春，初稿完成，当时我在杭州大学法律系任教，经有关领导同意，给 80 级首届本科生开设了《犯罪学》这门学科，学期结束学生满意评价不错，自我感觉尚可。暑假过后，我接受了为全校开设《犯罪学》选修课的任务。可能出于好奇，报名者超过了预定人数，限于场地限制，校教务处决定了本选修课参与的范围，仅限文科各系，才解决了这一矛盾。在一年两届讲授中，都是边讲边修改补充，个别章节还推倒重来，费时不少，但自觉比初稿有了一定的提高。

1984 年，时任江西省司法厅厅长的邱健同志力主将其出版发行，在邱健同志和石起才同志的大力支持下，同年 8 月由江西法制心理专业委员会内部出版。1986 年 7 月群众出版社用《当代犯罪学》的名字公开出版发行。1989 年 2 月重以《犯罪学》名称由上海人民出版社出版。每次再版均作了部分修改和补充，上海这一版全书 33 万字，共四篇 24 章。（不再赘述）本书相继被杭州大学法律系、上海大学法学院、华东政法学院、西北政法学院等作为本科、专科、函授和研究生的教材。1992 年本书相继荣获上海市教委和国家教委高等优秀教材奖，本书的问世距今已 26 年之久，与近期出版的多种版本的犯罪学巨作相比，我的《犯罪学》只能称作犯罪学知识入门或扫盲本。其中还缺陷多多，首先是体系、结构欠完整，对属于犯罪学主要内容的犯罪现象缺乏应有的重视和论述，对有些主要的概念在无把握给出确切定义时采取了回避态度。另外，对西方犯罪学者的论述，总是持批判态度，无一肯定。实乃残存的宁左毋右的思想在作祟。

明知这本《犯罪学》多有不当之处，但由于我惰性较强，再加年事已高，基本不再去实践部门学习、调研，失去形成言之有理持之有故观点的源泉，打消了再次修改补充的愿望，应该说是一大憾事，不足不当之处，就提供给年轻犯罪学家们借鉴的素材吧。

研究人的学问

——《犯罪学大辞书》出版纪事

刘延寿*

幸逢研究人的时代

新中国诞生后的头三十年，国家政治生活基本是以阶级和阶级斗争为中心内容，在政治文化领域几乎是清一色的阶级和阶级斗争话语，哲学社会科学的学术论坛上除了研究阶级和阶级斗争课题外，谁敢提出研究人和人性课题？学术界和思想界只能按照一个基调、一个声音思考问题和著书立说，思想者不具有独立性、选择性、多样性和差异性等自由的话语权。

“文革”宣告结束以后，特别是中国共产党第十一届三中全会、六中全会的胜利召开，中国共产党人以巨大的政治勇气和学术勇气彻底否定了“以阶级斗争为纲”的错误理论与实践，从此把新中国带进了改革开放的新时代。思想意识形态领域和学术文化界迎来了思想解放的春天，人们拥有了敢于独立思考、独立批判、独立人格的权利，中国知识分子的思想享有了独立性、选择性、多样性和差异性的空间。哲学、社会科学挣脱了“以阶级斗争论是非”的理论羁绊，走出了只研究阶级不研究人的困境，学林彻底推倒了“左”倾教条主义和“左”倾空想共产主义围墙，出现了一派欣欣向荣的新气象，学术团体如雨后春笋般发展。正是这种宽松的学术

---

*《读者》出版集团（原甘肃人民出版社）编审。

环境催生了一些中国历史上从未有过的学术团体、中国最年轻的法学分支学科——犯罪学从刑法学体系中独立出来，并于1992年秋成立了全国性的一级学术团体——中国犯罪学研究会，北京大学法学院资深教授康树华先生被选为首任会长，全国人大常委会副委员长、民进中央主席雷洁琼教授为名誉会长。

犯罪学是一个人和人性本体的学问，犯罪学学术团体的诞生昭示新中国从此进入研究人的时代的一个信息。尽管是一个信息，但其意义甚为深远，它不同于其他人文学科对人的研究。它关注人的学问不仅仅是人为什么会犯罪，社会为什么有犯罪现象存在，并且不可避免；它更关注人为什么不犯罪，社会的绝大多数成员为什么能恪守社会规则而不去犯罪，并抵制犯罪？这些问题的提出本身就充分说明对人的研究远比对阶级的研究要复杂得多，原因是人性是很复杂的，而且人性之中还存在着至今不为我们所认知的不确定因素。中国犯罪学研究会一成立就面临着这一宏大而艰巨的研究课题。学会的智者们很快想到编一部大型犯罪学工具书的必要性和意义。当时，无论教学还是科研，都迫切需要权威、规范的犯罪学工具书。正是应此急需，《犯罪学大辞书》出版选题提上了中国犯罪学研究会的科研议程。选题一经提出，康树华会长受学会委托，与出版单位联系出版事宜。康先生首先想到了合作多年的甘肃人民出版社（今读者出版集团），于是我首先得到了这一选题信息。

难忘的北京签约

1992年8月下旬的一天，我在北京东城区一家小旅馆接到康树华老师电话，约我在当日签订《犯罪学大辞书》出版合同。老师主动出面约学生[①]做一件很有意义也很重要的事，岂能怠慢！于是就约定在旅馆附近一家大排档饭馆会面。8月下旬的北京正是雷阵雨频下的季节，那天刚刚下过一阵雷雨，天气放晴，空气格外清新。下午3时许，我在约定地点恭候老师的到来，康老师准时到

① 笔者1958—1963年在北大法律系读书期间，康树华教授在该系任教。

达，我们师生稍作寒暄就长话短说，直入正题。老师讲，当时还有北大出版社和法律出版社总编辑表示要出版此书，于是他提出招标，投标条件是附加一本几位老师合写的犯罪学专著——《世界犯罪热点》，大约30万字。两家出版社态度有些暧昧，未置可否，于是首先考虑甘肃人民出版社投标后再作斟酌。

听罢康老师一席话，我毫不迟疑地表态招标。对出版社来说，选题和作者队伍是两个最基本的生存和发展条件。《犯罪学大辞书》在中国当时和现在都是独一无二的选题；它的作者队伍大都是犯罪学研究会的骨干成员，是犯罪学和刑法学方面的专家、学者，两百多人的撰稿集体，有这两条，我心中当然有了底。康老师怕我担风险，在出版社内部承受压力，因为毕竟是一部360多万字的大型工具书，出版成本可观，再加上一本个人的学术著作，学会又无任何补贴，社领导能通过吗？万一赔了钱，我在社里会招来骂名的。老师替我担心并非没有道理，但他的一番苦心和关爱反而坚定了我的信心，我拍拍胸脯坚定地说：我看重犯罪学是中国大陆刚刚起步研究的新学科，《犯罪学大辞书》在目前来说是独家唯一的出版选题，而且是一项分量很重的出版工程，有多大风险我也豁出去了！

康树华教授看我态度如此明朗和坚定，就不便再说什么，于是师徒两人就在小饭馆饭桌上分别代表中国犯罪学研究会和甘肃人民出版社正式签署了《犯罪学大辞书》出版合同。

马经理伸出发行援手

20世纪90年代初，全国出版界正在深入进行体制改革，原来实行了几十年的事业单位大都实行企业化管理。甘肃人民出版社作为地级老社，管理体制改革自然不甘落后，此时已实行社、室两级核算，我所在的政治经济编辑室虽直属出版社领导，但出版选题策划权下放到室，成本核算也要自负盈亏之责。这样的管理体制，编辑室策划的出版选题能否顺利出书，发行问题必须先解决。当时，各专业出版社和甘肃人民出版社直属编辑室都与出版社发行公司发生直接业务联系，尤其是学术著作，发行量很小，国有新华书店一般都没有积极性，只好靠社内发行部门去做。

《犯罪学大辞书》作为甘肃人民出版社重点出版工程，在论证过程中，大社领导不表态，让室里讨论论证，特别是落实发行渠道，否则很难通过正式的年度重点出版选题计划。而对这样的困境，我并未动摇出版大辞书的决心。时任甘肃人民出版社发行公司经理的马宝林同志看到《犯罪学大辞书》出版合同，他很关注，我作了出版选题出版价值和文化价值的简单评价和作者队伍阵容的介绍后，他很重视。经过发行公司内部论证，决定和我签订发行合同。这样，大辞书顺利越过了发行门槛。对马经理在关键时刻伸出援手承担大辞书发行，为重点出版选题计划铺平了道路，康老师一提起此事总忘不了让我替他向马经理问好。马宝林同志不仅为大辞书的发行做出了不小的贡献，还为大辞书有关历史人物词条释文画了插图（人物素描）。

北京首次编纂会议

《犯罪学大辞书》作为重点出版工程，一经通过出版选题计划，接下来就是作者一方落实编纂班子、撰稿人分工；出版社一方落实责任编辑，以及必要的组织实施和编辑协调工作等事项。1992年秋，大辞书编委会正式成立。由中国犯罪学研究会首任会长、北京大学犯罪学研究中心康树华教授，司法部预防犯罪研究所所长冯树梁研究员，公安部四所所长王岱任主编，全国人大常委会副委员长、民进中央主席雷洁琼教授，公安部常务副部长俞雷等任顾问。根据犯罪学学科分工，设分科主编若干人。撰稿人来自全国重点高校和公检法司实务部门的犯罪学、刑法学方面的教授、专家和学者250多人。编纂队伍无论资质还是阵容都是一般法学工具书无与比拟的。出版社方面，由原甘肃人民出版社政经编辑室主任刘延寿编审，任责任编辑。

1992年冬，由大辞书首席主编康树华教授主持，在京部分编委、主编和分科主编参加，在北京大学法学楼召开了大辞书首次编纂会议。我作为大辞书独任责编，自然要参加的。那是一次重要会议。经充分酝酿讨论，首先明确了《犯罪学大辞书》学术与实务相结合的内容定位，面向院校师生、科研部门和广大法律实务工作者的读者对象定位。接下来落实了大辞书编纂体例、词条学科分类和撰稿人分工。具体做法是，先由分科主编负责本学科撰稿人词目拟定、释义撰写及统稿等事项；按首次编纂会议确定的时间表备齐词目和词条释义初稿，一并交主编康树华教授统稿。

最后，我从编辑出版角度讲了有关辞书编纂的一些具体操作规程和要求，特别强调：首先把好词目关，先审定词目，然后撰写释义，方可避免弯路。各分科主编和主编对汇总起来的全部词目进行审定，然后才将词目定稿分发撰稿人撰稿释义。从那次编纂会后，大辞书编纂工作进展顺利和书稿质量较高的事实证明，首次编纂会议为大辞书的高质量出版奠定了扎实的基础。

北大法学楼审稿

1993 年 4 月下旬，中国犯罪学研究会在浙江乐青市雁荡山召开了第二届学术研讨会。我和老年读物编辑室副主任王亦军同志应邀参会。我将甘肃人民美术出版社资深美编关桢先生设计的大辞书封面和护封小样带到会上。会间大家充分琢磨，最后在三个小样中选定了后来出版用的样子，到现在都认为不错。

1993 年冬，各分科主编都完成了本学科词条释义的初稿，于是编委会决定利用寒假在北京会审大辞书全部初稿。1994 年 1 月中旬，我奉命去京参加初稿会审。看来，还是集体力量大，效率高，360 多万字的巨稿，十来天时间，十几个人参加会审就完成了，若要我一个人审读加工，每天工作 12 小时，[1] 起码也要三个月。北京会审过的大辞书初稿全部都是手写稿，带回兰州时整整装了一大麻袋。

---

① 笔者在 1998—2002 年，审读加工《北京大学法学百科全书》书稿时，每天工作 12 小时，方能在 3 个月完成 300 多万字一卷的编辑加工任务。

对印厂的选择也采取了投标办法，天水新华印刷厂中标。他们接到大辞书手稿，积极性很高，排字车间作了动员，表示要高质量、高效率做好这部大辞书。从接稿到出校样，仅用了三个月时间，比我们约定的时间提前了一个多月，这为下步校对工作赢得了充分时间。

兰州会议清样

为确保大辞书编校质量合格，除出版社内部组织专职校对人员进行校对外，主编康树华教授还组织了6位分科主编，在他的带领下，于1994年5月下旬到兰州参加大辞书清样的二校。为工作联系方便，节省费用，就住在我们条件十分简陋的甘肃人民出版社招待所。印厂为我们提供了两份清样，一份由出版社专职校对人员进行校对，一份由作者校对，然后两份校样再互相交叉复校一次。会校后的清样经印厂改样后再打出正式清样交责编处理。我拿到清样后重点要做的通校工作，首先是核对词目索引（大辞书词目索引设汉语拼音和汉字笔画两种）和释义正文是否一致；还有页码问题，也是绝对不能错的。我邀请了社里老校对、原校对科张天智同志和我一道工作，进行得比较顺利。汉字笔画索引是比较麻烦的，要检查笔画排列顺序，没有这方面的专门知识是不能胜任的。我特邀了文艺编辑室的老编辑张文涛先生做校对工作，他又请了古汉语文字修养不错的黄强同志做助手，使这部分校对工作圆满得以完成。

由作者队伍中的教授、专家和学者专程来出版社和职业校对人员一道会校重点出版规程清样的事，在甘肃人民出版社编辑活动的历史上是不多见的。我记得那次会校的作者有大辞书主编康树华教授、王顺安教授，向泽选、张晓秦、杨立范三位研究生，还有李丽红女士等，兰州的作者王化敏先生也参加了会校工作。他们生活上的简朴和高度负责的工作态度，给甘肃人民出版社领导和编辑、校对人员留下了良好而深刻的印象。大辞书出版迄今已15年了，我们每当回忆起当年在兰州校对大辞书清样时的情形，犹如昨天，历历在目。

第三次进京——通读大辞书付印样

《犯罪学大辞书》出版两年后，即获中国优秀图书的国家级大奖——第十届“中国图书奖”。当年，出版社上报参评国家级优秀图书奖时有两个刚性条件：一是编校质量合格，即文字差错率不能超过万分之一；二是印数要在5000册以上。第二个条件好办，关键是第一个条件。大辞书主编康树华教授原来就提出过本书付印前要组织力量通读一遍付印样，最后把一次关，把文字差错减少到最低差错率。社里对重点出版规程尤其是像大辞书这样的项目，在编校质量上要求更严。因为大家都期冀这样的图书能荣获国家级大奖。所以在编校流程上能做得过细，岂能不为？1994年底，应康老师之约，我和马宝林经理带上大辞书付印样赴京参加集体通读。我们被安排在风景秀丽的未名湖畔的北大专家招待所住下。康老师组织了在京的10位作者和我们一起通读付印样，每人分配约30万字，要求10天通读完毕。

由于三校样基础好，付印样差错很少，但还是发现了一些，特别是编委会成员几十人，撰稿人250多人，他们的姓名都排在扉页后、目录前的显眼位置，读者翻开封面第一眼就看到了，所以绝对不能出错。正文通读完毕，对名单部分反复进行了核对。

大辞书出版后，上报参评国家级优秀图书前，社里安排资深老编辑（一般都是高级技术职务）审读10万字，检查文字出错，确定编校质量是否合格。经查，文字差错率为万分之零点八，当然是合格无疑。事后让我签字认可时，我才发现审读者不是按照惯例从前文开始检查，而是选了正文末尾的10万字（从1010页）开始审读检查的。说明大辞书编校质量是过硬的。这也证明最后通读一遍付印样是有意义的。

最后再看一眼

1995年春节一过，大辞书承印厂天水新华印刷厂印制车间就忙活起来。我按约定时间出差天水，直接到生产车间仔细检查一遍大辞书付印样各部件的排列顺序，特别是那么多编委会和撰稿人名单以及封面、版权页等部位有无问题。360多万字的大型工具书，一旦印装出错，损失就大了，而且耽误出书时间。检查过各部件后，我又将胶片对着付印样对了一遍，未发现出错才签了付印。

到印制车间最后看一眼，心里觉得踏实多了，也算是付印前最后又把一次关。天水之行，不只是最后把一次印制关，对印厂也起到了促进作用，他们比预定计划提前了一个多月出书，顺利地赶上了1995年4月下旬在河南南阳召开的中国犯罪学研究会第四届学术研讨会展示大辞书样书和给主编及分科主编们分送样书。

宛城盛会展成果

1995年4月下旬，中国犯罪学研究会第四届学术研讨会在河南省南阳市举行。南阳是诸葛亮躬耕农亩、展示才华的地方，历史上叫宛城，可谓名副其实的历史文化名城。4月下旬的宛城，已是春末夏初时节，气候宜人，一派欣欣向荣的景象。我和发行公司的马经理带着刚刚出版的《犯罪学大辞书》样书到达会场，康树华教授和与会的作者们见到自己的成果终于面世，高兴的心情溢于言表。康老师特意安排我在闭幕式上向大会展示大辞书样书并报告出书过程。我参加过几个学会的研讨会，也做过学术论文的交流发言，但从未在闭幕式大会上发过言。南阳会议闭幕式为我作出这样的安排，说明大辞书的出版在中国犯罪学研究会是一项大成果，它是作者和编辑的共同心血，其分量和影响很不一般，是值得在闭幕式上展示的。我激动的心情和全体与会作者一样，至今都记忆犹新。

在闭幕式后全体与会代表合影留念时，马宝林同志双手捧着《犯罪学大辞书》，留下了历史的记忆。是啊，大辞书的问世，不是仅我们看到的结果那么简单。结果与过程相比，过程更有意义。它凝结了多少人的心血，克服了多少困难，有多少热心人为它的面世奔忙，本文的叙述只能是一个梗概，料想业内人士心里都很清楚，不必再作赘述。

《犯罪学大辞书》出版后的第三个年头，也就是1998年8月，我应北大出版社之聘，任社外编辑（此时我已从甘肃人民出版社退休一年半了），主要任务是审读编辑加工多卷本大型辞书——《北京大学法学百科全书》，并任一审责编。这部书的出版过程无论内容还是体例，都比《犯罪学大辞书》复杂，但我心中有数，且有信心挑起这副重担。这底数和信心不单是来自职业热情和勇气，更多的是来自独任《犯罪学大辞书》责编的知识积累和编辑工作经验打下的扎实基础。时任北大出版社副社长的张晓秦先生之所以引荐我任《北京大学法学百科全书》一审责编，也主要是因为他当年参与过《犯罪学大辞书》的编纂并任分科主编，对我的责编工作情况深有了解。说到底，《犯罪学大辞书》的编纂出版，不只是展现了中国犯罪学研究会的重大科研成果，还为作者队伍的成长和辞书编辑的训练提供了难得的平台。

图书在版编目（CIP）数据

犯罪学论丛．第8卷/王牧主编．—北京：中国检察出版社，2010.12

ISBN 978-7-5102-0436-4

Ⅰ.①犯…　Ⅱ.①王…　Ⅲ.①犯罪学-文集　Ⅳ.①D917-53

中国版本图书馆CIP数据核字（2011）第021625号

犯罪学论丛（第八卷）

王　牧　主编

出版发行：中国检察出版社
社　　址：北京市石景山区鲁谷西路5号（100040）
网　　址：中国检察出版社（www.zgjccbs.com）
电　　话：(010)68658769(编辑)　68650015(发行)　68636518(门市)
经　　销：新华书店
印　　刷：北京鑫海金澳胶印有限公司
开　　本：A5
印　　张：13.625印张　　插页4
字　　数：376千字
版　　次：2010年12月第一版　　2010年12月第一次印刷
书　　号：ISBN 978-7-5102-0436-4
定　　价：38.00元
